Ursula Lenders, Christian Mitzschke, Gerd Nöldner, Andrea ter Voert, Dr. Günter Wierichs, Gregor Wurm

Prüfungspraxis Bankkaufmann/Bankkauffrau

Bankwirtschaft
Wirtschafts- und Sozialkunde
Rechnungswesen und Steuerung

Ein Trainingsprogramm 2016/2017

16. Auflage

Bestellnummer 8300

■ Bildungsverlag EINS

Die in diesem Produkt gemachten Angaben zu Unternehmen (Namen, Internet- und E-Mail-Adressen, Handelsregistereintragungen, Bankverbindungen, Steuer-, Telefon- und Faxnummern und alle weiteren Angaben) sind i. d. R. fiktiv, d. h., sie stehen in keinem Zusammenhang mit einem real existierenden Unternehmen in der dargestellten oder einer ähnlichen Form. Dies gilt auch für alle Kunden, Lieferanten und sonstigen Geschäftspartner der Unternehmen wie z. B. Kreditinstitute, Versicherungsunternehmen und andere Dienstleistungsunternehmen. Ausschließlich zum Zwecke der Authentizität werden die Namen real existierender Unternehmen und z. B. im Fall von Kreditinstituten auch deren IBANs und BICs verwendet.

service@bv-1.de
www.bildungsverlag1.de

Bildungsverlag EINS GmbH
Ettore-Bugatti-Straße 6-14, 51149 Köln

ISBN 978-3-8237-8300-8

© Copyright 2016: Bildungsverlag EINS GmbH, Köln
Das Werk und seine Teile sind urheberrechtlich geschützt. Jede Nutzung in anderen als den gesetzlich zugelassenen Fällen bedarf der vorherigen schriftlichen Einwilligung des Verlages.
Hinweis zu § 52a UrhG: Weder das Werk noch seine Teile dürfen ohne eine solche Einwilligung eingescannt und in ein Netzwerk eingestellt werden. Dies gilt auch für Intranets von Schulen und sonstigen Bildungseinrichtungen.

Inhaltsverzeichnis

Prüfungsbereiche	Text	Lösungen

Bankwirtschaft
    Teil I: Fälle
    Teil II: Programmierte Aufgaben
	
	S. 7 – 76
	S. 77 – 118
		
		S. 247 – 294
		S. 295 – 315

Wirtschafts- und Sozialkunde	S. 119 – 188	S. 317 – 345
Rechnungswesen und Steuerung	S. 189 – 245	S. 347 – 378
Formelsammlung, Kontenplan der Kreditbank AG	Anhang, S. 379 – 382	

Bankwirtschaft Teil I: Fälle

Themengebiete	Fälle	Text	Lösungen
1 Kontoführung und Zahlungsverkehr	Nr. 1 – 11	S. 8 – 22	S. 248 – 256
2 Geld- und Vermögensanlagen	Nr. 12 – 26	S. 23 – 41	S. 257 – 270
3 Kreditgeschäft	Nr. 27 – 43	S. 42 – 68	S. 271 – 287
4 Auslandsgeschäft	Nr. 44 – 50	S. 69 – 76	S. 288 – 294

Bankwirtschaft Teil II: Programmierte Aufgaben

Themengebiete	Aufgaben	Text	Lösungen
1 Kontoführung und Zahlungsverkehr	Nr. 1 – 14	S. 78 – 85	S. 296 – 298
2 Geld- und Vermögensanlagen	Nr. 15 – 50	S. 86 – 104	S. 299 – 308
3 Kreditgeschäft	Nr. 51 – 64	S. 105 – 112	S. 309 – 311
4 Auslandsgeschäft	Nr. 65 – 75	S. 113 – 118	S. 312 – 315

Wirtschafts- und Sozialkunde: Programmierte Aufgaben

Themengebiete	Aufgaben	Text	Lösungen
1 Arbeits- und Sozialrecht	Nr. 1 – 19	S. 120 – 131	S. 318 – 321
2 Rechtliche Grundlagen für die Tätigkeit der Kreditinstitute	Nr. 20 – 47	S. 132 – 149	S. 322 – 327
3 Grundlagen der Volkswirtschaftslehre	Nr. 48 – 62	S. 156 – 157	S. 328 – 330
4 Entstehung und Verteilung des Produktionserlöses	Nr. 63 – 71	S. 158 – 162	S. 331 – 332
5 Markt und Preis/Marketing	Nr. 72 – 84	S. 163 – 169	S. 333 – 336
6 Binnen-/Außenwert des Geldes	Nr. 85 – 94	S. 170 – 174	S. 337 – 339
7 Zahlungsbilanz	Nr. 95 – 103	S. 175 – 180	S. 340 – 342
8 Konjunktur/Konjunkturpolitik/Geldpolitik/Steuern	Nr. 104 – 120	S. 181 – 188	S. 343 – 345

Rechnungswesen und Steuerung: Programmierte Aufgaben

Themengebiete	Aufgaben	Text	Lösungen
1 Unternehmensleistungen erfassen und dokumentieren	Nr. 1 – 45	S. 190 – 213	S. 348 – 361
2 Kosten und Erlöse ermitteln und beeinflussen	Nr. 46 – 84	S. 214 – 232	S. 362 – 372
3 Dokumentierte Unternehmensleistungen auswerten	Nr. 85 – 105	S. 233 – 245	S. 373 – 378
Bildquellenverzeichnis		S. 384	

Vorwort

Eine IHK-Prüfungsvorbereitung mithilfe alter Prüfungssätze ist mit Nachteilen verbunden: die mangelnde Aktualität der darin enthaltenen Aufgaben, das Fehlen kommentierter Lösungen, die unsystematische Aufgabenzusammenstellung.

Ziel der vorliegenden Veröffentlichung ist es, eine Alternative anzubieten:

Mit **Prüfungspraxis Bankkaufmann/Bankkauffrau** möchten wir die Auszubildenden der Kreditwirtschaft bei der Vorbereitung auf den „Ernstfall IHK-Abschlussprüfung" durch

- anforderungsgerechte,
- prüfungsnahe,
- aktuelle,
- nach Prüfungsgebieten geordnete,
- handlungsorientiert aufbereitete,
- mit ausführlichen Lösungskommentaren versehene

Aufgaben unterstützen.

Das **Trainingsprogramm** besteht aus drei Bausteinen:

- **Bankwirtschaft mit Fällen (konventionelle Aufgaben) und programmierten Aufgaben**
- **Rechnungswesen und Steuerung**
- **Wirtschafts- und Sozialkunde**

Jeder dieser Bausteine ist auf das entsprechende schriftliche Prüfungsfach gemäß der Ausbildungsordnung Bankkaufmann/Bankkauffrau ausgerichtet. Die in den Bausteinen jeweils enthaltenen Aufgaben sind in Struktur und Inhalt auf die Anforderungen der schriftlichen IHK-Prüfung abgestimmt.

Die Aufgabenstelle für kaufmännische Zwischen- und Abschlussprüfungen (AkA) hat eine Formelsammlung sowie einen Kontenplan herausgegeben. Beide Unterlagen sind im Anhang als abtrennbare Anlage beigefügt. Immer dann, wenn eine Aufgabe keinen Bearbeitungshinweis (Formelangabe, Berechnungsschema, Angabe der Zinsberechnungsmethode oder gesonderte Kontenangabe) enthält, soll Ihnen die Anlage eine Hilfestellung bei der Lösung der Aufgabe bieten. Im Jahr 2016 werden voraussichtlich Änderungen an der Formelsammlung vorgenommen, die jedoch bei Erstellung der vorliegenden Auflage noch nicht feststanden.

Grundlage für die Zusammenstellung der Aufgaben sind die Inhalte und Lernziele der Ausbildungsordnung, des Lehrplans sowie die zur curricularen Aktualisierung veröffentlichten KM-Handreichungen und IHK-Prüfungsinhaltskataloge in der jeweils aktuellen Fassung.

Ziel der Aufgabensammlung ist es, die innerhalb des Dualen Systems von Berufsschulen, Ausbildungsbetrieben und Industrie- und Handelskammern angestrebte Handlungskompetenz der Auszubildenden zu prüfen und zu trainieren.

Es ist der Rechtsstand bis zum 1. Januar 2016 berücksichtigt.

Das Autorenteam

Liebe Auszubildende,

das Trainingsprogramm enthält Aufgaben, die dem Anspruchsniveau der IHK-Prüfung im Ausbildungsberuf Bankkaufmann/Bankkauffrau entsprechen. Die nach aktuellem Stand praxisorientiert formulierten Aufgaben werden in sachlich geordneter Form präsentiert.

Für die Arbeit mit dem Trainingsprogramm möchten wir Ihnen einige Empfehlungen geben:

- **Lesen Sie langsam und in kleinen Etappen.** Übereiltes Arbeiten bringt die Gefahr mit sich, dass Sie Informationen „überlesen", die für die Lösung entscheidend sind.

- **Stellen Sie einen Arbeitsplan auf.** Dieser hilft Ihnen, Zeit und Kräfte einzuteilen. Schließlich soll Ihre Freizeit nicht zu kurz kommen.

- **Bearbeiten Sie gemäß Ihrem Arbeitsplan das Trainingsprogramm schrittweise**, indem Sie bestimmte „Aufgabenblöcke" bilden. Hier bietet sich eine Aufteilung in die vorgegebenen Themengebiete an. Die Lösungen sind kommentiert; notwendige Rechenschritte sind gut nachvollziehbar dargestellt. Dies ist eine wesentliche Hilfe für Sie, da Sie eventuelle Fehler nicht nur identifizieren, sondern auch das Zustandekommen von Fehlern klären können. Häufig finden Sie in den Lösungen Hinweise auf Rechtsquellen. Schlagen Sie gegebenenfalls im Originaltext nach.

- **Betrügen Sie sich nicht selbst.** Lösen Sie die Aufgaben, tragen Sie Ihre eigenen Lösungen in die dafür vorgesehenen Felder ein, und vergleichen Sie dann erst Ihr Ergebnis mit den kommentierten Lösungen. Das Trainingsprogramm dient Ihrer persönlichen Erfolgskontrolle. Auch wenn Sie bei einigen Aufgaben zunächst einmal „schlecht" abschneiden sollten: Bei der Bearbeitung gibt es weder Notendruck noch den Zwang, eine Prüfung bestehen zu müssen. Sehen Sie es so: Wenn Sie die Aufgaben richtig lösen, haben Sie bewiesen, dass Sie den Stoff richtig beherrschen. Machen Sie Fehler, werden Sie diese korrigieren und sie dann im Ernstfall (Prüfung) eben nicht mehr machen.

- **Sind Sie es gewohnt, im Team zu arbeiten?** Dann stellen Sie sich in Ihrer Arbeitsgruppe wechselseitig Aufgaben aus den verschiedenen Themengebieten. Korrigieren und beurteilen Sie anschließend untereinander die Lösungen der einzelnen Gruppenmitglieder.

- **Testen Sie den Ernstfall.** Stellen Sie sich eine Probeklausur zusammen. Wählen Sie die Fälle/Aufgaben nach dem Zufallsprinzip aus. Nehmen Sie sich zur Beantwortung die vorgesehene Zeit (60 Minuten bzw. 90 Minuten).

In diesem Sinne wünschen wir Ihnen ein stressfreies und erfolgreiches Lernen.

Das Autorenteam

Ursula Lenders, Studiendirektorin, Alfred-Müller-Armack-Berufskolleg Köln
Christian Mitzschke, Oberstudienrat, Alfred-Müller-Armack-Berufskolleg Köln
Gerd Nöldner, Oberstudiendirektor, Leo-Statz-Berufskolleg Düsseldorf
Andrea ter Voert, Oberstudienrätin, Leo-Statz-Berufskolleg Düsseldorf
Dr. Günter Wierichs, Studiendirektor, Studienseminar Berufskolleg Düsseldorf

Tipps für die Prüfung

- **Überfliegen Sie den gesamten Aufgabensatz**, um sich ein Bild vom Umfang und dem Schwierigkeitsgrad der Aufgaben zu machen, die von Ihnen zu bearbeiten sind. Es empfiehlt sich daher, zunächst die Aufgaben zu lösen, die von Ihnen schnell und sicher beherrscht werden. Sie gewinnen dadurch an Selbstbewusstsein („*Uff, das habe ich schon geschafft!*") und Zeit für die kniffligeren Aufgaben.

- **Lesen Sie gründlich zweimal den Text einer Aufgabe** mit allen seinen Unterfragen. Markieren Sie mit einem Textmarker die Schlüsselbegriffe. Sie erreichen dadurch, dass Ihre Antworten an der richtigen Stelle platziert werden, und Sie verhindern, dass etwas Wichtiges von Ihnen überlesen wird.

- **Beachten Sie die Zeit.** Verzetteln Sie sich nicht durch eine zu zeitaufwendige Bearbeitung der ersten Fragen, sonst läuft Ihnen die Zeit davon. Es wäre schade, wenn Sie bei den letzten Fragen, die von Ihnen womöglich schnell und leicht zu beantworten gewesen wären, mit leeren Händen dastehen. Auf Ihren Tisch gehört auf jeden Fall eine Uhr.

- **Analysieren Sie genau, was von Ihnen erwartet wird.**
  Für die konventionellen Fälle gilt: *„Nennen Sie ..."* bedeutet wirklich nur nennen. Die Nennungen werden in der erforderlichen Anzahl, am besten untereinander, aufgeschrieben. Halten Sie sich genau an die Vorgaben zum Umfang der Lösung. Wenn zum Beispiel drei Aussagen gefordert sind und Sie mehr als drei aufführen, werden nur die ersten drei Aussagen gewertet. *„Erläutern Sie ..."* bedeutet mehr. Hier erwartet man einen ganzen Satz, ggf. auch mehrere Sätze, mit Subjekt, Prädikat und Objekt. Es werden keine komplizierten Satzkonstruktionen mit literarischem Anspruch erwartet. Bilden Sie also kurze Sätze unter Verwendung der Fachbegriffe.

- **Notieren Sie die Rechenwege**, auch bei vermeintlich problemlos mit dem Taschenrechner zu lösenden Aufgaben. Folgefehler oder Eingabefehler können vom Korrektor auf diese Weise erkannt werden. Sie erleichtern sich damit auch erheblich die Eigenkontrolle beim Nachrechnen.

- **Achten Sie auf Ihre Schrift.** Der Korrektor kennt Sie nicht persönlich und weiß daher nicht, dass Sie trotz Ihrer nicht so netten Handschrift in Wirklichkeit ein netter Mensch sind. Der Korrektor freut sich über eine gut leserliche Schrift und eine saubere Darstellung, weil er dann schneller mit der lästigen Korrekturarbeit fertig ist. Machen Sie ihm in Ihrem eigenen Interesse das Leben etwas leichter.

- **Haben Sie die richtigen Arbeitsmittel dabei?** Die Prüfung ist schon aufregend genug. Stellen Sie sicher, dass Ihnen Ihre Arbeitsmittel nicht zusätzliche Aufregungen bereiten.
  Zu den programmierten Aufgaben erhalten Sie ein separates Lösungsblatt. Hierfür benötigen Sie einen **Kugelschreiber** (am besten zwei), mit dem Sie „feste" durchschreiben können. Ihre Eintragungen müssen noch auf dem Durchschlag gut lesbar sein. Ein Füller oder Fineliner eignet sich hierfür nicht.

  Achten Sie bei den programmierten Aufgabenteilen besonders auf Ihre Schrift. Es wäre doch fatal, wenn aufgrund von Undeutlichkeiten Ihre Ziffern von der Datenerfassung anders interpretiert würden, als Sie dies gewollt haben.

  Auch wenn Ihr **Taschenrechner** gerade eine frische Batterie erhalten hat, sollte als Reserve ein Zweitgerät bereitgehalten werden. Können Sie sich vorstellen, ohne dieses Hilfsmittel Prüfungsaufgaben zu lösen?
  Sie haben es selbst schon erfahren. Im Bankbereich geht es sehr oft um große Beträge. Bewältigt Ihr Taschenrechner die großen Zahlen? Mit einem Taschenrechner, der zehn Stellen verarbeitet, sind Sie auf der sicheren Seite.

- **Zu guter Letzt:** Schaffen Sie sich trotz der Prüfungssituation eine angenehme Arbeitsatmosphäre. Auf Ihrem Arbeitstisch darf durchaus neben Prüfungsbogen, Taschenrechner, Kugelschreiber und Textmarker ein Talisman, wenn er nicht zu sperrig ist, Platz nehmen. Glück brauchen auch die Tüchtigen.

Viel Erfolg bei Ihrer Prüfung.

Prüfungsbereich Bankwirtschaft
Teil I: Fälle

1 Kontoführung und Zahlungsverkehr

1. Fall (35 Punkte)

Frank Palm, Geschäftsführer der Tectal GmbH, stellt am 22. Juli dieses Jahres bei der Oderbank AG den Antrag auf Eröffnung eines Geschäftsgirokontos.

a Beschreiben Sie drei Gründe, warum die Oderbank bei Kontoeröffnungen Legitimationsprüfungen durchführen muss.

b Nennen Sie die im vorliegenden Fall zur Legitimationsprüfung erforderlichen Dokumente und erläutern Sie deren Bedeutung.

Frank Palm teilt mit, dass er die benötigten Unterlagen erst in drei Tagen vorlegen kann. Dennoch möchte er sofort

- 3.000,00 EUR auf das Geschäftsgirokonto einzahlen,
- einen Verrechnungsscheck über 9.000,00 EUR zum Inkasso einreichen sowie
- für 6.000,00 EUR Reiseschecks zulasten des Geschäftsgirokontos erwerben.

c Kann die Oderbank die gewünschten Aufträge ausführen? Begründen Sie Ihre Entscheidungen.

Nach zwei Monaten ordnungsgemäßer Kontoführung erreichen die Oderbank mehrere Auskunftsersuche:

1. Ein Lieferant, ebenfalls Kunde der Oderbank AG, möchte Auskunft über die Tectal GmbH erhalten. Herr Palm hat der Oderbank keine besondere Anweisung zur Behandlung von Bankauskünften über die Tectal GmbH erteilt.

2. Ein Lieferant der Tectal GmbH möchte wissen, ob die Tectal GmbH bonitätsmäßig für einen Lieferantenkredit von durchschnittlich 20.000,00 EUR gut ist. Der Lieferant unterhält kein Konto bei der Oderbank.

3. Frank Palm bittet um die Beschaffung einer SCHUFA-Auskunft über einen neuen Mitarbeiter.

d Kann die Oderbank die gewünschten Auskünfte erteilen? Begründen Sie Ihre Entscheidungen.

Am 14. November erhält der Kontoführer einen von Margot Hübinger unterschriebenen Überweisungsträger über 900,00 EUR. Das Geschäftsgirokonto verfügt über ausreichende Deckung. Frau Hübinger ist bei der Oderbank nicht als Verfügungsberechtigte registriert; sie versichert jedoch glaubhaft, dass sie seit Anfang November Handlungsbevollmächtigte mit Befugnis zur Aufnahme von Darlehen gemäß § 54 HGB ist.

e Muss die Oderbank AG den Auftrag ausführen? Begründen Sie Ihre Antwort.

Im Dezember legt Frank Palm der Oderbank den unten abgebildeten Kontoauszug vor und bittet um Erläuterung der beiden mit Valuta 18.12. vorgenommenen Buchungen.

Konto 1234567 Kontoinhaber Tectal GmbH Kontokorrentlinie		Auszug 98		Blatt 1 50.000,00 EUR	
	Datum	Valuta			
Kontostand	17.12.	17.12.		49.290,00 EUR	Soll
Buchungen					
Scheckbelastung	18.12.	18.12.		8.100,00 EUR	Soll
Stornierung	20.12.	18.12.		8.100,00 EUR	Haben

f Erläutern Sie Herrn Palm das Zustandekommen der Buchungen mit Hinweis auf Ihre Allgemeinen Geschäftsbedingungen.

2. Fall (30 Punkte)

Sie sind Kundenberater der Düsselbank eG. Michael Steffen und Klaus Führer haben heute Morgen einen Termin zur Eröffnung eines Girokontos für den Verein zur Förderung des rheinischen Brauchtums e.V.

Die Kunden legen den nachfolgend abgedruckten, beglaubigten Auszug aus dem Vereinsregister sowie eine Ausfertigung der Satzung vor.

Vereinsregister des Amtsgerichts Düsseldorf	Wiedergabe des aktuellen Registerinhaltes – Abruf vom 08.05.20.. 10:15	Nummer des Vereins VR 5893
- Ausdruck -	Seite 1 von 1	

[...]

2. a) **Name des Vereins**
   Verein zur Förderung des rheinischen Brauchtums e. V.
   b) **Sitz**
   Düsseldorf

3. a) **Vorstand**
   1. Vorsitzender: Steffen, Michael, Düsseldorf, geb. 12.06.1968
   2. Vorsitzende: Peters, Ingrid, Langenfeld, geb. 02.01.1969

[...]

5. a) **Beginn der Satzung**
   Die Satzung wurde am 06.08.2001 errichtet.
   b) **Sonstige Rechtsverhältnisse**
   Der Verein wird von zwei Vorstandsmitgliedern gerichtlich und außergerichtlich vertreten.

6. **Tag der letzten Eintragung:**
   15.09.2009

a Erläutern Sie, welche beiden gemäß § 154 Abgabenordnung benötigten Informationen Sie dem Vereinsregisterauszug entnehmen können.

b Erklären Sie, warum es unter Berücksichtigung des § 26 BGB erforderlich ist, bei der Kontoeröffnung in die Satzung des Vereins Einsicht zu nehmen.

> **§ 26 BGB Vorstand und Vertretung**
> (1) Der Verein muss einen Vorstand haben. Der Vorstand vertritt den Verein gerichtlich und außergerichtlich; er hat die Stellung eines gesetzlichen Vertreters. Der Umfang der Vertretungsmacht kann durch die Satzung mit Wirkung gegen Dritte beschränkt werden.

Herr Führer ist Kassierer des Vereins und soll gemeinsam mit einem Vorstandsmitglied über das Konto verfügen können.

c Erklären Sie, ob und wie diesem Wunsch entsprochen werden kann.

Einige Wochen nach Eröffnung des Vereinskontos bitten Sie Herr Steffen und Herr Führer um eine Beratung über die Zahlungsabwicklung für die Mitgliedsbeiträge. Die Zahl der Vereinsmitglieder ist zuletzt auf 600 gestiegen. Die Freunde des rheinischen Brauchtums kommen zum Teil auch aus dem europäischen Ausland. Der monatliche Mitgliedsbeitrag liegt bei 25,00 EUR, die Zahlung ist jeweils zum Monatsanfang fällig. Die Überweisungseingänge sind jedoch oft verspätet oder müssen angemahnt werden. Sie schlagen den Einzug der Vereinsbeiträge mithilfe des SEPA-Basis-Lastschriftverfahrens vor.

d Begründen Sie Ihren Vorschlag, indem Sie drei Vorteile der Nutzung dieses Lastschriftverfahrens für den Verein erläutern.

e Erklären Sie, warum die Nutzung des SEPA-Firmenkunden-Lastschriftverfahrens in diesem Fall nicht geeignet ist.

Im Vorfeld des Lastschrifteinzugs prüft die Düsselbank die Bonität des Vereins zur Förderung des rheinischen Brauchtums e. V.

f Erläutern Sie, warum diese Bonitätsprüfung erforderlich ist.

Ihre Bonitätsprüfung kommt zu einem positiven Ergebnis. Sie treffen mit dem Verein zur Förderung des rheinischen Brauchtums e. V. eine Inkassovereinbarung und legen ein betragliches Limit zur Einreichung von Lastschriften (Lastschriftobligo) fest.

g Die Düsselbank eG möchte das volle Risiko, das sich aus der Rückgabe von autorisierten Lastschriften ergibt, absichern. Ermitteln Sie daher den maximal erforderlichen Betrag für das Lastschriftobligo.

Kontoführung und Zahlungsverkehr

> **Auszug aus den AGB – Bedingungen für Zahlungen mittels Lastschrift:**
> **2.5 Erstattungsanspruch des Kunden bei einer autorisierten Zahlung**
> (1) Der Kunde kann bei einer autorisierten Zahlung aufgrund einer SEPA-Basislastschrift binnen einer Frist von acht Wochen ab dem Zeitpunkt der Belastungsbuchung auf seinem Konto von der Bank ohne Angabe von Gründen die Erstattung des belasteten Lastschriftbetrages verlangen. Dabei bringt sie das Konto wieder auf den Stand, auf dem es sich ohne die Belastung durch die Zahlung befunden hätte.

Nach Prüfung der Bonität und Abschluss der Inkassovereinbarung reicht der Verein zur Förderung des rheinischen Brauchtums e.V. im Juni 20.. erstmals Lastschriftdateien zum Inkasso ein.

h Stellen Sie fest, bis zu welchem Datum ein Vereinsmitglied einer Lastschrift widersprechen kann, die ohne vorhandenes Mandat am 1. Juli 20.. bei der Zahlstelle vorgelegt wurde.

3. Fall (30 Punkte)

Als Kundenberater der Düsselbank eG haben Sie einen Termin mit Isabell Möller und Markus Girnt.

Frau Möller hat mit ihrem Partner Michael Steiner sowie weiteren Kapitalgebern ein Unternehmen zur Planung und Durchführung von Firmenevents gegründet. Sie legt Ihnen den folgenden beglaubigten Auszug aus dem Handelsregister vor und möchte für ihr Unternehmen ein Girokonto eröffnen.

Handelsregister des Amtsgerichts Düsseldorf	Abteilung A Wiedergabe des aktuellen Registerinhaltes – Abruf vom 20.10.20.. 11:50	Nummer der Firma HRA 4896
- Ausdruck -	Seite 1 von 1	

1. **Anzahl der bisherigen Eintragungen**
   0

2. a) **Firma**
   Möller & Steiner KG
   b) **Sitz, Niederlassung, Zweigniederlassung**
   Düsseldorf

3. [...]
   b) **Inhaber, persönlich haftende Gesellschafter, Geschäftsführer, Vorstand [...]:**
   Persönlich haftende Gesellschafter: Möller, Isabell, Wesel, geb. 05.08.1973, Steiner, Michael, Meerbusch, geb. 09.11.1971

4. **Prokura**
   Gesamtprokura für Girnt, Markus, Langenfeld, geb. 06.12.1975, Abels, Claudia, Hilden, geb. 01.03.1974
   Jeder Prokurist vertritt die Gesellschaft in Gemeinschaft mit einem Prokuristen oder mit einem Komplementär.

5. a) **Rechtsform, Beginn der Satzung**
   Kommanditgesellschaft, Beginn 15.07.20..
   b) **Sonstige Rechtsverhältnisse**
   --
   c) **Kommanditisten:**
   Möller, Joseph, Wesel, geb. 25.11.1949, Einlage 30.000,00 EUR
   Walters, Katharina, Düsseldorf, geb. 28.02.1961, Einlage 30.000,00 EUR

6. **Tag der letzten Eintragung:**
   15.08.20..

a Nennen Sie die Kontobezeichnung für das zu eröffnende Girokonto.

b Nennen Sie die Personen, die rechtsverbindlich den Kontoeröffnungsantrag unterzeichnen dürfen.

Alle im Handelsregister genannten Personen sollen im Umfang ihrer dortigen Vertretungsberechtigung auch über das Girokonto der Möller & Steiner KG verfügen können.

c Erklären Sie, für welche der oben genannten Personen Sie auf die Legitimationsprüfung nach § 154 der Abgabenordnung verzichten können.

Nach Eröffnung des Firmenkontos gehen bei der Düsselbank eG mehrere Auskunftsersuchen ein. Isabell Möller führt bei der Düsselbank ebenfalls seit Jahren ihr Privatgirokonto. Sowohl Frau Möller als auch die Möller & Steiner KG haben keine besonderen Weisungen für Bankauskünfte erteilt.

d Stellen Sie für die nachfolgenden Fälle fest, ob die Düsselbank zur Auskunftserteilung berechtigt ist. Begründen Sie ggf. die Ablehnung einer Anfrage.

 da Die Düsselbank eG erhält einen Anruf der Bonner Bank eG und bittet um eine allgemeine Auskunft über die Möller & Steiner KG.

 db Der Firmenkundenbetreuer der Düsselbank eG erhält ein schriftliches Auskunftsersuchen der Hamburger Stadtsparkasse, die eine allgemeine Auskunft über Isabell Möller anfordert.

 dc Die Steiner GmbH, Kundin der Düsselbank eG, bittet ihren Firmenkundenbetreuer in einem Beratungsgespräch um eine allgemeine Auskunft über die Möller & Steiner KG.

 dd Im Rahmen der automatisierten Kontoabfrage fordert das Bundeszentralamt für Steuern Informationen zur Kontoverbindung von Isabell Möller an.

Frau Möller und Herr Girnt beantragen bei einem weiteren Termin die Einrichtung einer Kontokorrentkreditlinie in Höhe von 50.000,00 EUR für das Firmenkonto. Die bisherige Kontoführung der Möller & Steiner KG ist einwandfrei.

e Erläutern Sie, inwieweit die im Handelsregister genannten Personen für die Rückzahlung des Kontokorrentkredits zur Haftung herangezogen werden können.

Die gewünschte Kreditlinie wird nach Prüfung der Bonität zu den nachfolgenden Konditionen eingeräumt:

- Sollzinsen: 11,50 % p. a.
- Überziehungszinsen: 16,50 % p. a.

Wenige Tage später erhält die Steiner & Möller KG eine Rechnung über 35.600,00 EUR. Das Zahlungsziel beträgt 60 Tage. Bei Zahlung innerhalb von 7 Tagen werden 3 % Skonto gewährt. Bei sofortiger Überweisung müsste die Kreditlinie in Anspruch genommen werden. Frau Möller bittet Sie um Beratung.

f Prüfen Sie mithilfe einer Rechnung, ob die Skontoausnutzung vorteilhaft ist.

4. Fall (30 Punkte)

Sie haben mit Kurt und Irene Knaak (32 und 29 Jahre) einen Beratungstermin für den 25. August dieses Jahres vereinbart. Die seit einem Monat verheirateten Eheleute sind vor kurzem von Kiel nach Duisburg gezogen, da Kurt Knaak ab September eine Stelle als Disponent bei der FRUCHTHOF AG antreten wird. Irene Knaak hat zum gleichen Zeitpunkt in Duisburg eine Anstellung als Bibliothekarin bei der Stadtbücherei gefunden.

Ihre Arbeitgeber haben sie aufgefordert, für die Überweisung des Gehalts eine Kontoverbindung anzugeben.

In Kiel hatten die Eheleute jeweils ein eigenes Gehaltskonto. Sie beraten Kurt und Irene Knaak über eine neue Gestaltung der Kontoverbindung. Es ist den Eheleuten nach ihrer Eheschließung ein Anliegen, dass jeder Ehepartner auch über das Gehalt des anderen verfügen kann.

a Beraten Sie die Eheleute über die Gestaltungsmöglichkeiten bei der Kontenwahl unter den Aspekten Verfügungsmöglichkeiten, Vereinbarung eines Dispositionskredites, Haftung für Kontoverbindlichkeiten sowie Kosten der Kontoführung.

Die Eheleute entscheiden sich für ein Gemeinschaftskonto mit Einzelverfügungsberechtigung.

b Beurteilen Sie, ob jeder der Eheleute eine eigene Girocard erhalten kann.

c Was geschieht mit dem Gemeinschaftskonto im Falle des Todes eines Ehepartners?

Die Eheleute Knaak unterschreiben den Kontoeröffnungsantrag und legitimieren sich durch die Vorlage gültiger Personalausweise.

d Nennen Sie drei Erklärungen anlässlich der Kontoeröffnung, zu denen die Kreditbank die Eheleute Knaak auffordert.

Am 21.10. (Mittwoch) erscheint Herr Knaak bei Ihnen. Er möchte über drei Vorgänge, die die Kontoführung betreffen, informiert werden.

1. Vorgang

Im Rechnungsabschluss zum 30.09. dieses Jahres waren 0,14 EUR Sollzinsen enthalten, obwohl seine Frau und er stets darauf geachtet haben, das Konto nicht zu überziehen.

Eine Terminalabfrage ergibt folgende Kontodaten (Ausschnitt):

Text	Buchungsdatum	Wertstellung	Betrag
Kontostand	25.08.20..	25.08.20..	950,00 Haben
Miete	01.09.20..	01.09.20..	950,00 Soll
Stadt Duisburg Bezüge	14.09.20..	15.09.20..	1.560,00 Haben
GA Nr. 001298 BLZ 30020900	14.09.20..	14.09.20..	500,00 Soll
Tennisclub	15.09.20..	15.09.20..	120,00 Soll
....			
Limit 2.000,00 EUR 10,25 % p.a. darüber hinaus 14,25 % p.a.			

e Erläutern Sie dem Kunden das Zustandekommen der Sollzinsen. Führen Sie außerdem einen rechnerischen Nachweis durch.

2. Vorgang

Er wundert sich darüber, dass das Konto per 12.10. eine Gutschrift über 2.700,00 EUR erhielt, die am 16.10. mit Wertstellung 12.10. wieder belastet wurde. Sie erklären ihm, dass die Gutschrift irrtümlich erfolgt sei. Herr Knaak erwidert, dass er gemeinsam mit seiner Frau den Vorgang klären möchte, und verlangt bis dahin die Rücknahme der Belastung.

f Beurteilen Sie, ob die Belastungsbuchung vom 16.10. zu Recht erfolgte.

3. Vorgang

Außerdem vermisst Kurt Knaak einen Zahlungseingang über 4.900,00 EUR, der aus dem Verkaufserlös seiner Briefmarkensammlung in Kiel herrührt. Der Käufer hat ihm telefonisch glaubhaft versichert, dass er den Überweisungsträger am Freitag, 16.10. seiner Hausbank, der Handelsbank Kiel, zur Ausführung übergeben hat und die Belastung seines Kontos mit Wertstellung 16.10. erfolgte.

g Nehmen Sie Stellung zu dem Vorgang. Unterstellen Sie, dass der Käufer den Überweisungsträger korrekt ausgefüllt hat.

5. Fall (30 Punkte)

Notar Dr. Justus Kranz beantragt bei der Unionbank Dortmund die Eröffnung eines Anderkontos, auf das in Kürze 35.000,00 EUR zugunsten seiner Mandantin Claudia Hoffmann überwiesen werden sollen.

Da Herr Dr. Kranz berufsbedingt häufig unterwegs ist, möchte er seiner langjährigen Büroangestellten Vollmacht über das Konto erteilen.

a Geben Sie die Bezeichnung an, unter der das Konto zu eröffnen ist.

b Nehmen Sie zu der gewünschten Vollmachterteilung Stellung.

Als es später zu Streitigkeiten über die Höhe des Anwaltshonorars kommt, lässt Herr Dr. Kranz ohne Zustimmung seiner Mandantin 2.500,00 EUR von dem Anderkonto auf sein Privatkonto übertragen. Nachdem Frau Hoffmann davon erfahren hat, verlangt sie von der Unionbank Schadenersatz. Außerdem gibt sie die Anweisung, bis zur Klärung der Angelegenheit keine weiteren Verfügungen über das Anderkonto ohne ihre Zustimmung zuzulassen.

c Beurteilen Sie die Rechtslage.

Vor dem Notar wird am 15. Mai ein Grundstückskaufvertrag zwischen Frau Magdalene Ritter (Verkäuferin) und den Eheleuten Josef und Maria Bolz (Käufer) abgeschlossen.

Der Vertrag enthält u.a. folgende Vereinbarung:

> *Der gesamte Kaufpreis ist zinslos fällig und bis zum 31. Mai bei dem beurkundenden Notar auf dessen Anderkonto bei der Unionbank Dortmund, Kontonummer 12345678, zu hinterlegen.*
>
> *Der Notar wird den hinterlegten Betrag zuzüglich Zinsen und abzüglich Bankkosten an den Verkäufer zur Auszahlung bringen, sobald die lastenfreie Eigentumsumschreibung sichergestellt ist.*

d Geben Sie zwei Gründe an, warum der Kaufpreis auf ein Notaranderkonto, Kontoinhaber Dr. Kranz, und nicht auf das Privatgirokonto von Dr. Kranz bei der Unionbank überwiesen werden soll.

Am 12. Juni einigen sich Frau Ritter und die Eheleute Bolz über die Aufhebung des Grundstückskaufvertrages und Rückzahlung des bereits auf dem Notaranderkonto hinterlegten Kaufpreises.

Sie wenden sich gemeinsam an die Unionbank und verlangen die Auszahlung des Grundstückskaufpreises. Sie weisen sich durch Vorlage des Notarvertrages sowie ihrer Personalausweise aus.

e Kann die Unionbank der Zahlungsaufforderung nachkommen? Begründen Sie Ihre Entscheidung.

Am 22. Juni verstirbt der Notar. Die Unionbank führt zu diesem Zeitpunkt für ihn fünf Anderkonten.

f Geben Sie Auskunft,

- ob die Unionbank die Guthaben auf den Anderkonten der Erbschaftsteuerstelle des zuständigen Finanzamtes anzeigen muss,
- wer nach dem Tod des Kontoinhabers über die Anderkonten verfügungsberechtigt ist,
- wer die aus den Anderkonten ggf. erzielten Zinsen zu versteuern hat.

6. Fall (30 Punkte)

Die Rentnerin Maria Goldbach spricht bei der Handelsbank Karlsruhe vor und bittet um Auszahlung von 2.000,00 EUR zulasten ihres Girokontos, derzeitiges Guthaben 3.916,20 EUR.

Bei der Überprüfung der Kundenunterschrift fällt dem Bankmitarbeiter die nachstehend ausschnittweise abgebildete Urkunde auf, die als Kopie den Kontounterlagen beiliegt.

```
Aktenzeichen:     78795 B/98

          Bestellung                        Der Aufgabenkreis umfasst:
                                            ( )  Wohnangelegenheiten
Name:        Michael Küster                 (X)  Vermögensangelegenheiten
Anschrift:   Prinzenallee 22                (X)  Rentenangelegenheiten
             76228 Karlsruhe                ( )  Spezialhilfeangelegenheiten
Geburtsdatum: 19.03.1959                    ( )  Bestimmung des Aufenthaltes
                                            ( )  Gesundheitsfürsorge
                                            ( )  ....................
ist zur Betreuerin/zum Betreuer bestellt.

für:   Frau Maria Goldbach                  Folgende Willenserklärungen der/des
       geboren am 16.09.1927                Betroffenen bedürfen der Einwilligung
       wohnhaft Sperberweg 94               der Betreuerin/des Betreuers.
       76197 Karlsruhe
```

a Entscheiden Sie, ob die Handelsbank den gewünschten Betrag an Frau Goldbach auszahlen darf. Begründen Sie Ihre Auffassung.

Einige Tage später erteilt Herr Küster, der Neffe von Frau Goldbach, unter Vorlage seines Personalausweises und der Bestellungsurkunde den Auftrag, einen Teil des Guthabens von Frau Goldbach in Tele-Data-Aktien anzulegen.

b Prüfen Sie, ob Herr Küster hierzu berechtigt ist.

Als Frau Goldbach in der Folgezeit wiederholt nutzlose Zeitschriften abonniert, erwägt Herr Küster, einen Einwilligungsvorbehalt in Vermögensangelegenheiten zu beantragen.

  ba An welche Stelle wäre ein entsprechender Antrag zu richten?

  bb Erläutern Sie, welche Konsequenz sich aus der Anordnung eines Einwilligungsvorbehaltes für die Handelsbank hinsichtlich der Kontoverbindung mit Frau Goldbach ergeben würde.

Am 21. März 20.. unterrichtet Herr Küster die Handelsbank AG unter Vorlage der Sterbeurkunde vom Tod seiner am 15. März verstorbenen Tante.

Am 23. April reicht Herr Küster einen Erbschein nach, aus dem sich folgende Erbregelung ergibt:

1 Werner Goldbach ½ Anteil

2 Michael Küster   ¼ Anteil

3 Renate Goldbach ¼ Anteil

Kontoführung und Zahlungsverkehr

Die Handelsbank AG führt nachfolgende Konten:

- Kontokorrentkonto Maria Goldbach (Habensaldo)   2.420,30 EUR
- Termingeldkonto Maria Goldbach   15.000,00 EUR
- Sparkonto Maria Goldbach   7.430,90 EUR
- Sparkonto Maria Goldbach zugunsten Eva Klein   10.120,10 EUR
- Darlehenskonto Maria Goldbach   2.180,00 EUR

Frau Goldbach ist außerdem Mieterin eines Stahlschließfaches, in dem sich Wertpapiere im Wert von 30.000,00 EUR befinden.

c Bis zu welchem Tag muss die Handelsbank AG an das Finanzamt die Meldung gemäß Erbschaftsteuergesetz vornehmen?

d Bestimmen Sie das Datum des Tages, dessen Tagesendsalden meldepflichtig sind.

e Geben Sie Auskunft über die zu meldenden Tatbestände.

f Entscheiden Sie in den nachfolgenden Fällen, ob das Kreditinstitut dem Kundenwunsch entsprechen kann. Begründen Sie Ihre Entscheidung.

- Am 27. März bittet Werner Goldbach unter Vorlage des Sparbuches und der Rechnung des Bestattungsinstituts um Überweisung von 3.500,00 EUR zulasten des Sparkontos.
- Am 2. April bittet Michael Küster unter Vorlage des Schließfachschlüssels um Öffnung des Schließfaches.

7. Fall (35 Punkte)

Xaver Härtel, 28 Jahre, ledig, kaufmännischer Angestellter, hat zum 1. August dieses Jahres eine Dreizimmerwohnung von der Südwest-Wobau GmbH gemietet. Die bei Einzug fällige Mietkaution beträgt 2.200,00 EUR.

Herr Härtel hat sich bei Stadtsparkasse Südstadt zu einem Beratungsgespräch angemeldet. Er möchte wissen, wie er am besten die geforderte Kaution aufbringen soll. Als Kundenberater bieten Sie ihm ein Sparkonto mit dreimonatiger Kündigungsfrist als Mietkautionskonto auf den Namen des Mieters und Verpfändung der Einlage zugunsten des Vermieters an.

Herr Härtel bittet Sie um nähere Erläuterungen.

a Nennen Sie die im Zusammenhang mit der bereits erwähnten Verpfändung zu verwendenden Bezeichnungen für die Beteiligten (Sparkasse Südstadt, Vermieter und Mieter).

b Informieren Sie den Kunden

    ba über die Sicherungswirkung für den Vermieter,

    bb darüber, wer in der Mietzeit das Sparbuch in Händen hält,

    bc wem die Zinserträge steuerlich zugerechnet werden.

Sie erwähnen als Kundenberater alternativ die Möglichkeit der Errichtung eines Sparkontos auf den Namen des Vermieters mit dem Zusatz „Mietkaution Xaver Härtel" als offenes Treuhandkonto.

c Informieren Sie den Kunden über

    ca den Begriff „offenes Treuhandkonto",

    cb die Frage, wem die Zinsen zustehen,

    cc die Möglichkeit zur Stellung eines Freistellungsauftrages,

    cd die Person, die die Zinsen zu versteuern hat.

Nach Rücksprache mit dem Vermieter stellt Herr Härtel den Antrag auf Eröffnung eines Sparkontos als Mietkautionskonto auf seinen Namen. Er unterschreibt die von der Sparkasse Südstadt vorbereitete Verpfändungserklärung.

Verpfändung eines Sparguthabens als Mietkaution

Sparkonto Nr. 345123789

Für *Herrn Xaver Härtel*

wird bei der Sparkasse Südstadt das oben genannte Sparkonto geführt.

1. Verpfändungserklärung

Zur Sicherung der gegenwärtigen und künftigen Ansprüche von der Firma Südwest-Wobau GmbH – nachstehend Vermieter genannt – aus dem Mietvertrag mit

Herrn Xaver Härtel – nachstehend Mieter genannt –

wird hiermit das Sparguthaben auf dem genannten Konto verpfändet. Das Pfandrecht erstreckt sich auch auf Zinsen und Zinseszinsen ohne Anrechnung auf den Höchstbetrag.

Die Verpfändung ist im Sparbuch zu vermerken.

Der Vermieter ist berechtigt, das Sparguthaben zu kündigen.
Verlangt der Vermieter Auszahlung des Guthabens, so wird die Sparkasse Südstadt AG den Verpfänder hiervon unterrichten. Die Auszahlung erfolgt gegen Vorlage des Sparbuches unter Beachtung der Kündigungsfrist, aber nicht vor Ablauf eines Monats nach Versand der Mitteilung an den Verpfänder. Die Sparkasse Südstadt ist nicht verpflichtet, die Pfandreife zu prüfen.

2. Bestätigung

Ort, Datum

_____   _____
Unterschrift Verpfänder   Unterschrift Pfandgläubiger

Wir haben von der Verpfändung Kenntnis genommen und treten mit dem uns nach unseren Allgemeinen Geschäftsbedingungen zustehenden Pfandrecht hinter das Pfandrecht des Vermieters zurück.

_____
Unterschrift Sparkasse Südstadt

Herr Härtel ist Kreditnehmer eines Ratenkredits bei der Sparkasse Südstadt. Im März des nächsten Jahres gerät er mit den Ratenzahlungen in Rückstand. Die für diesen Fall gesetzlich vorgeschriebenen Maßnahmen sind bislang erfolglos verlaufen.

d Kann die Sparkasse Südstadt den Sollsaldo des Kreditkontos zulasten des Sparguthabens auf dem Konto 345123789 ausgleichen? Begründen Sie Ihre Auffassung.

Am 10. Dezember des nächsten Jahres erscheint Herr Klein, Prokurist der Südwest-Wobau GmbH. Er legt der Sparkasse Südstadt das Sparbuch vor und verlangt Auszahlung des Kautionsbetrages von 2.200,00 EUR zuzüglich der angefallenen Zinsen.

e Begründen Sie, warum die Sparkasse Südstadt eine Auszahlung frühestens für den 12. Januar des folgenden Jahres in Aussicht stellen kann.

f Welchen Betrag erhält der Vermieter ausgezahlt, wenn folgende Daten der Abrechnung zugrunde liegen? (Berechnung ohne Vorschusszinsen)

Einzahlung am 01.08. (Wert 30.7.) dieses Jahres (d. J.)	
Zinssatz	1,50 % p. a.
ab Wert 30.04. des nächsten Jahres (n. J.)	1,75 % p. a.
Kontoauflösung und Auszahlung am 12.01. (Wert 11.01.) des übernächsten Jahres (ü. n. J.) Ein ausreichender Freistellungsauftrag liegt vor.	
Cent werden mitverzinst, deutsche kaufmännische Zinsmethode	

8. Fall (31 Punkte)

Bernd Frenzel ist Kunde der VR Bank Sauerland eG und erwirbt bei der Autohaus Willi Müller GmbH einen Gebrauchtwagen zum Preis von 18.900,00 EUR. Zur Zahlung des Kaufpreises stellt er den unten abgebildeten Scheck aus.

a Nennen Sie drei vertragliche Vereinbarungen, die Herr Frenzel vor Ausstellung eines Schecks mit der VR Bank Sauerland eG treffen muss.

Die Autohaus Willi Müller GmbH unterhält eine Kontoverbindung zur Bergischen Sparkasse. Die Einzelprokuristin Ursula Schneider legt den Scheck dort am frühen Vormittag des Donnerstags, 18.11.20.. vor.

b Begründen Sie, ob eine Barauszahlung des Scheckbetrags möglich ist.

Frau Müller beauftragt die Sparkasse mit dem Inkasso des Scheckgegenwerts.

c Nennen Sie zwei Voraussetzungen, die zur Annahme des Auftrags durch die Sparkasse erfüllt sein müssen.

Am Morgen des 22.11.20.. stellt die Prokuristin Frau Schneider die Gutschrift des Scheckbetrags auf dem Kontoauszug fest und versucht vergeblich, einen Teil des Gegenwerts am Geldautomaten abzuheben. Sie beschwert sich daraufhin am Schalter der Sparkasse. Frau Schneider hatte mit Valuta 17.11.20.. eine Überweisung über 20.000,00 EUR in Auftrag gegeben. Der Kontostand betrug vor Ausführung 6.400,00 EUR H, die GmbH verfügt über einen Kontokorrentkredit in Höhe von 10.000,00 EUR.

Das Preis- und Leistungsverzeichnis und der Preisaushang der Sparkasse enthalten u. a. folgende Regelungen:

Schecks	
Wertstellungen:	
• Belastungen	Buchungstag/Valuta der Vorstelle
• Einreichungen Schecks eigenes Haus	Buchungstag
• Einreichungen Schecks fremdes Kreditinstitut	Buchungstag + 2 Geschäftstage
Sollzinssätze	
• für eingeräumte Kredite	10,90 % p. a.
• für Kontoüberziehungen	13,40 % p. a.

d Geben Sie der Kundin fallbezogen einen Grund dafür an, dass eine Geldautomatenverfügung nicht möglich war.

e Berechnen Sie die anfallenden Sollzinsen nach Ausführung der Überweisung bis zur Scheckgutschrift, falls keine weiteren Buchungen anfallen.

Der Scheck wird der VR Bank Sauerland eG am 22.11.20.. mittags über die Bundesbank vorgelegt. Das Konto des Ausstellers weist keine ausreichende Deckung auf.

f Prüfen Sie, ob die Scheckvorlegung fristgerecht erfolgt, und erläutern Sie die Rechtsfolgen einer verspäteten Vorlage.

g Beschreiben Sie, welche weiteren Prüfungshandlungen die VR Bank vornimmt.

Der zuständige Disponent der VR Bank Sauerland eG entscheidet, den Scheck nicht einzulösen und erstellt fristgerecht eine Rückrechnung.

h Erläutern Sie, wie die Autohaus Willi Müller GmbH scheckrechtliche Regressansprüche geltend machen kann.

Kontoführung und Zahlungsverkehr 17

9. Fall (32 Punkte)

Die Kreissparkasse Rheinland führt ein laufendes Konto für Frau Gisela Winter. Die Kundin hat für den Sommerurlaub eine Ferienwohnung in der Provence gebucht und muss sofort eine Anzahlung in Höhe von 240,00 EUR leisten. Der Ferienhausanbieter Intervacances S.A.R.L. unterhält Kontoverbindung zur Crédit Agricole in Grenoble. Frau Winter kommt am Donnerstag, 12.10.20.. gegen 16:00 Uhr in eine Filiale der Kreissparkasse Rheinland. Den unten abgebildeten SEPA-Überweisungsträger hat sie bereits teilweise ausgefüllt, vor Einreichung des Auftrags hat die Kundin jedoch noch einige Fragen.

SEPA-Überweisung — Für Überweisungen in Deutschland, in andere EU-/EWR-Staaten und in die Schweiz in Euro. Bitte Meldepflicht gemäß Außenwirtschaftsverordnung beachten!

Angaben zum Zahlungsempfänger: INTERVACANCES S.A.R.L.
1 IBAN: (leer)
2 BIC des Kreditinstituts/Zahlungsdienstleisters: (leer)
Betrag: 240,00
Kunden-Referenznummer/Verwendungszweck: MAISON DU VENTOUX, REF 271496
Angaben zum Kontoinhaber: WINTER, GISELA
IBAN: DE ... 16
Datum: 12.10.20..
Unterschrift: Gisela Winter

Bitte nutzen Sie zur Bearbeitung die unten stehenden Auszüge aus dem BGB und dem Preis- und Leistungsverzeichnis.

a Erläutern Sie der Kundin zwei wesentliche Vorteile der SEPA-Überweisung und nennen Sie weitere SEPA-Zahlungsformen.

b Erläutern Sie Frau Winter die Angaben, die im Formular unter den Ziffern 1 und 2 enthalten sind.

c Informieren Sie die Kundin, wer bei der SEPA-Überweisung die Gebühren der beteiligten Kreditinstitute tragen muss.

d Stellen Sie fest, mit welchem Wertstellungsdatum die Zahlung spätestens beim Empfänger eingehen muss.

Frau Winter ist angetan von der einfachen Möglichkeit zur grenzüberschreitenden Zahlung. Deshalb tätigt sie am Freitag, 13.10.20.. gegen 20:00 Uhr eine weitere SEPA-Überweisung per Onlinebanking, um einen Mietwagen für den geplanten Urlaub zu reservieren.

Am folgenden Montagmorgen erscheint Frau Winter erneut in der Filiale. Die Kundin teilt Ihnen mit, dass sie den Betrag der Onlineüberweisung falsch eingegeben habe, und bittet Sie um Stornierung der Zahlung.

e Beurteilen Sie, ob ein Widerruf des Zahlungsauftrags möglich ist.

Außerdem hat Frau Winter festgestellt, dass ihr bei der Überweisung an den Vermieter Intervacances ein Fehler unterlaufen ist. Die von der Kundin eingetragene IBAN gehört einem Mitbewerber des Ferienhausanbieters. Sie geht jedoch davon aus, dass die Zahlung korrekt ausgeführt wird, da der Name des Empfängers richtig angegeben ist.

f Begründen Sie, ob die Empfängerbank die Gutschrift ausführen darf.

Anschließend teilt Frau Winter Ihnen mit, dass sie heute bemerkt habe, dass ihre zuletzt am Freitag genutzte und normalerweise unter Verschluss aufbewahrte TAN-Liste (iTAN) zum Onlinebanking nicht mehr aufzufinden sei. Bei Durchsicht der Kontoumsätze stellen Sie fest, dass am frühen Montagmorgen eine Onlineüberweisung in Höhe von 4.000,00 EUR getätigt wurde, der Onlineverfügungsrahmen liegt bei 5.000,00 EUR. Der Empfänger ist der Kundin unbekannt. Frau Winter beauftragt Sie, die Zahlung sofort rückgängig zu machen und das Konto bis auf Weiteres für das Onlinebanking zu sperren.

g Stellen Sie fest, ob und in welcher Höhe Frau Winter gemäß BGB für den durch die missbräuchliche Zahlung verursachten Schaden haftet.

h Beurteilen Sie, wie die Haftung ausfiele, falls die Kundin PIN und TAN auf ihrem PC gespeichert hätte.

Frau Winter befürchtet, dass nach dem Gespräch mit Ihnen weitere unberechtigte Verfügungen über ihr Konto vorgenommen werden könnten, für die sie dann eventuell haften würde.

i Klären Sie die Kundin darüber auf, ob ihre Befürchtungen berechtigt sind.

Auszug aus dem BGB

§ 675s Ausführungsfrist für Zahlungsvorgänge
(1) Der Zahlungsdienstleister des Zahlers ist verpflichtet sicherzustellen, dass der Zahlungsbetrag spätestens am Ende des auf den Zugangszeitpunkt des Zahlungsauftrags folgenden Geschäftstags beim Zahlungsdienstleister des Zahlungsempfängers eingeht; bis zum 1. Januar 2012 können ein Zahler und sein Zahlungsdienstleister eine Frist von bis zu drei Geschäftstagen vereinbaren. Für Zahlungsvorgänge innerhalb des Europäischen Wirtschaftsraums, die nicht in Euro erfolgen, können ein Zahler und sein Zahlungsdienstleister eine Frist von maximal vier Geschäftstagen vereinbaren. Für in Papierform ausgelöste Zahlungsvorgänge können die Fristen nach Satz 1 um einen weiteren Geschäftstag verlängert werden.

§ 675l Pflichten des Zahlers in Bezug auf Zahlungsauthentifizierungsinstrumente
Der Zahler ist verpflichtet, unmittelbar nach Erhalt eines Zahlungsauthentifizierungsinstruments alle zumutbaren Vorkehrungen zu treffen, um die personalisierten Sicherheitsmerkmale vor unbefugtem Zugriff zu schützen. Er hat dem Zahlungsdienstleister oder einer von diesem benannten Stelle den Verlust, den Diebstahl, die missbräuchliche Verwendung oder die sonstige nicht autorisierte Nutzung eines Zahlungsauthentifizierungsinstruments unverzüglich anzuzeigen, nachdem er hiervon Kenntnis erlangt hat.

§ 675n Zugang von Zahlungsaufträgen
(1) Ein Zahlungsauftrag wird wirksam, wenn er dem Zahlungsdienstleister des Zahlers zugeht. Fällt der Zeitpunkt des Zugangs nicht auf einen Geschäftstag des Zahlungsdienstleisters des Zahlers, gilt der Zahlungsauftrag als am darauf folgenden Geschäftstag zugegangen. Der Zahlungsdienstleister kann festlegen, dass Zahlungsaufträge, die nach einem bestimmten Zeitpunkt nahe am Ende eines Geschäftstags zugehen, für die Zwecke des § 675s Abs. 1 als am darauf folgenden Geschäftstag zugegangen gelten. Geschäftstag ist jeder Tag, an dem der an der Ausführung eines Zahlungsvorgangs beteiligte Zahlungsdienstleister den für die Ausführung von Zahlungsvorgängen erforderlichen Geschäftsbetrieb unterhält.

§ 675p Unwiderruflichkeit eines Zahlungsauftrags
(1) Der Zahlungsdienstnutzer kann einen Zahlungsauftrag vorbehaltlich der Absätze 2 bis 4 nach dessen Zugang beim Zahlungsdienstleister des Zahlers nicht mehr widerrufen. [...]
(3) Ist zwischen dem Zahlungsdienstnutzer und seinem Zahlungsdienstleister ein bestimmter Termin für die Ausführung eines Zahlungsauftrags (§ 675n Abs. 2) vereinbart worden, kann der Zahlungsdienstnutzer den Zahlungsauftrag bis zum Ende des Geschäftstags vor dem vereinbarten Tag widerrufen. [...]
(5) Der Teilnehmer an Zahlungsverkehrssystemen kann einen Auftrag zugunsten eines anderen Teilnehmers von dem in den Regeln des Systems bestimmten Zeitpunkt an nicht mehr widerrufen.

§ 675r Ausführung eines Zahlungsvorgangs anhand von Kundenkennungen
(1) Die beteiligten Zahlungsdienstleister sind berechtigt, einen Zahlungsvorgang ausschließlich anhand der von dem Zahlungsdienstnutzer angegebenen Kundenkennung auszuführen. Wird ein Zahlungsauftrag in Übereinstimmung mit dieser Kundenkennung ausgeführt, so gilt er im Hinblick auf den durch die Kundenkennung bezeichneten Zahlungsempfänger als ordnungsgemäß ausgeführt.

(2) Eine Kundenkennung ist eine Abfolge aus Buchstaben, Zahlen oder Symbolen, die dem Zahlungsdienstnutzer vom Zahlungsdienstleister mitgeteilt wird und die der Zahlungsdienstnutzer angeben muss, damit der andere am Zahlungsvorgang beteiligte Zahlungsdienstnutzer oder dessen Zahlungskonto zweifelsfrei ermittelt werden kann.

(3) Ist eine vom Zahler angegebene Kundenkennung für den Zahlungsdienstleister des Zahlers erkennbar keinem Zahlungsempfänger oder keinem Zahlungskonto zuzuordnen, ist dieser verpflichtet, den Zahler unverzüglich hierüber zu unterrichten und ihm gegebenenfalls den Zahlungsbetrag wieder herauszugeben.

§ 675u Haftung des Zahlungsdienstleisters für nicht autorisierte Zahlungsvorgänge

Im Fall eines nicht autorisierten Zahlungsvorgangs hat der Zahlungsdienstleister des Zahlers gegen diesen keinen Anspruch auf Erstattung seiner Aufwendungen. Er ist verpflichtet, dem Zahler den Zahlungsbetrag unverzüglich zu erstatten und, sofern der Betrag einem Zahlungskonto belastet worden ist, dieses Zahlungskonto wieder auf den Stand zu bringen, auf dem es sich ohne die Belastung durch den nicht autorisierten Zahlungsvorgang befunden hätte.

§ 675v Haftung des Zahlers bei missbräuchlicher Nutzung eines Zahlungsauthentifizierungsinstruments

(1) Beruhen nicht autorisierte Zahlungsvorgänge auf der Nutzung eines verlorengegangenen, gestohlenen oder sonst abhanden gekommenen Zahlungsauthentifizierungsinstruments, so kann der Zahlungsdienstleister des Zahlers von diesem den Ersatz des hierdurch entstandenen Schadens bis zu einem Betrag von 150,00 EUR verlangen. Dies gilt auch, wenn der Schaden infolge einer sonstigen missbräuchlichen Verwendung eines Zahlungsauthentifizierungsinstruments entstanden ist und der Zahler die personalisierten Sicherheitsmerkmale nicht sicher aufbewahrt hat.

(2) Der Zahler ist seinem Zahlungsdienstleister zum Ersatz des gesamten Schadens verpflichtet, der infolge eines nicht autorisierten Zahlungsvorgangs entstanden ist, wenn er ihn in betrügerischer Absicht ermöglicht hat oder durch vorsätzliche oder grob fahrlässige Verletzung

1. einer oder mehrerer Pflichten gemäß § 675l oder
2. einer oder mehrerer vereinbarter Bedingungen für die Ausgabe und Nutzung des Zahlungsauthentifizierungsinstruments herbeigeführt hat.

(3) Abweichend von den Absätzen 1 und 2 ist der Zahler nicht zum Ersatz von Schäden verpflichtet, die aus der Nutzung eines nach der Anzeige gemäß § 675l Satz 2 verwendeten Zahlungsauthentifizierungsinstruments entstanden sind. Der Zahler ist auch nicht zum Ersatz von Schäden im Sinne des Absatzes 1 verpflichtet, wenn der Zahlungsdienstleister seiner Pflicht gemäß § 675m Abs. 1 Nr. 3 nicht nachgekommen ist. Die Sätze 1 und 2 sind nicht anzuwenden, wenn der Zahler in betrügerischer Absicht gehandelt hat.

§ 675y Haftung der Zahlungsdienstleister bei nicht erfolgter oder fehlerhafter Ausführung eines Zahlungsauftrags; Nachforschungspflicht

[...] (3) Ansprüche des Zahlungsdienstnutzers gegen seinen Zahlungsdienstleister nach Absatz 1 Satz 1 und 2 sowie Absatz 2 Satz 2 bestehen nicht, soweit der Zahlungsauftrag in Übereinstimmung mit der vom Zahlungsdienstnutzer angegebenen fehlerhaften Kundenkennung ausgeführt wurde. In diesem Fall kann der Zahler von seinem Zahlungsdienstleister jedoch verlangen, dass dieser sich im Rahmen seiner Möglichkeiten darum bemüht, den Zahlungsbetrag wiederzuerlangen. Der Zahlungsdienstleister darf mit dem Zahlungsdienstnutzer im Zahlungsdiensterahmenvertrag für diese Wiederbeschaffung ein Entgelt vereinbaren.

Auszug aus dem Preis- und Leistungsverzeichnis:

Kreissparkasse Rheinland

Preise und Leistungsmerkmale bei der Kontoführung und der Erbringung von Zahlungsdiensten sowie beim Scheckverkehr für Privatkunden und Geschäftskunden

Dienstleistung	Preise

1.5 Geschäftstage und Annahmezeiten

Geschäftstag ist jeder Tag, an dem die an der Ausführung eines Zahlungsvorgangs beteiligten Zahlungsdienstleister den für die Ausführung von Zahlungsvorgängen erforderlichen Geschäftsbetrieb unterhalten. Die Sparkasse unterhält den für die Ausführung von Zahlungen erforderlichen Geschäftsbetrieb an allen Werktagen, mit Ausnahme von
– Sonnabenden
– dem 24. und 31. Dezember

Annahmezeitpunkt (Cut-Off-Zeit):
Geschäftsstelle bis 15:30 Uhr

10. Fall (30 Punkte)

Die MegaMüsli GmbH ist seit zwei Jahren Kundin der Bergischen Sparkasse. Das Unternehmen vertreibt über das Internet individuell zusammengestellte Müsli-Mischungen und hat sich damit erfolgreich am Markt etabliert. Der Anteil der Stammkunden ist hoch, viele Bestellungen erfolgen zudem bereits aus dem europäischen Ausland. Bisher müssen Kunden ihre Rechnungen per Vorabüberweisung bezahlen. Der Geschäftsführer Björn Ziegler denkt nun darüber nach, die Zahlungsbedingungen kundenfreundlicher zu gestalten und einen Einzug der Rechnungsbeträge anzubieten.

Herr Ziegler bittet Sie um Information über die vereinfachte Abwicklung der Kundenzahlungen. Sie beraten den Kunden über die SEPA-Basis-Lastschrift.

a Erklären Sie, was unter der Abkürzung SEPA zu verstehen ist.

b Erläutern Sie den grundsätzlichen Unterschied zur Zahlung per Überweisung und geben Sie an, für welche Arten von Forderungen das Lastschriftverfahren geeignet ist.

Herr Ziegler möchte genauere Information darüber, wie seine Kunden ihre Erlaubnis zum Einzug der Rechnungsbeträge erteilen. Sie zeigen dem Kunden unten stehendes Muster für ein Mandat.

MUSTER GMBH, ROSENWEG 2, 00000 IRGENDWO

Gläubiger-Identifikationsnummer DE99ZZZ05678901234
Mandatsreferenz 987543CB2

SEPA-Lastschriftmandat

Ich ermächtige die Muster GmbH, Zahlungen von meinem Konto mittels Lastschrift einzuziehen. Zugleich weise ich mein Kreditinstitut an, die von der Muster GmbH auf mein Konto gezogenen Lastschriften einzulösen.

Hinweis: Ich kann innerhalb von acht Wochen, beginnend mit dem Belastungsdatum, die Erstattung des belasteten Betrages verlangen. Es gelten dabei die mit meinem Kreditinstitut vereinbarten Bedingungen.

_____
Vorname und Name (Kontoinhaber)

_____
Straße und Hausnummer

_____
Postleitzahl und Ort

_____
Kreditinstitut (Name und BIC)

DE_ _ | _ _ _ _ | _ _ _ _ | _ _ _ _ | _ _ _ _ | _ _
IBAN

_____
Datum, Ort und Unterschrift

c Erklären Sie folgende Angaben im Lastschriftmandat:
- Gläubiger-Identifikationsnummer
- Mandatsreferenz

Anschließend legen Sie dem Kunden eine „Vereinbarung über den Einzug von Forderungen durch SEPA-Basis-Lastschriften" vor. Herr Ziegler kennt bisher aus eigener Erfahrung nur das Einzugsermächtigungsverfahren und bittet Sie um weitere Beratung.

d Erläutern Sie, was unter einer „Pre-Notification" zu verstehen ist.

e Benennen Sie die Einreichungsfristen für Lastschrifteinzüge.

f Berichten Sie über die Widerspruchsfrist für ordnungsgemäß eingereichte SEPA-Basis-Lastschriften und nennen Sie zwei weitere Gründe für eine Lastschriftrückgabe.

Nach Unterschrift der Vereinbarung und Festlegung eines Lastschriftobligos reicht die MegaMüsli GmbH erstmals Lastschriftdateien zum Inkasso ein.

g Nennen Sie vier Arbeitsschritte, die für die Bergische Sparkasse mit der Einreichung verbunden sind.

Nachträglich stellt Herr Ziegler fest, dass in einem Fall für den Einzug kein gültiges Mandat vorlag.

h Geben Sie an, welche Folgen dieses Versäumnis hat.

Ein Kunde der MegaMüsli stellt bei Durchsicht seines Kontoauszugs fest, dass statt 60,10 EUR ein Betrag von 6.010,00 EUR von seinem Konto bei der Volksbank Mitteleifel abgebucht wurden. Er widerspricht dem Lastschrifteinzug fristgerecht.

i Erläutern Sie den Arbeitsablauf aufgrund der Lastschriftrückgabe bei der Volksbank Mitteleifel.

11. Fall (30 Punkte)

Jens Lohmann (22 Jahre, ledig) eröffnet ein Konto bei der Volksbank Chiemgau eG. Der Kunde hat eine Ausbildung zum Industriekaufmann in Hamburg absolviert und tritt nun eine Stelle in Bayern an. Sie verlegen das Konto von Herrn Lohmann im Rahmen eines Umzugsservices an den neuen Wohnort und beraten den Kunden über Kontoführungsmodelle. Herr Lohmann zeigt Interesse am „Chiemgau-Plus-Paket", das zum Pauschalpreis neben der Bankkarte eine Kreditkarte beinhaltet.

a Nennen Sie vier typische Dienstleistungen, die das Kreditinstitut im Rahmen des Umzugsservices für den Kunden erbringen kann.

b Informieren Sie den Kunden über vier Einsatzmöglichkeiten seiner Bankkarte.

Die Kreditkarte wird bei der Volksbank Chiemgau eG mit verschiedenen Abrechnungsformen angeboten. Ihnen liegen folgende Beraterinformationen vor:

Variante	Abrechnungsform
Kreditkarte „smart"	Debit-Card
Kreditkarte „classic"	Charge-Card
Kreditkarte „flexi"	Credit-Card

c Erläutern Sie Herrn Lohmann die zur Auswahl stehenden Abrechnungsformen.

Herr Lohmann entscheidet sich für die Kreditkarte „classic" und ist überrascht, als Sie ihm daraufhin mitteilen, dass Sie neben der Schufa-Auskunft mit dem Umzugsservice auch eine Bankauskunft von seinem alten Kreditinstitut einholen möchten.

d Erklären Sie den Hintergrund dieser Maßnahme.

Nach Kontoeröffnung erhält Herr Lohmann beide Karten per Post und nutzt sie für Zahlungen im Einzelhandel. Unter anderem tätigt er folgende Verfügungen mit der Bankkarte:

1 Kauf eines Tablet-PC, Legitimation per PIN

2 Kauf einer Bohrmaschine, Legitimation per Unterschrift

Da Herr Lohmann an beiden Artikeln nach der ersten Nutzung Mängel festgestellt hat, möchte er die Zahlungen stornieren.

e Beraten Sie Herrn Lohmann in beiden Fällen über Möglichkeiten, die Belastung rückgängig zu machen.

Am Morgen des 15.03.20.. wird Herrn Lohmann das Portemonnaie mit beiden Zahlungskarten gestohlen. Der Kunde bemerkt den Diebstahl am frühen Nachmittag.

f Nennen Sie die Pflichten, die Herr Lohmann bei Diebstahl der Zahlungskarten hat.

Herr Lohmann kommt den in f genannten Verpflichtungen am 15.03.20.. um 15:00 Uhr nach. Trotzdem stellt sich nachträglich heraus, dass am selben Tag folgende Verfügungen missbräuchlich getätigt wurden:

1 10:30 Uhr: Kauf eines Fernsehers für 499,00 EUR, Zahlung mit Bankkarte und Unterschrift

2 12:00 Uhr: Kauf einer Armbanduhr für 1.840,00 EUR, Zahlung mit Kreditkarte und Unterschrift

3 16:15 Uhr: Verfügung am Geldautomaten 500,00 EUR

g Erläutern Sie die Haftungsregelung in den drei Fällen.

2 Geld- und Vermögensanlagen

12. Fall (35 Punkte)

Sabine und Jörg Naumann sind Kunden der Rheinbank AG. Die Eheleute haben Sie um eine Beratung über die Möglichkeiten der privaten Altersvorsorge gebeten. Durch Werbung der Rheinbank sind die Kunden auf Anlageprodukte aufmerksam geworden, die als „Riester-Rente" staatlich gefördert werden.
Aus der bisherigen Kundenverbindung ist Ihnen bekannt, dass Jörg Naumann als kaufmännischer Angestellter bei der Lohrmann Maschinenbau AG beschäftigt ist. Sein sozialversicherungspflichtiges Einkommen des Vorjahrs beträgt 55.000,00 EUR. Die Kinder Paul und Hanna sind in 2005 und 2008 geboren, Sabine Naumann ist seit der Geburt der Kinder nicht mehr berufstätig.

Im Beratungsgespräch bitten die Kunden Sie zum Einstieg um Information über den Umfang der staatlichen Altersvorsorge.

a Erläutern Sie den Kunden den Begriff der „Versorgungslücke" und informieren Sie über die zu erwartenden Leistungen aus der gesetzlichen Rentenversicherung.

Nach Ihren Erklärungen fühlen die Eheleute sich bestärkt im Wunsch, privat vorzusorgen, und bitten Sie um weitere Auskunft zur Riester-Rente.

b Begründen Sie, warum die Riester-Rente als Vorsorgemöglichkeit für die Naumanns geeignet ist, und prüfen Sie, ob beide Eheleute zum geförderten Personenkreis zählen.

c Nennen Sie drei förderungsfähige Anlageformen, die von Kreditinstituten angeboten werden.

d Beschreiben Sie drei Voraussetzungen, die Altersvorsorgeverträge für eine Zertifizierung durch die Finanzdienstleistungsaufsicht erfüllen müssen.

Vor der Entscheidung für ein Anlageprodukt möchten die Naumanns die genaue Höhe der staatlichen Förderung erfahren. Es soll jeweils ein Vertrag für Frau und Herrn Naumann eröffnet werden.
Nutzen Sie zur Berechnung die folgende Übersicht:

Staatliche Förderung privater Altersvorsorge	
Beitrag	• 4 % des sozialversicherungspflichtigen Vorjahreseinkommens • max. 2.100,00 EUR
Sockelbeitrag	• Mindesteinzahlung 60,00 EUR
Grundzulage	• Grundzulage 154,00 EUR
Kinderzulage	• geboren bis 31.12.2007: 185,00 EUR • geboren seit 01.01.2008: 300,00 EUR

e Bestimmen Sie die erforderliche Höhe des Eigenbeitrags von Herrn und Frau Naumann. Die Kinderzulagen werden Frau Naumann zugeordnet.

Die Kunden zeigen Interesse an der Anlage in einem Aktienfonds. Die Eheleute Naumann haben bereits Erfahrung mit der Anlage in Aktien, ein Erfassungsbogen nach dem Wertpapierhandelsgesetz liegt Ihnen vor.

f Erläutern Sie den Kunden drei spezielle Risiken der Anlage in Investmentanteilen.

Die Eheleute Naumann entscheiden sich für den Investmentsparvertrag und bitten Sie abschließend um Information über die Auszahlung der Zulagen und die steuerliche Behandlung ihres Vertrags.

g Nennen Sie den Kunden zwei Möglichkeiten zur Beantragung der Zulagen.

h Erläutern Sie den Kunden die Besteuerung von Sparbeiträgen und Rentenzahlungen bei Riester-Verträgen.

13. Fall (37 Punkte)

Ihre Kundin Angelika Kleinschmidt (ledig, kinderlos, 44 Jahre) ist als leitende Angestellte bei einem Unternehmen der Pharmaindustrie in Düsseldorf tätig. Frau Kleinschmidt bittet Sie um eine Beratung über Produkte der privaten Altersvorsorge. Die Kundin möchte im Alter von 65 Jahren in den Ruhestand gehen und ist sich darüber im Klaren, dass sie mit einer Versorgungslücke rechnen muss, falls sie ausschließlich durch die gesetzliche Rentenversicherung vorsorgt. Frau Kleinschmidt interessiert sich für eine private Rentenversicherung. Sie zahlt bereits seit Längerem 100,00 EUR monatlich in eine Kapitallebensversicherung ein.
Das sozialversicherungspflichtige Bruttoeinkommen der Kundin für das Jahr 2016 beträgt 76.400,00 EUR (zu versteuerndes Einkommen ohne Abschluss weiterer Altersvorsorgeverträge ca. 62.000,00 EUR).

Geld- und Vermögensanlagen

Zusatzangaben:

Beitragsbemessungsgrenzen zur Sozialversicherung 2016	
Kranken- und Pflegeversicherung	50.850,00 EUR
Renten- und Arbeitslosenversicherung (West)	74.400,00 EUR
Steuertarif 2016	
ab 53.666,00 EUR zu versteuerndes Einkommen	Grenzsteuersatz 42 %

Schema zur Ermittlung der steuerlich abzugsfähigen Altersvorsorgeaufwendungen	
	Arbeitnehmerbeitrag zur gesetzlichen Rentenversicherung
+	Arbeitgeberbeitrag zur gesetzlichen Rentenversicherung
+	weitere Beiträge zur Basisversorgung
=	gesamte Aufwendungen zur Basisversorgung (max. 22.767,00 EUR)
↳	davon steuerlich abzugsfähiger Anteil
−	steuerfreier Arbeitgeberanteil zur gesetzlichen Rentenversicherung
=	steuerlich absetzbare Altersvorsorgeaufwendungen

Jahr	Anteil der steuerlich abzugsfähigen Altersvorsorgeaufwendungen
2005	60 %
2006	62 %
...	jährlicher Anstieg um zwei Prozentpunkte

a Erläutern Sie der Kundin das sogenannte „Drei-Schichten-Modell" der Altersvorsorge.

b Erläutern Sie Frau Kleinschmidt Unterschiede zwischen einer Kapitallebensversicherung und einer privaten Rentenversicherung bezüglich folgender Merkmale:

- Auszahlung im Rentenalter
- Auszahlung bei Tod vor dem Renteneintritt

Die Kundin zeigt sich im Verlauf des Gesprächs besonders interessiert an steuerlichen Aspekten und staatlicher Förderung der Altersvorsorge. Sie gehen in Ihrer Beratung für Frau Kleinschmidt deshalb besonders auf Produkte der sogenannten „Riester-Rente" und „Rürup-Rente" ein.

c Erklären Sie Frau Kleinschmidt Grundzüge des Systems der nachgelagerten Besteuerung für Produkte der sogenannten „1. Schicht".

d Nennen Sie der Kundin drei Merkmale, in denen sich die Rürup-Rente von einer Rentenversicherung ohne steuerliche Förderung unterscheidet.

e Berechnen Sie, welchen Beitrag Frau Kleinschmidt im Jahr 2016 monatlich in eine Rürup-Rente einzahlen müsste, um die maximal möglichen Altersvorsorgeaufwendungen steuerlich geltend machen zu können.

f Bestimmen Sie die Höhe der steuerlich absetzbaren Altersvorsorgeaufwendungen pro Jahr, die sich bei dem in e) errechneten Beitrag zu einer Rürup-Rente im Jahr 2016 ergeben.

g Ermitteln Sie, welche zusätzliche Steuerersparnis in EUR sich für das Jahr 2016 ergibt, wenn die Kundin den in e) errechneten Beitrag in die Rürup-Rente einzahlt (ohne Solidaritätszuschlag und Kirchensteuer).

h Errechnen Sie zum Vergleich, in welcher Höhe eine Steuerersparnis bei einer Rentenversicherung möglich wäre, die als Riester-Rente zertifiziert ist. Geben Sie eine Empfehlung für eins der beiden Produkte, wenn nur der steuerliche Aspekt eine Rolle spielt.

Geld- und Vermögensanlagen

14. Fall (35 Punkte)

Der Kreditbank liegt folgendes Verkaufsangebot der FERROSTAHL AG, Duisburg, vor.

Verkaufsangebot

Anleihevolumen	750.000.000,00 EUR
Stückelung	750.000 Teilschuldverschreibungen zu je 1.000,00 EUR
Ausgabekurs	99,40 %
Ausgabezeitpunkt	10.08.2016
Verbriefung	Auf den Inhaber lautende Schuldverschreibungen, keine effektiven Stücke (Globalurkunde)
Hinterlegungsstelle	Clearstream Banking AG Frankfurt
Verzinsung	jährlich, erstmals am 10.08.2017, letztmals am 10.08.2022
Zinssatz	4,25 % p.a.
Zinsmethode	act/act
Rückzahlung	Die Rückzahlung erfolgt zum Nennbetrag am 10.08.2022.
Vorzeitige Rückzahlung	Eine Kündigung der Anleihe ist nicht vorgesehen. Allerdings kann die Schuldnerin über den Markt Papiere erwerben.
Besicherung	Die Anleihe wird besichert durch erststellige Gesamtgrundschulden auf betrieblich genutztem Grundbesitz. Anleihetreuhänderin ist die Westbank AG, Frankfurt/Main.
Börsenhandel	Die Zulassung zum Börsenhandel an der Frankfurter Wertpapierbörse wird beantragt.

Aus einer Pressenotiz geht hervor, dass die FERROSTAHL AG die Anleihe herausgibt, um eine Konsolidierung der Finanzstruktur zu erreichen, die durch zu hohe kurzfristige Verbindlichkeiten belastet war.

a Erläutern Sie dieses Emissionsmotiv der FERROSTAHL AG.

b Berechnen Sie

    ba den Emissionserlös der FERROSTAHL-Anleihe (ohne Emissionskosten) im Falle des vollständigen Verkaufs der Anleihe,

    bb die Emissionsrendite (auf zwei Stellen hinter dem Komma, kfm. gerundet).

c Warum hat der Emittent auf den Ausdruck effektiver Stücke verzichtet?

d Warum behält sich die FERROSTAHL AG das Recht vor, die Anleihe über den Markt zurückkaufen zu dürfen?

Felix Müller interessiert sich für die Anleihe der FERROSTAHL AG.
Er wendet sich an seinen Kundenberater mit der Bitte um nähere Informationen.

e Informieren Sie den Kunden über

    ea die Besicherung der Anleihe,

    eb das für ihn bestehende Marktzinsrisiko,

    ec das für ihn bestehende Inflationsrisiko,

    ed die steuerliche Behandlung seiner Kuponzinsen,

    ee die Form des Eigentumserwerbs bei Kauf der Inhaberschuldverschreibung.

Herr Müller wundert sich, dass die Effektivverzinsung der FERROSTAHL AG-Anleihe um 0,8 % p.a. höher ist als bei den kürzlich von ihm erworbenen Pfandbriefen der Realboden AG.

f Erklären Sie dem Kunden den Grund hierfür.

15. Fall (28 Punkte)

Ferdi Kassner möchte Effekten im Werte von 50.000,00 EUR erwerben. Er legt Wert auf eine besonders sichere Geldanlage.

Geld- und Vermögensanlagen

Der Kundenberater der Unionbank macht ihn im Rahmen eines Beratungsgesprächs auf Pfandbriefe der EURO-REALBODENBANK aufmerksam.

Ausschnitt aus einem Verkaufsprospekt:

NEUEMISSION

EUROREALBODENBANK AG

Verkaufsangebot
über

4,75 % Pfandbriefe der EUROREALBODENBANK AG

Emissionsvolumen	1.000.000.000,00 EUR
Laufzeit	10 Jahre
rückzahlbar spätestens am	12.04.2026 zu 100 %
Zinssatz	4,75 % p.a.
Zinstermin	12.04. gzj.
Emissionskurs	100,25 %
Verkaufsbeginn	Mittwoch, 01.04.2016 (1. Handelstag)

Die Schuldverschreibungen bleiben während der gesamten Laufzeit in einer Global-Inhaber-Schuldverschreibung verbrieft, die bei der Clearstream Banking AG hinterlegt ist.

Die Globalurkunde trägt die Bestätigung des von der Aufsichtsbehörde bestellten Treuhänders, **dass die vorgeschriebene Deckung vorhanden und in das Deckungsregister für Pfandbriefe eingetragen ist.** ⎫ [1]

Die Schuldverschreibungen sind vonseiten der Schuldnerin zum ersten Mal nach der Hälfte der Laufzeit mit einer Frist von 6 Monaten zum nächsten Kupontermin kündbar.

Die Zulassungsstelle hat die genannten Schuldverschreibungen zum Börsenhandel mit amtlicher Notierung an der Frankfurter Wertpapierbörse zugelassen.

---

a Erklären Sie Herrn Kassner die Bedeutung der im Verkaufsprospekt mit der Ziffer [1] am rechten Rand gekennzeichneten Aussage.

b Erläutern Sie dem Kunden fallbezogen den Zusammenhang zwischen Emissionskurs und Effektivverzinsung. Stellen Sie rechnerisch einen Zusammenhang zum derzeitigen Kapitalmarktzinsniveau von 4,72 % p.a. für vergleichbare Anlagen dar.

Herr Kassner möchte die Pfandbriefe zum frühestmöglichen Zeitpunkt erwerben.

c Wie wird bei der Kaufabrechnung berücksichtigt, dass der Erwerb der Pfandbriefe vor dem Beginn des Zinslaufs liegt?

d Erstellen Sie die Kaufabrechnung für Herrn Kassner (ohne Transaktionskosten).

Sie weisen im Beratungsgespräch Herrn Kassner auf die Kündigungsmöglichkeit der Emittentin nach fünf Jahren hin.

e Klären Sie den Kunden darüber auf, welche Zinsentwicklung am Kapitalmarkt die Emittentin veranlassen könnte, die Emission zu kündigen.

Anfang April 2018 erscheint Herr Kassner bei Ihnen mit folgendem Anliegen: Er benötigt zum 12.04.2018 (Donnerstag) 40.000,00 EUR, die er aus dem Verkauf der Pfandbriefe über die Börse aufbringen möchte.

f An welchem Tag muss der Börsenverkauf spätestens erfolgt sein?

16. Fall (35 Punkte)

Susanne Hahn lässt sich bei der Volksbank Obereifel über die Anlage von vermögenswirksamen Leistungen beraten. Nach einer Ausbildung zur Bürokauffrau hat Frau Hahn eine Arbeitsstelle bei der Söhngen Büromöbel GmbH erhalten und bekommt Leistungen nach dem 5. Vermögensbildungsgesetz in Höhe von 13,00 EUR monatlich. Frau Hahn ist ledig, ihr sozialversicherungspflichtiges Bruttoeinkommen beträgt 20.850,00 EUR pro Jahr, davon versteuert sie 14.600,00 EUR.

a Stellen Sie fest, ob Frau Hahn nach dem 5. Vermögensbildungsgesetz Anspruch auf Arbeitnehmersparzulage hat.

b Nennen Sie die Anlageformen, die mit der Arbeitnehmersparzulage gefördert werden. Geben Sie jeweils an, welcher maximale Betrag zur Förderung monatlich eingezahlt werden kann und wie hoch die Arbeitnehmersparzulage in Prozent ist.

c Erklären Sie, wie die Arbeitnehmersparzulage beantragt wird.

Da Frau Hahn sich vorstellen kann, in einigen Jahren eine Eigentumswohnung zu erwerben, entscheidet sie sich für den Bausparvertrag. Sie möchte außerdem den Beitrag ihres Arbeitgebers durch eine Eigenleistung aufstocken.

d Erklären Sie, unter welcher Voraussetzung eigene Sparbeiträge mit Arbeitnehmersparzulage gefördert werden.

e Benennen Sie eine weitere Möglichkeit der staatlichen Förderung für den Sparvertrag, indem Sie folgende Aspekte erläutern:
- Voraussetzung für die Förderung
- maximal geförderter Betrag p. a.
- Höhe der Förderung in Prozent p. a.

Frau Hahn entschließt sich, die für die maximale staatliche Förderung erforderlichen Beiträge einzuzahlen, und bittet um weitere Informationen zum Bausparen.

f Ermitteln Sie die Höhe der staatlichen Zulagen in Euro p. a.

g Erklären Sie die Phasen, in denen der Bausparvertrag nach dem Abschluss abläuft.

h Nennen Sie neben der staatlichen Förderung drei weitere Vorteile des Bausparens aus Kundensicht.

Sie bieten Frau Hahn einen Bausparvertrag Ihres Verbundpartners zu folgenden Konditionen an:

Tarif FlexiPlus	
Regelsparbeitrag pro Monat:	5 ‰ der Bausparsumme
Guthabenverzinsung:	1,0 % p. a.
Mindestsparguthaben:	40 %
Tilgungsbeitrag (Zins und Tilgung) pro Monat:	8 ‰ der Bausparsumme
Darlehensverzinsung:	3,0 % p. a.

i Nennen Sie zwei Arten von Gebühren, die beim Bausparvertrag erhoben werden können.

j Ermitteln Sie die Bausparsumme für Frau Hahn (aufgerundet auf volle TEUR). Gehen Sie davon aus, dass genau die in f) vorausgesetzten Sparbeiträge eingezahlt werden.

k Nennen Sie neben dem Mindestsparguthaben drei weitere Voraussetzungen für die Zuteilung des Bauspardarlehens.

17. Fall (33 Punkte)

Fabian Schleicher lässt sich bei der Sparkasse Siebengebirge über Vorsorgeprodukte beraten. Herr Schleicher führt ein Gemeinschaftskonto mit seiner Frau Elke, weitere Vorsorgeverträge bei anderen Anbietern existieren nicht.

Geld- und Vermögensanlagen

Gemeinschaftskonto 1542367		Elke Schleicher	Fabian Schleicher
Stammdaten	Alter	31	33
	Beruf	in Elternzeit	kfm. Angestellter
	Gehaltseingang	–	2.840,00 EUR
	Verfügungsberechtigung	Konto 1538975, Linus Schleicher (minderjährig)	
		Konto 1591684, Emily Schleicher (minderjährig)	
Produktübersicht	Ratenkredit	Saldo 24.360,00 EUR S	
	Girokonto	Saldo 2.654,87 H	
	staatlich geförderte Altersvorsorge	RiesterPlus Balance Investmentsparvertrag	RiesterPlus Chance Investmentsparvertrag

Sie sprechen mit Herrn Schleicher über die Kapitallebensversicherung. Der Kunde interessiert sich dabei besonders für die Verwendung seiner Versicherungsbeiträge.

a Erläutern Sie zwei Motive von Herrn Schleicher für den Abschluss einer Kapitallebensversicherung.

b Beschreiben Sie, in welche Bestandteile die Versicherungsgesellschaft den monatlichen Beitrag von Herrn Schleicher aufteilt.

Herr Schleicher wendet ein, dass die Kapitallebensversicherung keine Leistungen erbringt für den Fall, dass er seinen Beruf nicht mehr ausüben kann.

c Begegnen Sie dem Einwand, indem Sie einen möglichen Zusatzvertrag zur Kapitallebensversicherung erklären.

Im Folgenden erstellen Sie für Herrn Schleicher eine Beispielrechnung (Auszug) Ihres Verbundpartners und legen ihm einen Bogen mit Gesundheitsfragen vor.

KölnerLeben Lebensversicherung AG

Beispielrechnung für Herrn Fabian Schleicher:

Endalter:	62 Jahre
monatlicher Beitrag:	120,00 EUR
Versicherungssumme:	45.260,00 EUR
Todesfallsumme:	42.120,00 EUR (100 % der eingezahlten Beiträge)
Ablaufleistung:	72.330,00 EUR

Das Angebot erfolgt vorbehaltlich der Antrags- und Risikoprüfung durch die Versicherungsgesellschaft.

---

d Erläutern Sie die folgenden Begriffe aus dem Angebot:
- Versicherungssumme
- Todesfallsumme
- Ablaufleistung

e Erklären Sie, warum vor Vertragsschluss ein Gesundheitsfragebogen für die versicherte Person ausgefüllt werden muss.

Im Gespräch zeigt Herr Schleicher sich besorgt darüber, ob die Leistungen aus der Versicherung auch bei steigenden Preisen und trotz Steuerbelastung zur Altersvorsorge ausreichen. Sie empfehlen dem Kunden deshalb die Aufnahme einer Dynamik in Höhe von 5 % in den Vertrag und informieren ihn darüber, dass Erträge aus Kapitallebensversicherungen in bestimmten Fällen nur zur Hälfte steuerpflichtig sind.

f Erläutern Sie die Auswirkung einer Dynamikklausel im Versicherungsvertrag und ermitteln Sie die Höhe des Monatsbeitrags im 3. Laufzeitjahr mit Dynamik.

g Prüfen Sie, ob die Voraussetzungen für eine steuerliche Begünstigung für die Kapitallebensversicherung von Herrn Schleicher erfüllt werden.

Zum Abschluss möchte Herr Schleicher wissen, ob es möglich ist, vorzeitig über das angelegte Geld zu verfügen.

h Fassen Sie die Nachteile einer vorzeitigen Vertragsauflösung zusammen.

Geld- und Vermögensanlagen 29

18. Fall (32 Punkte)

Auszug aus einer Anzeige im Handelsblatt vom 14. November dieses Jahres.

Westfalen HYPOBANK AG

Öffentlicher Pfandbief Em. 251 von diesem Jahr mit variablem Zinssatz 3-Monats-Euribor

Zinssatz   2,321 % = Jahreszins (act/360 Tage)
Zinsperiode   15. Nov. dieses Jahres (inkl.) bis 14. Febr. nächsten Jahres (inkl.) = 92 Tage

Diese Zinsen werden am 15. Febr. des nächsten Jahres gezahlt.

Laufzeit   5 Jahre

Zinsfestlegung für die betreffende Zinsperiode erfolgt jeweils zwei Bankarbeitstage vor ihrem Beginn. Der für die jeweilige Zinsperiode gültige Zinssatz ist der am Zinsfestsetzungstag um ca. 11:00 Uhr Frankfurter Zeit veröffentlichte EURIBOR-Zinssatz für 3-Monats-Euro-Einlagen zuzüglich 0,025 % Spread.

---

a Beschreiben Sie den Anlass für die Anzeige.

b Erläutern Sie die Ausdrücke

   ba 3-Monats-Euribor,

   bb Spread.

c Bei welcher Zinserwartung empfehlen Sie den Kauf von zinsvariablen Anleihen?

d Beschreiben Sie den üblichen Kursverlauf einer zinsvariablen Anleihe im Vergleich zu einer festverzinslichen Anleihe.

e Erläutern Sie fallbezogen drei Risiken, die mit dem oben aufgeführten zinsvariablen Öffentlichen Pfandbrief verbunden sein können.

Ferdi Krings besitzt 50.000,00 EUR nom. des Öffentlichen Pfandbriefes Em. 251.

f Ermitteln Sie die Höhe seiner Zinsgutschrift am 15.02. des nächsten Jahres. Ein Freistellungsauftrag in ausreichender Höhe liegt vor.

g Nennen Sie unter Verwendung des abgebildeten Kalenders für die nächste Zinsperiode

   ga den 1. Zinstag,

   gb den letzten Zinstag sowie

   gc den Zinsfestsetzungstag.

	Februar	März	April	Mai
Mo	6 13 20 27	6 13 20 27	3 10 17 24	1 8 15 22 29
Di	7 14 21 28	7 14 21 28	4 11 18 25	2 9 16 23 30
Mi	1 8 15 22	1 8 15 22 29	5 12 19 26	3 10 17 24 31
Do	2 9 16 23	2 9 16 23 30	6 13 20 27	4 11 18 25
Fr	3 10 17 24	3 10 17 24 31	7 14 21 28	5 12 19 26
Sa	4 11 18 25	4 11 18 25	1 8 15 22 29	6 13 20 27
So	5 12 19 26	5 12 19 26	2 9 16 23 30	7 14 21 28

h Berechnen Sie anhand der folgenden Daten den Zinssatz für die Zinsperiode aus g.

3-Monats-EURIBOR

Fr. 10.02.   2,44000   Mo. 13.02.   2,45001
Di. 14.02.   2,44800   Mi. 15.02.   2,43900

Vor Ablauf der in g und h angesprochenen Zinsperiode, d. h., am 20.04. (Do) verkauft Ferdi Krings 24.000,00 EUR nom. seines Öffentlichen Pfandbriefes zum Kurs 100,25 % (kein Schaltjahr). Ein Freistellungsauftrag in ausreichender Höhe liegt vor.

i Erstellen Sie die Abrechnung unter Einbeziehung von Transaktionskosten in Höhe von 0,5 % vom Kurswert.

19. Fall (30 Punkte)

Kai Nebel, Kunde der Saalebank AG, unterhält in seinem Depot einen Bestand von 8.000 Aktien der INDUSTRIE AG. Am 5. Oktober 20.. erhält er ein Bezugsangebot der INDUSTRIE AG (Anlage 1).

Wegen eines Auslandsaufenthaltes kann Herr Nebel erst am Vormittag des 7. November 20.. (Mittwoch) die Saalebank aufsuchen, um sich über die Bedeutung des Bezugsangebotes zu informieren. Seiner Tageszeitung hat er folgende Kursentwicklung der INDUSTRIE-Aktien entnommen:

Datum	01.11. Donnerstag	02.11. Freitag	05.11. Montag	06.11. Dienstag
Kurs	95,80	95,40	87,20 exB	87,50

Die INDUSTRIE AG wird voraussichtlich auch im laufenden Jahr eine Dividende von 1,80 EUR pro Aktie zahlen.

Das Geschäftsjahr der INDUSTRIE AG entspricht dem Kalenderjahr.

Einige Angaben des Bezugsangebotes versteht Herr Nebel nicht. An der letzten Hauptversammlung der INDUSTRIE AG vor einem Jahr hat er teilgenommen. Ein Kapitalerhöhungsbeschluss ist damals nicht gefasst worden. Über den Kursrückgang ist er sehr beunruhigt. Er möchte über die Sachverhalte beraten werden.
Erläutern Sie den Vorgang anhand folgender Fragen:

a Warum erhält Herr Nebel das Bezugsangebot?

b Informieren Sie Herrn Nebel über die Rechtmäßigkeit der Kapitalerhöhung. Verwenden Sie hierzu § 202 AktG (Anlage 2).

c Berechnen Sie

  ca das Bezugsverhältnis,

  cb den rechnerischen Wert des Bezugsrechtes unter Einbeziehung des Dividendennachteils auf der Basis des Kurses vom 2. Nov. 20...

d Erläutern Sie Herrn Nebel unter Nutzung der Ergebnisse aus c), warum ihn der „Kursverfall" vom 5. Nov. nicht beunruhigen sollte.

e Erklären Sie Herrn Nebel, warum die jungen Aktien eine eigene ISIN/Wertpapierkennnummer haben.

Ihre Erläuterungen haben bei Herrn Nebel den Eindruck erweckt, dass ein verstärktes Engagement in INDUSTRIE-Aktien lohnend sei. Allerdings hat er wegen des bevorstehenden Weihnachtsfestes und der damit verbundenen Ausgaben keine finanziellen Mittel zur Verfügung.

f Unterbreiten Sie Herrn Nebel eine Dispositionsmöglichkeit, wie er ohne Einsatz weiterer Mittel junge Aktien aus der Kapitalerhöhung beziehen kann. Die Bezugsrechte notieren zurzeit mit 9,40 EUR (Rechnung ohne Nebenkosten).

Kai Nebel ist mit Ihrem Vorschlag einverstanden und bittet Sie um entsprechende Ausführung. Abschließend möchte er von Ihnen noch wissen, warum die Frist für den Bezug der jungen Aktien vier Tage länger dauert als der Bezugsrechtshandel.

g Klären Sie den Kunden hierüber auf.

Anlage 1

INDUSTRIE AG Krefeld

– ISIN DE0005128802 –
(Wertpapierkennnummer 512 880)

Bezugsangebot

Aufgrund der Ermächtigung in § 4 Abs. 4 der Satzung unserer Gesellschaft hat der Vorstand mit Zustimmung des Aufsichtsrates beschlossen, das Grundkapital von

EUR 75.600.000,00 um EUR 18.900.000,00 auf EUR 94.500.000,00

zu erhöhen. Es werden 18.900.000 Stück neue, auf den Inhaber lautende Stammaktien im Nennbetrag von je EUR 1,00 zum

Ausgabepreis von EUR 48,00 je Aktie zu EUR 1,00

ausgegeben. Die neuen Aktien sind erst für das nächste Geschäftsjahr dividendenberechtigt. Sie sind von einem Bankenkonsortium unter Führung der Hansabank AG mit der Verpflichtung übernommen worden, diese den Aktionären zu den Ausgabebedingungen zum Bezug anzubieten.

Nachdem die Durchführung der Kapitalerhöhung in das Handelsregister eingetragen worden ist, bitten wir hiermit unsere Aktionäre, ihr Bezugsrecht auf die neuen Aktien zur Vermeidung des Ausschlusses in der Zeit

vom Montag, 5. Nov. bis Dienstag, 20. Nov. 20.. einschließlich

bei einer der nachstehend aufgeführten Banken während der üblichen Schalterstunden auszuüben.

Als Bezugsrechtsausweis dient die Gutschrift der Bezugsrechte aufgrund der bei der Clearstream Banking AG hinterlegten Globalurkunde.

Die Bezugsrechte werden von Montag, 5. Nov. bis Freitag, 16. Nov. 20.. einschließlich an den Wertpapierbörsen Düsseldorf und Frankfurt gehandelt und amtlich notiert.

......

Die neuen Aktien (ISIN DE0005128812/Wertpapierkennnummer 512 881) sind in einer Globalaktie verbrieft, die bei der Clearstream Banking AG hinterlegt worden ist. Der Ausdruck von Aktienurkunden ist nicht vorgesehen. Die Erwerber erhalten eine Gutschrift auf dem Girosammeldepotkonto.

......

Anlage 2

§ 202 AktG

Voraussetzungen

1) Die Satzung kann den Vorstand für höchstens fünf Jahre [...] ermächtigen, das Grundkapital bis zu einem bestimmten Nennbetrag (genehmigtes Kapital) durch Ausgabe neuer Aktien gegen Einlagen zu erhöhen.
2) Die Ermächtigung kann auch durch Satzungsänderung für höchstens fünf Jahre nach Eintragung der Satzungsänderung erteilt werden. Der Beschluss der Hauptversammlung bedarf einer Mehrheit, die mindestens drei Viertel des bei der Beschlussfassung vertretenen Grundkapitals umfasst.
3) Die neuen Aktien sollen nur mit Zustimmung des Aufsichtsrates ausgegeben werden.

20. Fall (30 Punkte)

Ferdinand Feldgen erhält von seiner Depotbank, der Unionbank AG Brühl, im Juli dieses Jahres das abgebildete Bezugsangebot. Er hat erst vor Kurzem von seinem verstorbenen Onkel 5.400 Aktien der VENTURA AG geerbt. Um sich über das Bezugsangebot zu informieren, wendet er sich an seinen Kundenberater bei der Unionbank.

VENTURA AG Köln
– Wertpapierkennnummer 581 900 –

Bezugsangebot

Aufgrund des Beschlusses der Hauptversammlung vom 5. Juli dieses Jahres hat der Vorstand mit Zustimmung des Aufsichtsrates beschlossen, das Grundkapital durch Ausgabe neuer, auf den Inhaber lautender Aktien mit Gewinnanteilberechtigung ab dem 1. September dieses Jahres

von 63 Mio. EUR, eingeteilt in 12,6 Mio. Stück Aktien, **auf 81 Mio. EUR**

zu erhöhen. Das Geschäftsjahr ist gleich dem Kalenderjahr.
Die 3,6 Mio. neuen Aktien werden von einem Bankenkonsortium mit der Verpflichtung übernommen, sie den Aktionären zum Ausgabepreis von

120,00 EUR je Aktie

zum Bezug anzubieten. Die Aktionäre werden aufgefordert, ihr Bezugsrecht auf die neuen Aktien in der Zeit

vom 9. August bis 24. August dieses Jahres

gegen Einreichung des Gewinnanteilscheines Nr. 12 bei der Bezugsstelle auszuüben.
Die Bezugsrechte werden vom 9. August bis zum 20. August dieses Jahres einschließlich an den Wertpapierbörsen Düsseldorf und Frankfurt gehandelt. Bruchteile von Bezugsrechten sind ausgeschlossen und nicht handelbar.

Weitere Informationen
Börsenkurs vom 6. August (Freitag): 180,00 EUR
erwartete Dividende für das
laufende Geschäftsjahr: 0,96 EUR

a Informieren Sie den Kunden über die Bedeutung dieser Kapitalerhöhung

- für die AG,
- für den Aktionär.

Geld- und Vermögensanlagen

b Ermitteln Sie
- das Bezugsverhältnis,
- den Betrag des Dividendennachteils,
- den rechnerischen Wert eines Bezugsrechts,
- den rechnerischen Mischkurs der VENTURA-Aktie zu Beginn des Bezugsrechtshandels.

c Erläutern Sie, welche Auswirkung die Gewinnberechtigung der jungen Aktien ab 1. September des laufenden Geschäftsjahres auf die Börsennotiz hat.

d Wie viel Euro fließen der AG bei vollem Verkauf der jungen Aktien zu? Welche Bilanzpositionen sind von der Kapitalerhöhung betroffen?

e Unterbreiten Sie dem Kunden vier Dispositionsmöglichkeiten für seine Bezugsrechte. Verwenden Sie dazu den abgebildeten Vordruck.

Unionbank AG

Depotnummer	98764712	Bezugsrechte
Depotinhaber	Ferdinand Feldgen	Bezugsverhältnis
Wertpapier	VENTURA AG	Bezugspreis
Kennnummer	581 900	Zahlbar am
Stück	5.400	Bezugsrechtshandel von/bis
		Wert eines Bezugsrechtes ca.

Gemäß obiger Depotinformationen ergeben sich für Sie folgende Weisungsmöglichkeiten:

Zu regulierende Bezugsrechte	Stück	Kurswert ca., in EUR	Bezug neuer Aktien Stück	Gesamtaufwendungen ca., in EUR	Gesamterlöse ca., in EUR
Verkauf					
Kauf					
Verkauf			ohne Einschuss neuer Barmittel		
Verkauf	5.400				

Da sich Herr Feldgen zurzeit nicht entscheiden kann, unterlässt er es, der Unionbank Weisung über die Nutzung der Bezugsrechte zu erteilen. Am 27. August erhält er die ausschnittweise abgebildete Abrechnung.

Unionbank AG

Verkauf

Depotnummer	98764712	Kurs pro Stück	12,80 EUR
Wertpapierbezeichnung	VENTURA AG	Kurswert	69.120,00 EUR
		0,6 ‰ Maklergebühr	41,47 EUR
Wertpapierkennnummer	581 900	1 % Provision	691,20 EUR
Stück	5.400	Gutschrift	68.387,33 EUR
Börsenplatz	Frankfurt		
Schlusstag	20.08.20..	Wertstellung	24.08.20..

f Erklären Sie dem Kunden den Vorgang. Nehmen Sie hierbei auch Bezug auf das Zustandekommen des Gutschriftbetrages.

21. Fall (30 Punkte)

Knut Lang besitzt 5.221 Aktien der Westfälischen Hammerschmiede AG. Ende Juli erhält er von seiner Depotbank folgendes Schreiben zugesandt:

Westfälische Hammerschmiede AG

– ISIN DE0005863405 –
(Wertpapierkennnr. 586 340)

Aufforderung zur Entgegennahme von Berichtigungsaktien

Die ordentliche Hauptversammlung unserer Gesellschaft hat am 10. Juli dieses Jahres beschlossen, das Grundkapital aus Gesellschaftsmitteln von 7.200.000,00 EUR um 2.880.000,00 EUR auf 10.080.000,00 EUR durch Umwandlung von anderen Gewinnrücklagen in Grundkapital zu erhöhen.

Es werden 2.880.000 Stück neue, auf den Inhaber lautende, nennbetragslose Aktien mit einem rechnerischen Anteil von je 1,00 EUR am Grundkapital ausgegeben.

Die neuen Aktien stehen den Aktionären entsprechend ihrem Aktienbesitz zu.

Die neuen Aktien sind ab dem 1. Januar dieses Jahres dividendenberechtigt.

Die Durchführung der Kapitalerhöhung wurde am 13. Juli dieses Jahres in das Handelsregister beim Amtsgericht Wuppertal eingetragen.

Zur Entgegennahme der Berichtigungsaktien bitten wir die Aktionäre unserer Gesellschaft, den als Berechtigungsnachweis dienenden Gewinnanteilschein Nr. 9 der alten Aktien

vom 1. August an

bei einer der nachstehend aufgeführten Banken während der üblichen Schalterstunden zur Entgegennahme der neuen Aktien einzureichen:

Kreditbank AG   Sparkasse Westfalen   Bergische Bank AG

Die Berichtigungsaktien können nur im Berichtigungsverhältnis oder einem Vielfachen davon bezogen werden.

Aktionäre, deren Aktien im Depot einer Bank verwahrt werden, haben wegen der Entgegennahme der Berichtigungsaktien nichts zu veranlassen. Soweit jedoch auf ihren Bestand Teilrechte anfallen, werden die Aktionäre gebeten, ihrer Depotbank wegen der Auf- oder Abrundung auf eine Stückaktie einen entsprechenden Auftrag zu erteilen. Die Ausgabestellen sind bereit, den An- und Verkauf von Teilrechten nach Möglichkeit zu vermitteln.

Die Berichtigungsaktien sind zum Handel an der Wertpapierbörse in Düsseldorf zugelassen. Sie sind ab dem 1. August gleich den alten Aktien lieferbar und in die jeweilige Börsennotierung einbezogen. Vom gleichen Tag an werden die alten Aktien „ex Berichtigungsaktien" gehandelt und amtlich notiert.

Soweit die Berichtigungsaktien nicht innerhalb eines Jahres seit der Veröffentlichung dieser Bekanntmachung im Bundesanzeiger abgefordert und eventuell vorhandene Teilrechte bis dahin nicht reguliert werden, sind wir nach den gesetzlichen Vorschriften berechtigt und verpflichtet, nach dreimaliger Ankündigung und nach Ablauf eines Jahres seit der dritten Ankündigung die nicht abgeholten Aktien sowie die auf noch nicht regulierte Teilrechte entfallenden Aktien für Rechnung der Beteiligten zu verkaufen.

Die Ausgabe der Berichtigungsaktien erfolgt für die Aktionäre kostenfrei. Bei dem An- und Verkauf von Teilrechten wird die übliche Provision berechnet.

DER VORSTAND

Knut Lang ist über die jüngste Kursentwicklung seiner Aktien sehr besorgt. Außerdem hat er ein Schreiben mit der Bitte um Disposition über Teilrechte erhalten, das er nicht versteht. Um sich über die Vorgänge zu informieren, verabredet er für Mittwoch, den 3. August, mit seinem Kundenbetreuer einen Beratungstermin.

a Erklären Sie Herrn Lang den Grund für die Kapitalerhöhung aus Gesellschaftsmitteln.

b Warum sind Berichtigungsaktien für das ganze laufende Geschäftsjahr dividendenberechtigt?

Herr Lang berichtet Ihnen, dass er mit einem Freund über das Schreiben der Westfälischen Hammerschmiede gesprochen hat, der in diesem Zusammenhang den Ausdruck „Gratisaktien" verwendete.

c Nehmen Sie Stellung zu diesem Ausdruck.

Der Kundenbetreuer entnimmt dem Terminal folgenden Kursverlauf der Westfälischen Hammerschmiede AG Aktie:

Fr. 29.07.	Mo. 01.08.	Di. 02.08.	Mi. 03.08. (09:55 Uhr)
294,00 EUR	215,00 EUR ex BA	219,00 EUR	218,50 EUR

d Erklären Sie fallbezogen die finanziellen Auswirkungen der Kapitalerhöhung aus Gesellschaftsmitteln für Herrn Lang. Informieren Sie ihn in diesem Zusammenhang über das Berichtigungsverhältnis, den Berichtigungsabschlag, die ihm zustehende Zahl an Berichtigungsaktien sowie die Anzahl der überschüssigen Teilrechte.

Herr Lang entscheidet sich am Donnerstag, dem 04.08., für den Verkauf der überschüssigen Teilrechte. Die Aktien der Westfälischen Hammerschmiede AG notieren an diesem Tag mit 220,00 EUR.

e Was hat Herr Lang zu veranlassen, um

   ea die ihm zustehenden Berichtigungsaktien zu beziehen,

   eb die nicht benötigte Anzahl Teilrechte zu verkaufen?

f Erstellen Sie die Verkaufsabrechnung unter Einbeziehung von 25,00 EUR Transaktionskosten.

g Wie viele Aktien besitzt Herr Lang nach Gutschrift der Berichtigungsaktien?

22. Fall (33 Punkte)

Frau Sabine Jansen ist Kundin der Rheinbank AG und bittet Sie am 12.09.20.. um eine Beratung zur Geldanlage. Frau Jansen ist 37 Jahre alt und als Angestellte im öffentlichen Dienst tätig. Auf Anraten eines Bekannten überlegt die Kundin, in Wertpapiere zu investieren. Dazu möchte Frau Jansen einmalig den Betrag aus einem fälligen Termingeld anlegen.

Kundenübersicht Sabine Jansen			
Konto	Saldo EUR	Zinssatz p.a.	Laufzeit/Fälligkeit
23001790 00 Girokonto	2.415,15 H Dispositionskredit 0,00 EUR	12,25 % S 0,00 % H	–
23001790 10 Termingeld	8.500,00 H	1,80 %	6 Monate/12.09.20..
23001790 20 Sparkonto	6.412,00 H	0,50 %	3-monatige Kündigungsfrist
23001790 20 Sparbrief	12.600,00 H	3,20 %	5 Jahre/18.11.20.. normalverzinslich
Freistellungsauftrag (per 12.09.20..)	801,00	–	–

a Erläutern Sie zwei Dokumentationspflichten, die Sie im Rahmen der Beratung nach dem Wertpapierhandelsgesetz erfüllen müssen.

Frau Jansen hat bisher nur in Sparprodukte der Rheinbank investiert. Sie beraten die Kundin nun über die Anlage in offenen Investmentfonds.

b Erläutern Sie der Kundin das Prinzip des Investmentfonds und nennen Sie drei Rechte eines Anlegers bei der Beteiligung an einem Investmentfonds.

c Nennen Sie drei Argumente, mit denen Sie die Kundin von der Vorteilhaftigkeit der Geldanlage in Fondsanteilen überzeugen können.

Nachdem die Kundin grundsätzlich von den Vorzügen einer Fondsanlage überzeugt ist, legen Sie Frau Jansen folgende Produktübersicht der RheinInvest KVG vor. Die Kundin hat dazu verschiedene Fragen.

Fondsname	Fondsart	Verwaltungskosten % p. a.	Fondstyp	Ausgabepreis EUR	Rücknahmepreis EUR (darin enthaltener Zwischengewinn)
RheinMix	Gemischter Fonds, Euro-Renten und Standardaktien	0,50	ausschüttend	57,94	56,25 (0,63)
RheinAkt Typ A	europäische Standardaktien	1,00	ausschüttend	23,39	22,49 (0,00)
RheinAkt Typ 0	europäische Standardaktien	2,25	thesaurierend	41,84	41,84 (0,00)
RheinComfort Dynamik	Dachfonds, mind. 60 % Aktienanteil	0,75 zzgl. Kosten der Zielfonds	thesaurierend	47,73	46,34 (0,07)

d Erklären Sie den Hintergrund der unterschiedlichen Kostenstruktur bei den Fonds RheinAkt Typ A und Typ 0.

e Erläutern Sie

    ea den Begriff der Thesaurierung,

    eb die Besonderheiten des Dachfonds RheinComfort Dynamik.

Aufgrund Ihrer Beratung entschließt Frau Jansen sich, den Betrag des fälligen Festgelds inklusive Zinsen zum Kauf von Anteilen des Fonds RheinMix zu verwenden.

f Ermitteln Sie, welche ganze Anzahl von Anteilen Frau Jansen provisionsfrei erwerben kann, und erläutern Sie fallbezogen, wie der aufgeführte Zwischengewinn sich auswirkt.

Zusätzlich zur Einmalanlage möchte die Kundin ab Oktober des laufenden Jahres einen monatlichen Sparbeitrag von ungefähr 70,00 EUR in den Fonds RheinAkt Typ A einzahlen.

g Informieren Sie Frau Jansen über eine von Kapitalverwaltungsgesellschaften angebotene Möglichkeit des regelmäßigen Sparens in Investmentfonds.

Die Kundin ist nun unsicher, ob sie lieber regelmäßig drei Anteile des Fonds kaufen oder konstant 70,00 EUR auf das Konto einzahlen soll. Für die letzten drei Einzugstermine liegen die folgenden Daten vor:

Datum	01.07.20..	01.08.20..	01.09.20..
Ausgabepreis EUR	21,87	25,51	22,92

h Ermitteln Sie mithilfe einer Rechnung, welche Möglichkeit der Einzahlung vorteilhafter ist.

23. Fall (35 Punkte)

Fredi Meier sucht eine Ertrag bringende Anlage für ca. 60.000,00 EUR. Ihm fällt unten abgebildete Finanzanzeige in seiner Tageszeitung auf. Ein Wertpapier vom Typ Optionsanleihe kennt er nicht. Bisher hat er nur Industrieanleihen ohne besondere Ausstattungsmerkmale gekauft. Der Zinssatz von 6 % p. a. weckt sein Interesse, da zurzeit das Kapitalmarktzinsniveau für 5-jährige Anlagen bei 3,4 % p. a. liegt. Die PLUS AG ist ihm als Unternehmung mit einem guten Rating bekannt.

Er wendet sich am 21. November dieses Jahres an Sie als seine/n Kundenberater/-in und bittet um nähere Informationen.

Angebot zum Bezug von 6,00 % Optionsanleihe der PLUS AG

Laufzeit ca. 5 Jahre
Zinslauf Beginn 01.12. dieses Jahres, gzj.
Rückzahlung zusammen mit den Zinsen des letzten Kupontermins

Bezug nehmend auf den von der Hauptversammlung gefassten Beschluss begibt die PLUS AG eine Optionsanleihe im Gesamtnennbetrag von 300 Mio. EUR. Ein Bankenkonsortium wird die Schuldverschreibungen den Aktionären der Gesellschaft mit der Maßgabe anbieten, dass für 600 Aktien im Nennbetrag von je 1,00 EUR eine Optionsanleihe im Nennbetrag von 500,00 EUR zum Kurs von 120 % bezogen werden kann.

Optionsscheine

Jeder Schuldverschreibung im Nennbetrag von 500,00 EUR ist ein Optionsschein mit der Berechtigung zum Bezug von einer Inhaberaktie und ein Optionsschein mit der Berechtigung zum Bezug von drei Inhaberaktien der PLUS AG im Nennwert von jeweils 1,00 EUR beigefügt.

Optionsrecht

Der Inhaber eines Optionsscheins ist berechtigt, die auf den Optionsscheinen angegebene Zahl von Inhaberaktien zum Optionspreis von 140,00 EUR je Aktie im Nennbetrag von 1,00 EUR zu beziehen. Das Optionsrecht kann vom 2. Januar nächsten Jahres bis zum 10. November des Fälligkeitsjahres ausgeübt werden.

Bezugsfrist 21. Nov. bis 6. Dezember dieses Jahres
Bezugsrechtshandel 21. Nov. bis 2. Dezember dieses Jahres

Kurs der PLUS-Aktie am 21. November dieses Jahres   136,00 EUR

---

a Erklären Sie dem Kunden den grundsätzlichen Unterschied einer Optionsanleihe gegenüber einer üblichen Industrieanleihe ohne besondere Ausstattungsmerkmale.

b Informieren Sie den Kunden über die Emissionsrendite der Optionsanleihe. (Rechnerischer Nachweis; Ergebnis auf drei Stellen kaufmännisch runden.)

c Beschreiben Sie unter Verwertung Ihres Ergebnisses aus b) ein Motiv zum Erwerb der Optionsanleihe.

Fredi Meier möchte zum frühest möglichen Zeitpunkt die Optionsanleihe der PLUS AG im Nominalwert von 50.000,00 EUR erwerben. Er ist kein Aktionär der Plus AG.

d Welche Kaufaufträge hat er entsprechend dem Emissionsangebot zu erteilen?

e Erstellen Sie die Abrechnung für den Erwerb der Optionsanleihe. Unterstellen Sie, dass Herr Meier mit dem Kaufpreis am 23. November dieses Jahres belastet wird (Transaktionskosten 0,5 % vom Kurswert). Steuerliche Aspekte bleiben unberücksichtigt.

Sie weisen Herrn Meier darauf hin, dass es im Zusammenhang mit der Optionsanleihe ab Januar des nächsten Jahres drei Kursnotierungen geben wird.

f Erklären Sie dem Kunden diesen Sachverhalt.

g Beschreiben Sie je drei Einflussfaktoren auf den Kurs

    ga der Optionsanleihe ex,

    gb auf den Optionsschein.

h Berechnen und interpretieren Sie für den Optionsschein den Hebel auf der Basis folgender Daten. Unterstellen Sie, dass die absoluten Kursänderungen der Aktie und des Optionsscheines gleich sind.

Kurs der PLUS Aktie   185,00 EUR
Optionsschein   52,00 EUR

Geld- und Vermögensanlagen

24. Fall (30 Punkte)

Der vermögende Kunde Ferdinand Krings möchte ca. 50.000,00 EUR anlegen. Er ist an einer mittelfristigen Anlage zu attraktiven Konditionen interessiert. Er ist bereit, Risiken einzugehen, wenn er dadurch die Chance auf erhöhte Erträge hat. Der Kundenberater der Kreditbank, der die Anlegermentalität von Herrn Krings kennt, macht ihn auf die Wandelanleihe der Software Solution AG aufmerksam.

a Erklären Sie dem Kunden das Wesen einer Wandelanleihe.

b Beschreiben Sie Vor- und Nachteile einer Kapitalanlage in Wandelanleihen der Software Solution AG unter Verwendung der Anlagen 1, 2 und 3.

c Geben Sie an, warum die Software Solution AG ihren Finanzbedarf mit einer Wandelanleihe decken möchte.

d Herr Krings möchte wissen, in welcher Weise sichergestellt ist, dass genügend Aktien im Wandlungsfalle vorhanden sind. Informieren Sie ihn über die entsprechende Maßnahme.

e Berechnen Sie für den Emissionstag

    ea   den Wandlungspreis,

    eb   die Wandlungsprämie in Euro und in Prozent,

und erläutern Sie jeweils die Aussagekraft dieser Werte.

Herr Krings erteilt am 19. November dieses Jahres (Fr) eine Kauforder über Wandelanleihen im Nominalwert von 50.000,00 EUR. Die Order wird noch am gleichen Tag zum Kurs von 103 % ausgeführt.

f Erstellen Sie die Abrechnung unter Einbeziehung von Transaktionskosten in Höhe von 0,75 % des Kurswertes.

Im September des übernächsten Jahres macht Herr Krings von seinem Wandlungsrecht Gebrauch.

g Berechnen Sie

    ga   den zusätzlichen Liquiditätsbedarf,

    gb   den gesamten Finanzaufwand (ohne Transaktionskosten) für die Wandlung.

Anlage 1

Wandelanleihebedingungen (Ausschnitt)

1. Nennbetrag, Stückelung und Verbriefung

1.1
Anleiheschuldnerin ist die Software Solution AG, München. Die Wandelanleihe im Gesamtnennbetrag von 30.000.000,00 EUR ist eingeteilt in 30 Mio. Stück auf den Inhaber lautende, untereinander gleichberechtigte Wandelschuldverschreibungen im Nennbetrag von je 1,00 EUR. Der Bezugspreis beträgt 1,02 EUR je Wandelschuldverschreibung.

1.2
Die Wandelschuldverschreibungen werden für ihre gesamte Laufzeit durch eine Inhaber dauerglobalurkunde mit Globalzinsschein verbrieft.
[...]
Im Falle einer wirksamen Ausübung des Wandlungsrechtes wird eine entsprechende Verminderung des Gesamtbetrages der durch die Globalurkunde verbrieften Wandelschuldverschreibungen vorgenommen.

2. Verzinsung und Zinszahlung

2.1
Die Wandelschuldverschreibungen werden in Höhe ihres Nennbetrages vom 15. Oktober dieses Jahres (einschließlich) mit jährlich 6 % verzinst. Die Laufzeit beträgt 5 Jahre. Die Verzinsung endet am 14. Oktober des Fälligkeitjahres (letzter Zinstag).
[...]
Der Zinslauf endet im Falle einer Wandlung mit Ablauf des Geschäftsjahres vor dem Jahr, in dem die Wandlung wirksam wird.

3. Rückzahlung

3.1
Die Anleiheschuldnerin ist verpflichtet, die Wandelschuldverschreibungen, soweit sie nicht gewandelt wurden, am 15. Oktober des Fälligkeitsjahres zum Nennbetrag zurückzuzahlen.

4. Wandlungsrecht

4.1
Die Inhaber der Wandelschuldverschreibungen haben das unentziehbare Recht, jede Wandelschuldverschreibung im Nennbetrag von 1,00 EUR in eine (1) Inhaberstammaktie der Anleiheschuldnerin mit einem anteiligen Betrag des Grundkapitals von je 1,00 EUR unter Zuzahlung eines Betrages von 0,30 EUR je Wandelschuldverschreibung zu wandeln.

4.2
Zur Sicherung des Wandlungsrechtes dient ein von der Hauptversammlung der Anleiheschuldnerin am 16. Juni dieses Jahres beschlossenes und am 9. September dieses Jahres in das Handelsregister eingetragenes bedingtes Kapital.

4.3
Das Wandlungsrecht kann zwischen dem 1. Januar des nächsten Jahres und dem 10. Oktober des Fälligkeitsjahres (jeweils einschließlich) ausgeübt werden.

4.4
Aus der Wandlung hervorgehende Aktien sind für das gesamte Geschäftsjahr der Anleiheschuldnerin dividendenberechtigt, in dem die Wandlung wirksam wird.

Anlage 2

Bilanzpressekonferenz der Software Solution AG (Ausschnitt)

In der nächsten Zeit sind zur Verstärkung des Kerngeschäftes umfangreiche Investitionen vorgesehen. Unter anderem ist die Errichtung eines Schulungszentrums geplant, um die Trainingsmöglichkeiten der Anwender zu verbessern.

Außerdem soll die Finanzstruktur der Unternehmung verändert werden. Die kurzfristigen Verbindlichkeiten sind im Branchenvergleich zu hoch.

....

Das größte Hindernis für die Aufbringung der benötigten finanziellen Mittel ist im Fehlen von bankgenehmen Sicherheiten zu sehen. Deshalb wendet sich die Unternehmung an den Kapitalmarkt mit einer Wandelanleihe zu attraktiven Konditionen.

Anlage 3

Börsenkurs der Software Solution AG Aktie am Emissionstag:	1,01 EUR
Zinssatz für kurzfristige Kredite:	10,00 % p.a.
Zinsniveau im 5-Jahresbereich:	
für Geldanlage	3,95 % p.a.
für Kredite	8,50 % p.a.

25. Fall (31 Punkte)

Maria Zöller ist Kundin im Private Banking der Südbank AG und verfügt über umfangreiche Erfahrung mit Geldanlagen in Wertpapieren. Frau Zöller interessiert sich am 22.05.20.. für den Kauf einer Eurex-Kaufoption auf die Aktie der TELEX AG. Der aktuelle Aktienkurs liegt bei 23,10 EUR, folgende Optionspreise (Auszug) liegen Ihnen vor.

Geld- und Vermögensanlagen

	Option Telex AG (Kontraktgröße 100 Stück)			
	Put		**Call**	
	Basispreis EUR		Basispreis EUR	
	22,00	24,00	22,00	24,00
Fälligkeit	Prämie		Prämie	
Juni	0,50	1,90	2,10	0,30
September	2,10	4,50	4,30	1,70
Dezember	4,40	7,20	6,70	3,90

Vor Entgegennahme der Order führen Sie mit Frau Zöller ein umfangreiches Beratungsgespräch, in dem Sie die Kundin über Rechte und Risiken aus dem Geschäft aufklären.

a Begründen Sie die rechtliche Bedeutung des Beratungsgesprächs.

b Erklären Sie, welche Kursentwicklung die Kundin für die Aktie der TELEX AG erwartet.

c Erläutern Sie einen Grund dafür, dass die Kundin sich zum Kauf der Option anstelle der Aktie entscheidet.

d Geben Sie an, bei welcher der oben angegebenen Kaufoptionen das größte Kursrisiko besteht.

Frau Zöller interessiert sich für den Call mit dem Basispreis 22,00 EUR und der Fälligkeit im Dezember 20...

e Nennen Sie die Rechte, die die Kundin mit dem Kauf dieser Option erwirbt.

f Berechnen Sie die folgenden Kennzahlen mit zwei Nachkommastellen:

- Hebel
- Innerer Wert
- Zeitwert

Die Kundin entscheidet sich zum Kauf von fünf Kontrakten des Calls mit Basispreis 22,00 EUR und Fälligkeit Dezember. Die Südbank AG berechnet eine Orderprovision von 0,6 %, mind. 20,00 EUR.

g Erstellen Sie die Kaufabrechnung.

h Geben Sie an, welchen Kurs die TELEX-Aktie überschreiten muss, damit die Kundin durch Ausübung einen Gewinn aus dem gesamten Optionsgeschäft erzielt (ohne Berücksichtigung von Orderprovision).

Am 16.10.20.. liegt der Kurs der TELEX-Aktie bei 32,40 EUR, die Prämie der von Frau Zöller erworbenen Option beträgt 13,10 EUR. Die Kundin möchte Gewinne mitnehmen und bittet Sie um Beratung, es gilt die oben genannte Orderprovision.

i Berechnen Sie, welchen Gesamterfolg in EUR Frau Zöller in folgenden Fällen erzielt:

- Ausübung der Option (provisionsfrei) und Verkauf der Aktie
- Verkauf der Option

26. Fall (33 Punkte)

Tom Glatz ist erfahrener Depotkunde der Sparkasse Brandenburg und besitzt 200 Aktien der ToxiPharma AG. Der Kunde wünscht Informationen zu folgendem Optionsschein:

Put-Option ToxiPharma AG (ISIN DE000SB0P530)

Emittent	Rheinbank AG
Basiswert	Aktie ToxiPharma AG
Basispreis	55,00 EUR
Bezugsverhältnis	10:1 (Optionsschein:Aktie)
Laufzeit	2 Jahre

Auszug aus den Optionsbedingungen:
10 Optionsscheine berechtigen den Inhaber, die Zahlung eines Differenzbetrags zu verlangen. Der Differenzbetrag ist die in Euro ausgedrückte Differenz zwischen dem Basispreis und dem am Ausübungstag festgestellten XETRA-Schlusskurs der Pharma-Aktien.

Der Aktienkurs der ToxiPharma AG beträgt 53,60 EUR, der Kurs des Optionsscheins liegt bei 0,43 EUR.

a Erläutern Sie, welche Strategie Herr Glatz mit dem Kauf des Optionsscheins verfolgt.

b Berechnen Sie folgende Kennzahlen:

- Hebel
- Innerer Wert eines Optionsscheins
- Absolutes Aufgeld

c Erläutern Sie die Aussage der in b) ermittelten Kennzahlen Hebel und innerer Wert.

d Nennen Sie drei Einflussfaktoren für die Höhe des Aufgelds.

Herr Glatz möchte seinen Aktienbestand vollständig absichern, die Sparkasse Brandenburg berechnet eine Orderprovision in Höhe von 1 % des Kurswerts (mind. 20,00 EUR).

e Erstellen Sie eine Kaufabrechnung.

Am Fälligkeitstermin des Optionsscheins beträgt der Kurs der ToxiPharma-Aktie 46,70 EUR.

f Berechnen Sie, welchen Betrag Herr Glatz bei Ausübung seiner Optionen provisionsfrei erhält.

Herr Glatz geht davon aus, dass die Kurse am deutschen Aktienmarkt weiter fallen werden und interessiert sich deshalb für das an der Eurex gehandelte Anlageprodukt DAX-Future. Ihre Produktinformation weist folgende Merkmale aus (Auszug):

Eurex DAX-Future (ISIN DE0008469594)	
Kontraktwert	25,00 EUR je DAX-Punkt
Notierung	In Indexpunkten (eine Dezimalstelle)
Minimale Kursveränderung	0,5 Punkte (1 Tick), Tickwert 12,50 EUR

g Nennen Sie die Vertragsart, die der Kunde beim DAX-Future entsprechend seiner Kurserwartung auswählen sollte.

h Erklären Sie Herrn Glatz zwei wesentliche Unterschiede zwischen einem Optionsschein und dem DAX-Future.

Herr Glatz entscheidet sich zum Kauf eines Kontrakts des DAX-Future mit Fälligkeit im September des laufenden Jahres, der bei 10.547 Punkten notiert. Am Fälligkeitstermin 19.09.20.. hat der DAX einen Stand von 10.812 Punkten.

i Berechnen Sie, welchen Erfolg in Euro Herr Glatz ohne Berücksichtigung von Provisionen mit seiner Anlage erzielt.

3 Kreditgeschäft

27. Fall (34 Punkte)

Die Eheleute Corinna und Bernd Wagner sind langjährige Kunden der Bergischen Sparkasse und bitten Sie um eine Beratung über die Finanzierung eines Pkw. Die Kunden möchten einen Golf Variant TSI zum Neupreis von 21.990,00 EUR erwerben, bei Barzahlung bietet der Händler einen Preisnachlass von 10 %.

Zur Beurteilung der Kreditwürdigkeit der Kunden führen Sie unter anderem ein computergestütztes Scoring durch. Die Wagners kennen dieses Verfahren nicht und haben einige Fragen dazu.

a Nennen Sie drei Kundenmerkmale, die in ein Kredit-Scoring einfließen können.

b Erläutern Sie den Kunden, wie die Kreditwürdigkeit in einem Scoring-Verfahren ermittelt wird.

Mithilfe des ermittelten Scoring-Ergebnisses legen Sie die Kreditkondition fest. Für Privatkredite der Bergischen Sparkasse liegt Ihnen der folgende Auszug aus dem bonitätsabhängigen Konditionstableau vor, die Laufzeit ist für Kfz-Finanzierungen auf 60 Monate beschränkt.

Monatliche Ratenübersicht für Privatkredite der Bergischen Sparkasse Kreditlaufzeit in Monaten							
Kreditbetrag	36	42	48	54	60	66	72
10.000,00 EUR	304,22 EUR	264,56 EUR	234,85 EUR	211,77 EUR	193,33 EUR	178,26 EUR	165,73 EUR

Die Eheleute Wagner möchten den gesamten Kaufpreis finanzieren und die geringstmögliche Rate zahlen. In einer Haushaltsrechnung haben Sie ein frei verfügbares Einkommen von monatlich 570,00 EUR ermittelt.

c Berechnen Sie

    ca die monatliche Kreditrate für die Eheleute Wagner,

    cb die Kreditkosten für das Darlehen.

Sie bieten den Eheleuten Wagner zusätzlich den Abschluss einer Restschuldversicherung an.

d Nennen Sie drei Gründe für einen Zahlungsausfall, die durch die Restschuldversicherung abgesichert werden können.

e Erläutern Sie, welche Leistung eine Restschuldversicherung erbringt.

Die Kunden entschließen sich aus Kostengründen gegen den Abschluss der Versicherung. Zur Besicherung des Kredits vereinbaren Sie deshalb eine Abtretung der Gehaltsansprüche von Herrn Wagner. Der Kunde ist jedoch besorgt um seinen guten Ruf bei seinem Arbeitgeber und möchte nicht, dass dieser von der Abtretung erfährt. Außerdem möchte Herr Wagner wissen, in welcher Höhe und wie lange die Bank auf seine Gehaltsansprüche zugreifen kann.

f Erklären Sie den Kunden, unter welchen Voraussetzungen dem Arbeitgeber die Zession angezeigt wird.

g Erläutern Sie,

    ga auf welchen Teil des Gehalts sich die Abtretung erstreckt,

    gb warum eine Rückübertragung vertraglich vereinbart wird.

h Nennen Sie zwei Risiken, die für die Bergische Sparkasse mit der Abtretung verbunden sein können, und geben Sie jeweils eine Maßnahme zur Minderung dieses Risikos an.

Nachdem sich die Kunden mit der Besicherung einverstanden gezeigt und einen Entwurf des Kreditvertrags geprüft haben, legen Sie den Wagners einen Verbraucherdarlehensvertrag zur Unterschrift vor.

i Nennen Sie fünf Angaben, die gemäß den Bestimmungen des BGB im Vertrag enthalten sein müssen.

Durch einen Druckfehler sind im Darlehensvertrag einige Angaben nicht vorhanden.

j Geben Sie an, welche Rechtsfolgen eintreten, wenn

    ja der Effektivzinssatz nicht angegeben wurde,

    jb die Bearbeitungsgebühr im Darlehensvertrag fehlt.

28. Fall (32 Punkte)

Fabian Fischer hat gerade seine Ausbildung zum Frisör beendet und vor einem Monat eine neue Stelle angetreten. Er beabsichtigt, seine erste eigene Wohnung in Düsseldorf zu beziehen und hat den Mietvertrag für ein Einzimmerapartment unterschrieben. Für die Finanzierung der Wohnungseinrichtung benötigt Herr Fischer einen Kredit in Höhe von ca. 5.000,00 EUR. Herr Fischer ist bereits seit Ausbildungsbeginn Kunde Ihrer Bank, über die Kundenverbindung liegen die folgenden Informationen vor:

Kundenverbindung Fabian Fischer	
Stammdaten:	Fabian Fischer
	ledig, keine Kinder, 19 Jahre alt
	Frisör
	Kunde seit drei Jahren
Monatliches Nettoeinkommen:	1.800,00 EUR
Girokonto:	
Aktueller Kontostand:	H 300,00 EUR
Durchschnittlicher Kontostand:	H 150,00 EUR
Dispositionskreditlinie:	1.000,00 EUR
Sparkonto mit 3-monatiger Kündigungsfrist:	
Aktuelles Guthaben:	2.400,00 EUR
Privater Rentensparvertrag mit Berufsunfähigkeitsversicherung, abgeschlossen vor zwei Jahren:	
Monatliche Rate:	50,00 EUR
Aktuelles Guthaben:	650,00 EUR

Die Auswertung der Kontodaten und das Gespräch mit Herrn Fischer ergeben folgende Information:

- Die Miete für die neue Wohnung beträgt 330,00 EUR pro Monat zuzüglich Nebenkosten in Höhe von 120,00 EUR.
- Herr Fischer hat ein Auto, die Kosten liegen bei ca. 200,00 EUR monatlich.
- Die Ausgaben für Telekommunikation, einen Vereinsmitgliedsbeitrag und weitere Versicherungen belaufen sich jährlich auf ca. 1.800,00 EUR.
- Die Düsselbank berechnet eine Pauschale in Höhe von 600,00 EUR pro Monat für alle weiteren Lebenshaltungskosten.

Vom Sparguthaben möchte Herr Fischer die Kaution in Höhe von drei Monats-Kaltmieten begleichen und den Rest als „Notreserve" erhalten.

a Ermitteln Sie aufgrund der Ihnen vorliegenden Daten das frei verfügbare monatliche Einkommen von Herrn Fischer.

Der bonitätsabhängige Zinssatz für das Darlehen von Herrn Fischer beträgt 7,5 % p.a. Für die Finanzierung von Wohnungseinrichtungen beträgt die maximale Kreditlaufzeit der Düsselbank 36 Monate. Die monatliche Rate ergibt sich aus folgender Tabelle:

Ratentabelle für Darlehen mit sofortiger Tilgungsverechnung für 100,00 EUR Darlehenssumme sind monatlich zu zahlen			
	Kreditlaufzeit in Monaten		
Zinssatz p.a.	12	24	36
7,00	8,652675	4,477258	3,087710
7,25	8,664204	4,488600	3,099153
7,50	8,675742	4,499959	3,110622
7,75	8,687288	4,511336	3,122116

b Ermitteln Sie die monatliche Kreditrate für Herrn Fischer.

c Beurteilen Sie, ob der Kredit an Herrn Fischer zu den in b) ermittelten Konditionen gewährt werden kann.

d Nennen Sie zwei Unterlagen oder Informationsquellen, die Sie zusätzlich zur Prüfung der Kreditwürdigkeit heranziehen.

Aufgrund Ihrer Bonitätseinschätzung entscheiden Sie sich, den Kredit an Herrn Fischer nur gegen Stellung von Sicherheiten zu vergeben. Eine Gehaltszession ist bei der Düsselbank aufgrund der laufenden Probezeit von Herrn Fischer nicht möglich. Auf Ihren Vorschlag hin erklärt der Vater von Herrn Fischer, Manfred Fischer, sich bereit, eine Bürgschaftsverpflichtung zu übernehmen.

e Erläutern Sie die drei persönlichen Voraussetzungen, die Manfred Fischer zur Übernahme der Bürgschaft erfüllen muss.

Nach Einhaltung aller Voraussetzungen schließen Sie mit Manfred Fischer folgenden Bürgschaftsvertrag:

Selbstschuldnerische Höchstbetragsbürgschaft – Auszug –

Manfred Fischer (Bürge)

Ich übernehme hiermit die selbstschuldnerische Bürgschaft bis zu einem Höchstbetrag von
6.000,00 EUR (sechstausend Euro)
für sämtliche Ansprüche, die die Bank gegen
Fabian Fischer (Hauptschuldner)
aus
dem Kreditvertrag Nr. 123456 vom 20.03.20.. zustehen.

...

3. Inanspruchnahme aus der Bürgschaft, Verzicht auf Einreden
(1) Sind die durch die Bürgschaft gesicherten Ansprüche der Bank fällig, und erfüllt der Hauptschuldner diese Ansprüche nicht, kann sich die Bank an den Bürgen wenden, der dann aufgrund seiner Haftung als Selbstschuldner nach Aufforderung durch die Bank Zahlung zu leisten hat. [...]
(2) Der Bürge kann sich nicht darauf berufen, dass die Bank ihre Ansprüche durch Aufrechnung gegen eine fällige Forderung des Hauptschuldners befriedigen kann. (Verzicht auf die dem Bürgen nach § 770 Abs. 2 BGB zustehende Einrede der Aufrechenbarkeit).

...

---

f Erläutern Sie Manfred Fischer, was die von Ihnen geforderte selbstschuldnerische Bürgschaft von einer gewöhnlichen Bürgschaft unterscheidet.

g Erklären Sie Manfred Fischer, warum Sie für die Bürgschaft einen Höchstbetrag festlegen, der über dem Nettokreditbetrag liegt.

h Manfred Fischer verzichtet im Bürgschaftsvertrag auf die Einrede der Aufrechenbarkeit. Erklären Sie dem Kunden, welche Bedeutung dieser Vertragsinhalt für ihn hat.

i Erläutern Sie Manfred Fischer den Grund, warum er aus der Bürgschaftsverpflichtung entlassen ist, sobald sein Sohn den Kredit vollständig zurückgeführt hat.

29. Fall (39 Punkte)

Sie sind Mitarbeiter der Düsselbank eG. Ihre Kunden Stefan und Christina Schneider kommen heute zu einem Beratungstermin. Die Eheleute Schneider benötigen einen zweiten Pkw, weil Frau Schneider nach Ende einer Elternzeit ihre Arbeit als Krankenschwester wieder aufnimmt. Das Ehepaar Schneider hat sich ihr Traumauto, einen WV Hockey, bereits ausgesucht. Als Neuwagen hat der Pkw einen Listenpreis von 19.675,00 EUR. Aus ihren Ersparnissen können die Eheleute jedoch nur 4.000,00 EUR einbringen. Der Restbetrag muss – wie auch der bereits existierende Pkw – finanziert werden.

Stefan und Christina Schneider haben bereits mit dem WV-Händler gesprochen, der ihnen auch das folgende Leasing-Angebot gemacht hat:

Leasing-Angebot der WV Finance AG für Stefan und Christina Schneider

WV Hockey, Listenpreis	19.675,00 EUR
Sonderzahlung	4.000,00 EUR
Laufzeit	36 Monate
Jährliche Fahrleistung	15.000 km
Kilometerabrechnung	• Mehrkilometer 0,08 EUR je km • Minderkilometer 0,05 EUR je km
Monatliche Leasingrate:	**173,00 EUR**

Die Eheleute haben noch keine Erfahrung mit Leasing. Daher bitten sie um nähere Erläuterungen.

a Erklären Sie den Eheleuten Schneider die Unterschiede zwischen einer Leasing-Finanzierung und einem kreditfinanzierten Autokauf anhand der folgenden Merkmale:

aa Eigentum am Pkw,

ab Behandlung und Wartung des Fahrzeugs während der Laufzeit,

ac Versicherungspflicht während der Laufzeit,

ad Handhabung des Pkw nach Ablauf der Laufzeit.

b Ermitteln Sie für die Kunden beispielhaft die Gesamtkosten des Leasings am Ende der Laufzeit, falls der Kilometerstand des Fahrzeugs dann bei 53.266 km liegt.

Als Alternative zum Leasing-Angebot bieten Sie den Eheleuten Schneider einen zinsgünstigen Autokredit der Düsselbank eG an. Die Kreditwürdigkeitsprüfung verläuft positiv, der bonitätsabhängige Zinssatz für den Autokredit der Eheleute beträgt 3,75 % p. a.

Aus dem Konditionentableau der Düsselbank eG ergeben sich folgende Daten:

Ratentabelle für Darlehen mit sofortiger Tilgungsverrechnung			
für 10.000,00 EUR Darlehenssumme sind monatlich zu zahlen			
Kreditlaufzeit in Monaten			
Zinssatz p. a.	24	36	48
3,25	430,918808	291,915152	222,449915
3,50	432,027221	293,020797	223,560011
3,75	433,137360	294,129030	224,673555
4,00	434,249222	295,239850	225,790546

Die Eheleute wollen das Auto ebenfalls über 36 Monate finanzieren und die vorhandenen 4.000,00 EUR als Eigenmittel einbringen. Der WV-Händler gewährt bei Barzahlung einen Rabatt in Höhe von 1.900,00 EUR.

c Ermitteln Sie die Monatsrate für den Autofinanzierungskredit bei der Düsselbank eG.

d Ermitteln Sie die Gesamtkosten des kreditfinanzierten Autokaufs.

e Berechnen und erläutern Sie, ab welchem Restwert des Pkw die Kreditfinanzierung für die Eheleute Schneider günstiger als das Leasing ist.

Die Eheleute entscheiden sich für den Autofinanzierungskredit bei der Düsselbank eG. Als Sicherheit wird die Sicherungsübereignung des Pkw vereinbart.

f Erläutern Sie anhand der Besitz- und Eigentumsverhältnisse, warum die Verpfändung des Pkw nicht infrage kommt.

g Erklären Sie, durch welche Rechtshandlungen das Eigentum am Pkw übertragen wird.

h Erklären Sie, warum die Düsselbank eG im Sicherungsübereignungsvertrag genaue Angaben zu Fahrzeugart inkl. Hersteller, Fahrgestell-Nummer und amtlichem Kennzeichen festhält.

30. Fall (34 Punkte)

Markus Frenzen (Versicherungsangestellter) möchte sich zum 40. Geburtstag einen Jugendtraum erfüllen und ein Motorrad der Marke Harley-Davidson kaufen. Er legt Ihnen als Berater der Volksbank Südeifel folgendes Angebot eines Motorradhändlers vor und bittet um Beratung. Herr Frenzen möchte 5.000,00 EUR an Ersparnissen in die Finanzierung einbringen.

XXL Bikes GmbH

08.05.20..

Sehr geehrter Herr Frenzen,

wir nehmen Bezug auf unser heutiges Telefonat und bieten Ihnen an:

Harley-Davidson, Road King Classic

Ausstattung laut beigefügter Liste
Unser Listenpreis   24.900,00 EUR

Unser Finanzierungsangebot

Einmalige Sonderzahlung   5.000,00 EUR
48 Raten zu je   435,00 EUR

Bei Barzahlung gewähren wir einen Rabatt in Höhe von 5 % des Listenpreises.

....

---

a Ermitteln Sie den Effektivzinssatz der Händlerfinanzierung nach folgender Formel (zwei Nachkommastellen):

$$\text{Effektivzinssatz} = \frac{\text{Kreditkosten} \cdot 100 \cdot 12}{\text{Auszahlungsbetrag} \cdot \text{durchschnittliche Laufzeit in Monaten}}$$

Herr Frenzen bittet Sie um ein Vergleichsangebot, die Volksbank Südeifel unterbreitet folgende Kondition:

Kreditbetrag 10.000,00 EUR, Nominalzinssatz 5 % p.a.	
Laufzeit	48 Monate
monatliche Rate	230,29 EUR

b Ermitteln Sie, welches Angebot für Herrn Frenzen vorteilhafter ist.

Herr Frenzen möchte den Kredit in Ihrem Hause beantragen. Ihnen liegen folgende aktuelle Kontodaten vor:

Kundenstammnr. 5879456
Kontoinhaber: Frenzen, Markus

Girokonto Nr. 5879456 00	
Kontostand:	H 2.312,87 EUR
Dispositionskredit:	3.000,00 EUR

Onlinetagesgeldkonto Nr. 5879456 10	
Kontostand:	H 6.947,00 EUR

Depot Nr. 5879456 50	Nennwert/Stück	Kurs
CarTec AG-Inhaberaktien	300	26,30
Bundesanleihe 10/20	8.000,00	103,84

Kapitallebensversicherung AlteLeben AG	Ablaufleistung EUR	Rückkaufswert EUR
Versicherungssumme 30.000,00 EUR	56.780,00	6.577,39

Bei der Kreditprüfung kommen Sie zu dem Ergebnis, dass eine Kreditvergabe nur unter Stellung von Sicherheiten möglich ist. Eine Verwendung weiterer Ersparnisse zur Finanzierung sowie eine Gehaltsabtretung kommen für den Kunden nicht infrage. Herr Frenzen ist jedoch bereit, die im Depot verwahrten Wertpapiere und die Lebensversicherung zur Besicherung des Kredits einzusetzen. Gegebenenfalls kann ein weiteres Sparkonto bei Sparkasse Nordeifel mit einem Saldo von 5.000,00 EUR als Kreditsicherheit genutzt werden.

c Prüfen Sie mithilfe der folgenden Übersicht, ob die Werte des Depots und der Lebensversicherung zur Besicherung des Kredits ausreichen.

Beleihungsgrenzen der Volksbank Südeifel für Wertpapiere in % vom Kurswert:	
öffentliche Anleihen	80 %
Unternehmensanleihen, Rentenfonds	70 %
Aktien, Aktienfonds	50 %

d Erläutern Sie, welche Rechtshandlungen notwendig sind, damit die Volksbank Südeifel ein Pfandrecht erwirbt an

    da den Wertpapieren,

    db dem Sparkonto bei der Sparkasse Nordeifel.

e Begründen Sie, welche vertraglichen Vereinbarungen neben der Pfandrechtsbestellung notwendig sind, um das Sparkonto bei der Sparkasse Nordeifel als Sicherheit zu verwenden.

f Erklären Sie, welche Zusatzvereinbarungen mit dem Kunden und der Versicherungsgesellschaft im Rahmen einer Abtretung der Lebensversicherung getroffen werden.

Im Zusammenhang mit der Verpfändung des Wertpapierdepots wendet Herr Frenzen ein, dass das Depot bereits vom AGB-Pfandrecht der Volksbank Südeifel erfasst sei.

g Erklären Sie, warum das AGB-Pfandrecht der Volksbank Südeifel zur Besicherung des Darlehens nicht ausreichend ist.

Den Vertrag mit dem Motorradhändler möchte Herr Frenzen erst in einigen Tagen abschließen. Nun ist er unsicher, ob der vorzeitige Abschluss des Kreditvertrags ein Risiko darstellt, falls der Kauf des Motorrads nicht wie geplant stattfinden sollte.

h Erläutern Sie Herrn Frenzen das gesetzliche Widerrufsrecht für den Kreditvertrag.

Ein Jahr nach Aufnahme des Kredits und Kauf des Motorrads gewinnt Herr Frenzen unverhofft einen größeren Betrag im Lotto. Er erkundigt sich deshalb bei Ihnen, ob er das Darlehen vorzeitig zurückzahlen könne.

i Erklären Sie, ob und gegebenenfalls unter welchen Voraussetzungen eine vorzeitige Rückzahlung des Darlehens möglich ist.

31. Fall (30 Punkte)

Die Kundin Magda Schneider erhält im Rahmen einer Kreditgewährung von ihrer Hausbank, der Sparkasse Ulm, folgendes auszugsweise wiedergegebene Schreiben:

> ... übernehmen wir gegenüber der Ulminvest GmbH für deren Forderungen aus dem Mietverhältnis unter Verzicht auf die Einreden der Vorausklage, der Anfechtung und der Aufrechnung die selbstschuldnerische Bürgschaft bis zum Höchstbetrag von
>
> 4.000,00 EUR
>
> (in Worten: viertausend Euro) einschließlich Zinsen und Kosten mit der Maßgabe, dass wir nur auf Zahlung von Geld in Anspruch genommen werden dürfen ...

a Erläutern Sie die dem Schreiben zugrunde liegende Kreditart.

b Bezeichnen Sie in nachstehendem Schema die Beteiligten und deren Rechtsbeziehungen.

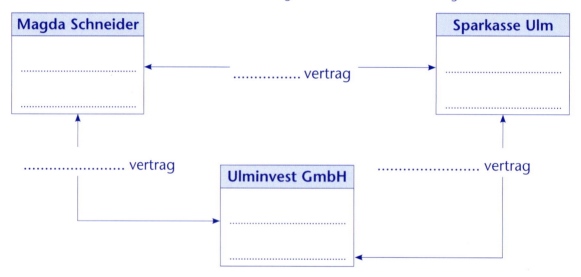

c Erläutern Sie, wie das Kreditinstitut die Berechnung der Kreditkosten rechtfertigen kann.

Alternativ zur gewählten Problemlösung käme die Einzahlung der Mietkaution auf ein bei der Sparkasse Ulm von der Ulminvest GmbH zu eröffnendes Sparkonto in Betracht.

d Bezeichnen Sie in nachstehendem Schema die Beteiligten und deren Rechtsbeziehungen.

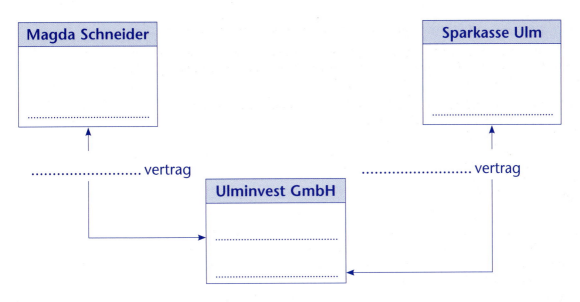

e Vergleichen Sie die beiden Problemlösungen aus der Sicht von Frau Schneider.

f Wie wird sichergestellt, dass die Mietkaution nicht für Kreditverbindlichkeiten der Ulminvest GmbH gegenüber der Sparkasse Ulm zur Haftung herangezogen wird?

32. Fall (33 Punkte)

Die Biosaft AG produziert Fruchtsäfte aus regionalen Obstsorten und ist Kundin der Bergischen Sparkasse. Die Gesellschaft benötigt ein Investitionsdarlehen zur Finanzierung einer Produktionsmaschine. Zur Prüfung der Kreditwürdigkeit liegen Ihnen die unten angegeben Daten aus dem Jahresabschluss des vergangenen Jahres vor. Nutzen Sie für alle Berechnungen die Formelsammlung im Anhang.

	in TEUR
Anlagevermögen	11.860
Umlaufvermögen	7.940
Gezeichnetes Kapital	4.000
Kapitalrücklage	560
Gesetzliche Rücklage	490
Andere Gewinnrücklage	750
Satzungsmäßige Rücklage	150
Bilanzgewinn	510
Langfristige Pensionsrückstellung	347 (Vorjahr: 295)
Langfristiges Fremdkapital	7.670
Kurzfristiges Fremdkapital	5.580
Umsatzerlöse	54.530
Betriebsergebnis (nach Zinsen)	1.071
Fremdkapitalzinsen	810
Abschreibungen auf Sachanlagen	1.190

a Berechnen Sie mithilfe der Angaben aus dem Jahresabschluss das bilanzielle Eigenkapital der Biosaft GmbH.

b Ermitteln Sie für das vergangene Geschäftsjahr die folgenden Kennzahlen (zwei Nachkommastellen):
- Eigenkapitalrentabilität
- Gesamtkapitalrentabilität

c Erläutern und bewerten Sie die in b) ermittelten Kennzahlen.

Kreditgeschäft

Für die vergangenen Jahre liegen folgende Daten zum Cashflow vor:

	Vorjahr 2	Vorjahr 3
Cashflow in TEUR	1.960	2.087

d Berechnen Sie den Cashflow für das vergangene Jahr (Vorjahr 1) und beurteilen Sie die Entwicklung.

e Begründen Sie, warum der Cashflow im Vergleich zum Jahresüberschuss als Beurteilungsgrundlage besser geeignet ist.

f Nennen Sie drei Kritikpunkte, die die Eignung der Bilanzanalyse zur Prüfung der Kreditwürdigkeit einschränken.

Im Rahmen der Kreditwürdigkeitsprüfung werden für das vergangene Jahr außerdem folgende Sachverhalte festgestellt:

1 Das Debitorenziel hat sich von 21 auf 28 Tage erhöht.

2 Der Anlagendeckungsgrad II hat sich von 112 % auf 89 % verringert.

3 Pfandflaschen und Getränkekästen wurden als geringwertige Wirtschaftsgüter abgeschrieben, das Aktivierungswahlrecht wurde nicht genutzt.

g Beurteilen Sie, welche Auswirkungen die genannten Entwicklungen auf die Kreditwürdigkeit haben.

33. Fall (32 Punkte)

Die DataSystems AG handelt mit Hard- und Softwaresystemen für Geschäftskunden und unterhält Kontoverbindung zur Volksbank Bayerischer Wald eG. Zur Finanzierung des laufenden Geschäfts beantragt der Finanzvorstand Gisbert Lufen einen Betriebsmittelkredit über 800.000,00 EUR. Zur Prüfung des Kreditantrags legt er Jahresabschlüsse der DataSystems AG für die letzten drei Geschäftsjahre vor. Nutzen Sie für die folgenden Berechnungen die Formelsammlung im Anhang und den Auszug aus dem Jahresabschluss des Vorjahres.

a Begründen Sie mit zwei Argumenten, warum die Volksbank Bayerischer Wald eG sich die Jahresabschlüsse vorlegen lässt.

Jahresabschluss DataSystems AG

Aktiva	Bilanz (Werte in Tausend EUR)		Passiva
Anlagevermögen		**Eigenkapital**	
Grundstücke und Gebäude	5.250	Gezeichnetes Kapital	4.500
Betriebs- und Geschäftsausstattung	3.920	Rücklagen	1.480
		Bilanzgewinn	450
Umlaufvermögen		**Fremdkapital**	
Waren	6.980	Langfristige Verbindlichkeiten	9.880
Forderungen aus Lieferungen und Leistungen	3.100	davon Verbindlichkeiten aus LL	2.370
Kassenbestand/Bankguthaben	1.680	Kurzfristige Verbindlichkeiten	4.620
Bilanzsumme	20.930	Bilanzsumme	20.930

Ausschnitt aus der Gewinn-und-Verlust-Rechnung in Tsd. EUR

Abschreibungen auf Sachanlagen	1.350
Außerordentliche Aufwendungen	940
Außerordentliche Erträge	590
Bestandsveränderungen	1.560
Materialaufwand	18.020
Personalaufwand	12.410
Sonstige betriebliche Aufwendungen	490
Sonstige betriebliche Erträge	850
Steuern vom Einkommen und Ertrag	620
Umsatzerlöse	33.290

b Berechnen Sie das Betriebsergebnis der DataSystems AG.

Zur Jahresabschlussanalyse liegen Ihnen folgende Vergleichszahlen vor:

	Eigenkapitalquote	Anlagendeckungsgrad I	Kreditorenziel
Branchendurchschnitt	21,4 %	83,7 %	41 Tage

c Ermitteln Sie die folgenden Bilanzkennzahlen für die DataSystems AG (zwei Nachkommstellen bzw. ganze Tage):

- Eigenkapitalquote
- Anlagendeckungsgrad I
- Kreditorenziel

d Erläutern Sie die in c) berechneten Kennzahlen und nehmen Sie eine Bewertung im Branchenvergleich vor.

Mit den vorhandenen Informationen wird für die DataSystems AG ein Kreditrating erstellt. Die aus der Jahresabschlussanalyse ermittelten Kennzahlen fließen dabei mit einer Gewichtung von 60 % in das Ratingergebnis ein.

e Begründen Sie, warum das Ratingergebnis nicht ausschließlich mit den Kennzahlen der Jahresabschlussanalyse errechnet wird.

f Erklären Sie neben der Jahresabschlussanalyse drei weitere konkrete Merkmale, die in ein Ratingmodell einfließen können.

34. Fall (33 Punkte)

Die Hamacher Anlagenbau AG beantragt bei der Isarbank AG einen Investitionskredit in Höhe von 72.000,00 EUR zur Finanzierung des Kaufs von zwei Gabelstaplern. Die Beleihungsgrenze der Isarbank AG liegt bei 60 % des Kaufpreises. Zur Besicherung sollen die Gabelstapler sicherungsübereignet werden. Nutzen Sie zur Lösung der folgenden Aufgaben auch den unten abgebildeten Vertrag zur Sicherungsübereignung.

a Berechnen Sie den Anteil des Kaufpreises in Euro, der eigenfinanziert wurde.

b Erklären Sie, welchen Vorteil die Sicherungsübereignung der Gabelstapler im Vergleich zur Verpfändung bietet.

c Stellen Sie die Besitz- und Eigentumsverhältnisse nach erfolgter Übereignung dar.

d Erläutern Sie vier Merkmale, an denen die Fiduziarität der vereinbarten Sicherheit deutlich wird.

e Nennen Sie die zur Sicherungsübereignung erforderlichen Rechtshandlungen und geben Sie an, in welchem Abschnitt des Vertrags diese geregelt sind.

f Zeigen Sie zwei Pflichten des Kreditnehmers auf, die der Werterhaltung der Sicherheit dienen.

Vor Kreditvergabe prüfen Sie u. a. einen aktuellen Grundbuchauszug des Betriebsgrundstücks, das sich im Eigentum der Hamacher Anlagenbau AG befindet.

g Geben Sie fallbezogen eine Begründung für diese Maßnahme.

Der Kaufvertag über die Gabelstapler mit der Stapler-Service KG beinhaltet folgende Regelung: „Bis zur vollständigen Bezahlung bleibt die Ware Eigentum der Stapler-Service KG."

h Erläutern Sie, welche Auswirkung diese Vereinbarung auf die Sicherheitenbestellung hat und erklären Sie mithilfe des Vertrags, welche Regelung die Bank diesbezüglich trifft.

i Erklären Sie neben den in g und h beschriebenen Risiken zwei weitere Gefahren, die für die Isarbank AG mit dieser Sicherungsübereignung verbunden sind, und zeigen Sie jeweils eine Lösungsmöglichkeit auf.

Nach erfolgreicher Kreditwürdigkeitsprüfung wird ein Abzahlungsdarlehen mit quartalsweiser Tilgung über vier Jahre und einem Zinssatz von 4,2 % p. a. vereinbart.

j Berechnen Sie die Höhe der zweiten Darlehensrate.

ISARBANK AG

Interne Angaben der Bank/Ablagehinweise

GK 4700/20

Sicherungsübereignung einzelner Sachen

Zwischen (nachstehend „Sicherungsgeber" genannt)

Name und Anschrift des Sicherungsgebers

Hamacher Anlagenbau AG, Europastr. 85–90, 80123 München

und dem oben genannten Kreditinstitut (nachstehend „Bank" genannt) **wird Folgendes vereinbart:**

1. Gegenstand der Sicherungsübereignung
(1) Der Sicherungsgeber übereignet der Bank hiermit die nachstehend aufgeführten/in der beigefügten Liste aufgeführten Gegenstände (nachstehend „Sicherungsgut" genannt):

Übereignete Gegenstände

2 Gabelstapler
Hersteller: Linde Material Handling GmbH
Modell: FMC-403 EcoMove
Fabrikationsnummern:
379-403-8752 und
379-403-9543

(2) Das Sicherungsgut befindet sich an dem Standort:

Bezeichnung des Standorts

Halle 04.10. Gewerbepark Isar Nord

Der Sicherungsgeber wird der Bank jede Änderung des Standortes unverzüglich bekanntgeben.

2. Übertragung von Eigentum, Miteigentum, Anwartschaftsrecht
Soweit der Sicherungsgeber Eigentum oder Miteigentum an dem Sicherungsgut hat oder dieses künftig erwirbt, überträgt er der Bank das Eigentum oder Miteigentum. Soweit der Sicherungsgeber Anwartschaftsrechte auf Eigentumserwerb (aufschiebend bedingtes Eigentum) an den von seinen Lieferanten unter Eigentumsvorbehalt gelieferten Waren hat, überträgt er hiermit der Bank diese Anwartschaftsrechte.

3. Übergabeersatz
Die Übergabe des Sicherungsgutes an die Bank wird dadurch ersetzt, dass der Sicherungsgeber es für die Bank sorgfältig unentgeltlich verwahrt. Soweit Dritte unmittelbaren Besitz am Sicherungsgut erlangen, tritt der Sicherungsgeber bereits jetzt seine bestehenden und künftigen Herausgabeansprüche an die Bank ab.

4. Sicherungszweck
Die Übereignung und die Übertragung der sonstigen mit diesem Vertrag bestellten Rechte erfolgt

☐ zur **Sicherung der Ansprüche**, die der Bank **aus dem nachstehend bezeichneten Kreditvertrag** zustehen, und zwar auch dann, wenn die vereinbarte Laufzeit des Kredits verlängert wird

Bezeichnung des Kreditvertrages, ggf. Name des Kreditnehmers, falls dieser mit dem Sicherungsgeber nicht identisch ist

 zur **Sicherung aller bestehenden, künftigen und bedingten Ansprüche** der Bank mit ihren sämtlichen in- und ausländischen Geschäftsstellen **aus der bankmäßigen Geschäftsverbindung** gegen den Sicherungsgeber. Hat dieser die Haftung für Verbindlichkeiten eines anderen Kunden der Bank übernommen (z. B. als Bürge), so sichert die Übereignung die aus der Haftungsübernahme folgende Schuld erst ab deren Fälligkeit.

5. Ablösung von Eigentumsvorbehalten
Der Sicherungsgeber ist verpflichtet, einen etwa bestehenden Eigentumsvorbehalt durch Zahlung des Kaufpreises zum Erlöschen zu bringen. Die Bank ist befugt, eine Kaufpreisrestschuld des Sicherungsgebers auf dessen Kosten an die Lieferanten zu zahlen.

6. Behandlung und Kennzeichnung des Sicherungsgutes
Der Sicherungsgeber hat das Sicherungsgut an seinem Standort zu belassen und es auf seine Kosten sorgfältig zu behandeln. Zur Wahrung ihrer berechtigten Belange kann die Bank in einer ihr zweckmäßig erscheinenden Weise das Sicherungsgut als ihr Eigentum kennzeichnen. In den Unterlagen des Sicherungsgebers ist die Übereignung mit dem Namen der Bank kenntlich zu machen.

7. Versicherung des Sicherungsgutes
(1) Der Sicherungsgeber verpflichtet sich ferner, das Sicherungsgut für die Dauer der Übereignung auf eigene Kosten in voller Höhe gegen die üblichen Gefahren und gegen diejenigen, gegen die der Bank Versicherungsschutz erforderlich erscheint, versichert zu halten. Alle daraus entstehenden gegenwärtigen und künftigen Ansprüche gegen die Versicherungsgesellschaft tritt der Sicherungsgeber hiermit an die Bank ab. Der Sicherungsgeber hat der Versicherungsgesellschaft davon Mitteilung zu machen, dass das Sicherungsgut Eigentum der Bank ist, dass sämtliche Rechte aus dem Versicherungsvertrag, soweit sie das Sicherungsgut betreffen, der Bank zustehen sowie dass die Bank nur in die Rechte und nicht in die Pflichten des Versicherungsvertrages eintritt mit der Maßgabe, dass der Sicherungsgeber zur Aufhebung der Versicherung ohne Zustimmung der Bank nicht berechtigt ist. Der Sicherungsgeber wird die Versicherungsgesellschaft ersuchen, der Bank einen entsprechenden Sicherungsschein zu übersenden.
(2) Wenn der Sicherungsgeber die Versicherung nicht oder nicht ausreichend bewirkt hat, darf die Bank das auf seine Kosten tun.

8. Gesetzliche Pfandrechte Dritter
Soweit gesetzliche Pfandrechte Dritter, z. B. Vermieter, Verpächter, Lagerhalter, an dem Sicherungsgut bestehen, hat der Sicherungsgeber auf Wunsch der Bank jeweils nach Fälligkeit des Mietzinses, Pachtzinses oder Lagergeldes deren Zahlung nachzuweisen. Wird dieser Nachweis nicht erbracht, ist die Bank befugt, zur Abwendung der Pfandrechte den Miet- oder Pachtzins oder das Lagergeld auf dessen Kosten zu bezahlen.

9. Informationspflichten des Sicherungsgebers

(1) Der Sicherungsgeber hat der Bank unverzüglich anzuzeigen, wenn die Rechte der Bank an dem Sicherungsgut durch Pfändung oder sonstige Maßnahmen Dritter beeinträchtigt oder gefährdet werden sollten, und zwar unter Übersendung einer Abschrift des Pfändungsprotokolls sowie aller sonstigen zu einem Widerspruch gegen die Pfändung erforderlichen Schriftstücke. Außerdem hat der Sicherungsgeber den Pfändungsgläubiger oder sonstige Dritte unverzüglich schriftlich von dem Eigentumsrecht der Bank in Kenntnis zu setzen.

(2) Auch von sonstigen das Sicherungsgut betreffenden Ereignissen, insbesondere von Schadensfällen, hat der Sicherungsgeber der Bank unverzüglich Mitteilung zu machen.

10. Prüfungsrecht der Bank

(1) Die Bank ist berechtigt, das Sicherungsgut an seinem Standort zu überprüfen oder durch ihre Beauftragten überprüfen zu lassen. Der Sicherungsgeber hat jede zu diesem Zweck erforderliche Auskunft zu erteilen und die betreffenden Unterlagen zur Einsicht vorzulegen.

(2) Soweit sich das Sicherungsgut in unmittelbarem Besitz Dritter (z. B. Lagerhalter) befindet, werden diese vom Sicherungsgeber hiermit angewiesen, der Bank Zutritt zum Sicherungsgut zu gewähren.

11. Herausgabe des Sicherungsgutes an die Bank

Die Bank ist zur Wahrung ihrer berechtigten Belange befugt, die Herausgabe des Sicherungsgutes zu verlangen, wenn der Sicherungsgeber erheblich gegen die Pflicht zur sorgfältigen Behandlung des Sicherungsgutes verstößt. Dies gilt auch, wenn der Sicherungsgeber seine Zahlungen eingestellt hat oder die Eröffnung eines gerichtlichen Insolvenzverfahrens über sein Vermögen beantragt worden ist. Die Bank darf die Herausgabe von Sicherungsgut ferner verlangen, wenn sie gemäß Nr. 12 Abs. 1 wegen des Zahlungsverzuges des Kreditnehmers zur Verwertung des Sicherungsgutes befugt ist.

12. Verwertungsrecht der Bank

(1) Die Bank ist berechtigt, das Sicherungsgut zu verwerten, wenn der Kreditnehmer mit fälligen Zahlungen auf die durch diesen Vertrag gesicherten Forderungen in Verzug ist. Die Bank wird das Sicherungsgut nur in dem Umfange verwerten, als dies zur Erfüllung der rückständigen Forderungen erforderlich ist.

(2) Die Verwertung wird die Bank dem Sicherungsgeber unter Fristsetzung schriftlich androhen. Stellt der Abschluss dieses Vertrages für den Sicherungsgeber ein Handelsgeschäft dar, beträgt die Frist mindestens eine Woche. In allen übrigen Fällen beträgt sie einen Monat.

(3) Die Bank darf das Sicherungsgut auch durch freihändigen Verkauf im eigenen Namen oder im Namen des Sicherungsgebers veräußern. Sie wird auf die berechtigten Belange des Sicherungsgebers Rücksicht nehmen. Sie kann auch von dem Sicherungsgeber verlangen, dass dieser nach ihren Weisungen das Sicherungsgut bestmöglich verwertet oder bei der Verwertung mitwirkt. Der Sicherungsgeber hat alles bei der Verwertung des Sicherungsgutes Erlangte unverzüglich an die Bank herauszugeben.

(4) Nach Verwertung des Sicherungsgutes wird die Bank den ihr nach Abführung der Umsatzsteuer verbleibenden Erlös zur Abdeckung der gesicherten Ansprüche verwenden. Wenn der Verwertungsvorgang der Umsatzsteuer unterliegt, wird die Bank eine Gutschrift erteilen, die als Rechnung für die Lieferung der als Sicherheit dienenden Sache gilt und den Voraussetzungen des Umsatzsteuerrechts entspricht.

13. Rückübertragung, Sicherheitenfreigabe

(1) Nach Befriedigung ihrer durch diesen Vertrag gesicherten Ansprüche hat die Bank an den Sicherungsgeber die mit dieser Vereinbarung übertragenen Sicherheiten zurückzuübertragen und einen etwaigen Übererlös aus der Verwertung herauszugeben. Die Bank wird jedoch diese Sicherheiten an einen Dritten übertragen, falls sie hierzu verpflichtet ist.

(2) Die Bank ist schon vor vollständiger Befriedigung ihrer durch die Sicherungsübereignung gesicherten Ansprüche verpflichtet, auf Verlangen das ihr übertragene Sicherungsgut sowie auch etwaige andere ihr bestellte Sicherheiten (z. B. abgetretene Forderungen, Grundschulden) nach ihrer Wahl an den jeweiligen Sicherungsgeber ganz oder teilweise freizugeben, sofern der realisierbare Wert sämtlicher Sicherheiten

110 %

der gesicherten Ansprüche der Bank nicht nur vorübergehend überschreitet. Sofern die Bank bei der Verwertung mit der Umsatzsteuer belastet wird, erhöht sich dieser Prozentsatz um den gesetzlichen Umsatzsteuersatz.

(3) Die Bank wird bei der Auswahl der freizugebenden Sicherheiten auf die berechtigten Belange des Sicherungsgebers und der Besteller zusätzlicher Sicherheiten Rücksicht nehmen.

14. Rechtswirksamkeit

Sollte eine Bestimmung dieses Vertrages nicht rechtswirksam sein oder nicht durchgeführt werden, so wird dadurch die Gültigkeit des übrigen Vertragsinhaltes nicht berührt.

---

35. Fall (32 Punkte)

Die SWEETSFORM BABELS GmbH, Düsseldorf, stellt Süßwaren her. Sie wird vertreten durch den alleinigen Geschäftsführer Heinz Babels.

Heinz Babels beabsichtigt, seine Betriebsausstattung zu modernisieren.
Mit dem Kundenbetreuer seiner Hausbank, der Eifelbank AG, hat er bereits in einem Vorgespräch das Investitionsvolumen und dessen Finanzierungsmöglichkeiten abgesprochen.

Investition	Kaufpreis	Durchschnittliche betriebliche Nutzungsdauer	Beleihungsgrenze in % des Marktwertes
Verpackungsmaschine für Schokoladenhohlkörper	102.000,00 EUR	5 Jahre	50 %, auf volle Tsd. EUR abrunden
2 Kleintransporter	je 28.000,00 EUR	5 Jahre	60 %, auf volle Tsd. EUR abrunden

Ertragslage, Umsatzentwicklung und Auftragsbestand der SWEETSFORM BABELS GmbH sind positiv. Aufgrund der internen und externen Auskünfte liegen der Eifelbank AG über die Unternehmung keine nachteiligen Informationen vor.

Die Kreditwürdigkeitsprüfung führt zu dem Ergebnis, dass bei Stellung angemessener Sicherheiten dem Kreditantrag entsprochen werden kann. Die Sicherheiten sollen aus den zu finanzierenden Vermögenswerten gestellt werden.

a Ermitteln Sie den erforderlichen Kapitalbedarf für die Investitionen.

b Berechnen Sie die Summe, die die Eifelbank aufgrund der Beleihungsgrenze maximal als Kreditbetrag zur Verfügung stellen kann.

c Beschreiben Sie zwei Möglichkeiten für Herrn Babels zur Beschaffung der erforderlichen Eigenmittel, um die Investition zu finanzieren.

Heinz Babels wundert sich darüber, dass die Verpackungsmaschine im Vergleich zu den Kleintransportern eine geringere Beleihungsgrenze hat, obwohl die Nutzungsdauer bei beiden Gütern gleich lang ist.

d Erklären Sie Herrn Babels einen Grund für die unterschiedlichen Beleihungssätze.

Sie legen Herrn Babels eine Übersicht zu den in der Eifelbank zurzeit gültigen Kreditkonditionen vor.

Kreditart	Zinssatz	Tilgung	Laufzeit
Investitionskredit (Tilgungsdarlehen)	8,0 % p.a.	20 % jährlich, 1 Kreditrate pro Jahr	5 Jahre
Investitionskredit (Festdarlehen)	7,5 % p.a.	100 % am Ende der Laufzeit in einer Summe	10 Jahre
Kontokorrentkredit	12,5 % p.a.	nach Kündigung, spätestens bei Beendigung der Geschäftsbeziehung	bis auf Weiteres

e Welche Kreditart kommt für die Finanzierung infrage? Begründen Sie Ihre Antwort.

Stellen Sie heraus, warum die von Ihnen abgelehnten Kreditarten nicht geeignet erscheinen.

f Welche Art der Kreditbesicherung kommt infrage? Begründen Sie Ihre Antwort.

g Bei der SWEETSFORM BABELS GMBH befinden sich bereits 3 Verpackungsmaschinen. Wie kann sichergestellt werden, dass nur die neu erworbene Verpackungsmaschine als Sicherheit dient? (Zwei Möglichkeiten)

Kreditvertrag und Kreditsicherungsvertrag werden am 19.05.20.. abgeschlossen. Die Kreditsumme kann in den nächsten 30 Tagen abgerufen werden.

Am 24.05.20.. wird der Kaufvertrag über die Kleintransporter abgeschlossen, die Lieferung erfolgt am 29.05.20.. Folgender Textausschnitt ist dem Kaufvertrag entnommen:

> 1) Das Eigentum an der Ware geht erst mit der vollständigen Zahlung des Kaufpreises auf den Käufer über.
> 2) Der Rechnungsbetrag ist innerhalb von 30 Tagen nach Lieferung der Ware fällig. Bei Zahlung innerhalb von 5 Tagen gewähren wir 2 % Skonto.

h Beschreiben Sie die Rechtsposition der Eifelbank an den Kleintransportern

  ha mit Ablauf des 24.05.20..,

  hb nach Bezahlung der Rechnung.

i Berechnen Sie den Vorteil der Skontoausnutzung in Euro gegenüber der Zahlung am Ende des Zahlungszieles. Die Kreditkosten betragen 12,5 % p. a. (deutsche kaufmännische Zinsmethode). Die Rechnung über 56.000,00 EUR wird am letzten Tag der Skontofrist bezahlt.

36. Fall (31 Punkte)

Die PowerPlay GmbH handelt mit Spielwaren und unterhält eine Kontoverbindung zur Bergischen Sparkasse. Da die Nachfrage nach Spielzeug starken saisonalen Schwankungen unterworfen ist, bestehen insbesondere vor dem Weihnachtsgeschäft oft kurzfristige Liquiditätsengpässe. Sie beraten den Geschäftsführer Horst Ritter über die Möglichkeiten der Kreditfinanzierung in Höhe von 50.000,00 EUR.

a Empfehlen Sie eine geeignete Kreditart für die PowerPlay GmbH und erläutern Sie diese mit drei Merkmalen.

Zur Besicherung des Kredits verlangen Sie eine Globalzession von Forderungen aus Lieferung und Leistung. Herr Ritter legt Ihnen Unterlagen zur Prüfung der Werthaltigkeit der Forderung vor. Daraufhin erstellen Sie einen Abtretungsvertrag, der u. a. folgende Abschnitte beinhaltet:

---

1. Gegenstand der Abtretung:

(1) Der Sicherungsgeber tritt hiermit an die Bank seine sämtlichen bestehenden und künftigen Forderungen aus Warenlieferungen und Leistungen ab, die ihm gegen alle Schuldner mit den Anfangsbuchstaben **A** bis **K** zustehen.

(2) Für die Feststellung der Anfangsbuchstaben ist maßgeblich

a) bei Nichtkaufleuten, Einzelfirmen, Personenhandelsgesellschaften und sonstigen Drittschuldnern, deren Name/Firma aus Personennahmen besteht oder mit solchen beginnt, der erste Familienname.

b) Bei allen anderen Drittschuldner das erste Wort der Firmenbezeichnung oder sonstigen Bezeichnung.

15. Bewertung der Forderungen:

(1) Zur Ermittlung des realisierbaren Werts der abgetretenen Forderungen wird vom Nennwert der in den Bestandslisten als abgetreten gemeldeten Forderungen ausgegangen. Hiervon werden zunächst solche Forderungen abgesetzt,

– bei denen die Abtretung ausgeschlossen ist […];

– die wegen eines branchenüblichen verlängerten Eigentumsvorbehalts nicht an die Bank abgetreten worden sind;

– denen aufrechenbare Forderungen gegenüberstehen; […]

– die einredebehaftet sind, weil die zugrundeliegenden Leistungen nicht vollständig oder mangelfrei erbracht worden sind.

(3) Von dem vorstehend ermittelten Nennbetrag ist ein Sicherheitsabschlag von 20 % wegen möglicher Forderungsausfälle vorzunehmen.

---

b Erklären Sie dem Kunden, warum die Zession sich nicht auf alle bestehenden und zukünftigen Forderungen erstreckt.

c Geben Sie an, zu welchem Zeitpunkt die Forderungen auf die Bergische Sparkasse übergehen.

d Stellen Sie fest, welche der folgenden Forderungen Teil der Globalzession sind:

- Dr. Esser Spielemanufaktur e. K.
- Gebrüder Heinemann OHG
- Holzspielzeug Ludwig Müller
- Spielwaren Petra Becher GmbH

Der Nennwert der von der Globalzession erfassten Forderungen beträgt 92.000,00 EUR. Zur Bewertung liegen Ihnen außerdem folgende Daten vor:

- Forderungen mit vertraglichem Abtretungsverbot: 18.400,00 EUR
- Forderungen unter verlängertem Eigentumsvorbehalt: 7.900,00 EUR
- Forderungen aus Lieferungen mit Mängelrügen: 1.500,00 EUR

e Nennen Sie Herrn Ritter zwei Gründe für den im Vertrag vereinbarten Sicherheitsabschlag.

f Ermitteln Sie den realisierbaren Wert der Forderungen.

g Erklären Sie, wie eine laufende Überprüfung des Umfangs der Besicherung stattfindet.

Sie informieren Herrn Ritter weiterhin darüber, dass die Zession seinen Geschäftspartnern im Normalfall nicht bekannt wird und dass eine Offenlegung nur bei Nichteinhaltung der Verpflichtungen aus dem Kreditvertrag erfolgt.

h Erklären Sie, wie auch bei einer stillen Zession eine Zahlung der Forderungen an die Sparkasse bewirkt werden kann.

i Erläutern Sie, wie eine Offenlegung der Abtretung durchgeführt wird.

j Erklären Sie zwei Risiken aus der Globalzession, die bei der Sparkasse verbleiben, und geben Sie jeweils eine Maßnahme zur Minderung des Risikos an.

37. Fall (32 Punkte)

Die Maier Baugesellschaft mbH ist spezialisiert auf die Herstellung von Bauteilen aus Fertigbeton und unterhält Kontoverbindung zur Sächsischen Sparkasse. Da erstmalig eine komplette Lagerhalle im Kundenauftrag schlüsselfertig gebaut werden soll, bittet der Geschäftsführer Reinhold Maier Sie um Beratung und legt Ihnen folgenden Bauleistungsvertrag vom 14.11.20.. vor (Auszug):

Vertragsnummer:	193778-12
Bauherr:	Schneider Industrieservice KG, Bahnhofstr. 7, 01067 Dresden
Bauobjekt:	Lagerhalle schlüsselfertig gem. separater Baubeschreibung
Baubeginn:	01.03.20..
Fertigstellungstermin:	01.10.20..
Festpreis:	825.000,00 EUR
Zahlungsbedingungen:	• Anzahlung 20 % des Kaufpreises, fällig bei Baubeginn gegen Stellung eines Bankavals, befristet bis zum Fertigstellungstermin. • Rest zahlbar nach Bauabnahme.

Herr Maier hat für die GmbH bisher lediglich ein Investitionsdarlehen Ihrer Sparkasse in Anspruch genommen. Sie beraten den Kunden über die Bereitstellung eines Avalkredits.

a Nennen Sie die genaue Bezeichnung für das im Vertrag geforderte Aval.

b Erklären Sie Herrn Maier den wesentlichen Unterschied zwischen dem Avalkredit und dem ihm bekannten Darlehen.

c Erläutern Sie, welchen Vorteil die Stellung eines Avals für

- die Maier Baugesellschaft mbH,
- die Schneider Industrieservice KG bietet.

d Nennen Sie vier erforderliche Bearbeitungsschritte bei der Vergabe des Avalkredits, nachdem Herr Maier den Kreditantrag gestellt hat.

Nachdem alle Voraussetzungen für die Avalübernahme erfüllt sind, stellen Sie eine Avalurkunde aus.

e Vervollständigen Sie die fehlenden Angaben im folgenden Formular.

Avalurkunde

Bürgschaftsnehmer:	
Auftraggeber:	
Art des Vertrages zwischen Bürgschaftsnehmer und Auftraggeber:	Datum des Vertrages:
Liefer-/Leistungsgegenstand:	Vertragsnummer:
Anzahlung aufgrund des Vertrages in Höhe von:	
Die Bürgschaft erlischt spätestens am:	

Wir übernehmen hiermit für die Rückzahlung des vorgenannten Anzahlungsbetrages die selbstschuldnerische Bürgschaft unter Verzicht auf die Einreden der Anfechtbarkeit und der Aufrechenbarkeit (§ 770 BGB) bis zum Betrage von

EUR | in Worten: Euro

einschließlich sämtlicher Nebenforderungen. Die Bürgschaft ist zahlbar auf erstes Anfordern unter gleichzeitiger schriftlicher Erklärung des Bürgschaftsnehmers, dass der Auftraggeber seinen vertraglichen Verpflichtungen nicht nachgekommen ist.

Unsere Bürgschaft erlischt mit der Rückgabe dieser Bürgschaftsurkunde, spätestens aber, wenn und soweit wir daraus nicht schriftlich, bis zum o. a. Zeitpunkt bei uns eintreffend, in Anspruch genommen worden sind.

Wir sind berechtigt, uns jederzeit von der Verpflichtung aus der Bürgschaft zu befreien, indem wir den verbürgten Betrag bei der zuständigen Hinterlegungsstelle als Sicherheit anstelle dieser Bürgschaft zugunsten des Bürgschaftsnehmers hinterlegen.

Ort, Datum **Sächsische Sparkasse**

Die Sächsische Sparkasse stellt eine Avalprovision in Höhe von 0,15 % pro Monat und eine Bearbeitungsgebühr für die Avalurkunde i. H. von 80,00 EUR in Rechnung.

f Ermitteln Sie den Belastungsbetrag für die Maier GmbH.

g Erläutern Sie, wie die Bilanzierung des Avalkreditvertrags durch die Sächsische Sparkasse erfolgt.

Im August bestätigt Britta Scholz, Komplementärin der Schneider Industrieservice KG, der Sächsischen Sparkasse schriftlich, dass die Maier GmbH Leistungen nicht vertragsgemäß erbracht hat und verlangt die Auszahlung des Avalbetrags.

h Stellen Sie fest, ob die Voraussetzungen zur Zahlung erfüllt sind.

i Erklären Sie, ob die Sächsische Sparkasse nach erfolgter Zahlung einen Regressanspruch geltend machen kann.

Kreditgeschäft

38. Fall (26 Punkte)

Manfred Kasten hat von seiner verstorbenen Tante einen Bausparvertrag geerbt. Auf Anfrage teilt ihm die Bausparkasse am 26. Mai folgende Daten mit:

Bausparsumme	150.000,00 EUR
Bauspargutenhaben per heute	74.000,00 EUR
Sparzinssatz	2,5 % p.a.
Darlehenszinssatz	4,5 % p.a.
Mindestansparsumme	50 %
Mindestlaufzeit	24 Monate
Regelsparbeitrag	3 ‰ der Bausparsumme p.M.
Leistung nach Valutierung	6 ‰ der Bausparsumme p.M.
Zuteilung voraussichtlich	1. Quartal des nächsten Jahres

Da Herr Kasten die Informationen nicht richtig einordnen kann, wendet er sich an seinen Kundenberater bei der UBIERBANK.

a Erläutern Sie dem Kunden, was „Zuteilung des Bausparvertrages" bedeutet.

b Muss Herr Kasten die monatlichen Regelsparbeiträge weiter leisten, um bis zum 1. Quartal des nächsten Jahres die Mindestansparsumme erreicht zu haben? Begründen Sie Ihre Auffassung.

c Berechnen Sie die monatliche Belastung bei Inanspruchnahme der Zuteilung.

Herr Kasten zeigt sich überrascht, als Sie ihn über die kurze Tilgungsdauer für das Bauspardarlehen informieren.

d Berechnen Sie den anfänglichen Tilgungssatz für das Bauspardarlehen in Prozent. Gehen Sie dabei von einem Darlehen in Höhe von genau 50 % der Bausparsumme aus.

Herr Kasten hat die Absicht, unverzüglich eine Eigentumswohnung zu erwerben. Die Gesamtkosten einschließlich Nebenkosten belaufen sich auf 150.000,00 EUR. Das Angebot des Verkäufers, der Colonia Grundbesitz GmbH, ist auf Ende Juli befristet.

e Wie kann die UBIERBANK Herrn Kasten bei der Realisation seines Wunsches helfen? Unterstellen Sie, dass Herr Kasten über die erforderliche personelle und materielle Kreditwürdigkeit verfügt.

f Unterbreiten Sie einen kostensparenden Vorschlag zur Absicherung der zur Finanzierung notwendigen Darlehen.

Herr Kasten und die Colonia Grundbesitz GmbH einigen sich über die Verkaufsmodalitäten. Der Verkauf wird vereinbarungsgemäß abgewickelt:

05.06.	Abschluss des Kaufvertrages per Handschlag
10.06.	Notarieller Abschluss des Kaufvertrages
10.06.	Auflassung
12.06.	Eintragung einer Auflassungsvormerkung zugunsten von Herrn Kasten und 1. Teilzahlung des Kaufpreises; Betrag: 100.000,00 EUR
15.07.	Eintragung der Eigentumsübertragung im Grundbuch und 2. Teilzahlung des Kaufpreises; Betrag: 40.000,00 EUR
20.07.	Eintragungsbestätigung des Notars und Aushändigung des neuesten Grundbuchauszuges an Herrn Kasten
30.07.	Übergabe der Schlüssel zur geräumten und frisch gestrichenen Eigentumswohnung und Restzahlung des Kaufpreises; Betrag: 10.000,00 EUR

g An welchem Tag hat Herr Kasten einen schuldrechtlichen Anspruch auf die Eigentumsübertragung erworben? Begründen Sie Ihre Antwort.

h An welchem Tag hat Herr Kasten das Eigentum an der Wohnung erworben? Begründen Sie Ihre Antwort.

i Erläutern Sie das mit dem Erwerb der Eigentumswohnung verbundene Eigentumsrecht.

39. Fall (40 Punkte)

Die Eheleute Franz und Regina Sindermann möchten ein Grundstück erwerben und darauf ein Zweifamilienhaus errichten. Die Einliegerwohnung im Untergeschoss soll vermietet werden.

Die Eheleute wenden sich an Sie als Mitarbeiter/in der Hansabank.

In einer Selbstauskunft nennen die Eheleute folgende Daten:

	Franz Sindermann	Regina Sindermann
Geburtsdatum	16.03.1962	20.04.1971
Beruf	Industriekaufmann	Versicherungskauffrau
Arbeitgeber	Flachglas AG	Secura AG
Beschäftigt seit	August 1992	September 1996
Nettoeinkünfte p. M.	2.400,00 EUR	1.850,00 EUR
Freie Eigenmittel	90.000,00 EUR	
Derzeitige Kaltmiete	1.100,00 EUR	

Über das Bauvorhaben liegen folgende Daten vor:

Objektdaten	
Grundstücksgröße	600 m²
Umbauter Raum	1.100 m³
Grundstückspreis	150,00 EUR/m²
Baukosten	275,00 EUR/m³
Nebenkosten (Maklergebühr, Grunderwerbsteuer, Gerichtskosten)	ca. 12.500,00 EUR
Wohnungsgröße	Hauptwohnung 136 m²
	Einliegerwohnung 55 m²
Ortsübliche Kaltmiete	7,00 EUR/m²

a Erläutern Sie fünf Objektunterlagen, die von den Eheleuten zur Ermittlung des Beleihungswertes eingereicht werden müssen.

b Ermitteln Sie die gesamten Kosten für die Baumaßnahme einschließlich Grundstück.

Die Hausbank ist bereit, bei entsprechender Kapitaldienstfähigkeit der Eheleute die Gesamtfinanzierung durchzuführen. Die Finanzierung soll unter Einbeziehung der vorhandenen Eigenmittel der Eheleute in Form von zwei Annuitätendarlehen erfolgen. Ein erstrangig gesicherter Realkredit in maximaler Höhe soll durch ein nachrangig gesichertes Darlehen ergänzt werden. Die Hansabank legt die Beleihungsgrenze für Realkredite entsprechend den Bestimmungen des Pfandbriefgesetzes fest.

c Ermitteln Sie unter Berücksichtigung des reinen Bau- und Bodenwertes die Beleihungsgrenze für den Realkredit.

d Sind die Eheleute in der Lage, die anfänglichen finanziellen Belastungen der Baumaßnahme zu tragen? Begründen Sie Ihre Entscheidung unter Berücksichtigung folgender Konditionen:

Konditionen	Realkredit	Restfinanzierung
Sicherung	erstrangig	nachrangig
Zinsbindung	10 Jahre	5 Jahre
Zinssatz p. a. • nominal • anfänglich effektiv	5,61 % 5,99 %	6,50 % 6,78 %
Auszahlung	100 %	100 %
Tilgung	1 %	2 %

Kreditgeschäft

Der notariellen Urkunde über die Grundschuldbestellung sind folgende Textpassagen entnommen:

> Die Grundschuld ist von heute an mit 15 % jährlich zu verzinsen. ⃞1
>
> Die Grundschuld ist fällig. ⃞2
>
> Wegen der Grundschuldbestellung und der Zinsen unterwirft sich der Besteller der sofortigen Zwangsvollstreckung in den belasteten Grundbesitz. ⃞3

Diese Vereinbarungen kommen den Eheleuten „gefährlich klingend" vor.

e Erklären Sie den Eheleuten die Bedeutung der mit den Ziffern ⃞1 bis ⃞3 gekennzeichneten Textpassagen.

40. Fall (33 Punkte)

Rainer Selke ist selbstständiger Steuerberater und plant den Umbau seines Wohnhauses. In einem Anbau sollen zukünftig Räume für seine Kanzlei zur Verfügung stehen. Für die Gesamtkosten liegt der Rheinbank AG eine Architektenschätzung über 225.000,00 EUR vor, die komplett kreditfinanziert werden sollen.

Zur Vorbereitung auf ein Beratungsgespräch prüfen Sie als Baufinanzierungsberater der Rheinbank unter anderem den unten abgebildeten Grundbuchauszug.

a Erläutern Sie für die in Abteilung II unter den laufenden Nummer 1 und 2 eingetragenen Rechte

    aa um welche Art von Belastung es sich jeweils handelt,

    ab wie die Belastungen die Bewertung des Grundstücks beeinflussen können.

b Nennen Sie die Stelle, an der das in Abteilung II laufende Nummer 1 eingetragene Recht im Grundbuchblatt 4208 des Nachbargrundstücks zu finden ist.

c Beschreiben Sie, wie das in Abteilung II laufende Nr. 2 eingetragene Recht im Rahmen der Beleihungswertermittlung bewertet werden kann.

d Erklären Sie die in Abteilung II in der Spalte „Veränderungen" gemachte Eintragung.

e Bestimmen Sie die Rangfolge aller im Grundbuch eingetragenen Rechte.

Im folgenden Beratungsgespräch erfahren Sie von Herrn Selke, dass das grundpfandrechtlich besicherte Darlehen der Sparkasse Rheinland vor kurzem abbezahlt worden sei, und dass ihm eine Löschungsbewilligung vorliege.

f Empfehlen Sie eine kostengünstige Alternative zur Löschung der Grundschuld.

Der von Ihnen ermittelte Beleihungswert für das Grundstück liegt bei 403.000,00 EUR, Sie machen Herrn Selke folgendes Darlehensangebot:

Zinssatz Realkredit	2,80 %
anfängliche Tilgung	3,00 % zuzüglich ersparter Zinsen
Zinsbindungsfrist	10 Jahre
Disagio	5,00 %
Effektivzins	3,55 %
Annuität	quartalsweise

Herr Selke ist erfreut über den vergleichsweise günstigen Zinssatz und erkundigt sich nach der Bedeutung des Begriffs „Realkredit".

g Erläutern Sie fallbezogen die Voraussetzungen für die Vergabe eines Realkredites und erklären Sie, warum dieser günstige Konditionen bieten kann.

Herr Selke zeigt sich interessiert am Kreditangebot und bittet um weitere Informationen.

h Ermitteln Sie den erforderlichen Darlehensbetrag (auf volle TEUR aufgerundet).

i Erläutern Sie, warum ein Darlehensangebot mit Disagio für Herrn Selke geeignet sein kann.

j Erstellen Sie einen Tilgungsplan für die ersten beiden Quartale nach folgendem Muster.

Quartal	Kreditbetrag Quartalsbeginn EUR	Zinsen EUR	Tilgung EUR	Annuität EUR
1				
2				

Amtsgericht Köln **Grundbuch von** Dellbrück **Blatt** 4201 **Bestandsverzeichnis**

Laufende Nummer der Grundstücke	Bisherige laufende Nummer der Grundstücke	Bezeichnung der Grundstücke und der mit dem Eigentum verbundenen Rechte				Größe		
		Gemarkung (Vermessungsbezirk)	Karte		Wirtschaftsart und Lage			
			Flur	Flurstück				
		a	b		c	ha	a	m²
1	2	3				4		
1	–	Dellbrück	18	712	Gebäude- und Freifläche, Ernastr. 14		5	11

Amtsgericht Köln **Grundbuch von** Dellbrück **Blatt** 4201 **Abteilung I**

Laufende Nummer der Eintragungen	Eigentümer	Laufende Nummer der Grundstücke im Bestandsverzeichnis	Grundlage der Eintragung
01.01.14	Rainer Selke, geboren am 26.09.1968 – zu 1/2 Anteil –	1	Aufgrund Auflassung vom 19.09.1998 eingetragen am 06.12.1998
01.02.14	Claudia Selke geb. Schütz, geboren 15.03.1969 – zu 1/2 Anteil –		Müller

| Amtsgericht Köln | Grundbuch von Dellbrück | Blatt 4201 | Abteilung II |

Laufende Nummer der Eintragungen	Laufende Nummer der betroffenen Grundstücke im Bestandsverzeichnis	Lasten und Beschränkungen
1	2	3
1	1	Überfahrts- und Übergangsrecht für den jeweiligen Eigentümer des Grundstücks Dellbrück Flur 18 Flurstück 723 (Blatt 4208) Bezug: Bewilligung vom 13.05.1970 Eingetragen am 26.05.1970 Gammersbach
2	1	Reallast, bestehend in der Zahlung eine lebenslangen Leibrente von 500,00 DM monatlich für Roswitha Becker. Die Löschung erfolgt gegen Vorlage der Sterbeurkunde der Berechtigten. Vorbehalten ist der Vorrang für noch einzutragende Grundpfandrechte bis zum Betrag von 240.000,00 EUR nebst bis zu 15 v. H. Zinsen jährlich. Bezug: Bewilligung vom 01.09.2004 Eingetragen am 12.09.2004 Müller

| Amtsgericht Köln | Grundbuch von Dellbrück | Blatt 4201 | Abteilung II |

Veränderungen		Löschungen	
Laufende Nummer der Spalte 1		Laufende Nummer der Spalte 1	
4	5	6	7
2	Das Recht in Abteilung III Nr. 1 geht im Rang vor. Eingetragen am 12.10.2004 Müller		

Amtsgericht	Köln	Grundbuch von	Dellbrück	Blatt	4201	Abteilung III
Laufende Nummer der Eintragungen	Laufende Nummer der betroffenen Grundstücke im Bestandsverzeichnis	Betrag		Hypotheken, Grundschulden, Rentenschulden		
1	2	3		4		
1	1	240.000,00 EUR		Zweihundertvierzigtausend Euro Grundschuld -ohne Brief- mit 12 % Jahreszinsen für die Sparkasse Rheinland, Hürth. Vollstreckbar nach § 800 ZPO. Bezug: Bewilligung vom 10.09.2004 Eingetragen am 12.10.2004 Müller		

41. Fall (30 Punkte)

Die Eheleute Herbert und Monika Schmitter, beide 42 Jahre alt, 2 Kinder, möchten in Neustadt ein Einfamilienfertighaus errichten lassen. Ihnen liegt folgendes Angebot vor:

Jetzt den Traum vom Eigenheim mit einem HUF-Fertighaus verwirklichen

152 m² Wohnfläche, 215.000,00 EUR ab Oberkante Bodenplatte

Aus dem Freundeskreis wird ihnen folgendes Angebot unterbreitet:

Neustadt, 420 m² Bauland, unerschlossen, 190,00 EUR pro m²

a Ermitteln Sie die Gesamtkosten des Bauvorhabens unter Berücksichtigung von 5,0 % Grunderwerbsteuer, 1,5 % Gerichts- und Notarkosten, 85,00 EUR Erschließungskosten pro m² Grundstücksfläche, 27.000,00 EUR für einen Fertigkeller, 15.000,00 EUR für Gartenanlage und Innenausbau, 9.500,00 EUR für eine Garage, 8.500,00 EUR Anschlusskosten an öffentliche Versorgungsnetze sowie 10.000,00 EUR sonstige Kosten. (Ergebnis auf volle 1.000,00 EUR aufrunden)

Herbert und Monika Schmitter unterhalten seit Jahren eine Kontobeziehung zur Volksbank Neustadt eG. Sie wenden sich an Sie als Kundenberater, um die mit der Hausfinanzierung verbundenen Aspekte zu erörtern.

Im Gespräch mit den Eheleuten erfahren Sie folgende Sachverhalte:

- Herbert und Monika Schmitter verfügen über ein Jahreseinkommen von ca. 88.000,00 EUR brutto. Einschließlich Kindergeld verfügt der Haushalt über ein Jahresnettoeinkommen von 51.000,00 EUR.
- Aus einer Erbschaft stammt ein Sparguthaben von 50.000 EUR, das für die Finanzierung eingesetzt werden soll.
- Sie haben einen Bausparvertrag angespart, der in zwei Wochen zuteilungsreif wird.

Bausparsumme	150.000,00 EUR
Ansparsumme	50 %
Darlehenszinssatz	5 % p.a.
Annuität	gleichbleibend 12 %
monatliche Gesamtbelastung	5 ‰ der Bausparsumme

Sie schätzen den Beleihungswert des Objektes – vorbehaltlich einer späteren genaueren Berechnung – auf 360.000,00 EUR.

Die Volksbank Neustadt eG hält folgende Darlehensangebote für Realkredite bei einer Beleihungsgrenze von 60 % des Beleihungswertes bereit:

Annuitätendarlehen	Angebot 1	Angebot 2	Angebot 3
Zinssatz nominal	4,5 % p.a.	4,3 % p.a.	4,5 % p.a.
Zinsfestschreibung	10 Jahre	7 Jahre	10 Jahre
Anfänglicher Tilgungssatz	1 %	2 %	2 %
Gesamtlaufzeit bei unverändertem Zinssatz	ca. 32 Jahre	ca. 23,3 Jahre	ca. 23 Jahre

Überschreitet das Darlehen die 60-Prozent-Grenze, erhöht sich der Darlehenszinssatz um 0,8 Prozentpunkte p.a. Die Volksbank ist bereit, bis zu 80 % des Beleihungswertes als Darlehen herauszulegen.

b Für welches Darlehen sollten sich die Eheleute Schmitter im Hinblick

   ba auf eine möglichst geringe monatliche Belastung,

   bb auf die Gesamtlaufzeit des Darlehens entscheiden?

Herbert und Monika Schmitter entscheiden sich für Angebot 2 der Volksbank.
Sie sind sich allerdings im Unklaren darüber, ob sie die Zuteilung der Bausparmittel beantragen sollen, da der Zinssatz des Bauspardarlehens über dem Zinssatz der Volksbank liegt.

c Stellen Sie drei Aspekte heraus, die für die Inanspruchnahme des Bausparvertrages sprechen.

d Stellen Sie einen Finanzierungsplan auf

   da mit Einsatz der Bausparmittel,

   db ohne Nutzung des Bauspardarlehens.

e Berechnen Sie den Beleihungsauslauf.

Herbert und Monika Schmitter entscheiden sich für die Nutzung des Bauspardarlehens.

f Ermitteln Sie die finanzielle Reserve der Eheleute ohne Einbezug einer staatlichen Förderung. Berücksichtigen Sie eine Lebenshaltungspauschale von 600,00 EUR für die erste Person, 350,00 EUR für die zweite Person und 200,00 EUR je Kind. Die Nebenkosten für das Haus betragen 1,80 EUR je m².

Herbert Schmitter erklärt Ihnen, dass er nicht ausschließen kann, in den nächsten sieben Jahren von seinem Arbeitgeber versetzt zu werden. In diesem Falle müsste das Haus verkauft werden. Aus dem Verkaufserlös sollen die Verbindlichkeiten aus der Baufinanzierung abgelöst werden.

g Informieren Sie Herbert Schmitter über die gesetzlich vorgesehenen Kündigungsrechte.

42. Fall (34 Punkte)

Die Schloss Bensberg Hotel GmbH möchte einen Erweiterungsbau mit einem Darlehen der Bensberger Bank eG über 840.000,00 EUR finanzieren. Außerdem soll ein kreditfinanzierter Kleintransporter für den hoteleigenen Cateringservice für 60.000,00 EUR angeschafft werden. Die Besicherung soll über die Eintragung einer Grundschuld erfolgen, zusätzlich soll der Transporter sicherungsweise übereignet werden. Im Rahmen der Kreditprüfung ermittelt ein vereidigter Sachverständiger in einem ausführlichen Wertgutachten den Ertragswert des Hotelgrundstücks.

a Erläutern Sie, warum

    aa der Ertragswert maßgeblich für den Beleihungswert ist,

    ab ein Sachverständiger die Bewertung vornehmen muss.

Ihnen liegt der unten stehende Grundbuchauszug zur Prüfung vor.

b Erklären Sie, ob Sie sich bei der Kreditprüfung auf die Angaben des Grundbuchs verlassen können.

c Erläutern Sie

    ca die Bedeutung des in Abteilung II laufende Nummer 1 eingetragenen Rechts,

    cb die Wirkung der Durchstreichung dieses Textes.

d Erläutern Sie eine Schwierigkeit für die Besicherung der Finanzierung des Kleintransporters, die sich aus den Angaben des Grundbuchs ergibt und zeigen Sie Lösungsmöglichkeiten auf.

Der Hotelanbau soll auch einen Personenaufzug enthalten, der laut Vertrag mit dem Hersteller unter Eigentumsvorbehalt geliefert wird.

e Beurteilen Sie, ob der Aufzug als Teil der Sicherheit zur Verfügung steht.

Im Folgenden bereiten Sie das Kreditangebot für den Erweiterungsbau und die Bestellung der Grundschuld vor. Ihnen ist bekannt, dass das grundpfandrechtlich besicherte Darlehen der Westbank in voraussichtlich vier Jahren getilgt sein wird.

f Erklären Sie, warum Sie neben der Grundschuldbestellungsurkunde eine Sicherungszweckvereinbarung ausstellen.

g Erläutern Sie in diesem Zusammenhang die Vereinbarung der Abtretung von Rückgewähransprüchen an die Bensberger Bank.

Sie bieten der Geschäftsführung der Schloss Bensberg Hotel GmbH ein Tilgungsdarlehen zu folgenden Konditionen an:

Nominalzins	3,60 %
Laufzeit	12 Jahre
Tilgung	jährlich

h Berechnen Sie die Höhe der Darlehensrate im zweiten Jahr.

Amtsgericht Bergisch Gladbach **Grundbuch von** Löderich **Blatt** 1485 **Bestandsverzeichnis**

Laufende Nummer der Grundstücke	Bisherige laufende Nummer der Grundstücke	Bezeichnung der Grundstücke und der mit dem Eigentum verbundenen Rechte				Größe		
		Gemarkung (Vermessungsbezirk)	Karte		Wirtschaftsart und Lage			
			Flur	Flurstück				
		a	b		c	ha	a	m²
1	2	3				4		
1	-	Löderich	76	113	Hof- und Gebäudefläche, Olper Str. 14		52	75

Amtsgericht Bergisch Gladbach **Grundbuch von** Löderich **Blatt** 1485			**Abteilung I**
Laufende Nummer der Eintragungen	Eigentümer	Laufende Nummer der Grundstücke im Bestandsverzeichnis	Grundlage der Eintragung
1	Schloss Bensberg Hotel GmbH	1	Aufgrund Auflassung vom 08.10.2004 eingetragen am 17.11.2004 Stolz

Amtsgericht Bergisch Gladbach **Grundbuch von** Löderich **Blatt** 1485 **Abteilung II**		
Laufende Nummer der Eintragungen	Laufende Nummer der betroffenen Grundstücke im Bestandsverzeichnis	Lasten und Beschränkungen
1	2	3
~~1~~	1	Vormerkung zur Sicherung des Anspruchs auf Eigentums-übertragung für Schloss Bensberg Hotel GmbH Bezug: Bewilligung vom 08.10.2004 Eingetragen am 12.10.2004 Stolz

Amtsgericht Bergisch Gladbach **Grundbuch von** Löderich **Blatt** 1485 **Abteilung II**			
Veränderungen		Löschungen	
Laufende Nummer der Spalte 1		Laufende Nummer der Spalte 1	
4	5	6	7
		1	Gelöscht am 17.11.2004 Stolz

Amtsgericht Bergisch Gladbach **Grundbuch von** Löderich **Blatt** 1485			**Abteilung III**
Laufende Nummer der Eintragungen	Laufende Nummer der betroffenen Grundstücke im Bestandsverzeichnis	Betrag	Hypotheken, Grundschulden, Rentenschulden
1	2	3	4
1	1	300.000,00 EUR	Dreihunderttausend Euro Grundschuld -ohne Brief- mit 14 % Jahreszinsen für die Westbank AG, Filiale Köln. Vollstreckbar nach § 800 ZPO. Bezug: Bewilligung vom 08.10.2004 Eingetragen am 24.10.2004 Stolz

43. Fall (33 Punkte)

Hanna Eder möchte über einen Makler ein Grundstück erwerben, um darauf ein Mehrfamilienhaus mit vier Wohneinheiten zur Vermietung zu bauen. Frau Eder benötigt ein Darlehen über 260.000,00 EUR und lässt sich bei der Sparkasse Isartal über die Finanzierung beraten. Für das geplante Objekt liegen folgende Daten vor:

Grundstück	730 m²
Bodenrichtwert	195,00 EUR/m²
Wohnfläche insgesamt	320 m²
umbauter Raum	1.600 m³
Baukosten	267,50 EUR/m³
ortsübliche Miete	10,00 EUR/m²
Bewirtschaftungskosten	30,00 %

a Nennen Sie der Kundin drei Beispiele für Nebenkosten, die beim Grundstückskauf zusätzlich zum Kaufpreis anfallen.

b Stellen Sie mithilfe des angegebenen Wertermittlungsbogens fest, ob das gewünschte Darlehen als Realkredit vergeben werden kann.

Ermittlung des Beleihungswerts

I. Sachwert

1. Bodenwert

.... m² à EUR .... EUR ....

2. Bauwert

Herstellungswert: .... m³ umbauter Raum à EUR	+ EUR ....
Abzgl. Altersabschreibung 1,25 % p. a. für .... Jahre	– EUR ....
Herstellungswert nach Abschreibung	= EUR ....
Abzgl. Sicherheitsabschlag 20 %	– EUR ....
Bauwert	= EUR ....

3. Sachwert (Boden und Bauwert, mind. 80 % des Ertragswerts) = EUR ....

II. Ertragswert

1. Jahresrohertrag

.... m² à EUR .... /Monat EUR ....

2. Reinertrag

Abzgl. Bewirtschaftungskosten .... %	– EUR ....
Jahresreinertrag	= EUR ....
Abzgl. Bodenwertverzinsung 6 % von .... EUR	– EUR ....
Gebäudereinertrag	= EUR ....

3. Ertragswert

Kapitalisierung des Gebäudereinertrags mit Vervielfältiger 16,51	EUR ....
Zzgl. Bodenwert	+ EUR ....
Ertragswert	= EUR ....

III. Beleihungswert (auf volle Tsd. EUR abrunden) EUR ....

Beleihungsgrenze .... % EUR ....

Die Sparkasse Isartal bietet Frau Eder ein Annuitätendarlehen zu folgenden Konditionen an:

Zinssatz nominal	3,40 %
Zinsbindungsfrist:	10 Jahre
anfängliche Tilgung	2,00 %

c Erklären Sie Frau Eder die Bedeutung der Zinsbindungsfrist.

Die Kundin rechnet aus, dass bei einer Tilgung von 2 % die Darlehenslaufzeit eigentlich 50 Jahre betragen müsse.

d Erläutern Sie, warum die Gesamtlaufzeit des Darlehens kürzer als von der Kundin vermutet ist.

Sie informieren Frau Eder über weitere Schritte, die zur Abwicklung des Grundstückskaufs und zur Bestellung eines Grundpfandrechts erforderlich sind. Die Kundin zeigt sich verwundert über den hohen Aufwand und möchte wissen, ob die Auszahlung ihres Darlehens erst nach Abwicklung aller Formalitäten erfolgen könne.

e Nennen Sie die notwendigen Rechtshandlungen zur Eigentumsübertragung und die zugehörigen Formvorschriften.

f Nennen Sie zwei Gründe für die lange Zeitdauer zwischen der notariellen Kaufabwicklung und der Eintragung im Grundbuch.

g Erklären Sie, wie ein Grundpfandrecht schon vor Eintragung des Eigentümerwechsels im Grundbuch bestellt werden kann.

4 Auslandsgeschäft

44. Fall (32 Punkte)

Sie sind Mitarbeiter der Düsselbank eG. Einer Ihrer Kunden, die Wellgarden GmbH, ein Großhandelsunternehmen für Gartenmöbel und Outdoor-Dekorationsartikel, beabsichtigt erstmals Steinplastiken von der Firma Sunnyside International Ltd. aus Neu Dehli, Indien, zu importieren.

Der Transportweg der Ware führt von Neu Dehli über den Hafen Mumbai per Seeweg nach Hamburg und von dort weiter nach Düsseldorf.

In den aktuellen Vertragsverhandlungen kommen die Incoterms zur Sprache. Es stehen CIF Hamburg oder FOB Mumbai zur Auswahl.

Herr Hisker, Geschäftsführer der Wellgarden GmbH, kommt heute zu einem Beratungsgespräch zu Ihnen.

a Erklären Sie Herrn Hisker einen Grund, der aus Sicht der Wellgarden GmbH für die Wahl von CIF Hamburg sprechen könnte.

b Erklären Sie Herrn Hisker einen Grund, der aus Sicht der Wellgarden GmbH für die Wahl von FOB Mumbai sprechen könnte.

c Erläutern Sie Herrn Hisker drei grundsätzliche Risiken dieses Importgeschäftes.

Die Vertragsverhandlungen sind abgeschlossen. Man hat sich auf CIF Hamburg geeinigt. Die Fakturierung erfolgt in USD. Die Wellgarden GmbH verlangt vom Exporteur zusätzlich ein Qualitätszertifikat über die Beschaffenheit der Steinplastiken. Die Kosten für die Erstellung des Zertifikats betragen 80,00 USD.

Die Sunnyside International Ltd. bietet die gewünschten Plastiken zu folgenden Bedingungen an: (alle Beträge in USD)

Preis der Ware	95.700,00
Seefracht Hamburg	6.850,00
Sicherheitsverpackung	2.000,00
Transportkosten von Neu Dehli zum Verschiffungshafen Mumbai	1.470,00
Transport Hamburg nach Düsseldorf	930,00
Löschkosten Hamburg	590,00
Seeversicherung	650,00
Zollgebühren Hamburg	1.730,00
Lagerkosten Mumbai	630,00
Umschlagkosten Mumbai	450,00

d Berechnen Sie den CIF-Preis in USD, der sich aufgrund des Angebots Sunnyside International Ltd. ergibt.

e Begründen Sie, welcher Vermerk zur Fracht auf dem Konnossement aufgrund der gewählten Lieferbedingung enthalten sein muss.

f Erläutern Sie, zu wessen Gunsten die Transportversicherung auszustellen ist.

g Ermitteln Sie die Höhe des Betrags in USD, über den die Seeversicherung abgeschlossen werden muss.

h Erläutern Sie, wer die Kosten für die Erstellung des Qualitätszertifikats tragen muss.

Die Wellgarden GmbH besitzt nur ein EUR-Konto. Bei Fälligkeit der Rechnung liegen der Düsselbank eG zur Umrechnung des CIF-Preises folgende Kurse vor:

Düsselbank eG, Düsseldorf	(EUR/USD)	1,0170 G – 1,0260 B

Die Düsselbank berechnet eine Provision in Höhe von 5 ‰ des EUR-Gegenwerts.

i Ermitteln Sie den Belastungsbetrag in EUR.

Aufgrund der guten Erfahrungen dieses Außenhandelsgeschäfts tätigt die Wellgarden GmbH im Laufe der Zeit nun zahlreiche Geschäfte mit Vertragspartnern in der ganzen Welt. Die Fakturierung des Rechnungsbetrags erfolgt stets in USD. Sie raten Herrn Hisker zur Eröffnung eines USD-Fremdwährungskontos.

j Erläutern Sie Herrn Hisker zwei Vorteile der Führung eines USD-Fremdwährungskontos für die Wellgarden GmbH.

45. Fall (35 Punkte)

Die Müller & Cloppenburg OHG aus Düsseldorf ist Kundin der Düsselbank eG und beabsichtigt, erstmals Waren per Luftfracht an die Dodging Ltd., New York, zu liefern. Der verhandelte Warenwert liegt bei 98.000,00 USD. Unklar sind jedoch noch die genauen Zahlungs- und Lieferbedingungen. Die Müller & Cloppenburg OHG wünscht deshalb eine Beratung von ihrem Firmenkundenberater.

a Erläutern Sie zwei Risiken, die die Müller & Cloppenburg OHG bei Abschluss des Außenhandelskontraktes eingeht.

Zur Risikobegrenzung empfiehlt der Firmenkundenberater eine dokumentäre Zahlungsabwicklung.

b Erläutern Sie den wesentlichen Vorteil einer dokumentären Zahlungsabwicklung im Vergleich zu einer Clean-Payment-Zahlung.

c Vergleichen Sie das Dokumentinkasso (d/p) mit dem unbestätigten unwiderruflichen Dokumentenakkreditiv anhand der nachfolgenden Kriterien:

  ca Auftraggeber der Zahlungsart,

  cb Zahlungssicherheit für den Exporteur, die Müller & Cloppenburg OHG,

  cc Prüfpflichten der beteiligten Kreditinstitute hinsichtlich der vom Exporteur vorgelegten Dokumente.

d Erläutern Sie, welches Risiko die Müller & Cloppenburg OHG ausschaltet, wenn sie statt eines unbestätigten Dokumentenakkreditivs ein bestätigtes Dokumentenakkreditiv als Zahlungsbedingung aushandelt.

Die Müller & Cloppenburg OHG entscheidet sich für das Dokumentenakkreditiv. Eröffnende Bank ist die Bank of America, New York. Die Benutzbarkeit des Akkreditivs ist in Düsseldorf.

e Stellen Sie die Abwicklung des Dokumentenakkreditivs dar, indem Sie die Bezeichnungen der Pfeile und der Beteiligten im folgenden Schema ergänzen.

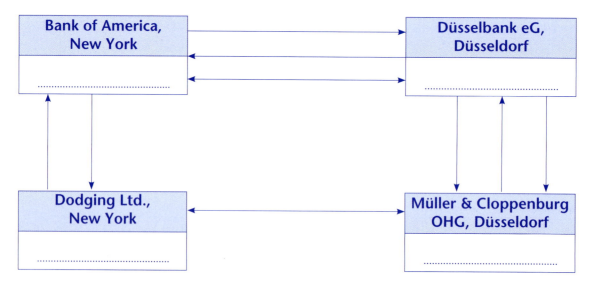

f Erläutern Sie, warum die Müller & Cloppenburg OHG das für den Absender bestimmte 3. Original des Luftfrachtbriefes als Akkreditivpapier einreichen muss.

g Erklären Sie, welche Konsequenz es hat, wenn die Müller & Cloppenburg OHG keine bedingungskonformen Dokumente einreicht.

46. Fall (35 Punkte)

Die ROLLMAX GmbH, Erfurt, Produzentin von Gabelstaplern, schließt mit der Wang Chun Trading Inc. in Taipeh/Taiwan den auf S. 72 ausschnittweise abgebildeten Kaufvertrag ab. Die Unternehmen unterhalten bereits seit fünf Jahren intensive Geschäftsbeziehungen. Sie haben schon mehrere Großprojekte zur gegenseitigen Zufriedenheit abgewickelt.

a Erläutern Sie zwei Pflichten der ROLLMAX GmbH in Hinblick auf die Lieferbedingung.

b Nennen Sie jeweils die Fachbezeichnung für die im Kontrakt aufgeführten Zahlungen.

ba Zahlung von 200.000,00 USD

bb Zahlung von 400.000,00 USD

Die Wang Chun Trading Inc. steht in Geschäftsverbindung mit der Taiwan Modern Bank Taipeh. Die ROLLMAX GmbH nutzt für den mit Auslandsgeschäften verbundenen Zahlungsverkehr ihre Hausbank, die Kreditbank AG in Erfurt. Beide Banken sind A-Korrespondenten der Chase Manhattan Bank in New York/USA, bei der sie USD-Konten unterhalten. Die genannten Bankverbindungen sollen wie bisher für die Abwicklung der sich aus dem Kontrakt ergebenden Zahlungen eingesetzt werden.

Die ROLLMAX GmbH erhält am 13.05.20.. aus Taipeh einen Bankenorderscheck über 200.000,00 USD wegen des Kontraktes 11999.

c Stellen Sie fest, wer

ca Aussteller,

cb Bezogener des Bankenorderschecks ist.

Der Scheck hat auf der Vorderseite folgenden Vermerk:

d Erklären Sie die Bedeutung des Vermerks.

Die ROLLMAX GmbH reicht den Scheck am 14.05.20.. bei der Kreditbank AG zur Gutschrift des Gegenwertes ein.

e Beschreiben Sie zwei von der Kreditbank bei der Hereinnahme des Schecks durchzuführenden Prüfhandlungen.

Der Kundenberater der Kreditbank bietet der ROLLMAX GmbH die Gutschrift des Scheckgegenwertes E. v. mit Wertstellung 15.05.20.. an.

f Erläutern Sie zwei Risiken, die die Kreditbank AG bei dieser Form der Abwicklung eingeht, und bewerten Sie diese Risiken.

g Berechnen Sie mithilfe der nachstehenden Informationen den

ga Umrechnungskurs,

gb Gutschriftsbetrag in EUR.

Konditionen der Kreditbank	15.05.20..
Devisenkurse	
1 EUR	1,0320/1,0380 USD
Scheckankaufskurs	halbe Geld-Briefspanne auf den Euro-Verkaufskurs
Provision bei Scheckankäufen	0,30 % vom Euro-Gegenwert, mindestens 75,00 EUR

Die ROLLMAX GmbH rechnet in 6 Monaten mit der Zahlung der restlichen 400.000,00 USD. Sie möchte sich auf der Kursbasis vom 15.05.20.. mit einem Kurssicherungsgeschäft vor dem Kursrisiko schützen.

h Beschreiben Sie aus der Sicht des Exporteurs die Sicherungswirkung eines Devisentermingeschäftes.

Die Kreditbank berücksichtigt bei der Kalkulation des Terminkurses den aktuellen Kassakurs vom 15.05.20.. sowie die Zinssätze für 6-Monats-Gelder in den USA von 1,75 % p. a. und in Euroland von 0,90 % p. a.

i Berechnen Sie für das Termingeschäft mit der ROLLMAX GmbH den

ia Terminkurs (auf vier Stellen nach dem Komma runden),

ib Gutschriftsbetrag in EUR (ohne Spesen).

Kaufvertrag
Ausschnitt des übersetzten Textes

Kaufvertrag Nr. 11999
über
20 Gabelstapler

Verkäufer	**Käufer**
ROLLMAX GmbH	Wang Chun Trading Inc.
Talweg 11	P. O. Box 12 456
56999 Erfurt/Deutschland	76543 Taipeh/Taiwan
Produktbeschreibung	siehe Anlage
Gesamtpreis	600.000,00 USD
Lieferbedingung	CIF Taipeh
Liefertermin	frühestens 15. Mai 20..
	spätestens 30. Juni 20..
Zahlungsbedingung	200.000,00 USD,
	spätestens bis 15. Mai 20..
	400.000,00 USD,
	30 Tage nach Erhalt der Lieferung
	am Bestimmungsort Taipeh

....

....

47. Fall (31 Punkte)

Am 17. Juli 20.. hat die Möbelgroßhandel OHG, Düsseldorf, mit der Sales and More Inc., Vancouver (Kanada), folgenden Außenhandelskontrakt (Auszug) geschlossen:

Zahlungsbedingungen:
unwiderrufliches, bestätigtes Dokumentenakkreditiv, fällig bei Sicht
in Höhe von 320.000,00 CAD eröffnet zugunsten Möbelgroßhandel OHG, Düsseldorf, bei der Canadian National Bank, Vancouver,
benutzbar bei Düsselbank eG, Düsseldorf

Verfalldatum: 12.10.20..
Letztes Verladedatum: 21.09.20..

Vom Begünstigten vorzulegende Dokumente:
– (I) voller Satz (full set, 3/3),
   (II) reingezeichneter (clean),
   (III) Bordkonnossemente (shipped-on-board),
   (IV) an Order ausgestellt und blanko indossiert
– ...

Die Verrechnung des Gegenwertes soll über ein Konto bei der Bank of Canada, Toronto, stattfinden.

> **Ferner gelten folgende allgemeine Bestimmungen (ERA):**
> Grundsätzlich und unabhängig vom Verfalldatum nehmen Banken die Dokumente nicht an, die ihnen später als 21 Tage nach dem Verladedatum vorgelegt werden. In jedem Fall dürfen die Dokumente nicht später als am Verfalldatum des Akkreditivs vorgelegt werden.

a Ordnen Sie die nachfolgenden Begriffe den unten aufgelisteten Akkreditiv-Beteiligten zu, indem Sie die Nummer in das dafür vorgesehene Kästchen eintragen.

1	eröffnende Bank	6	Auftraggeber
2	avisierende Bank	7	Begünstigter
3	benannte Bank	8	Exporteur
4	bestätigende Bank	9	Importeur
5	Verrechnungsstelle		

aa Möbelgroßhandel OHG, Düsseldorf ☐

ab Sales and More Inc., Vancouver ☐

ac Düsselbank eG, Düsseldorf ☐

ad Canadian National Bank, Vancouver ☐

ae Bank of Canada, Toronto ☐

b Erläutern Sie die Bedeutung der vier im Kontrakt geforderten Konnossementeigenschaften.

Die Ware wurde am 18. September verladen.

c Begründen Sie, wo und bis zu welchem Datum die Präsentation der Dokumente spätestens erfolgen muss, damit das Zahlungsversprechen der eröffnenden Bank fällig wird.

Die erforderlichen Dokumente werden vom Exporteur fristgerecht zur Prüfung eingereicht. Zwei Konnossemente enthalten den Vermerk „nicht negoziierbar".

d Erklären Sie die Bedeutung des Vermerks „nicht negoziierbar".

Nach erfolgreicher Prüfung der Dokumente wird der Gegenwert des Akkreditivs mit der Möbelgroßhandel OHG abgerechnet. Die OHG unterhält kein Fremdwährungskonto.

Die Düsselbank eG ermittelt den Kurs des CAD im Interbanken-Handel über Cross Rates, dabei gelten folgende Devisenkurse:

	Geld	Brief
Düsselbank eG, Düsseldorf, (EUR/USD)	1,4017	1,4139
Bank of Canada, Toronto, (CAD/USD)	0,9543	0,9786

Die Düsselbank eG berücksichtigt bei der Kursermittlung eine Gewinnmarge von 0,0015 CAD je EUR sowie eine Provision in Höhe von 0,25 ‰ des EUR-Gegenwertes.

e Erstellen Sie die Kundenabrechnung aus dem oben genannten Geschäft. (Akkreditivgebühren bleiben unberücksichtigt.)

Die Möbelgroßhandel OHG ist mit dem erhaltenen Kurs unzufrieden, weil er nicht mehr ihrer Kalkulationsgrundlage im Juli entspricht.

f Erläutern Sie, welche Möglichkeit zur Kurssicherung die Möbelgroßhandel OHG bei Abschluss des Außenhandelskontraktes gehabt hätte.

48. Fall (25 Punkte)

Die MetaPlan GmbH, Dortmund, schließt am 16. Oktober 20.. mit der HongTron Ltd., Hong Kong, folgenden Kontrakt:

> Die HongTron Ltd. liefert elektronische Bauteile im Wert von 376.000,00 USD.
>
> Die Ankunft der Ware in Deutschland ist auf den 16. November des Jahres terminiert.
>
> Die HongTron Ltd. trägt alle Kosten und Gefahren bis zu dem Zeitpunkt, an dem die Ware die Reling des Schiffes im Hafen von Hong Kong überschritten hat.
>
> Außerdem übernimmt sie die Kosten für die Versicherung und den Transport der Ware nach Hamburg.
>
> Die MetaPlan GmbH erbringt zugunsten der HongTron Ltd. eine international übliche, an die Vorlage vereinbarter Dokumente gebundene Zahlungsverpflichtung ihres Kreditinstituts.
>
> Die Zahlung erfolgt zwei Monate nach Ankunft der Ware.

a Stellen Sie fest,

   aa welche Lieferbedingung,

   ab welche Zahlungsbedingung

   dem Kontrakt zugrunde liegt.

Die MetaPlan GmbH möchte mit der Rheinbank am 16. Oktober 20.. ein Kurssicherungsgeschäft abschließen.

Devisen- und Sortenkurse für 1 EUR

		Referenzkurse EuroFX)		3 Monate		6 Monate		Referenzkurse EZB	Preise Bankschalter	
		Geld	Brief	Geld	Brief	Geld	Brief		Verkauf	Ankauf
USA	USD	1,0626	1,0686	1,0596	1,0656	1,0567	1,0627	1,06340	1,0277	1,0977
Japan	Yen	...								

b Stellen Sie fest, welcher Kurs dem Kurssicherungsgeschäft zugrunde zu legen ist.

c Erstellen Sie die Abrechnung bei Fälligkeit unter Berücksichtigung von 0,25 ‰ Courtage und 100,00 EUR Spesen.

Die MetaPlan GmbH tätigte mit der Rheinbank im zurückliegenden Halbjahr folgende Devisenumsätze in USD:

	Ankauf	Verkauf
USD	733.976,00	689.655,40

d Nennen Sie vier Vorteile eines bei der Rheinbank unterhaltenen USD-Kontos für die MetaPlan GmbH.

e Der Geschäftsführer der GmbH fragt, ob er ein solches Konto auch zu folgenden USD-Transaktionen benutzen kann:

- Ein- und Auszahlung von USD-Sorten,
- Inkasso von USD-Schecks,
- Ausstellung von USD-Schecks.

Begründen Sie Ihre Entscheidungen.

49. Fall (40 Punkte)

Die Azura GmbH erhält von der Mare Nausica S. A. in Nerja (Spanien) eine Anfrage mit der Bitte um ein Lieferangebot für

- 300 Tauchanzüge, Typ Marina,
- Lieferungsbedingung: CIP Torremolinos,
- Zahlungsbedingung: Dokumente gegen Zahlung.

Beide Unternehmen kennen sich bereits seit Längerem aus mehreren Kontrakten, die aufgrund des deutlich größeren Lieferungsumfangs auf Akkreditivbasis und zur Zufriedenheit beider Vertragspartner abgewickelt wurden.

In einem Beratungsgespräch mit seiner Firmenkundenbetreuerin bei der Handelsbank bittet der Geschäftsführer der Azura GmbH, über das Dokumenteninkasso als Alternative zur bisher praktizierten Zahlungsabwicklung informiert zu werden.

a Zeigen Sie die Unterschiede zwischen dem Dokumentenakkreditiv und dem Dokumenteninkasso unter folgenden Gesichtspunkten auf:

- Risiko des Importeurs
- Risiko des Exporteurs
- Funktion der Importeurbank
- Funktion der Exporteurbank
- Dokumentenprüfung durch die beteiligten Kreditinstitute

b Unter welchen Voraussetzungen könnte die Azura GmbH der Zahlungsabwicklung auf Inkassobasis zustimmen?

c Stellen Sie die Abwicklung des Dokumenteninkassos mithilfe des folgenden Strukturschemas dar.

	Handelsbank AG

	Azura GmbH

Der zwischen der Azura GmbH und der Mare Nausica S. A. geschlossene Kontrakt weist u. a. folgende Vereinbarungen auf:

Zahlungsbedingung	Dokumente gegen Zahlung
Lieferungsbedingung	Carriage and Insurance Paid (CIP) to Torremolinos Frachtfrei versichert bis Torremolinos
Betrag	85.600,00 EUR
Dokumente	Handelsfaktura und Spezifikation (2-fach) Duplikatfrachtbrief (Empfängerangabe: Banco Santander S. A., P-11230 Torremolinos, 260 Strada Cordoba) Versicherungszertifikat (2fach) über 110 % des CIP-Wertes
Zahlbar bei	Banco Santander S. A.
Inkassospesen	Bank des Exporteurs: zulasten Azura GmbH Bank des Importeurs: zulasten Mare Nausica S. A.

d Begründen Sie

- die Höhe der im Versicherungszertifikat geforderten Versicherungssumme,
- die Empfängerangabe im Duplikatfrachtbrief.

Das Dokumenteninkasso wird zwischen den beteiligten Kreditinstituten ordnungsgemäß abgewickelt.

e Erstellen Sie die Abrechnung für

- die Azura GmbH
- die Mare Nausica S. A.

unter Berücksichtigung folgender Kostensätze:

| Handelsbank AG | Inkassoprovision: 0,15 % mindestens 150,00 EUR |
| Banco Santander S. A. | Inkassoprovision: 0,25 % mindestens 75,00 EUR |

50. Fall (33 Punkte)

Die Elbebank, Dresden, erhält von ihrer A-Korrespondentin, der Svenska Bank, Stockholm/Schweden, am 15. Oktober 20.. folgendes Schreiben:

(Ausschnitt des übersetzten Textes)

Hiermit eröffnen wir ein übertragbares Dokumentenakkreditiv gemäß den Einheitlichen Richtlinien und Gebräuchen für Dokumentenakkreditive, ICC Paris.	
Gültig bis	20. November 20.. in Dresden
Betrag	330.000,00 USD
Begünstigte	Impex Handelsgesellschaft mbH 01259 Dresden Schillerstr. 22
Benutzbar bei	Ihnen durch Sichtzahlung
Warenbezeichnung	3.000 Videorekorder, Marke Bellevue
Vorzulegende Dokumente	....
Transportbeginn	spätestens bis 18. November 20..
Vorlagefrist für die Dokumente	Die Dokumente sind innerhalb von 2 Tagen nach dem Ausstellungsdatum des Transportdokumentes vorzulegen, jedoch innerhalb der Gültigkeitsdauer des Akkreditivs.
Auftraggeber	Agneta Electronic Magazin, Stockholm/Schweden
Lieferbedingung	FOB Sassnitz/Deutschland

a Erläutern Sie den wirtschaftlichen Hintergrund dieses Schreibens. Gehen Sie dabei auf die Rolle der Beteiligten ein.

b Welches Risiko vermeidet der

  ba Exporteur,

  bb Importeur

  bei der Zahlungsabwicklung auf Akkreditivbasis?

c Beschreiben Sie fallbezogen zwei Risiken, die für den Exporteur weiterhin bestehen bleiben.

d Erläutern Sie die in der ersten Zeile des übersetzten Textes aufgeführte Eigenschaft „übertragbar" bei einem Dokumentenakkreditiv.

e Beschreiben Sie die im Akkreditiv vorgesehene Lösung für die Aufteilung der Transportkosten sowie des Transportrisikos.

f Welchen Arbeitsschritt hat die Elbebank nach Kenntnisnahme des Schreibens der Svenska Bank durchzuführen?

Am Freitag, dem 13. November 20.., übergibt Yvonne Klar, Prokuristin der Impex Handelsgesellschaft mbH, Dresden, der Auslandsabteilung der Elbebank die geforderten Dokumente.

g Beschreiben Sie drei grundsätzliche Kriterien bei der Dokumentenprüfung durch die beim Akkreditiv eingeschalteten Banken.

Die Auslandsabteilung weist Frau Klar darauf hin, dass das Transportdokument als Absendedatum den 9. November 20.. aufweist.

h Stellen Sie das damit verbundene Problem bei der Akkreditivabwicklung dar.

i Wie kann die Elbebank der Impex Handelsgesellschaft mbH, Dresden, helfen? (Zwei Möglichkeiten)

Prüfungsbereich Bankwirtschaft

Teil II: Programmierte Aufgaben

1 Kontoführung und Zahlungsverkehr

1. Aufgabe (9 Punkte)

Entscheiden Sie, welche der nachstehend genannten Kontoarten in den folgenden Fällen in Betracht kommt.

1	Einzelkonto (ggf. mit Vollmacht)
2	Gemeinschaftskonto mit Einzelverfügungsberechtigung
3	Gemeinschaftskonto mit gemeinsamer Verfügungsberechtigung
4	Anderkonto
5	conto pro diverse (cpd)

a Die Zilke & Gluffke OHG möchte ein Konto lautend auf ihre Firma eröffnen lassen. Die beiden Gesellschafter sollen einzeln verfügungsberechtigt sein.

b Der Ortspfarrer Matthias Zengerling ist zum Vormund bestellt worden; er möchte ein Konto eröffnen lassen, auf dem das Geldvermögen seines Mündels angelegt werden soll.

c Für ein Ehepaar ist ein Konto zu eröffnen, auf dem die Gehälter beider Ehepartner gutgeschrieben werden sollen. Nur der Ehemann soll eine Girocard erhalten; ansonsten sollen beide Ehepartner in Bezug auf das Konto vollkommen gleichberechtigt sein.

d Der Steuerberater Dr. Borstelmann möchte ein Konto eröffnen lassen, auf das die im Rahmen einer Insolvenzabwicklung noch ausstehenden Forderungen des Gemeinschuldners eingezahlt werden sollen.

e Ein Straßenmusikant möchte seine Tageseinnahmen in Höhe von 500,00 EUR auf ein Konto einzahlen, um mit dem Gegenwert den von ihm im Rahmen eines Tafelgeschäftes bestellten Pfandbrief zu bezahlen.

f Der Abenteurer Roland Lopper möchte vor Beginn seiner Polarreise sein Geldvermögen sicher deponieren. Er hat testamentarisch verfügt, dass im Falle seines Todes seine Lebensgefährtin Elvira Ellis in Bezug auf das Kontoguthaben erbberechtigt sein soll.

g Der Kunde Ferdinand Meuter ist gestorben. Laut Erbschein sind seine Ehefrau Mira zu $1/2$ und seine Töchter Beate und Renate zu jeweils zu $1/4$ erbberechtigt. Für Ferdinand Meuter wird ein laufendes Konto mit einem Guthabensaldo von 7.350,00 EUR geführt.

h Der Studienrat Wolfgang Wilke möchte ein Konto eröffnen lassen, auf dem die Geldbeträge seiner Schüler für eine Klassenfahrt angesammelt werden sollen.

i Für die Anwaltssozietät Hecker & Scholz GbR soll ein laufendes Konto eröffnet werden. Die Verfügungsmacht über das Konto soll entsprechend den gesetzlichen Bestimmungen geregelt sein.

2. Aufgabe (4 Punkte)

Sie sind Mitarbeiter der Düsselbank eG und prüfen, ob in den unten stehenden Fällen Auskünfte über den Kontostand bzw. den angegebenen Sachverhalt gegeben werden dürfen. Auf dem Unterschriftenverzeichnis ist der jeweils Anfragende nicht als Bevollmächtigter eingetragen, eine ausdrückliche Zustimmung des Kontoinhabers zur Auskunft liegt nicht vor.

Tragen Sie hierzu die zwei richtigen Aussagen, in denen eine Auskunft erteilt wird, in die nebenstehenden Kästchen ein.

1 Die Sparkasse Düsselstadt erbittet im Rahmen einer Kreditwürdigkeitsprüfung eine schriftliche Auskunft über die allgemeine Vermögenssituation des Privatkunden Stefan Schlau.

2 Die Düsselbank eG erhält einen Pfändungs- und Überweisungsbeschluss für das Konto ihres Kunden Siegfried Austermann. Der Gläubiger, die Klausen OHG, verlangt Auskunft, ob die Bank Zahlung leisten wird und ob Ansprüche anderer Gläubiger bestehen.

3 Ein Kunde der Düsselbank eG erbittet telefonisch Auskunft über die Vermögenslage der Steiner & Blau GmbH, Kundin der Düsselbank eG, weil dieser ein Zahlungsziel von 90 Tagen gewährt werden soll.

4 Die Kundin Melanie Graf erbittet Auskunft über den Kontostand des Notaranderkontos „Robert Klamm, Anderkonto w/Melanie Graf". Sie möchte wissen, ob der ihr zustehende Immobilienkaufpreis eingegangen ist.

Kontoführung und Zahlungsverkehr

[5] Dem Finanzamt Düsselstadt sollen Konto- und Depotguthaben im Gesamtwert von 8.973,00 EUR des in der letzten Woche verstorbenen Kunden Paul Meier gemeldet werden.

[6] Das Familiengericht verlangt per Gerichtsbeschluss Auskunft über die Vermögenssituation des Privatkunden Andre Grünschnabel. Hintergrund hierfür sind Unterhaltsstreitigkeiten im Rahmen eines Ehescheidungsprozesses.

3. Aufgabe (7 Punkte)

Der Kunde Max Schneider ist verstorben. Er hatte seiner Ehefrau Vollmacht über sein Girokonto auch über den Tod hinaus erteilt. Zu diesem Zeitpunkt betragen die Guthaben auf dem Girokonto 3.995,00 EUR, auf seinem Sparkonto 9.000,00 EUR. Außerdem ist unter dem Namen Eheleute Schneider ein Schließfach gemietet.

Laut Testament sind die Ehefrau des Verstorbenen zur Hälfte, der Bruder und dessen minderjähriger Sohn zu je einem Viertel erbberechtigt.

a An wen dürfen Auszahlungen vom Girokonto zur Bestreitung des Lebensunterhalts der Erben geleistet werden?

[1] An jeden Erben entsprechend seinem Erbteil [3] Nur an die Ehefrau des verstorbenen Kontoinhabers

[2] An alle Erben nur gemeinsam

b ba Welche Unterlagen sind von der Ehefrau beizubringen, wenn sie über das Girokonto verfügen will?

   bb Welche Unterlagen – außer dem Spar(kassen)buch – sind zur Verfügung über Sparguthaben und Schließfach von den Berechtigten beizubringen?

   bc Welche Unterlagen – außer dem Spar(kassen)buch – sind zur Verfügung über das Spargutbaben zwecks Bestreitung der Bestattungskosten beizubringen?

[1] Das Original bzw. eine beglaubigte Fotokopie des Testaments

[2] Das Testament mit Eröffnungsprotokoll

[3] Die erforderliche Unterlage ist nicht aufgeführt.

[4] Es ist keine besondere Unterlage erforderlich.

[5] Rechnung des Bestattungsunternehmens mit Haftungserklärung des Auftraggebers

c Welche Vermögen müssen vom Kreditinstitut der Erbschaftsteuerstelle des Finanzamts angezeigt werden?

Vermögen auf ...

[1] dem Girokonto und dem Sparkonto [3] allen Konten und im Schließfach

[2] dem Sparkonto und im Schließfach

d da Auf welchen Zeitpunkt muss sich die Vermögensanzeige beziehen?

   db Wann hat die Anzeige spätestens zu erfolgen?

[1] Todestag [3] Innerhalb eines Monats nach dem Todestag

[2] Tag des Bekanntwerdens des Todes [4] Innerhalb eines Monats nach Bekanntwerden des Todes

4. Aufgabe (4 Punkte)

Für den Rentner Bernd Maus ist altersbedingt eine Betreuerin für den Bereich Vermögenssorge bestellt worden. Ein Einwilligungsvorbehalt wurde nicht angeordnet.

Welche der folgenden Aussagen (2) sind in diesem Zusammenhang zutreffend?

[1] Die Betreuerin ist berechtigt, auf den Namen von Herrn Maus ein Sparkonto eröffnen zu lassen, da sie die Stellung einer gesetzlichen Vertreterin hat.

[2] Willenserklärungen von Herrn Maus im Bereich der Vermögenssorge sind schwebend unwirksam, da der Rentner durch die Anordnung der Betreuung einer beschränkt geschäftsfähigen Person gleichgestellt wurde.

[3] Willenserklärungen von Herrn Maus im Bereich der Vermögenssorge sind zunächst wirksam, können aber durch die Betreuerin angefochten werden, wenn der Rentner offenkundig zu seinem Schaden gehandelt hat.

Kontoführung und Zahlungsverkehr

|4| Die Betreuerin benötigt zur Eröffnung eines Sparkontos auf den Namen von Herrn Maus die Zustimmung des Betreuten, da es sich hierbei um ein außergewöhnliches Rechtsgeschäft handelt.

|5| Geldanlagen der Betreuerin im Namen von Herrn Maus müssen verzinslich und mündelsicher sein.

|6| Legt die Betreuerin im Namen von Herrn Maus Geld an, so darf die Anlage ausschließlich in Spareinlagen und Sparbriefen einer öffentlich-rechtlichen Sparkasse erfolgen.

5. Aufgabe (4 Punkte)

Die Rheinbank erfährt am 12. September 20.. durch Mitteilung der Ehefrau Helga Knaak unter Vorlage der Sterbeurkunde, dass der Kunde Max Knaak am 7. September 20.. verstorben ist.

Folgende Vermögenswerte werden bei der Rheinbank für Herrn und Frau Knaak unterhalten:

Pos.		
1	Kontokorrentkonto Max Knaak	1.540,00 EUR S
2	Darlehenskonto Max und Helga Knaak	13.590,00 EUR
3	Sparkonto Johann Schmitz (Mieter) Mietkautionskonto, verpfändet an Max Knaak als Vermieter	1.300,00 EUR
4	Zinsen auf das in 3 genannte Sparkonto	11,00 EUR
5	Sparkonto Max und Helga Knaak (Einzelverfügung)	8.900,00 EUR
6	Zinsen auf das in 5 genannte Sparkonto	98,00 EUR
7	5 % Sparbrief mit jährlicher Zinszahlung, Helga Knaak, Nennwert	7.500,00 EUR
8	Bundesobligationen im offenen Depot, Max Knaak, Nennwert Kurswert	12.500,00 EUR 12.422,00 EUR
9	noch nicht vereinnahmte Zinsen bis zum Todestag auf die Bundesobligationen	258,00 EUR

Außerdem teilt Frau Knaak der Rheinbank mit, dass sich in dem von Herrn Knaak gemieteten Schließfach eine Briefmarkensammlung im Schätzwert von 1.850,00 EUR befindet.

a Welchen Betrag in Euro meldet die Rheinbank an die Erbschaftsteuerstelle des Finanzamtes? EUR ☐☐☐☐☐☐

b Bis zu welchem Datum hat die Meldung an das Finanzamt spätestens zu erfolgen? Datum ☐☐.☐☐.☐☐☐☐

6. Aufgabe (7 Punkte)

Der Mieter einer Wohnung möchte wegen der von ihm zu stellenden Kaution beraten werden. Ihr Kreditinstitut bietet hierfür Sparkonten als Mietkautionskonten an. Sie können auf den Namen des Mieters oder auf den Namen des Vermieters eröffnet werden.

Welche der nachstehenden Aussagen betrifft

|1| nur Mietkautionskonten auf den Namen des Mieters,

|2| nur Mietkautionskonten auf den Namen des Vermieters,

|3| beide Arten der Mietkautionskonten?

Tragen Sie eine (9) in das Lösungskästchen ein, wenn die Aussage nicht den Mietkautionskonten zuzuordnen ist.

Aussagen

a Der Vermieter ist Kontoinhaber, der Mieter hat der Bank gegenüber keine Ansprüche. ☐

b Das Kreditinstitut haftet dem Vermieter für die Vertragstreue des Mieters maximal bis zum Kautionsbetrag. ☐

c Die Bank nimmt für dieses Sparkonto keinen Freistellungsauftrag entgegen. ☐

d Falls der Vermieter die Auszahlung des Sparguthabens verlangt, informiert das Kreditinstitut den Mieter. Der Vermieter erhält frühestens nach einer Wartefrist von vier Wochen den Kautionsbetrag. ☐

e Der Zinssatz für Spareinlagen mit dreimonatiger Kündigungsfrist darf nicht unterschritten werden. ☐

f Die Zinsen aus dem Sparguthaben stellen Einkünfte aus Kapitalvermögen des Mieters dar. ☐

g Der Mieter bleibt Gläubiger, der Vermieter wird Pfandgläubiger der Spareinlage. ☐

7. Aufgabe (5 Punkte)

Gabriele Schmitz (ledig) führt ein Girokonto bei der NeckarBank AG, der am 11.07.20.. ein Pfändungs- und Überweisungsbeschluss gegen die Kundin zugestellt wird. Frau Schmitz beantragt daraufhin die Einrichtung eines Pfändungsschutzkontos gemäß § 850k ZPO.

a Mit welcher Aussage zum Pfändungsschutzkonto beraten Sie Frau Schmitz richtig? ☐

1 „Sie haben bei jeder Bank und Sparkasse einen Rechtsanspruch auf Eröffnung eines Pfändungsschutzkontos."

2 „Um sich bestmöglich vor der Zwangsvollstreckung zu schützen, sollten Sie den Pfändungsschutz für alle Ihre Konten beantragen."

3 „Wenn das Konto nicht innerhalb von vier Wochen nach Eingang der Pfändung in ein Pfändungsschutzkonto umgewandelt wird, muss die NeckarBank AG das gesamte gepfändete Guthaben an den Gläubiger überweisen."

4 „Über unpfändbare Sozialleistungen können Sie jederzeit verfügen, bis der monatliche Freibetrag ausgeschöpft ist."

5 „Sie können im Rahmen des Pfändungsfreibetrags jederzeit über das Kontoguthaben verfügen, ihre Schufa-Auskunft bleibt durch die Umstellung des Kontos unverändert."

Nach Eröffnung des Pfändungsschutzkontos verfügt Frau Schmitz im Juli über 836,40 EUR.

b Ermitteln Sie die Höhe des Pfändungsfreibetrags für August mithilfe des folgenden Auszugs aus der ZPO.

> **§ 850c ZPO Pfändungsgrenzen für Arbeitseinkommen (Auszug)**
> Arbeitseinkommen ist unpfändbar, wenn es [...] nicht mehr als 1.073,88 EUR monatlich [...] beträgt. Gewährt der Schuldner aufgrund einer gesetzlichen Verpflichtung Unterhalt, so erhöht sich der Betrag [...] um 404,16 EUR monatlich [...] für die erste Person, der Unterhalt gewährt wird, und um 225,17 EUR monatlich [...] für die zweite bis fünfte Person.

8. Aufgabe (14 Punkte)

Welche der unten stehenden Aussagen zum Lastschrifteinzug beziehen sich

1 nur auf die SEPA-Basis-Lastschrift,

2 nur auf die SEPA-Firmen-Lastschrift,

3 sowohl auf die SEPA-Basis-Lastschrift als auch auf die SEPA-Firmen-Lastschrift,

4 auf keins der genannten Verfahren?

a Der Lastschrifteinreicher erhält eine Gutschrift Eingang vorbehalten. ☐

b Widersprüche sind nur bis sechs Wochen nach Zugang des Rechnungsabschlusses möglich. ☐

c Zur Abwicklung der Zahlung muss die IBAN aller Beteiligten vorliegen. ☐

d Ein Widerspruch gegen die Zahlung ist nach Einlösung nicht mehr möglich. ☐

e Der Einzug der Lastschrift erfolgt beleglos. ☐

f Die Lastschrift ist eingelöst, wenn die Belastung nicht bis zum Ablauf des zweiten Geschäftstags nach Eingang storniert wird. ☐

g Teileinlösungen sind unzulässig. ☐

h Im Falle einer Nichteinlösung informiert die 1. Inkassostelle den Zahlungspflichtigen. ☐

i Die Berechtigung zum Einzug von Forderungen erlischt nach 36 Monaten, wenn keine Lastschriften vorgelegt werden. ☐

j Die Gültigkeit des Lastschriftmandats ist für die am Einzug beteiligten Kreditinstitute anhand einer Referenznummer nachvollziehbar. ☐

k Der Zahlungspflichtige wird vorab über den Einzug informiert. ☐

Kontoführung und Zahlungsverkehr

l Die Vorgabe von Fälligkeitsterminen ist möglich, inländische Lastschriften müssen der Zahlstelle mindestens einen Tag vor Fälligkeit vorliegen. ☐

m Eine Rückgabe kann mangels Deckung oder wegen Unanbringlichkeit erfolgen. ☐

9. Aufgabe (8 Punkte)

Klaus Menken reicht am Donnerstag, 16.11.20.., um 8:30 Uhr bei der Bergischen Sparkasse Belege für die folgenden zwei Überweisungsaufträge ein:

Auftrag	Empfängerbank	Betrag/Währung
1	Volksbank Bayerischer Wald, Passau	800,00 EUR
2	Barclays Bank, London	470,00 GBP

Ermitteln Sie das Datum (TT.MM.JJJJ), bis zu dem der Überweisungsbetrag beim Kreditinstitut des Empfängers eingehen muss:

a für Auftrag 1,   Datum ☐☐.☐☐.☐☐☐☐

b für Auftrag 2.   Datum ☐☐.☐☐.☐☐☐☐

Für die Umrechnung des Überweisungsbetrags von Auftrag 2 liegen folgende Kurse vor:

GBP/EUR			
Sorten		Devisen	
Geld	Brief	Geld	Brief
0,7838	0,8338	0,8068	0,8108

c Ermitteln Sie den Betrag der Kontobelastung ohne Berücksichtigung von Gebühren.

d Welche der nachstehenden Aussagen zur Ausführungsfrist und zum Wertstellungsdatum bei Überweisungen ist richtig? ☐

    ☐ 1 Das Wertstellungsdatum für die Belastung des Auftraggebers darf vor dem Termin der Auftragsausführung liegen.

    ☐ 2 Die Gutschrift für den Empfänger muss spätestens einen Tag nach dem Geldeingang bei der Empfängerbank erfolgen.

    ☐ 3 Die Gutschrift für den Empfänger muss unverzüglich erfolgen, die Wertstellung muss dem Datum des Geldeingangs bei seinem Kreditinstitut entsprechen.

    ☐ 4 Die reguläre Ausführungsfrist für Euro-Zahlungen im Europäischen Wirtschaftsraum beträgt einen Kalendertag.

    ☐ 5 Die Ausführungsfrist für inländische Euro-Zahlungen an ein fremdes Kreditinstitut beträgt zwei Tage.

10. Aufgabe (6 Punkte)

Rheinbank AG
Filiale Düsseldorf — keine Barauszahlung

Zahlen Sie gegen diesen Scheck
vierhundertdreiundsechzig
Betrag in Buchstaben

Betrag: Euro, Cent — *- 436,00 -*

noch Betrag in Buchstaben

an *Sabrina Lindemann*
oder Überbringer

Ausstellungsort: *Mönchengladbach*
Datum: *17.1.20..*

Unterschrift des Ausstellers: *B. Hübner*

BCH

Der oben abgebildete Scheck wird der Rheinbank AG in Düsseldorf am Dienstag, 27.01.20.. vorgelegt. Der Kontokorrentkunde Torsten Schröder wünscht eine Barauszahlung des Scheckbetrags.

a Geben Sie den Scheckbetrag an. EUR ☐☐☐☐

b Nennen Sie das Datum, an dem die Vorlegungsfrist endet.   ☐☐.☐☐.☐☐☐☐

c Stellen Sie fest, welche Aussage zur Zahlung des Schecks zutreffend ist. ☐

1 Falls der Scheck der Rheinbank AG nach Ablauf der Vorlegungsfrist zugeht, darf diese den Scheck nicht einlösen.

2 Eine Barauszahlung ist möglich, da der Vermerk „nur zur Verrechnung" fehlt.

3 Vor der Einlösung prüft die Rheinbank AG die Unterschrift des Ausstellers, die Kontodeckung, das Vorliegen eines Widerrufs, die formelle Ordnungsmäßigkeit und die Lückenlosigkeit der Indossamentenkette.

4 Eine Auszahlung darf nur an Sabrina Lindemann erfolgen, andere Vorleger müssen sich durch Indossament legitimieren.

5 Bei fehlender Kontodeckung darf die Rheinbank AG durch die Belastung des Schecks eine Kontoüberziehung zulassen.

11. Aufgabe (4 Punkte)

Susanne Lorke ist Kundin der Bergischen Sparkasse und stellt sonntags das Fehlen ihrer Bankkarte mit Geldkartenchip fest. Frau Lorke geht von einem Diebstahl der Karte aus.

a Mit welchem Verhalten kommt Frau Lorke ihren Sorgfaltspflichten angemessen nach? ☐

1 Sie meldet den Verlust unverzüglich bei der nächsten Polizeidienststelle und informiert die Zentrale der Bergischen Sparkasse per E-Mail.

2 Sie hinterlässt sofort eine Nachricht über den Verlust auf dem Anrufbeantworter der kontoführenden Zweigstelle der Bergischen Sparkasse.

3 Da sie die Karte sorgfältig aufbewahrt hat und die PIN nicht auf der Karte vermerkt ist, muss Frau Lorke nichts unternehmen.

4 Sie sucht am nächsten Öffnungstag morgens die kontoführende Filiale der Bergischen Sparkasse auf, um den Diebstahl anzuzeigen und eine Meldung an die KUNO-Datei zu veranlassen.

5 Sie veranlasst sofort die Kartensperre über die Telefonnummer 116 116 und erstattet Anzeige bei der Polizei.

b Welche Aussage zur Haftung von Frau Lorke für missbräuchliche Verfügungen ist zutreffend?

1 Für missbräuchliche Verfügungen bei Kartenzahlungen haftet immer der Händler, da dieser die Legitimation durch Abfrage einer Sperrdatei prüfen muss.

2 Die Haftung ist nur für Verbraucher bis zur Sperranzeige grundsätzlich auf 150,00 EUR beschränkt.

3 Nachdem die Sperranzeige erfolgt ist, haftet Frau Lorke nur für Schäden, die sie durch grobe Fahrlässigkeit verursacht hat.

4 Vorhandenes Guthaben auf der Geldkarte kann die Bergische Sparkasse über den Schattensaldo feststellen und erstatten.

5 Grobe Fahrlässigkeit liegt vor, wenn Frau Lorke ihre PIN an jemand anders als den Kontobevollmächtigten weitergegeben hat.

12. Aufgabe (6 Punkte)

Isolde Ziesel hat am 17.07.20.. bei der Gladbacher Volksbank einen Kontoauszug gezogen, der den Rechnungsabschluss des vergangenen Kalenderquartals beinhaltet. Die Kundin beschwert sich daraufhin am Schalter und beanstandet die Belastung von Sollzinsen. Frau Ziesel legt Ihnen den unten stehenden Kontoauszug vor und teilt mit, dass ihr Konto im letzten Quartal kein Mal überzogen gewesen sei.

Gladbacher Volksbank eG		BIC: GENOD1GLA	IBAN: DE52 3706 1000 2300 1590 13	
			Auszug Nr. 20 vom 17.07.20..	
			Saldo alt EUR	47,56
Buchungstag	**Valuta**	**Vorgang**	**Betrag S/H**	
28.06.	28.06.	GA Nr. 5830, 28.06., 15:37 Uhr	–400,00	
28.06.	29.06.	Scheckeinreichung E.v.	430,00	
29.06.	29.06.	Leipziger Leben, SEPA-Basislastschrift	–124,30	
30.06.	29.06.	Landeskasse Düsseldorf, Bezüge 07/20..	2.261,70	
			Saldo neu EUR	2.444,66
			Kreditlimit EUR	5.000,00
			Sollzinssatz	12,30 %

a Mit welcher Aussage zum Rechnungsabschluss beraten Sie Frau Ziesel richtig?

1 Beanstandungen zu einzelnen Buchungen müssen Sie grundsätzlich vor dem Rechnungsabschluss einreichen, die Bank prüft den Abschluss aber aus Kulanzgründen.

2 Wenn Sie einen Fehler feststellen, müssen Sie Einwendungen gegen den Abschluss unverzüglich machen, spätestens aber innerhalb von sechs Wochen nach dem Quartalsende.

3 Fehlerhafte Buchungen darf die Bank grundsätzlich durch eine Stornobuchung berichtigen, erfolgt die Korrektur erst nach dem Quartalsabschluss, können Sie der Korrekturbuchung widersprechen.

4 Sie können die Kontostände selbst in Ruhe nachvollziehen, da Sie bis zum 11.08.20.. Zeit haben, Widerspruch gegen den Rechnungsabschluss einzulegen.

5 Einwendungen gegen den Rechnungsabschluss müssen Sie schriftlich geltend machen und innerhalb von sechs Wochen nach Zugang des Abschlusses bei der Bank einreichen.

b Ermitteln Sie rechnerisch mithilfe des oben stehenden Kontoauszugs, ob und in welcher Höhe Sollzinsen anfallen. Tragen Sie Nullen in die Lösungskästchen ein, falls keine Sollzinsen belastet werden.

EUR ☐,☐☐

13. Aufgabe (6 Punkte)

Das Kontokorrentkonto der Holzmann KG ist zum 30. Juni für das zweite Quartal abzuschließen. Die Summe der Sollzinszahlen beträgt 43.732.

Die Kreditlinie von 50.000,00 EUR wurde wie folgt überschritten:
- Wert 11.05. bis Wert 23.05. um 6.500,00 EUR
- Wert 09.06. bis Wert 15.06. um 4.000,00 EUR

Konditionen:
- 8 % p. a. Sollzinsen für genehmigte Überziehungen
- 11,5 % p. a. Sollzinsen für geduldete Überziehungen

Ermitteln Sie die Sollzinsen

a für genehmigte Überziehungen,   EUR

b für geduldete Überziehungen.   EUR

14. Aufgabe (6 Punkte)

Merkurbank AG Frechen

Kontoinhaber: Franziska Plum   Kontonummer 471101236

Saldovortrag vom 18.10.20..   3.400,00 H

Buchungsbezeichnung/Verwendungszweck	Wert	Umsatz
Scheck Nr. 1234567	19.10.20..	2.900,00 S
Investitionsdarlehen	22.10.20..	4.200,00 S
Überweisungsauftrag	22.10.20..	14.200,00 S
Bareinzahlung	22.10.20..	5.200,00 H
Überweisungseingang	30.10.20..	13.000,00 H
Kontostand	30.10.20..	300,00 H

Dispolimit   10.000,00 EUR
Zinssatz für genehmigte Überziehung   10,75 % p. a.
Zinssatz für geduldete Überziehung   14,25 % p. a.

a Ermitteln Sie aufgrund des abgebildeten Kontoauszuges den von der Kundin am 22.10.20.. in Anspruch genommenen Kredit.   EUR

b Berechnen Sie die Laufzeit der Kreditinanspruchnahme.   Tage

c Unterstellen Sie, um Folgefehler zu vermeiden, dass Ihr Ergebnis aus a 14.000,00 EUR im Soll betrage.

Berechnen Sie die Zinsen auf den beanspruchten Kredit.   EUR

2 Geld- und Vermögensanlagen

15. Aufgabe (9 Punkte)

Mia Winter hat am 26.04.20.. bei der Weserbank AG ein Termingeld in Höhe von 60.000,00 EUR mit einer Laufzeit von sechs Monaten zu einem Zinssatz von 1,75 % p. a. angelegt. Frau Winter ist konfessionslos und hat einen Freistellungsauftrag über 801,00 EUR gestellt.

a Berechnen Sie die Höhe der erwarteten Zinsgutschrift am Ende der Laufzeit. EUR

Am 11.08.20.. benötigt Frau Winter überraschend den gesamten Anlagebetrag. Die Weserbank AG bietet ihr folgende Alternativen an:

1. Auszahlung des Anlagebetrags und Anpassung des Zinssatzes auf 1 % wegen der verkürzten Anlagedauer.
2. Weiterführung des Termingelds und Bereitstellung eines kurzfristigen Kredits zum Vorzugszinssatz von 3 % p. a.

b Berechnen Sie den Betrag

   ba der Zinsgutschrift bei Auflösung des Termingelds (Alternative 1), EUR

   bb der Kreditzinsen bei Weiterführung des Termingelds (Alternative 2). EUR

c Geben Sie an, welche Alternative günstiger für Frau Winter ist.

d Ermitteln Sie den Mehrertrag, den die Kundin durch die Auswahl der vorteilhafteren Alternative erzielt. EUR

16. Aufgabe (11 Punkte)

Heidrun Peters führt ein Sparkonto bei der Volksbank Oberfranken eG, das zu Jahresanfang folgenden Saldovortrag aufweist:

Buchungstag	Valuta	Betrag
01.01.20..	31.12.20..	26.300,00 EUR

Der Zinssatz liegt am Jahresanfang bei 1,00 %, am 01. März (Valuta 28.02.) erfolgt eine Zinsanpassung auf 0,75 %. Am 18. September möchte Frau Peters das Konto ohne vorherige Kündigung gegen Barauszahlung auflösen. Die Kundin ist konfessionslos und hat einen Freistellungsauftrag über 150,00 EUR gestellt. Beachten Sie für die folgenden Aufgaben die Hinweise zur Verzinsung in der Formelsammlung, tragen Sie Nullen in nicht benötigte Lösungskästchen ein.

Ermitteln Sie in Euro

a die vorzutragenden Zinsen am Jahresanfang, EUR

b den Betrag der Zinskorrektur am 01.03., EUR

c die Rückzinsen (Zinskorrektur) bei Kontoauflösung, EUR

d die Vorschusszinsen, EUR

e den Betrag der einbehaltenen Steuern, EUR

f den Auszahlungsbetrag. EUR

17. Aufgabe (14 Punkte)

Markus Klein, ledig, spricht bei der Allbank vor, um sich über die Anlage vermögenswirksamer Leistungen nach dem 5. Vermögensbildungsgesetz beraten zu lassen.

a Wie viel Euro kann Markus Klein insgesamt jährlich vermögenswirksam sparen, um die maximal mögliche staatliche Förderung zu erhalten? EUR

Sie beraten Markus Klein über die staatliche Förderung durch die Arbeitnehmer-Sparzulage.

Geld- und Vermögensanlagen

b Für welche der nachstehenden Anlageformen wird eine Arbeitnehmer-Sparzulage gewährt?

[1] Kontensparen und Beteiligungssparen
[2] Beteiligungssparen und Lebensversicherungen
[3] Lebensversicherungen und Bausparen
[4] Beteiligungssparen und Bausparen
[5] Kontensparen und Bausparen

Markus Klein schließt einen vermögenswirksamen Sparvertrag bei einer Kapitalanlagegesellschaft ab, um monatlich Anteile des EURODYNAMIK-Aktienfonds zu erwerben. Die erste Zahlung erfolgt am 01.09.2014.

c Ermitteln Sie das Datum (TT.MM.JJJJ), an dem

ca die letzte Einzahlung erfolgt, Datum ☐☐.☐☐.☐☐☐☐

cb die Sperrfrist endet. Datum ☐☐.☐☐.☐☐☐☐

d Die Arbeitnehmer-Sparzulage wird nur gewährt, wenn eine bestimmte Einkommensgrenze nicht überschritten wird.

da Wie viel Euro darf das zu versteuernde Jahreseinkommen nicht übersteigen? EUR ☐☐☐☐☐☐

db Wie viel Prozent beträgt die Arbeitnehmer-Sparzulage? Prozent ☐☐

e Welche der folgenden Aussagen über die Zahlung der Arbeitnehmer-Sparzulage ist richtig?

Die Sparzulage wird ...

[1] monatlich im Rahmen der Gehaltsabrechnung direkt vergütet,
[2] monatlich dem Anlagekonto gutgeschrieben,
[3] jährlich dem Anlagekonto gutgeschrieben,
[4] am Ende der Sperrfrist dem Anlagekonto gutgeschrieben bzw. ausgezahlt.

18. Aufgabe (8 Punkte)

Fritz Groß ist als Ingenieur in der Industrie AG beschäftigt. Er ist verheiratet mit Edith Groß, zurzeit Studentin der Zahnmedizin. Das Ehepaar hat keine Kinder. Herr Groß wendet sich im Juli dieses Jahres an seinen Kundenberater, um sich über die Anlage vermögenswirksamer Leistungen nach dem 5. Vermögensbildungsgesetz beraten zu lassen.

a Wie viel Euro können

aa Herr Groß EUR ☐☐☐☐☐

ab Frau Groß EUR ☐☐☐☐☐

jährlich vermögenswirksam sparen? Tragen Sie den zutreffenden Betrag in das Lösungskästchen ein. Tragen Sie Nullen ein, wenn eine vermögenswirksame Anlage nicht möglich ist.

b Für welche der aufgeführten Anlageformen wird eine Arbeitnehmersparzulage in Höhe von 20 % gewährt?

[1] Kontensparen
[2] Wertpapiersparvertrag über Bundesanleihen
[3] Risikolebensversicherung
[4] Kapitallebensversicherung
[5] Erwerb von börsennotierten Belegschaftsaktien
[6] Bausparen
[7] Kauf von Investmentanteilen eines Rentenfonds
[8] Kauf von Investmentanteilen eines gemischten Fonds mit einem Aktienanteil von 75 %

Die Gewährung der Arbeitnehmersparzulage ist an bestimmte Einkommensgrenzen gebunden.

c Auf welches Einkommen bezieht sich die im § 13 Vermögensbildungsgesetz aufgeführte Regelung zur Gewährung der Arbeitnehmer-Sparzulage?

[1] Jahresbruttoeinkommen von Herrn Groß
[2] Jahresnettoeinkommen der Eheleute Groß
[3] Jahresnettoeinkommen aus unselbstständiger Arbeit von Herrn Groß
[4] zu versteuerndes Jahreseinkommen der Eheleute Groß
[5] zu versteuerndes Jahreseinkommen von Herrn Groß

d Tragen Sie den Betrag der zutreffenden Einkommensgrenze in das Kästchen ein, falls die Kunden sich zum Abschluss eines Bausparvertrags entschließen.

EUR ☐☐☐☐☐☐

Anlage zu Aufgaben 19 und 20

Staatliche Förderung privater Altersvorsorge	
Beitrag	• 4 % des sozialversicherungspflichtigen Vorjahreseinkommens • max. 2.100,00 EUR
Sockelbeitrag	• Mindesteinzahlung 60,00 EUR
Grundzulage	• Grundzulage 154,00 EUR
Kinderzulage	• geboren bis 31.12.2007: 185,00 EUR • geboren seit 01.01.2008: 300,00 EUR

19. Aufgabe (8 Punkte)

Renate Leisler hat als Altersvorsorge einen Vertrag zur staatlich geförderten Zusatzversorgung (Riester-Rente) abgeschlossen. Frau Leisler ist ledig und hat einen zweijährigen Sohn, für den sie zulagenberechtigt ist. Frau Leisler möchte ihren Vertrag so bespanen, dass sie die maximal mögliche staatliche Förderung erhält. Ihr Grenzsteuersatz liegt bei 37 %.

sozialversicherungspflichtiges Bruttoeinkommen Renate Leisler	
Vorjahr	47.500,00 EUR
laufendes Jahr	48.100,00 EUR

a Ermitteln Sie mithilfe oben stehender Angaben den für Frau Leisler für das laufende Jahr erforderlichen Gesamtbeitrag.

EUR ☐☐☐☐☐☐

b Berechnen Sie den von Frau Leisler einzuzahlenden Eigenbeitrag für das laufende Jahr.

EUR ☐☐☐☐☐☐

c Stellen Sie fest, welche zwei der folgenden Aussagen auf eine Günstigerprüfung für Frau Leisler zutreffen.

☐ 1 Die Günstigerprüfung wird nur bei steuerlich zusammen veranlagten Ehepartnern durchgeführt. ☐☐

☐ 2 Frau Leisler hat einen Steuererstattungsanspruch in Höhe von ca. 249,00 EUR.

☐ 3 Frau Leisler hat einen Steuererstattungsanspruch in Höhe von ca. 703,00 EUR.

☐ 4 Der Antrag auf Günstigerprüfung wird durch eine Anlage zur Einkommensteuererklärung gestellt.

☐ 5 Frau Leisler hat keinen Anspruch auf eine Steuererstattung, da sie bereits durch Zulagen gefördert wird.

☐ 6 Die Günstigerprüfung wird automatisch durchgeführt, wenn Frau Leisler einen Zulagenantrag beim Anbieter ihres Vorsorgevertrags stellt.

20. Aufgabe (12 Punkte)

Die Kunden Claudia und Torsten Auweiler informieren sich bei Ihnen über die staatlich geförderte Altersvorsorge in Form der sogenannten „Riester-Rente". Beide Eheleute sind berufstätig, das sozialversicherungspflichtige Vorjahreseinkommen von Torsten Auweiler betrug 34.200,00 EUR. Claudia Auweiler verdiente als Angestellte in Teilzeit im Vorjahr 11.800,00 EUR brutto. Die Eheleute haben zwei Kinder (geboren 2007 und 2009).

a Geben Sie an, welche Aussage zur Zahlung der Zulagen zur Riester-Rente zutrifft. ☐☐

☐ 1 Wird der Mindesteigenbeitrag unterschritten, werden Zulagen anteilig ausgezahlt.

☐ 2 Die Zuordnung der Kinderzulagen zu den Verträgen der Eltern muss immer durch separaten Antrag erfolgen.

| 3 | Kinderzulage kann bei Alleinerziehenden für alle Kinder beantragt werden, die im eigenen Haushalt leben.
| 4 | Auf Antrag beider Eltern können Kinderzulagen dem Vertrag des Vaters zugeordnet werden.
| 5 | Ist ein Ehepartner mittelbar zulagenberechtigt, können Eheleute die Zulagen für einen gemeinsamen Riester-Vertrag beantragen.
| 6 | Berufseinsteiger erhalten bis zum Erreichen des 25. Lebensjahrs eine Grundzulage von 200,00 EUR.

Die Kinderzulagen werden Claudia Auweiler zugerechnet. Ermitteln Sie jeweils für das laufende Jahr

b den Gesamtbeitrag für Claudia Auweiler, EUR

c den Gesamtbeitrag für Torsten Auweiler, EUR

d den Eigenbeitrag für Claudia Auweiler, EUR

e den Eigenbeitrag für Torsten Auweiler. EUR

21. Aufgabe (6 Punkte)

a Jens Zielhofer möchte Möglichkeiten der staatlichen Förderung bei der Immobilienfinanzierung nutzen. Sie informieren den Kunden über einen als Eigenheimrente („Wohn-Riester") geförderten Altersvorsorgevertrag. Mit welcher Aussage zum Wohn-Riester-Vertrag beraten Sie den Kunden richtig?

| 1 | Wohn-Riester-Verträge sind nur als Bausparverträge möglich; die Zulagen können sowohl als Sparbeitrag als auch zur Darlehenstilgung genutzt werden.
| 2 | Bei staatlich geförderten Darlehensverträgen dürfen Zulagen nur zur Tilgung des Kredits, nicht aber zur Zinszahlung verwendet werden.
| 3 | Die nachgelagerte Besteuerung von Wohn-Riester-Verträgen wird durch ein Wohnförderkonto sichergestellt; bei sofortiger Versteuerung zu Beginn der Auszahlungsphase müssen nur 30 % des Kapitals versteuert werden.
| 4 | Die durch den Wohn-Riester-Vertrag geförderte Immobilie muss bis zur Tilgung des Darlehens selbst genutzt werden, andernfalls müssen erhaltene Zulagen zurückgezahlt werden.
| 5 | Wohn-Riester-Verträge können zur Finanzierung und Umschuldung von selbst genutzten und vermieteten Wohnobjekten im Inland und im EU-Ausland genutzt werden.

Die Auszahlungsphase des Wohn-Riester-Vertrags beginnt für Herrn Zielhofer mit Erreichen des 65. Lebensjahres. Drei Jahre vorher ist sein Darlehen vollständig getilgt, das für Herrn Zielhofer geführte Wohnförderkonto weist zu diesem Zeitpunkt einen Bestand von 52.470,00 EUR auf. Nutzen Sie zur Lösung der Aufgaben folgenden Auszug aus dem EStG.

> ### § 92a EStG (Auszug)
> - Nach Ablauf eines Beitragsjahres, letztmals für das Beitragsjahr des Beginns der Auszahlungsphase, ist der sich aus dem Wohnförderkonto ergebende Gesamtbetrag um 2 Prozent zu erhöhen.
> - Verminderungsbetrag ist der sich mit Ablauf des Kalenderjahres des Beginns der Auszahlungsphase ergebende Stand des Wohnförderkontos dividiert durch die Anzahl der Jahre bis zur Vollendung des 85. Lebensjahres des Zulageberechtigten; als Beginn der Auszahlungsphase gilt der vom Zulageberechtigten und Anbieter vereinbarte Zeitpunkt, der zwischen der Vollendung des 60. Lebensjahres und des 68. Lebensjahres des Zulageberechtigten liegen muss; ist ein Auszahlungszeitpunkt nicht vereinbart, so gilt die Vollendung des 67. Lebensjahres als Beginn der Auszahlungsphase.

b Berechnen Sie den Stand der Wohnförderkontos von Herrn Zielhofer zu Beginn der Auszahlungsphase.
EUR

c Ermitteln Sie die Höhe des Verminderungsbetrags, den Herr Zielhofer während der Auszahlungsphase versteuern muss.
EUR

Geld- und Vermögensanlagen

22. Aufgabe (8 Punkte)

Jochen Ludewig (ledig) hat im Jahr 2015 monatlich 230,00 EUR in eine Rentenversicherung der Basisversorgung (Rürup-Rente) eingezahlt. Sein sozialversicherungspflichtiges Bruttogehalt betrug 49.700,00 EUR, der gesamte Beitragssatz zur gesetzlichen Rentenversicherung lag bei 18,7 %.

Schema zur Ermittlung der steuerlich abzugsfähigen Altersvorsorgeaufwendungen	
	Arbeitnehmerbeitrag zur gesetzlichen Rentenversicherung
+	Arbeitgeberbeitrag zur gesetzlichen Rentenversicherung
+	weitere Beiträge zur Basisversorgung
=	gesamte Aufwendungen zur Basisversorgung (max. 22.172,00 EUR)
↳	davon steuerlich abzugsfähiger Anteil
−	steuerfreier Arbeitgeberanteil zur gesetzlichen Rentenversicherung
=	steuerlich absetzbare Altersvorsorgeaufwendungen

Jahr	Anteil der steuerlich abzugsfähigen Altersvorsorgeaufwendungen
2005	60 %
2006	62 %
...	jährlicher Anstieg um zwei Prozentpunkte

a Ermitteln Sie für Herrn Ludewig mithilfe oben stehender Angaben die steuerlich absetzbaren Altersvorsorgeaufwendungen für das Jahr 2016. EUR

b Stellen Sie fest, welche zwei der folgenden Aussagen zur Rürup-Rente zutreffend sind.

1. Der Versicherte erhält eine Kapitalgarantie, das eingezahlte Kapital muss zu Beginn der Auszahlungsphase zur Verfügung stehen.

2. Eine Verpfändung der Ansprüche aus der Rentenversicherung kann nur erfolgen, wenn diese der Versicherung schriftlich angezeigt wird.

3. Ein Versicherter, dessen Rentenzahlung im Jahr 2050 beginnt, muss seine Rente zu 100 % versteuern.

4. Die Rentenzahlung darf frühestens mit dem 62. Lebensjahr beginnen und erfolgt jährlich und nachträglich.

5. Die Rürup-Rentenversicherung kann nicht mit Zusatzversicherungen gekoppelt werden.

6. Steuerliche Vorteile im Zusammenhang mit der Rürup-Rente ergeben sich insbesondere für Selbstständige, da bei Angestellten die Beiträge zur gesetzlichen Rentenversicherung auf den absetzbaren Höchstbetrag der Altersvorsorgeaufwendungen angerechnet werden.

> Die **Aufgaben 23 bis 25** beziehen sich auf folgende Ausgangssituation:
> Petra Lohmann möchte eine Geldanlage in festverzinslichen Wertpapieren tätigen. Sie interessiert sich für eine 1,75 % Bundesanleihe mit Zinstermin 04.02.

23. Aufgabe (4 Punkte)

Mit welchen zwei Aussagen zur Bundesanleihe beraten Sie Frau Lohmann richtig?

1. Die Emission erfolgt im Tenderverfahren, die Teilnahme ist nur Kreditinstituten möglich, die Mitglieder der Bietergruppe Bundesemissionen sind.

2. Bundesanleihen werden als Wertrecht begeben, einzelne Anleger sind dabei an einer Sammelschuldbuchforderung zugunsten der Clearstream Banking AG beteiligt, da die Globalurkunden immer bei der Finanzagentur GmbH verbleiben.

3. Die Mindeststückelung der Bundesanleihe beträgt 0,01 EUR, die Laufzeit liegt bei fünf Jahren, die Zinszahlung erfolgt jährlich.

4. Bundesanleihen können börsentäglich gehandelt werden und sind mündelsicher, die Versteuerung der Zinserträge erfolgt immer am Laufzeitende.

| 5 | Bei bestimmten Bundesanleihen können Zinsschein und Anleihe separat gehandelt werden, die getrennten Wertpapiere entsprechen in ihren Ausstattungsmerkmalen einer Nullkuponanleihe.

| 6 | Bei inflationsindexierten Bundesanleihen erfolgt die Rückzahlung bei sinkendem Preisniveau unter dem Nennwert.

24. Aufgabe (7 Punkte)

Frau Lohmann erteilt der Bergischen Sparkasse am Donnerstag, den 18.06.20.. (kein Schaltjahr) einen Kaufauftrag über 8.000,00 EUR Nennwert. Der Kurs liegt bei 108,46 %, es fallen 0,5 % Provision (vom Kurswert, mind. Nennwert) und 0,75 ‰ Courtage (vom Nennwert) an.

a Geben Sie an, mit welcher Valuta die Kontobelastung erfolgt.

b Ermitteln Sie den Betrag der Kontobelastung.

25. Aufgabe (2 Punkte)

Am Montag, den 26. Oktober desselben Jahres muss Frau Lohmann den Bestand der Bundesanleihe unerwartet verkaufen. Weitere steuerlich relevante Transaktionen fallen im laufenden Jahr nicht an, Frau Lohmann ist konfessionslos und hat einen Freistellungsauftrag über 400,00 EUR erteilt. Stellen Sie fest, welche der folgenden Aussagen die steuerlichen Auswirkungen des Handels mit der Bundesanleihe richtig beschreibt.

| 1 | Der Verkauf belastet den Freistellungsauftrag mit einem Betrag von 102,03 EUR, der Kauf hat keine steuerlichen Auswirkungen.

| 2 | Bei Kauf der Anleihe wird KESt in Höhe von 13,23 EUR erstattet, der Verkauf belastet den Freistellungsauftrag.

| 3 | Bei Verkauf wird der Freistellungsauftrag belastet, über die gezahlten Stückzinsen wird eine Verlustbescheinigung in Höhe von 49,10 EUR zur Verrechnung im Rahmen der Einkommensteuererklärung ausgestellt.

| 4 | Bei Kauf der Bundesanleihe werden die Stückzinsen dem allgemeinen Verlustverrechnungskonto gutgeschrieben, bei Verkauf wird der Freistellungsauftrag mit 49,10 EUR belastet.

| 5 | Bei Kauf der Bundesanleihe fällt ein positiver Kapitalertrag in Höhe von 52,93 EUR an, der im allgemeinen Verlustverrechnungskonto erfasst wird; bei Verkauf kann eine Steuererstattung in entsprechender Höhe erfolgen.

26. Aufgabe (6 Punkte)

Marina Hingis plant den Abschluss einer Kapitallebensversicherung. Sie ist erstaunt darüber, dass die Ablaufleistung bei entsprechender Versicherungsdauer die doppelte Versicherungssumme betragen kann.

a Welche der folgenden Aussagen zur Ablaufleistung ist zutreffend?

| 1 | Frau Hingis kann sich fest auf die heute bekannt gemachte Ablaufleistung verlassen.

| 2 | Die heute angegebene Ablaufleistung ist nur eine Schätzgröße, die aus den Werten der Vergangenheit hochgerechnet wurde.

| 3 | Sinkendes Kapitalmarktzinsniveau bewirkt eine deutliche Steigerung der Ablaufleistung über den heute prognostizierten Wert.

| 4 | Die Ablaufleistung wird in der heute bekannt gemachten Höhe auch im Falle des Todes des Versicherungsnehmers gezahlt.

| 5 | Frau Hingis hat einen Anspruch auf die Ablaufleistung in der heute angegebenen Höhe, wenn sie sich keinerlei Verletzung des Versicherungsvertrages leistet.

| 6 | Bei Fälligkeit werden von der gesamten Ablaufleistung 25 % Kapitalertragsteuer und 5,5 % Solidaritätszuschlag einbehalten.

Auf Nachfrage wird Frau Hingis erklärt, dass sich die Ablaufleistung aus der Versicherungssumme plus Überschussbeteiligung zusammensetzt.

b Stellen Sie fest, welcher der folgenden Sachverhalte eine Erhöhung der Ablaufleistung bewirkt.

1. Die kalkulierten Verwaltungskosten waren niedriger als die tatsächlichen.
2. Der Sterblichkeitsverlauf der Versicherten ist bei der Versicherungsgesellschaft während der Vertragslaufzeit geringer als beim Durchschnitt der Bevölkerung gewesen.
3. Die Einkommensteuersätze wurden gesenkt.
4. Es gab mehrere Umsatzsteuererhöhungen während der Vertragslaufzeit.
5. Die Kosten des Gesundheitswesens sind gestiegen.
6. Abschreibungen auf den Grundbesitz des Deckungsstocks mussten aufgrund der Abnutzung erhöht werden.

> Die **Aufgaben 27 bis 29** beziehen sich auf folgende Ausgangssituation:
> Anton Hillemann hat von seinem verstorbenen Großvater Aktien geerbt. Herr Hillemann lässt sich bei der Rheinischen Sparkasse über eine Depoteröffnung beraten, bei den zu übertragenden Effekten handelt es sich um Namensaktien der AutoMotive AG, Lagerstelle ist die Clearstream Banking Frankfurt. Der Kunde hat bisher keine Anlageerfahrung mit Aktien und wünscht eine sichere und kostengünstige Verwahrung mit möglichst geringem Verwaltungsaufwand.

27. Aufgabe (2 Punkte)

Geben Sie an, welche der folgenden Verwahrarten für die Aktien des Kunden geeignet ist.

1. Girosammelverwahrung im geschlossenen Depot
2. Drittverwahrung im offenen Depot
3. Selbstverwahrung von effektiven Stücken
4. Sonderverwahrung im offenen Depot
5. Fremdverwahrung mit Gutschrift in Wertpapierrechnung

28. Aufgabe (2 Punkte)

Sie informieren Herrn Hillemann über die Übertragung der Aktien in sein Depot. Welche der folgenden Aussagen ist zutreffend?

1. Der Eigentümer einer Namensaktie ist im Aktienregister des Emittenten registriert, zur Übertragung ist die Zustimmung der Aktiengesellschaft erforderlich.
2. Zur Übertragung des Eigentums an Namensaktien sind grundsätzlich eine Einigung und eine Übergabe der Wertpapiere erforderlich, bei der banküblichen Girosammelverwahrung erwirbt der Kunde jedoch das Eigentum durch Depotgutschrift.
3. Bei Verbriefung der Wertpapiere in einer Dauerglobalurkunde erwerben Sie ein Miteigentum an einem Sammelbestand, auf Wunsch können jedoch Einzelurkunden ausgestellt werden.
4. Ein Blankoindossament ermöglicht in der Praxis die Übertragung der Namensaktie wie ein Inhaberpapier.
5. Die Übertragung erfolgt stückelos im Effektengiroverkehr, da anstelle einzelner Urkunden Wertrechte emittiert werden.

29. Aufgabe (2 Punkte)

Herr Hillemann interessiert sich für seine Rechte als Aktionär. Mit welcher der folgenden Aussagen beraten Sie den Kunden richtig?

1. Durch die Ausübung Ihres Stimmrechts auf der Hauptversammlung können Sie über die Besetzung des Aufsichtsrats mitentscheiden.
2. Sie dürfen an der Hauptversammlung der AutoMotive AG teilnehmen, wenn die Aktien rechtzeitig zum Tag der Hauptversammlung in Ihr Depot übertragen worden sind.
3. Auf der Hauptversammlung haben Sie Stimmrechte entsprechend der Anzahl Ihrer Aktien, bei Abstimmungen entscheidet die Mehrheit des Grundkapitals.

[4] Als Aktionär dürfen Sie auf der Hauptversammlung über die Verwendung des Jahresüberschusses abstimmen.

[5] Wenn die Gesellschaft neue Aktien emittiert, haben Sie in jedem Fall einen Anspruch auf Bezug dieser „jungen" Aktien.

30. Aufgabe (8 Punkte)

In der Praxis werden zahlreiche Aktienbegriffe verwendet. Ordnen Sie die entsprechenden Aktienbegriffe unten stehenden Aussagen zu.

Aktienbegriff

[1] Stammaktien [6] Namensaktien
[2] Vorzugsaktien [7] Vinkulierte Namensaktien
[3] Nennwertaktien [8] Junge Aktien
[4] Stückaktien [9] Berichtigungsaktien
[5] Inhaberaktien

Aussagen

a Der rechnerische Anteil einer Aktie am Grundkapital ergibt sich hier durch Division des Grundkapitals durch die Anzahl der ausgegebenen Aktien.

b Aus der Bezeichnung ist ersichtlich, dass der Aktionär mit einem bestimmten Nominalbetrag, der nicht kleiner als 1,00 EUR sein darf, am Grundkapital der AG beteiligt ist.

c Der Wechsel des Eigentums an der Aktie setzt bei Selbstverwahrern dingliche Einigung und Übergabe der Urkunde voraus.

d Gegenüber der Aktiengesellschaft ist derjenige der berechtigte Aktionär, der in das Aktienregister des Unternehmens eingetragen ist; eine Zustimmung des Vorstandes der AG ist bei einem Aktionärswechsel nicht erforderlich.

e Diese Aktie verbrieft die üblichen Aktionärsrechte ohne Einschränkungen.

f Diese Aktien entstehen aufgrund eines Passivtauschs ohne Zuführung neuer Liquidität für die Unternehmung.

g Als Ausgleich des bei diesen Aktien oftmals ausgeschlossenen Stimmrechts kann in der Satzung der AG festgelegt sein, dass die Inhaber dieser Aktien eine höhere Dividende erhalten als andere Aktionäre.

h Bei Weiterverkauf der Aktien muss die Zustimmung des Vorstandes eingeholt werden. Außerdem ist die Umschreibung im Aktienregister erforderlich.

31. Aufgabe (4 Punkte)

Barbara und Horst Schubert führen bei der WeserBank AG mehrere Einzelkonten sowie Gemeinschaftskonten und -depots. Beide Eheleute sind Kirchenmitglieder. Sie beraten die Kunden über die Freistellung von Kapitalerträgen. Welche zwei Aussagen zum Freistellungsauftrag und zur Steuerpflicht sind zutreffend?

[1] Der Freistellungsauftrag kann auf mehrere Kreditinstitute aufgeteilt werden, einzelne Freistellungsaufträge von steuerlich gemeinsam veranlagten Eheleuten müssen von beiden Ehepartnern unterschrieben werden.

[2] Wenn ein gemeinsamer Freistellungsauftrag gestellt wird, führt die WeserBank AG eine Verrechnung der positiven und negativen Kapitalerträge auch zwischen Einzelkonten der Ehepartner durch.

[3] Ein gemeinsamer Freistellungsauftrag muss von beiden Eheleuten, ein einzeln gestellter Auftrag nur vom jeweiligen Ehepartner unterschrieben werden.

[4] Veräußerungsverluste auf Einzelkonten der Ehepartner werden in Verlustverrechnungstöpfen erfasst und können nur durch eine Einkommensteuererklärung verrechnet werden.

[5] Einzelne Freistellungsaufträge können bis 801,00 EUR, gemeinsame bis 1.602,00 EUR erteilt werden, die Kirchensteuer wird auf Antrag von der Weserbank AG einbehalten.

[6] Die Weserbank fragt das Kirchensteuerabzugsmerkmal beim Bundeszentralamt für Steuern ab und führt für kirchensteuerpflichtige Kunden 25 % KESt, 5,5 % Solidaritätszuschlag und die Kirchensteuer ab.

Geld- und Vermögensanlagen

> **Hinweis zur 32. bis 35. Aufgabe:** Bei der Ermittlung von Kapitalertragsteuer, Solidaritätszuschlag und Kirchensteuer wird das Ergebnis zur Vereinfachung auf volle Cent berechnet, die dritte Stelle hinter dem Komma bleibt unberücksichtigt.

32. Aufgabe (6 Punkte)

Kevin Bender hat bei der Sparkasse Schneeeifel ein 3-Monats-Festgeld über 40.000,00 EUR zum Zinssatz von 1,6 % p. a. angelegt. Herr Bender ist Kirchenmitglied, bei Zinsgutschrift hat er ein nicht ausgeschöpftes Freistellungsvolumen von 76,00 EUR. Es gelten folgende Steuersätze:

- Kapitalertragsteuer: 24,45 %
- Solidaritätszuschlag: 5,5 %
- Kirchensteuer: 9,0 %

Berechnen Sie

a die Bruttozinsen, EUR

b die Kapitalertragsteuern, EUR

c den Solidaritätszuschlag, EUR

d die Kirchensteuer, EUR

e die Nettozinsen. EUR

Schema als Lösungshilfe zu den Aufgaben 33 und 34:

Datum	Vorgang	Kapitalertragsteuer (KESt)	Freistellungsauftrag in EUR	Allgemeines Verlustverrechnungskonto in EUR	Aktienverlustverrechnungskonto in EUR	Steuerverrechnungskonto in EUR (gezahlte KESt)
01.01.	Vortrag					

33. Aufgabe (6 Punkte)

Die Rheinbank führt die folgenden Freistellungsaufträge und Verlustverrechnungskonten:

Bestände per 01.01.20..			
Kunde	Freistellungsauftrag in EUR	Vortrag allgemeines Verlustverrechnungskonto in EUR	Vortrag Aktienverlustverrechnungskonto in EUR
Sandra Dahmen	801,00	500,00	300,00
Lars Müller	600,00	0,00	400,00

Ermitteln Sie jeweils, wie sich die in den Aufgaben angegebenen Vorgänge steuerlich auswirken. Die Kunden sind konfessionslos, weitere Transaktionen fallen im laufenden Jahr nicht an. Sollten keine Bestände in den Konten vorliegen, tragen Sie bitte Nullen in die Lösungskästchen ein.

a Sandra Dahmen erzielt am 15.02. einen Kursgewinn in Höhe von 900,00 EUR aus dem Verkauf eines Zertifikats, das sie im Vorjahr erworben hat.

Ermitteln Sie den neuen Bestand des

aa Freistellungsauftrags, EUR

ab allgemeinen Verlustverrechnungskontos, EUR

ac Aktienverlustverrechnungskontos, EUR

ad Steuerverrechnungskontos (nur KESt). EUR

Geld- und Vermögensanlagen

b Lars Müller kauft am 12.07. einen Pfandbrief, es fallen Stückzinsen in Höhe von 340,00 EUR an. Ermitteln Sie den neuen Bestand des

   ba Freistellungsauftrags, EUR

   bb allgemeinen Verlustverrechnungskontos, EUR

   bc Aktienverlustverrechnungskontos, EUR

   bd Steuerverrechnungskontos (nur KESt). EUR

34. Aufgabe (10 Punkte)

Stellen Sie fest, wie sich die folgenden Vorgänge für Kunden der Kreditbank AG steuerlich auswirken. Berechnen Sie, falls erforderlich, vereinfachend nur die Kapitalertragsteuer. Die Kunden sind konfessionslos, weitere Transaktionen fallen im laufenden Jahr nicht an.

a Für Ursula Wicherts wurden aus dem Vorjahr folgende Bestände übernommen:

Freistellungsauftrag	400,00 EUR
Vortrag allgemeines Verlustverrechnungskonto	700,00 EUR
Vortrag Aktienverlustverrechnungskonto	900,00 EUR

Frau Wicherts hat im Vorjahr Aktien erworben. Einen Teil davon verkauft sie am 19.08. mit einem Kursgewinn von 2.400,00 EUR. Den restlichen Bestand veräußert sie am 04.10. mit einem Verlust in Höhe von 700,00 EUR. Ermitteln Sie den neuen Bestand nach dem 04.10. des

   aa Freistellungsauftrags, EUR

   ab allgemeinen Verlustverrechnungskontos, EUR

   ac Aktienverlustverrechnungskontos, EUR

   ad Steuerverrechnungskontos (nur KESt). EUR

b Für Josef Zang wurden aus dem Vorjahr folgende Bestände übernommen:

Freistellungsauftrag	600,00 EUR
Vortrag allgemeines Verlustverrechnungskonto	200,00 EUR
Vortrag Aktienverlustverrechnungskonto	0,00 EUR

Herr Zang verkauft am 21.02. Aktien, die er im Jahr 2007 erworben hat, mit einem Gewinn in Höhe von 1.600,00 EUR. Am 05.05. erzielt er einen Kursgewinn von 1.400,00 EUR aus dem Verkauf von Fondsanteilen (Kauf im Vorjahr). Am 17.09. verkauft Herr Zang Aktien mit einem Verlust von 900,00 EUR. Ermitteln Sie den neuen Bestand nach dem 17.09. des

   ba Freistellungsauftrags, EUR

   bb allgemeinen Verlustverrechnungskontos, EUR

   bc Aktienverlustverrechnungskontos, EUR

   bd Steuerverrechnungskontos (nur KESt). EUR

Nutzen Sie als Lösungshilfe auch das vor Aufgabe 33 abgebildete Schema.

35. Aufgabe (4 Punkte)

Ralf Groß hat mehrfach in DELTA-Aktien investiert und Ende 2015 den größten Teil seines Bestandes verkauft. Seine Transaktionen gibt die folgende Übersicht wieder:

Transaktionen in DELTA-Aktien:

	Datum	Stück	Kurs in EUR
Kauf	20.01.2008	100	45,00
Kauf	17.03.2010	500	52,00
Kauf	22.05.2012	300	44,00
Verkauf	21.12.2015	800	51,00

Ralf Groß gehört keiner Religionsgemeinschaft an. Sein Freistellungsauftrag ist durch andere Kapitalerträge bereits ausgenutzt. Verlustvorträge liegen nicht vor.

Berechnen Sie die sich aus den Transaktionen ergebende Kapitalertragsteuer zuzüglich Solidaritätszuschlag in Euro für das Jahr 2015. EUR

Kapitalertragsteuer (Abgeltungsteuer)	25,0 %
Solidaritätszuschlag	5,5 %

36. Aufgabe (6 Punkte)

Susanne Probst hat ihr Erspartes bisher auf Spar- und Festgeldkonten angelegt. Aufgrund besserer Renditechancen möchte sie erstmalig in einen Investmentfonds mit dem Anlageschwerpunkt deutsche Standardaktien investieren.

a Mit welcher Aussage zu Aktienfonds beraten Sie die Kundin richtig?

[1] „Durch die Streuung der Kundengelder werden das allgemeine Marktrisiko und das unternehmensspezifische Risiko eingeschränkt, dafür gibt es bei der Fondsanlage ein Managementrisiko."

[2] „Als Fondsanleger erwerben Sie ein Miteigentum nach Bruchteilen am Fondsvermögen; um Ihre Rechte als Aktionärin auszuüben, ist allerdings eine Stimmrechtsvollmacht der Kapitalverwaltungsgesellschaft erforderlich."

[3] „Die im Fonds enthaltenen Aktien stellen ein Sondervermögen dar. Die Kapitalverwaltungsgesellschaft muss die Effekten vom eigenen Vermögen getrennt verwalten und Anteilscheine an die Anleger ausgeben."

[4] „Mit dem Kauf von Fondsanteilen sind überdurchschnittliche Renditechancen verbunden, als Benchmark für den von Ihnen gewünschten Fonds ist der Aktienindex DAX geeignet."

[5] „Beim Kauf der Fondsanteile fällt ein Ausgabeaufschlag zur Vergütung der Kapitalverwaltungsgesellschaft an, weitere Kosten entstehen nur durch Depotgebühren."

Frau Probst entscheidet sich für den Fonds MaxInvest Deutschland. Für den Investmentfonds sind 512.650 Anteile ausgegeben, der Ausgabeaufschlag liegt bei 4 % und es besteht folgendes Vermögen:

- Aktien: 23.598.670,00 EUR
- Sonstiges Vermögen: 2.144.930,00 EUR

b Berechnen Sie (mit zwei Nachkommastellen)

  ba den Rücknahmepreis, EUR

  bb den Ausgabepreis. EUR

37. Aufgabe (9 Punkte)

Die Gexko AG veröffentlicht folgendes Bezugsangebot (Ausschnitt):

4,25 % Wandelschuldverschreibung	
Emissionsvolumen	1.000.000.000,00 EUR
Bezugsfrist	20.05.–31.05. dieses Jahres
Ausgabekurs	100 %
kleinste Stückelung	100,00 EUR
Bezugsverhältnis	500 Aktien mit einem rechnerischen Nominalwert von je 1,00 EUR berechtigen zum Bezug einer Wandelschuldverschreibung zu nom. 100,00 EUR.
Wandlungsfrist	1. Juni nächsten Jahres–31. März des Fälligkeitsjahres
Wandlungsverhältnis	Während der Wandlungsfrist können die Wandelschuldverschreibungen im Verhältnis 4:1 in Aktien der Gexko AG umgetauscht werden.
Zuzahlung je Aktie	2,00 EUR

a Ermitteln Sie das Bezugsverhältnis alte Aktien zu Wandelanleihen.

b Ermitteln Sie den Betrag, über den der Hauptversammlungsbeschluss über die bedingte Kapitalerhöhung lauten muss.   Mio EUR

c Wie viel Euro beträgt der Wandlungspreis je Aktie?   EUR

d Wie viele Bezugsrechte benötigt ein Kapitalanleger, der nom. 4.000,00 EUR Wandelanleihe beziehen möchte?   Stück

e Um wie viel Mio. EUR würde das gesamte Eigenkapital der Gexko AG zunehmen, wenn alle Inhaber von Wandelschuldverschreibungen von ihrem Umtauschrecht bis zum Ende der Wandlungsfrist Gebrauch machen würden?   Mio EUR

f Ein Aktionär besitzt 4.227 Gexko-Aktien.

    fa Wie viele Bezugsrechte muss er hinzuerwerben, um einen glatten Nominalbetrag Wandelschuldverschreibung zeichnen zu können?   Stück

    fb Wie viele junge Aktien könnte dieser Aktionär aufgrund seiner Wandelschuldverschreibungen später eintauschen?   Stück

38. Aufgabe (6 Punkte)

Martin Schlüter erteilt der Kreditbank AG die Order zum Erwerb einer Kaufoption über 5.000 Stück Aktien der Transflex AG. Das Geschäft wird noch am gleichen Tag über die EUREX ausgeführt.

Basispreis	62,00 EUR
Optionspreis	8,00 EUR

a Wer garantiert Martin Schlüter, dass er bei Ausübung der Option die 5.000 Transflex-Aktien erhält?

1 Die Kreditbank AG

2 Der Verkäufer der Kaufoption

3 Die EUREX

4 Das Kreditinstitut des Verkäufers der Kaufoption

5 Niemand

Am letzten Tag der Optionsfrist notiert die Transflex-Aktie mit 68,00 EUR.

b Wie sollte sich Martin Schlüter verhalten?

Tragen Sie die Ziffer vor der zutreffenden Aussage in das Lösungskästchen ein (Transaktionskosten bleiben außer Acht).

1 Er sollte die Option verfallen lassen, um seinen Verlust auf 40.000,00 EUR zu begrenzen.

2 Er sollte noch eine weitere Börsenwoche abwarten, bis die von Analysten prognostizierte Kurssteigerung eingetreten ist.

3 Er sollte mit der Ausübungserklärung gleichzeitig eine Verkaufsorder erteilen, um keinen Verlust zu erleiden.

4 Er sollte die Option ausüben, da seine Kurserwartungen sich erfüllt haben.

5 Er sollte die Option ausüben, da er dadurch einen Gewinn von 30.000,00 EUR erzielt.

6 Er sollte die Option ausüben, da er dadurch seinen Verlust auf 10.000,00 EUR reduziert.

7 Er sollte die Option ausüben, da er dadurch seinen Verlust auf 20.000,00 EUR reduziert.

Geld- und Vermögensanlagen

39. Aufgabe (8 Punkte)

Ein Kunde Ihres Hauses besitzt Aktien der TRACTA AG. Er erhält im Oktober des laufenden Jahres folgendes (hier auszugsweise abgebildetes) Bezugsangebot:

> Aufgrund der Ermächtigung durch die Hauptversammlung vom 4. Mai des vergangenen Jahres hat der Vorstand mit Zustimmung des Aufsichtsrates beschlossen, das Grundkapital von 144 Mio. EUR durch Ausgabe von 16 Mio. Stück neuer, auf den Inhaber lautender Aktien mit Gewinnanteilberechtigung ab 01.11. dieses Jahres auf 160 Mio. EUR zu erhöhen.
>
> Der rechnerische Nennwert jeder Aktie der TRACTA AG beträgt 1,00 EUR. Das Geschäftsjahr ist gleich dem Kalenderjahr.
>
> Die neuen Aktien werden von einem Bankenkonsortium mit der Verpflichtung übernommen, den Aktionären neue Aktien zum Ausgabepreis von 220,00 EUR je Stückaktie zum Bezug anzubieten. Die Aktionäre werden aufgefordert, ihr Bezugsrecht auf die neuen Aktien in der Zeit vom
>
> **6. Nov. bis 21. Nov. dieses Jahres**
>
> gegen Einreichung des Gewinnanteilscheines Nr. 24 bei der Bezugsstelle auszuüben.

Für das laufende Jahr wird eine Dividende von 1,80 EUR erwartet.

Der Schlusskurs der Aktie am Freitag, den 3. Nov. des laufenden Jahres, ist 276,00 EUR.

a Ermitteln Sie

aa das Bezugsverhältnis,

ab den rechnerischen Wert des Bezugsrechtes inkl. Dividendennachteil.   EUR

Am 9. November möchte der Kunde, der 14.825 alte Aktien besitzt, ohne Einschuss neuer Mittel an der Kapitalerhöhung teilnehmen (operation blanche). Ein eventueller finanzieller Überschuss soll auf das Girokonto 1234567 überwiesen werden.

Börsenkurse vom 9. November des laufenden Jahres			
TRACTA-Aktie	272,00 EUR	Bezugsrecht	5,90 EUR

b Welche Aufträge muss der Aktionär erteilen? (ohne Transaktionskosten) Nutzen Sie nachfolgendes Formular. Entwerten Sie nicht benötigte Felder.

	Stück	Kurswert
Verkauf Bezugsrechte		
Kauf junge Aktien		
Gutschrift auf dem Girokonto 1234567 in EUR ca.		

40. Aufgabe (10 Punkte)

Die GenPharma AG erhöht ihr Grundkapital durch Umwandlung von Rücklagen im Verhältnis 7:3. Der Aktienkurs lag vor Durchführung der Kapitalmaßnahme bei 37,00 EUR. Die Bilanz ergibt nach der Kapitalerhöhung vereinfacht folgendes Bild:

Aktiva	Bilanz GenPharma AG in Mio. EUR		Passiva
Vermögen	90.000	Gezeichnetes Kapital	9.600
		Rücklagen	8.200
		Rückstellungen	2.400
		Sonstiges Fremdkapital	69.800
	90.000		90.000

a Berechnen Sie die Höhe des Grundkapitals vor der Kapitalerhöhung.   Mio EUR

b Bestimmen Sie den rechnerischen Aktienkurs nach erfolgter Kapitalerhöhung.   EUR

Ihre Kundin Andrea Diekämper besitzt 870 Aktien der GenPharma AG.

c Geben Sie an, wie viele Berichtigungsaktien in das Depot der Kundin eingebucht werden.

d Ermitteln Sie die Menge der verbleibenden Teilrechte (zwei Nachkommastellen).

Frau Diekämper möchte die übrigen Teilrechte verkaufen, die Bank belastet eine Provision in Höhe von 1 % (mindestens 5,00 EUR).

e Berechnen sie die Höhe der Gutschrift aus dem Verkauf.   EUR

41. Aufgabe (8 Punkte)

Geben Sie an, welche Sachverhalte hinter nachfolgenden Aussagen stecken.

Tragen Sie die Ziffer vor dem zutreffenden Sachverhalt in das Kästchen ein.

Sachverhalte

1	Hebelwirkung	2	Roadshow	3	Green Shoe	4	Festpreisverfahren
5	Trading-Fonds	6	Depotbank	7	Volatilität	8	Diversifikationsgebot
9	Splitting

Aussagen

a Ein thesaurierender Investmentfonds gibt weitere Anteile aus, die die Anleger ohne eigene Zuzahlung erhalten.

b Fondstyp, bei dem Ausgabe- und Rücknahmepreis identisch sind.

c Verpflichtung der KAG, Wertpapiere von mindestens 20 verschiedenen Emittenten in einem Sondervermögen zu führen.

d Im Rahmen einer ordentlichen Kapitalerhöhung gegen Einlagen werden den Altaktionären die jungen Aktien zum Vorzugskurs angeboten.

e Die Kurse börsennotierter Werte schwanken in kurzer Zeit sehr heftig.

f Die Wertänderung eines Basiswertes führt zu einer überproportionalen Änderung eines zum Basiswert gehörenden Derivates.

g Vertreter der Aktiengesellschaft präsentieren die Unternehmung vor Investorengruppen, um den Absatz der Aktien zu fördern.

h Der Vorstand der Aktiengesellschaft hält einen Aktienvorrat bereit, der bei starker Überzeichnung von Aktienkaufwünschen zusätzlich auf den Markt gebracht wird.

42. Aufgabe (3 Punkte)

Die Ausführung einer Order im fortlaufenden Handel des Xextra-Handelssystems erfolgt nach dem Preis- und Zeitprinzip.

Welche der folgenden Aussagen ist zutreffend?

| 1 | Das Preis- und das Zeitprinzip sind gleichrangige Kriterien beim Zusammenführen von Kauf- und Verkaufsaufträgen.

| 2 | Das Zeitprinzip als nachrangiges Kriterium ist dem Preisprinzip nachgeordnet und greift nur bei Order mit gleicher Limitierung und bei unlimitierter Order.

| 3 | Das Preisprinzip ist das vorrangige Kriterium mit der Folge, dass bei Kauf- und bei Verkauforders die Order mit dem höchsten Preislimit zuerst zu vermitteln ist.

| 4 | Nach dem Zeitprinzip werden die zuletzt eingestellten Orders als Erstes ausgeführt.

| 5 | Nach dem Zeitprinzip werden die zuerst eingestellten Order auf ihre Ausführbarkeit hin untersucht und ausgeführt, wenn die jeweiligen Limitierungen dies zulassen.

43. Aufgabe (4 Punkte)

Das Orderbuch der ABC-Aktie (XETRA) enthält folgende Aufträge:

Kauforder		Verkauforder	
Menge (BidQty)	Limit (Bid)	Menge (AskQty)	Limit (Ask)
500	28,00	600	28,50
100	27,90	200	28,70
150	27,50	400	29,00

Stellen Sie fest, wie sich eine Verkauforder über 700 Stück mit einem Limit von 27,80 auf das Skontro der ABC-Aktie auswirkt.

a Änderung auf der Geldseite

[1] Die Geldseite bleibt unverändert.

[2] Es gibt keine Order mehr.

[3] Zu den vorhandenen Orders kommt noch eine Order über 150 Stück zu 27,80 hinzu.

[4] Es existiert nur eine Order über 150 Stück zu 27,50.

[5] Es bleibt nur die Order über 500 Stück zu 28,00 erhalten.

b Änderung auf der Briefseite

[1] Die Briefseite bleibt unverändert.

[2] Zu den bereits vorhandenen Orders der Briefseite kommt noch eine weitere Order von 100 Stück zu 27,80 hinzu.

[3] Es gibt auf der Briefseite keine Order mehr.

[4] Die Order für 600 Stück zu 28,50 wurde ausgeführt, von der Order für 200 Stück zu 28,70 wurden 100 Stück ausgeführt.

[5] Die Order für 400 Stück zu 29,00 wurde ausgeführt, die Order für 200 Stück zu 28,70 wurde ebenfalls ausgeführt. Von der Order für 600 Stück zu 28,50 wurden 100 Stück ausgeführt.

Die **Aufgaben 44 und 45** beziehen sich auf folgende Ausgangssituation:

Sie beraten den Kunden Jens Fischer am Mittwoch, 27.04.20.. über die Geldanlage in festverzinslichen Wertpapieren. Herr Fischer interessiert sich für zwei Anleihen, für die Ihnen folgende Informationen vorliegen.

	Anleihe 1	Anleihe 2
Typ	Zerobond	Floating-Rate-Note
Wertpapierkennnummer	RBV9CX	RHYG8S
Bezeichnung	RheinBank IHS	Rheinische Hypo FRN
Kupon	0,00 %	3-Monats-Euribor + 37 Basispunkte Festlegung zwei Bankarbeitstage vor Beginn der Kuponperiode
Emissionskurs	78,63 %	100 %
aktueller Kurs	84,13 %	99,96 %
Zinstermin	02.12. j. J.	16. J/A/J/O
...	...	...

44. Aufgabe (5 Punkte)

a Welche Information dürfen Sie dem Kunden zu Anleihe 1 geben?

[1] Der Kupon in Höhe von 0,00 % deutet auf ein sehr geringes Bonitätsrisiko hin.

[2] Aufgrund eines Zinseszinseffekts hat dieses Wertpapier ein vergleichsweise hohes Kursrisiko.

| 3 | Die Zinsen für dieses Wertpapier werden am Ende der Laufzeit ausgezahlt und sind nach dem Zuflussprinzip jährlich zu versteuern.

| 4 | Die Anlage in diesem Wertpapier ist steuerlich vorteilhaft, da bei einer Veräußerung vor Fälligkeit keine Zinserträge anfallen.

| 5 | Dieses Wertpapier wird zum Nennwert erworben, die Rückzahlung besteht aus dem Nominalwert zuzüglich aufgelaufener Zinsen.

| 6 | Da der Kurs dieses Wertpapiers bis zur Fälligkeit steigt, besteht kein Kursrisiko.

b Herr Fischer entscheidet sich, nominal 5.000,00 EUR in Anleihe 1 zu investieren. Ein Freistellungsauftrag in ausreichender Höhe liegt vor.

Ermitteln Sie die Höhe Zinsertrags im Jahr der Fälligkeit.   EUR

45. Aufgabe (10 Punkte)

a Mit welcher Aussage informieren Sie den Kunden zutreffend zu Anleihe 2?

| 1 | Da der Kurs der Anleihe durch die regelmäßige Zinsanpassung um den Nennwert schwankt, ist dieses Wertpapier geeignet für Anleger, die mit einem fallenden Zinsniveau rechnen.

| 2 | Der Referenzzinssatz EURIBOR ist ein Durchschnittswert der Zinssätze auf dem Geldmarkt, zu dem sich Geschäftsbanken bei der EZB Liquidität beschaffen können.

| 3 | Unter dem Aspekt des Kursrisikos der Geldanlage stellen Anleihen mit kurzer Restlaufzeit eine Alternative zu diesem Wertpapier dar.

| 4 | Die Festlegung des Zinssatzes für dieses Wertpapier erfolgt vierteljährlich und nachträglich, indem ein Aufschlag auf den Referenzzinssatz EURIBOR berechnet wird.

| 5 | Bei der Abrechnung dieses Wertpapiers müssen die Zinstage kalendergenau erfasst werden, das Basisjahr bei der Berechnung hat 365 Tage.

Herr Fischer kauft Anleihe 2 im Nennwert von 7.000,00 EUR. Er verfügt über einen Freistellungsauftrag in entsprechender Höhe, für den EURIBOR liegen folgende Daten vor:

	14.04.20..	15.04.20..	14.07.20..	15.07.20..
EURIBOR 3 Monate	0,880 %	0,882 %	0,785 %	0,782 %

b Ermitteln Sie den ausmachenden Betrag der Kaufabrechnung.   EUR

c Ermitteln Sie die Höhe der ersten Zinsgutschrift für den Kunden.   EUR

46. Aufgabe (13 Punkte)

Zur Analyse der Aktie der AutoMotive AG liegen Ihnen die folgenden Daten vor:

Aktiva	Bilanz in TEUR (Vorjahr)		Passiva
Anlagevermögen	297.630	Eigenkapital	
Umlaufvermögen	92.515	Gezeichnetes Kapital	5.250
		Rücklagen	78.760
		Bilanzgewinn	1.225
		Fremdkapital	304.910
	390.145		390.145

- Der Nennwert einer Aktie beträgt 3,00 EUR.
- Der zur Ausschüttung an die Aktionäre vorgesehene Bilanzgewinn macht die Hälfte des Jahresgewinns aus.
- Für das laufende Geschäftsjahr wird eine unveränderte Gewinnsituation erwartet.
- Die Aktie der AutoMotive AG wird an der Börse aktuell zum Kurs von 27,40 EUR gehandelt.

a Ermitteln Sie für die AutoMotive AG folgende Werte (ggf. gerundet auf zwei Nachkommastellen):

aa Anzahl der ausgegeben Aktien

ab Marktkapitalisierung EUR

ac Dividende pro Aktien EUR

ad Dividendenrendite %

ae Kurs-Gewinn-Verhältnis

b Stellen Sie fest, welche der folgenden Aussagen zum Kurs-Gewinn-Verhältnis (KGV) zutreffend ist.

1 Zur Ermittlung des KGV wird der aktuelle Börsenkurs ins Verhältnis zum Gewinn der Aktiengesellschaft gesetzt.

2 Das KGV wird bei der Fundamentalanalyse genutzt, da es einen branchenunabhängigen Vergleich von Aktien durch eine objektive Kennzahl ermöglicht.

3 Ein hohes KGV deutet auf eine relative Unterbewertung der Aktie hin.

4 Das KGV gibt an, über wie viele Jahre der Gewinn pro Aktie erzielt werden müsste, um das beim Kauf der Aktie eingesetzte Kapital zu erwirtschaften.

5 Um das KGV möglichst genau zu ermitteln, wird zur Berechnung der Unternehmensgewinn des letzten Geschäftsjahrs genutzt.

47. Aufgabe (8 Punkte)

Hans Pütz besitzt 4.000 Call-Aktienoptionsscheine der TOP-Aktien. 10 Optionsscheine berechtigen zum Bezug von 1 TOP-Aktie zum Basispreis von 178,00 EUR.

Börsenkurse

TOP-Aktie 192,00 EUR
Optionsschein 2,20 EUR

a Berechnen Sie

aa den inneren Wert des OS, EUR

ab das Aufgeld in Euro, EUR

ac den Hebel (drei Stellen hinter dem Komma kaufmännisch gerundet). EUR

b Welche Aussage beschreibt die Bedeutung des Hebels richtig?

1 Mit dem Hebel soll die Rentabilität des Investments der Aktie gemessen werden.

2 Der Hebel ist ein Multiplikator, der aussagt, in welchem Maße die Aktie sich verändert, wenn der Kurs des Optionsscheines sich um einen Euro verändert.

3 Ein Optionsschein mit einem niedrigen Hebel ist für besonders risikofreudige Anleger zu empfehlen.

4 Optionsscheine mit einem niedrigen Hebel lassen auf ein besonders hohes Gewinn- wie Verlustpotenzial schließen.

5 Der Hebel gibt an, in welchem Maße eine Kursveränderung des Basiswertes sich auf den Kurs des Optionsscheines auswirkt.

48. Aufgabe (7 Punkte)

Eheleute Bernhard und Margot Hase unterhalten bei der Kreditbank AG ein Wertpapierdepot. Sie haben einen Freistellungsauftrag in ausreichender Höhe hinterlegt. In ihrem Depot befinden sich folgende Wertpapiere:

1 100 DEXTRO-Aktien

2 20.000,00 EUR nom. Pfandbriefe der Bergischen Hypothekenbank

3 2.000 CALL-DAX Optionsscheine

Welche Depotarbeiten kommen für das Kundendepot infrage? Ordnen Sie die unten aufgeführten Arbeiten den Wertpapieren 1 – 3 zu.

Tragen Sie in das Lösungskästchen

4 ein, wenn von dieser Depotarbeit alle Wertpapiere im Depot der Kunden betroffen sind,

9 ein, wenn die aufgeführte Arbeit für dieses Kundendepot nicht anfällt.

Depotarbeiten

a Erstellung des jährlichen Depotauszuges

b Beschaffung einer Eintrittskarte für die Hauptversammlung des Emittenten

c Verkauf von Kupons bei Ausbleiben der Kundenweisung zu jedem Preis

d Inkasso des Gegenwertes zum bei Emission festgesetzten Rückzahlungstermin

e Ausübung von Stimmrechten auf der Hauptversammlung bei entsprechender Weisung

f Auszahlung des Bruttoertrages am jährlich festen Kupontermin

g Ausbuchen des Postens nach dem Verfalltag

49. Aufgabe (5 Punkte)

Geben Sie an, welche Fachausdrücke hinter nachfolgenden Aussagen stehen. Tragen Sie die Ziffer vor dem zutreffenden Fachausdruck in das Lösungsblatt ein.

Fachausdruck

1	Performanceindex	2	Kursindex	3	Fundamentalanalyse
4	Chartanalyse	5	Dokumentationsbogen	6	Wertpapierabrechnung
7	Stopp Loss	8	Stopp Buy	9	Sonderverwahrung
10	Sammelverwahrung				

Aussagen

a Verwahrart, bei der die Wertpapiere eines Kunden getrennt von den Wertpapieren anderer Kunden von der Bank verwahrt werden.

b Fachausdruck für eine Indexberechnungstechnik (z. B. DAX), die zum Ausdruck bringt, dass in den Index Dividenden, Bezugsrechtserlöse und Ähnliches eingerechnet werden.

c Prognosemöglichkeit für Wertpapierkurse, die auf der Interpretation von grafisch dargestellten Kursverläufen beruht.

d Unterlage gemäß Wertpapierhandelsgesetz, in der festgehalten wird, dass die Bank den Kunden über die Risiken einer geplanten Geldanlage aufgeklärt hat.

e Zusatz bei einer Effektenorder, die zum Ausdruck bringt, dass die Order bei <u>Überschreiten</u> einer festgelegten Kurslinie zum nächsten Kurs ausgeführt wird.

50. Aufgabe (8 Punkte)

Discountzertifikate auf die HEBO Aktien	
Emittent	Nordbank
Basiswert	Aktien der HEBO AG
Bezugsverhältnis	1:1
Preis für 1 Discountzertifikat	240,00 EUR
Zinszahlung	keine
Höchstbetrag (Cap)	260,00 EUR
Laufzeit	15 Monate

Aktueller Kurs der HEBO Aktie	245,00 EUR

Ferdi Mucke hat die Möglichkeit, Aktien der HEBO-AG heute zum aktuellen Börsenkurs oder in 15 Monaten mit „Discount" zu erwerben.

Für die Discountzertifikate liegt ihm nebenstehendes Angebot vor.

a Berechnen Sie für beide Anlageformen das jeweilige Ergebnis in Prozent p. a. entsprechend den unten aufgeführten Kursen.

Tragen Sie neben das Ergebnis ein

| 1 |, wenn sich ein Gewinn, | 2 |, wenn sich ein Verlust, | 3 |, wenn sich weder Gewinn noch Verlust ergeben hat.

Geld- und Vermögensanlagen

Kurs der HEBO-Aktie am Fälligkeitstag des Discountzertifikates in EUR	
	Discountzertifikat % p. a. Aktie % p. a.
aa) 268,00	☐☐☐ ☐ ☐☐☐ ☐
ab) 245,00	
ac) 235,00	☐☐☐ ☐ ☐☐☐ ☐
	☐☐☐ ☐ ☐☐☐ ☐
	(Ergebnisse auf zwei Stellen hinter dem Komma kfm. gerundet. Transaktionskosten bleiben unberücksichtigt.)

b Welcher Wertpapierart ist das Discountzertifikat zuzurechnen?

Tragen Sie die Ziffer vor der zutreffenden Aussage in das Kästchen ein. ☐

| 1 | Schuldverschreibung | 2 | Genussschein | 3 | Investmentzertifikat |
| 4 | Ertragsschein | 5 | Aktie | 6 | keinem der aufgeführten Papiere |

3 Kreditgeschäft

51. Aufgabe (9 Punkte)

Die Textil AG beantragt einen Betriebsmittelkredit von 400.000,00 EUR. Als Sicherheit bietet sie eine hinreichend große Anzahl ihrer 30 marktgängigen Drehspindelautomaten an, die jeweils 80.000,00 EUR Einkaufswert haben. Die Maschinen werden zur Produktion benötigt. Nach eingehender Besichtigung wird eine Sicherungsübereignung vereinbart. Der Mindestdeckungsbestand wird in folgender Weise festgelegt:

> Der Einkaufswert der Maschinen wird zu 80 % bewertet, der realisierbare Wert der sicherungsübereigneten Güter soll den maximal möglichen Kredit um 10 % übersteigen.

a Berechnen Sie den rechnerischen Einkaufswert des Mindestdeckungsbestands. EUR ☐☐☐☐☐☐☐

b Wie viele Drehspindelautomaten müssen übereignet werden? ☐

c Welche der folgenden Voraussetzungen muss zum Zeitpunkt der Sicherungsübereignung erfüllt sein? ☐

Voraussetzungen

[1] Die Maschinen müssen speziell für die Bedürfnisse des Kreditnehmers gebaut worden sein.

[2] Die Garantie des Herstellers muss noch mindestens 12 Monate bestehen.

[3] Die Maschinen müssen mit eigenen Mitteln finanziert worden sein.

[4] Die Maschinen müssen der Bank übergeben worden sein.

[5] Die Textil AG muss uneingeschränkte Eigentümerin der Maschinen sein.

d Der Kreditnehmer hat der Bank mitgeteilt, dass die Drehspindelautomaten noch von einem Eigentumsvorbehalt des Lieferanten erfasst sind. Wie sollte die Bank sich vertragsmäßig auf diesen Fall vorbereiten? (Zwei Möglichkeiten) ☐ ☐

[1] Sie fordert den Kreditnehmer auf, die ihr zugedachten Automaten nicht zu benutzen.

[2] Sie verlangt die Herausgabe der im Sicherungsübereignungsvertrag markierten Geräte.

[3] Sie lässt sich das Anwartschaftsrecht auf die Eigentumsübertragung abtreten.

[4] Sie holt die Geräte mithilfe eines Speditionsunternehmens ab.

[5] Sie lässt sich das Recht einräumen, den Eigentumsvorbehalt selbst abzulösen.

[6] Sie fordert den Kreditnehmer auf, den Eigentumsvorbehalt durch einen Dritten abzulösen.

Aus einer finanziellen Notlage heraus verkauft der Kreditnehmer während der Zeit des Eigentumsvorbehaltes sämtliche Drehspindelautomaten.

e Wer hat nach Weiterverkauf und Auslieferung der Drehspindelautomaten an den (gutgläubigen) Erwerber das Eigentum an den

    ea der Bank sicherungsübereigneten Geräten, ☐

    eb vom Eigentumsvorbehalt des Lieferanten erfassten Geräten? ☐

[1] Textil AG   [4] Käufer der Drehspindelautomaten

[2] Hausbank der Textil AG   [5] Keine der genannten Personen

[3] Vorbehaltsverkäufer   [6] Alle genannten Personen, und zwar entsprechend ihrem Kapitaleinsatz

52. Aufgabe (8 Punkte)

Ordnen Sie die folgenden Kreditsicherheiten den aufgeführten Sachverhalten zu.

[1] Bürgschaft

[2] Garantie

[3] Sicherungsübereignung

[4] Sicherungszession

| 5 | Pfandrecht an beweglichen Sachen
| 6 | Sicherungsgrundschuld

a Grundsätzlich haftet der Sicherungsgeber nur, soweit der Gläubiger eines Dritten trotz Zwangsvollstreckung in das Vermögen des Schuldners und infolge Versagens anderer Sicherheiten einen Ausfall erleidet. ☐

b Zur rechtsgeschäftlichen Bestellung dieser Kreditsicherheit ist auch erforderlich, dass der Sicherungsgeber jeden Besitz an der Sache verliert. ☐

c Bei dieser Kreditsicherheit liegt ein Verfügungsvertrag vor, durch den der Sicherungsnehmer Gläubiger sämtlicher gegenwärtiger und künftiger Forderungen gegen einen bestimmten Kundenkreis des Sicherungsgebers wird. ☐

d Der Sicherungsgeber haftet bei dieser Personalsicherheit nur nach dem jeweiligen Stand der Hauptschuld. Durch Erfüllung seiner Verpflichtung geht die Forderung kraft Gesetzes auf ihn über. ☐

e Das Kreditinstitut ist dem Risiko ausgesetzt, dass das Sicherungsobjekt aufgrund seiner Zubehöreigenschaft in den Haftungsverbund einer anderen Sicherheit fällt. ☐

f Das Kreditinstitut ist dem Risiko ausgesetzt, dass das Sicherungsrecht aufgrund einer Verarbeitung des Sicherungsobjektes untergeht. ☐

g Das Kreditinstitut ist dem Risiko ausgesetzt, dass das Sicherungsrecht durch eine Mängelrüge beeinträchtigt wird. ☐

h Der Haftungsverbund dieser Sicherheit umfasst auch die wesentlichen Bestandteile der Hauptsache sowie das zur Hauptsache gehörende Zubehör. ☐

Die **Aufgaben 53 und 54** beziehen sich auf die folgende Ausgangssituation:

Paul Püchel ist Kreditnehmer eines Ratenkredites der Unionbank mit einer Laufzeit von sechs Jahren. Zur Besicherung erfolgte die stille Abtretung des Arbeitslohnes von Paul Püchel.
Nach 12 Monaten gerät Paul Püchel mit den monatlich zu leistenden Raten in Rückstand.

53. Aufgabe (6 Punkte)

Die Unionbank hat vergeblich Herrn Püchel zu einem Gespräch eingeladen, um eine einvernehmliche Regelung des Problems zu finden. Außerdem drohte sie die Offenlegung der Zession an.

Nach einer angemessenen Frist informiert die Unionbank den Arbeitgeber über die erfolgte Abtretung der Bezüge und fordert ihn auf, den pfändbaren Teil des Gehaltes auf ein spezielles Konto bei ihr zu überweisen.

Der Arbeitgeber verweigert die Zahlung.

a Mit welcher Begründung ist die Zahlungsverweigerung berechtigt? ☐

| 1 | Die Abtretung wird zu spät offen gelegt. Sie hätte bereits mit Abschluss des Kreditvertrags dem Arbeitgeber angezeigt werden müssen.

| 2 | Der Arbeitgeber hat der Abtretung nicht zugestimmt, deshalb ist er von ihr auch nicht betroffen.

| 3 | Es besteht eine im Arbeitsvertrag zwischen Arbeitgeber und Paul Püchel festgelegte Vereinbarung, dass die Bezüge nicht abgetreten werden dürfen.

| 4 | Der Arbeitgeber ist nur bereit zu zahlen, wenn der Anspruch der Bank gerichtlich bestätigt wurde.

| 5 | Der Arbeitgeber ist nicht bereit, den Zahlungsweg für die Bezüge zu ändern, da ihm dies zu viel Verwaltungsarbeit verursacht.

Die Unionbank will von ihrem Recht Gebrauch machen, zu kündigen und die gesamte Restschuld des Ratenkredites fällig zu stellen.

b Welche Maßnahmen (2) muss die Bank entsprechend den gesetzlichen Regelungen ergreifen? ☐ ☐

| 1 | Sie muss dem Kunden die Gesamtfälligstellung des Ratenkredites androhen und ihm eine Frist von 14 Tagen für die Zahlung der rückständigen Raten einräumen.

| 2 | Sie muss warten, bis der Zahlungsrückstand vier Monatsraten ausmacht, dann kann sie sofort den Restkredit fällig stellen.

| 3 | Sie muss die Zustimmung des Kunden zur Gesamtfälligstellung erhalten.

| 4 | Sie muss zunächst die SCHUFA vom Zahlungsverzug informieren, damit dem Kreditnehmer weitere Kreditaufnahmen verwehrt werden.

| 5 | Sie muss warten, bis der Kreditnehmer mit mindesten zwei aufeinanderfolgenden Raten sowie mindestens 5 % des Nennbetrages des Darlehens in Verzug gerät.

| 6 | Sie muss warten, bis der Kreditnehmer mit mindestens zwei aufeinanderfolgenden Raten sowie mindestens 10 % des Nennbetrages des Darlehens in Verzug gerät.

54. Aufgabe (4 Punkte)

Nachdem die Unionbank den Ratenkredit erfolgreich gekündigt hat, beschließt sie, mithilfe des gerichtlichen Mahnverfahrens den ausstehenden Betrag einzutreiben.

Welche der folgenden Aussagen (2) sind in diesem Zusammenhang zutreffend?

| 1 | Mit dem Pfändungs- und Überweisungsbeschluss schließt die Unionbank mit ihrem Kreditnehmer einen Pfandvertrag, der ihr ein Verwertungsrecht einräumt.

| 2 | Dem Vollstreckungsbescheid folgt stets die Aufforderung an den Kreditnehmer, eine eidesstattliche Versicherung abzulegen.

| 3 | Mit dem Mahnbescheid erlangt die Unionbank einen vollstreckbaren Titel gegen ihren Kreditnehmer.

| 4 | Erhebt der Kreditnehmer Widerspruch gegen den Mahnbescheid, muss die Unionbank ein neues Verfahren anstrengen und eine Klageschrift beim zuständigen Gericht einreichen.

| 5 | In der eidesstattlichen Versicherung wird der Kreditnehmer aufgefordert, ein Vermögensverzeichnis anzufertigen.

| 6 | Ein Gerichtsvollzieher kann aufgrund eines Vollstreckungsbescheides beauftragt werden, in das bewegliche Vermögen des Kreditnehmers zu pfänden.

| 7 | Der Mahnbescheid wird erst nach sorgfältiger Prüfung der Berechtigung des Anspruches durch das Gericht dem Kreditnehmer zugestellt.

55. Aufgabe (8 Punkte)

Ein Kunde möchte einen Privatkredit in Höhe von 25.000,00 EUR aufnehmen. Der Zinssatz beträgt 8,25 % p. a. Die Haushaltsrechnung hat ergeben, dass sich der Kunde eine monatliche Rate in Höhe von maximal 560,00 EUR leisten kann.

Ratentabelle für Darlehen mit sofortiger Tilgungsverrechnung									
für 100,00 EUR Darlehenssumme sind monatlich zu zahlen									
Kreditlaufzeit in Monaten									
Zinssatz p. a.	12	18	24	30	36	42	48	54	60
8,00	8,698843	5,914030	4,522729	3,688832	3,133637	2,737697	2,441292	2,211242	2,027639
8,25	8,710406	5,925445	4,534140	3,700296	3,145182	2,749341	2,453044	2,223109	2,039625
8,50	8,721978	5,936872	4,545567	3,711782	3,156754	2,761015	2,464830	2,235014	2,051653
8,75	8,733559	5,948313	4,557012	3,723288	3,168351	2,772718	2,476650	2,246957	2,063723

a Ermitteln Sie mithilfe der abgedruckten Tabelle eine passende Laufzeit in Monaten für das gewünschte Darlehen.

b Bestimmen Sie die tatsächliche Ratenhöhe, die sich bei der in a ermittelten Laufzeit ergibt. EUR

c Berechnen Sie für die in b ermittelte Rate die gesamten Zinskosten des Kredits. EUR

56. Aufgabe (6 Punkte)

a Die nachstehenden Aufgaben beziehen sich auf die folgenden Textteile eines Sicherungsvertrages.

> 1 Zur Sicherung der gesamten Geschäftsverbindung wird hiermit
>
> 2 von der August Holler GmbH
>   Berrenrather Straße 25
>   50969 Köln
>
> 3 eine Forderung von 50.000,00 EUR aus der Lieferung vom 20.03.20.., Rechnungs-Nr. 04712
>
> 4 gegenüber der Alfred Schumann OHG
>   Kastanienweg 30
>   51301 Brühl
>
> 5 an die Stadtsparkasse Köln abgetreten.
>
> 6 Die August Holler GmbH versichert, dass sie über die abgetretene Forderung unbeschränkt verfügungsberechtigt ist.
>
> 7 Es ist vereinbart, dass die beigefügte Abtretungsanzeige dem Schuldner vorläufig nicht zugestellt wird.

   aa Wer ist der Zedent?

   ab Wer ist der Zessionar?

   ac Wer ist der Drittschuldner?

   ad Aus welchem Textteil geht hervor, dass zunächst eine stille Zession vorgesehen ist?

   ae Aus welchem Textabschnitt ist erkennbar, dass es sich um eine fiduziarische Sicherheit handelt?

b Welche rechtliche Wirkung hat es, dass es sich um eine fiduziarische Sicherheit handelt?

1 Grundsätzlich ist der Sicherungsnehmer berechtigt, die ihm abgetretene Forderung jederzeit bei dem Drittschuldner einzuziehen.

2 Grundsätzlich ist der Sicherungsnehmer berechtigt, die ihm abgetretene Forderung jederzeit einem Dritten weiter abzutreten oder zu verpfänden.

3 Mit der sicherungsweisen Forderungsabtretung geht das Risiko einer eventuellen Zahlungsunfähigkeit des Drittschuldners auf den Sicherungsnehmer über.

4 Tilgt der Sicherungsgeber den Kredit endgültig, ist der Sicherungsnehmer schuldrechtlich zur Rückübertragung der abgetretenen Forderung verpflichtet.

57. Aufgabe (12 Punkte)

Geben Sie an, welche Finanzierungsform vorliegt.

1 Fremdfinanzierung   4 verdeckte Selbstfinanzierung

2 Beteiligungsfinanzierung   5 Finanzierung aus freigesetztem Kapital

3 offene Selbstfinanzierung

Liegt keine unmittelbare Finanzierungsmaßnahme vor, so tragen Sie in das Lösungskästchen eine 9 ein.

a Eine Aktiengesellschaft erhöht ihr Grundkapital durch Ausgabe junger Aktien zum Vorzugskurs von 35,00 EUR.

b Eine Unternehmung schätzt das Risiko für einen Prozess, der in diesem Jahr begonnen wurde, zum Jahresende besonders vorsichtig ein.

c Für ihren Fuhrpark bildet die Kaufhaus AG über den tatsächlichen Wertverlust hinausgehende Abschreibungen.

Kreditgeschäft 109

d Kunden der Maschinenbau GmbH leisten Anzahlungen.
e Die Hauptversammlung einer AG beschließt, den Jahresüberschuss vollständig in die Rücklagen einzustellen.
f Die Fruchthof AG trennt sich von ihrem Wertpapiervermögen, um vom Erlös eine Investition zu tätigen.
g Der Kommanditist einer KG erhöht seine Einlage um 100.000,00 EUR.
h Die Stahl AG emittiert eine Optionsanleihe.
i Eine Aktiengesellschaft erhöht ihr Grundkapital durch Ausgabe von Berichtigungsaktien.
j Eine Unternehmung verkauft ihren Forderungsbestand an eine Factoring-Gesellschaft.
k Die SECURA-AG führt einen Aktiensplit durch.
l Die Wertheim KG nimmt einen neuen Kommanditisten auf.

58. Aufgabe (3 Punkte)

Die Bauunternehmung Heimbach KG erhält den Auftrag, für die Westdeutsche Textil AG eine Ersatzteillagerhalle zu errichten. Der Kostenvoranschlag beläuft sich auf 3 Mio. EUR.
Die Bauunternehmung verlangt von ihrem Auftraggeber vor Beginn der Arbeiten die Überweisung von 10 % der Auftragssumme.
Die Fertigstellung des Objektes soll bis zum 30.06. des nächsten Jahres erfolgen.

Mit welcher Banksicherheit kann das in der Vorleistung liegende Risiko der Westdeutschen Textil AG gedeckt werden?

1	Bietungsgarantie	5	Anzahlungsgarantie
2	Lieferungsgarantie	6	Mietbürgschaft
3	Zahlungsgarantie	7	Prozessbürgschaft
4	Gewährleistungsgarantie		

59. Aufgabe (6 Punkte)

Am 15. September dieses Jahres erscheint Herr Friedrich bei der Unionbank. Er möchte in einer Finanzierungsangelegenheit beraten werden.

Ein Lieferant bietet folgende Konditionen an:

> **Kondition 1:** Zahlungsziel 60 Tage, bei Zahlung innerhalb von 5 Tagen 3 % Skonto oder
> **Kondition 2:** Zahlungsziel 90 Tage, bei Zahlung innerhalb von 10 Tagen 2 % Skonto

Berechnen Sie unter Verwendung der deutschen kaufmännischen Zinsmethode den jeweiligen Effektivzinssatz (Rundung auf eine Stelle hinter dem Komma).

a Kondition 1 Prozent
b Kondition 2 Prozent

Herr Friedrich teilt mit, dass seine Unternehmung von diesem Lieferanten heute eine Warenlieferung im Werte von 50.000,00 EUR erhalten hat. Die Terminalabfrage ergibt, dass die Kontokorrentlinie über 200.000,00 EUR zurzeit zur Hälfte ausgenutzt ist. Er möchte wissen, ob er die Rechnung unter Skontoausnutzung zahlen soll oder ob er das Zahlungsziel von 60 Tagen abwarten soll.

c Berechnen Sie den finanziellen Vorteil, der sich bei einer Inanspruchnahme des Kontokorrentkredits gegenüber der Inanspruchnahme des Zahlungsziels (Kondition 1) ergibt. EUR

> **Zinssätze für Kontokorrentkredite**
> - 9,0 % p. a. auf den eingeräumten Kontokorrentkredit
> - 14,5 % p. a. für geduldete Überziehungen

60. Aufgabe (4 Punkte)

Die Frianda AG beabsichtigt in Kürze die Vergrößerung ihrer Produktionsanlagen. Das Investitionsvolumen beträgt 25 Mio. EUR. Aus steuerlichen Gründen fordert der Vorstand eine Finanzierungsform, bei der Fremdkapitalzinsen anfallen.

Welche beiden der nachstehenden Finanzierungsformen sind für das Projekt geeignet und entsprechen außerdem der Forderung des Vorstandes?

Tragen Sie die Ziffer vor der zutreffenden Lösung in das Kästchen ein.

1. Vollständige Einbehaltung des Jahresüberschusses
2. Ausgabe junger Aktien im Rahmen einer Kapitalerhöhung gegen Einlagen
3. Auflösung stiller Reserven
4. Inanspruchnahme genehmigten Kapitals
5. Emission einer Optionsanleihe
6. Ausgabe von Berichtigungsaktien
7. Aufnahme eines Investitionskredits bei der Hausbank
8. Aufnahme eines Betriebsmittelkredites bei der Hausbank

61. Aufgabe (11 Punkte)

Zur Sicherung eines Betriebsmittelkredites hat die Schneider GmbH der Westfalenbank – 280 – Stück DETA-Stahl-AG-Aktien, aktueller Börsenkurs 420,00 EUR, verpfändet.

Der Beleihungssatz beträgt 60 % des Kurswertes.

a Ermitteln Sie die Beleihungsgrenze (Abrundung auf volle 1.000,00 EUR). EUR

Aufgrund einer allgemeinen Börsenbaisse fällt der Kurs der DETA-Stahl-AG-Aktien auf 350,00 EUR. Wegen weiterhin ungünstiger Kursprognosen wird bei der Westfalenbank der Beleihungssatz für Aktien auf 50 % reduziert.

b Um wie viel Euro müsste die Kreditlinie daraufhin gesenkt werden? EUR

Der Geschäftsführer der GmbH möchte die Kreditlinie auf der ursprünglichen Höhe belassen.

Er ist bereit, dem Kreditinstitut zusätzlich 6,5 % Hypothekenpfandbriefe, kleinste Stückelung 100,00 EUR, Kurs 99,5 %, zu verpfänden.

Der Beleihungssatz beträgt 90 % des Kurswertes.

Die Pfandbriefe befinden sich zurzeit bei der Frankfurter Hypothekenbank AG in Streifbandverwahrung.

Eine Depotumlegung kommt nicht in Betracht.

c Ermitteln Sie, welcher Nennwert Pfandbriefe von der Schneider GmbH zusätzlich zu verpfänden ist. EUR

d Nennen Sie die Rechtshandlungen, die zur Pfandrechtsbestellung notwendig sind.

1. bloße Einigung über die Pfandrechtsbestellung
2. Einigung über die Pfandrechtsbestellung und Übergabe
3. Einigung über die Pfandrechtsbestellung und Pfandanzeige
4. Einigung über die Pfandrechtsbestellung und Abtretung des Herausgabeanspruchs
5. Einigung über die Pfandrechtsbestellung, Abtretung des Herausgabeanspruchs und Pfandanzeige

Da die Schneider GmbH den Betriebsmittelkredit nicht vereinbarungsgemäß bedient, kommt es zu einer Pfandverwertung.

e Welche beiden der folgenden Aussagen über die Pfandverwertung sind zutreffend?

1. Der bei der Verwertung der Wertpapiere erzielte Mehrerlös steht dem Kreditinstitut zu.
2. Das Pfandrecht erstreckt sich auch auf die beim Verkauf der Pfandbriefe erzielten Stückzinsen.

| 3 | Bei der Verwertung der Wertpapiere muss gemäß § 368 HGB zuvor eine Wartefrist von einer Woche eingehalten werden.

| 4 | Die verpfändeten Wertpapiere haften nicht für die rückständigen Zinsen aus dem Betriebsmittelkredit.

62. Aufgabe (4 Punkte)

Die Eheleute Franz und Helene Neu sind Eigentümer eines Grundstücks in Köln-Zollstock, für das beim Amtsgericht unter Blatt 3907 ein Grundbuch geführt wird.

Sie planen, in nächster Zeit auf diesem Grundstück ein Zweifamilienhaus zu errichten. Im Grundbuch ihres Grundstücks ist folgende Eintragung enthalten:

> Bestandsverzeichnis
>
> Wegerecht zugunsten des jeweiligen Grundstückseigentümers von Grundstück Köln-Zollstock, Grundbuchblatt 3907, an dem Grundstück Köln-Zollstock, Flur 23; Flurstück 3412, eingetragen im Grundbuch von Köln-Zollstock, Blatt 4711, in Abteilung II unter Nr. 3

a Welche Information trifft auf die Eintragung im Grundbuch Blatt 3907 zu?

| 1 | Der jeweilige Eigentümer des Grundstücks mit dem Grundbuch Blatt 3907 wird durch diese Eintragung begünstigt.

| 2 | Der Grundstückswert wird zum Nachteil der Grundstückseigentümer gemindert.

| 3 | Franz und Helene Neu müssen dem Eigentümer des Grundstücks Köln-Zollstock Blatt 4711 den Durchgang gestatten.

| 4 | Diese Eintragung mindert den Beleihungswert des Grundstücks.

| 5 | Franz und Helene Neu sind durch diese Eintragung verpflichtet, die Genehmigung für die Errichtung einer Zufahrt zu Grundstück Blatt 4711 zu erteilen.

b Welche Folge hat die Eintragung für die Eheleute Neu?

Sie sind

| 1 | Nießbrauchberechtigte,

| 2 | Verpflichtete einer Reallast,

| 3 | Berechtigte einer Reallast,

| 4 | Verpflichtete einer beschränkt persönlichen Dienstbarkeit,

| 5 | Berechtigte einer beschränkt persönlichen Dienstbarkeit,

| 6 | Verpflichtete einer Grunddienstbarkeit,

| 7 | Berechtigte einer Grunddienstbarkeit.

63. Aufgabe (9 Punkte)

Henriette Stübler möchte über die Volksbank Neustrelitz eG den Kauf einer Eigentumswohnung als Renditeobjekt finanzieren. Im Rahmen der Kreditwürdigkeitsprüfung ermitteln Sie den Beleihungswert des Objekts.

a Stellen Sie fest, welche Aussage zum Beleihungswert zutreffend ist.

| 1 | Der Beleihungswert soll langfristige Wertschwankungen des Objekts berücksichtigen und orientiert sich deshalb am aktuellen Marktpreis.

| 2 | Wird der Vergleichswert zur Wertermittlung herangezogen, muss ein Durchschnitt aus dem Sach- und dem Ertragswert berechnet werden.

| 3 | Darlehen bis 60 % des Beleihungswerts bieten als Realkredit für die Volksbank Vorteile bei der Eigenmittelunterlegung und weisen deshalb einen günstigen Zinssatz auf.

Kreditgeschäft

[4] Bei der Ermittlung des Beleihungswerts nach dem Sachwertverfahren sieht die Beleihungswertermittlungsverordnung den Abzug eines Abschlags in Höhe von 10 % des Bodenwerts vor.

[5] Bei der Ermittlung des Ertragswerts mithilfe eines Vervielfältigers erhöht sich der Beleihungswert bei steigendem Kapitalisierungszinssatz.

Für das Objekt mit Tiefgaragenstellplatz liegen folgende Daten vor:

- Wohnfläche: 84 m²
- Ortsübliche Wohnungsmiete: 10,50 m²/Monat
- Ortsübliche Miete für Stellplätze: 60,00 EUR/Monat
- Bewirtschaftungskostenpauschale: 25 %
- Bodenwertverzinsung: 5 %
- Anteiliger Bodenwert: 18.000,00 EUR
- Vervielfältiger: 19,60

b Ermitteln Sie den Beleihungswert im Ertragswertverfahren (abgerundet auf volle TEUR) und nutzen Sie zur Berechnung folgendes Schema.

Ermittlung des Ertragswerts:

```
  Rohertrag
– Bewirtschaftungskosten
= Reinertrag
– Bodenwertverzinsung
= Gebäudereinertrag
    ↳ multipliziert mit Vervielfältiger
+ Bodenwert
= Ertragswert
```

64. Aufgabe (13 Punkte)

Stefan Behnke lässt sich bei der Sparkasse Jever über den Kauf einer Eigentumswohnung beraten, die Gesamtkosten des Objekts betragen 280.000,00 EUR. Eine Haushaltsrechnung ergibt, dass der Kunde maximal 800,00 EUR pro Monat zur Tilgung eines Darlehens der Sparkasse aufbringen kann. Herr Behnke verfügt über Sparguthaben in Höhe von 70.000,00 EUR und möchte einen zuteilungsreifen Bausparvertrag über 50.000,00 EUR (50 % Ansparung, 6 ‰ Zins und Tilgung p. M.) in die Finanzierung einbringen.

Sie ermitteln einen Beleihungswert von 260.000,00 EUR, die Sparkasse Jever bietet ein Annuitätendarlehen zu folgenden Konditionen an:

Zinsbindung	Zinssatz	anfängliche Tilgung
10 Jahre	2,8 %	2 %

a Berechnen Sie den höchstmöglichen Darlehensbetrag, den Herr Behnke auf Basis der Haushaltsrechnung aufnehmen kann.

Herr Behnke entscheidet sich für ein Annuitätendarlehen über 180.000,00 EUR.

b Ermitteln Sie (mit zwei Nachkommastellen)

    ba den Anteil des Eigenkapitals bei der gesamten Wohnungsfinanzierung, %

    bb die Realkreditgrenze, EUR

    bc die Höhe der monatlichen Belastung aus dem Annuitäten- und dem Bauspardarlehen, EUR

    bd den Beleihungsauslauf einer nachrangigen Finanzierung der Bausparkasse. %

4 Auslandsgeschäft

65. Aufgabe (14 Punkte)

Die Ruhr-Bank tätigt am Montag, dem 30. März, verschiedene USD-Geschäfte.

30. März	Sorten		Devisen	
	Geld	Brief	Geld	Brief
1,00 EUR = ... USD	1,0820	1,0340	1,0620	1,0680

Sichtkurs: ½ Geld-Brief-Spanne einbeziehen

Entscheiden Sie, welcher Kurs bei den nachfolgenden Geschäften jeweils zugrunde gelegt wird.

a Ankauf eines USD-Schecks im Kundenauftrag unter sofortiger Gutschrift E. v. — USD

b Einlösung eines von einem Kunden ausgestellten USD-Schecks. — USD

c Verkauf von USD-Amexco-Reiseschecks an einen Privatkunden. — USD

d Verkauf von USD-Banknoten an einen Geschäftskunden. Die Verrechnung erfolgt über das laufende EUR-Konto des Kunden. — USD

e Gutschrift des Euro-Gegenwertes aus einem USD-Akkreditiv zugunsten eines Geschäftskunden. — USD

f Ausführung einer USD-Zahlung im Kundenauftrag mittels Bankorderschecks. Aufgrund einer Sondervereinbarung wird mit diesem Kunden zum einfach gespannten Kurs abgerechnet. — USD

g Eingang einer USD-Zahlung für ein angeschlossenes Kreditinstitut. Vereinbarungsgemäß wird mit diesem Kreditinstitut stets zu einfach gespannten Kursen abgerechnet. — USD

h Belastung eines USD-Schecks, der mangels Deckung vom bezogenen Kreditinstitut nicht eingelöst wurde. Dem Kunden war bei Einreichung Gutschrift E. v. erteilt worden. — USD

i Rücknahme nicht benötigter USD-Amexco-Reiseschecks von einem Privatkunden. — USD

j Verkauf von Euro-Gedenkmünzen gegen Bezahlung mit USD-Banknoten. — USD

k Aufnahme von Dokumenten aus einem Import-Inkasso durch einen KK-Kunden. — USD

l Einreichung von Dokumenten aus einem Sichtakkreditiv, das bei der Ruhr-Bank zahlbar gestellt ist, durch einen KK-Kunden. — USD

66. Aufgabe (12 Punkte)

Die Kölnbank rechnet zu folgenden Kursen Devisengeschäfte ab:

	Geld	Brief
1,00 EUR	1,0673 USD	1,0733 USD
1,00 EUR	1,4801 CAD	1,4921 CAD

Beim Sichtkurs ist eine halbe Geld-Brief-Spanne zu berücksichtigen.

Ermitteln Sie Abrechnungsbeträge in EUR.

a Fritz Nord überweist 500,00 CAD als Weihnachtsgeschenk an eine kanadische Familie. Die Kölnbank berechnet 25,00 EUR Gebühren. — EUR

b Die Kölnbank verkauft ihrem Kunden Jens Henschel Reiseschecks über 1.800,00 USD. 1 % Verkaufsprovision sind zu berücksichtigen. — EUR

c Die Henke KG reicht einen Scheck von 17.500,00 USD zum Inkasso ein. Die Gutschrift erfolgt E. v. unter Einbeziehung von 1 ‰ Gebühren, mindestens 10,00 EUR. — EUR

d Die Kölnbank kauft von der Handelsbank AG 3 Mio. CAD. Die Abrechnung erfolgt aufgrund einer Sondervereinbarung zum Mittelkurs. — EUR

67. Aufgabe (11 Punkte)

Berechnung eines CIF-Preises

Die Bauton GmbH mit Sitz in Düsseldorf produziert Maschinen für den Baubedarf und erstellt ein Angebot für die Lieferung von vier Betonpumpen an die Builders Inc., Las Vegas.

Die Betonpumpen sollen über den Hamburger Hafen zunächst nach New York und dann weiter nach Las Vegas transportiert werden. Die Fakturierung soll in USD erfolgen. Als Lieferbedingung soll CIF New York vereinbart werden, folgende Verpackungs- und Transportkosten, ausgewiesen in USD, sind bekannt:

Betonpumpe, Stückpreis, berechnet in USD	24.000,00 USD
Seefracht Hamburg – New York	18.500,00 USD
Verpackungskosten	2.700,00 USD
Lkw-Transportkosten New York – Las Vegas	8.500,00 USD
Lkw-Frachtkosten Düsseldorf – Hamburg	4.500,00 USD
Löschkosten/Hafengebühren New York	800,00 USD
Kosten für die Beschaffung der Transportdokumente	400,00 USD
Seeversicherung	4.600,00 USD
Verzollung in New York	750,00 USD
Umschlagkosten/Hafengebühr Hamburg	1.200,00 USD

a Berechnen Sie den Angebotspreis in USD auf Grundlage des CIF-Wertes. USD _____

b Ermitteln Sie den Betrag in USD, über den der Seeversicherungsvertrag gemäß der „Einheitlichen Richtlinien und Gebräuche für Dokumenten-Akkreditive (ERA)" mindestens abgeschlossen werden muss. USD _____

c Die Builders Inc. hat ein Zahlungsziel von drei Monaten erhalten, weswegen die Bauton GmbH den Angebotspreis durch ein Devisentermingeschäft absichert.

d Es gelten die nachfolgenden Devisenkurse:

Kassakurs	Geld	Brief
1,00 EUR	1,0786	1,0846
Deport: 0,0075		

Ermitteln Sie den Betrag in EUR, den die Bauton GmbH bei Fälligkeit des Termingeschäftes gutgeschrieben bekommt. (Mögliche Gebühren bleiben unberücksichtigt.) EUR _____

68. Aufgabe (8 Punkte)

Ein deutscher Exporteur und ein japanischer Importeur vereinbaren für die Zahlungsabwicklung ein über EUR lautendes Dokumentenakkreditiv, das bei der Bank des Exporteurs zahlbar gestellt wird. Bestimmen Sie die richtige Reihenfolge der Akkreditivabwicklung, indem Sie die Ziffern [1] bis [8] in die Kästchen eintragen.

a Der Exporteur prüft, ob das Akkreditiv entsprechend den mit dem Importeur getroffenen Vereinbarungen eröffnet wurde. ☐

b Die Akkreditivbank leitet nach sorgfältiger Prüfung die Dokumente an den Importeur weiter und belastet den Akkreditivsteller. ☐

c Der japanische Importeur erteilt seiner Bank (= Akkreditivbank) einen EUR-Akkreditivauftrag zugunsten des deutschen Exporteurs. ☐

d Die Bank des Exporteurs prüft, ob die Dokumente akkreditivkonform sind, und erteilt dem Akkreditivbegünstigten Gutschrift. ☐

e Die Bank des Exporteurs sendet die Dokumente an die Akkreditivbank und belastet diese mit dem EUR-Akkreditivbetrag. ☐

Auslandsgeschäft

f Nach sorgfältiger Prüfung des Akkreditivauftrags erfolgt die Hinauslegung (Eröffnung) des Akkreditivs. ☐

g Der Exporteur sendet die Ware ab und dient die entsprechenden Akkreditiv-Dokumente fristgerecht seiner Bank an. ☐

h Die Bank des Exporteurs avisiert dem Akkreditivbegünstigten die Eröffnung des Akkreditivs. ☐

69. Aufgabe (9 Punkte)

Die nachstehenden Fragen beziehen sich auf den folgenden Akkreditivtext. Beantworten Sie die Fragen, indem Sie die Ziffer vor dem zutreffenden Textabschnitt in das entsprechende Kästchen eintragen.

---

1 Düsselbank AG
Düsseldorf, den 31. März 20..

2 An die
Japanese Commercial Bank
Ginza Brach, Tokyo 27

3 im Auftrag der MOBITEL AG
Talstraße 3–7, 40701 Düsseldorf

4 eröffnen wir ein Dokumenten-Akkreditiv gemäß ERA 600/UCP 600 der ICC Paris

5 zugunsten von
Yoshida Trading Corporation
3, Nihonbashi, Chiyoda-ku, Tokyo 105

6 in Höhe von 4.250.000,00 Yen

7 benutzbar bei uns gegen Vorlage folgender Dokumente ...

8 Dieses Akkreditiv ist gültig bis zum 30. Juni 20..
Bitte benachrichtigen Sie den Begünstigten ohne Ihre Bestätigung.

---

a Wer eröffnet das Akkreditiv? ☐

b Welches Kreditinstitut wird als „avisierendes Kreditinstitut" bezeichnet? ☐

c Welcher Akkreditivpartner ist Exporteur? ☐

d Aus welchem Textausschnitt erkennen Sie, welche Bank als Zahlstelle fungieren soll? ☐

e Aus welchem Textteil geht hervor, dass eine Akkreditivänderung nur mit Zustimmung der Akkreditiv-Beteiligten möglich ist? ☐

f Aus welcher Formulierung ergibt sich, dass nur das eröffnende Kreditinstitut ein abstraktes Zahlungsversprechen gegenüber dem Begünstigten abgibt? ☐

g Der Akkreditivgegenwert wird in Deutschland zum ... abgerechnet. ☐

    1 Briefkurs   3 Geldkurs

    2 Kassa-Mittelkurs   4 Sichtkurs

h Ermitteln Sie den Euro-Gegenwert bei einem Yen-Kurs von 137,8800.   EUR ☐☐☐☐☐☐☐

70. Aufgabe (6 Punkte)

Ein Kunde der Sparkasse Hameln möchte aus Surinam Edelhölzer importieren.

Der Kontrakt über das Importgeschäft enthält u. a. folgende Vereinbarungen:

Lieferung:	CIF-Basis über die Schiffsroute Paramaribo – Georgetown – Bremen
Zahlung:	Akkreditivbasis
Rechnungsbetrag:	112.000,00 USD

a Wo findet bei dieser Lieferbedingung

   aa der Kostenübergang,

   ab der Gefahrenübergang

statt?

   | 1 | Paramaribo | 2 | Bremen | 3 | Hameln

b Über welchen Betrag müsste die Urkunde über die Versicherung des Seetransports lauten?   USD [ ]

c Wer müsste das Akkreditiv eröffnen?

   | 1 | der Exporteur | 3 | die Hausbank des Exporteurs

   | 2 | der Importeur | 4 | die Hausbank des Importeurs

d Prüfen Sie, ob im vorliegenden Fall eine Akkreditivbestätigung zweckmäßig ist. Begründen Sie Ihre Auffassung.

   | 1 | Eine Akkreditivbestätigung ist sinnvoll, da Surinam ein hohes Länderrisiko aufweist.

   | 2 | Eine Akkreditivbestätigung ist sinnvoll, da die Bonität des südamerikanischen Kontraktpartners schlecht einzuschätzen ist.

   | 3 | Eine Akkreditivbestätigung verursacht nur unnötige Kosten, da die Bonität deutscher Sparkassen keinem Zweifel unterliegt und Deutschland ein erstklassiges Länderrating aufweist.

71. Aufgabe (6 Punkte)

Aufgrund eines Handelsgeschäftes zwischen der Transito AG, Hamburg (Exporteur) und der Cranes Ltd., York/GB (Importeur) wird folgendes, hier auszugsweise wiedergegebenes Dokument ausgestellt.

BILL OF LADING

Ablader (Shipper) Transito AG
[...]

**BRITISH SHIPPING LINE
5, Buckland Crescent
London**
[...]

92 Drehbänke K2R, Typ B222 [...]
„freight prepaid"

Shipped on board in apparent good order and condition [...]

---

a Welche der folgenden Aussagen zum rechtlichen Charakter dieses Dokuments ist zutreffend?

Aussagen

Es handelt sich um ein Dokument, das

| 1 | nur als Warenbegleitpapier fungiert;

| 2 | nur als Legitimationspapier fungiert;

| 3 | nur als Beweisurkunde fungiert;

| 4 | als Präsentationspapier und Beweisurkunde (ohne weitere Funktionen) dient;

| 5 | als Präsentations-, Traditionspapier und Beweisurkunde dient.

b Welche der folgenden Lieferbedingungen könnte auf den vorliegenden Fall zutreffen?

| 1 | Ex Works

| 2 | Free Alongside Ship

| 3 | Free On Board

| 4 | Cost, Insurance, Freight

c Welche der folgenden Aussagen zu dem Satz „shipped on board in apparent good order and condition" ist zutreffend?

Aussagen

1 Es wird eine qualitativ einwandfreie Ware bescheinigt.

2 Es wird bescheinigt, dass die Ware am Kai zum Versand übernommen wurde.

3 Durch diese Formulierung wird dokumentiert, dass es sich um ein Übernahmekonnossement handelt.

4 Durch diese Formulierung wird dokumentiert, dass es sich um ein Durchkonnossement handelt.

5 Durch diese Formulierung wird dokumentiert, dass es sich um ein sogenanntes „reines" Konnossement handelt.

72. Aufgabe (6 Punkte)

a Ein Kunde der Düsselbank eG erhält einen Überweisungseingang in Höhe von 8.900.000 JPY aufgrund eines Exportgeschäfts. Der Kunde erhält den einfach gespannten Kurs als Sonderkondition. Erstellen Sie – unter Berücksichtigung einer Courtage in Höhe von 0,25 ‰ vom Euro-Gegenwert – die Kundenabrechnung und ermitteln Sie den Gutschriftbetrag in EUR.

Es gelten die folgenden aktuellen Kurse am Kassamarkt:

1 EUR	G	B
JPY	146,1900	146,6700

b Welche der nachfolgenden Aussagen zur Meldepflicht nach der Außenwirtschaftsverordnung für den Kapital- und Zahlungsverkehr bei Kreditinstituten ist zutreffend? Tragen Sie die richtige Antwort in das Kästchen ein.

1 Die Meldung von Zahlungen im Kapital- und Zahlungsverkehr erfolgt stets durch das ausführende Kreditinstitut.

2 Gemeldet werden Zahlungen ab einem Betrag von 12.500,00 EUR.

3 Zu melden sind alle Zahlungen an ausländische Konten von gebietsfremden und gebietsansässigen Kontoinhabern.

4 Die Meldung erfolgt ausschließlich in Papierform. Das Formular ist bei der Deutschen Bundesbank erhältlich.

5 Ausgenommen von der Meldepflicht im Kapital- und Zahlungsverkehr sind Erlöse aus Warenein- und -ausfuhren.

73. Aufgabe (8 Punkte)

Aufgrund eines Importgeschäftes ist die Sommer AG in 90 Tagen verpflichtet, 89.000,00 GBP an einen britischen Vertragspartner zu zahlen. Zur Absicherung des Kursrisikos schließt die Sommer AG ein Outrightgeschäft (Devisentermingeschäft) mit ihrer Hausbank, der Düsselbank eG, ab.

a Ermitteln Sie rechnerisch den Swapsatz für das oben genannte Geschäft, wenn im Interbankenhandel die folgenden Bedingungen gelten:

- Der Kurs EUR/GBP per Kasse lautet aktuell: 0,7905/0,7915
- Der Zinssatz für GBP-Dreimonatsanlagen liegt bei 2 % p. a., im Euroraum liegt er bei 1,2 % p. a.

Verwenden Sie die nachfolgende Formel und runden Sie auf vier Nachkommastellen.

$$\text{Swapsatz} = \frac{\text{Kassakurs} \cdot \text{Zinssatzdifferenz} \cdot \text{Tage}}{100 \cdot 360 + (\text{Euro-Zinssatz} \cdot \text{Tage})}$$

b Die Düsselbank eG kalkuliert eine Gewinnspanne von 0,0025 GBP je EUR in den Kundenkurs mit ein. Ermitteln Sie den Terminkurs der Sommer AG auf vier Nachkommastellen genau.

c Ermitteln Sie den Belastungsbetrag bei Fälligkeit des Termingeschäfts, wenn zusätzlich eine Courtage von 0,25 ‰ vom Euro-Gegenwert berücksichtigt wird.

d Bei welcher Kursprognose würden Sie als Mitarbeiter der Düsselbank eG dem Kunden vom Abschluss dieses Kurssicherungsgeschäfts abraten? Tragen Sie die zutreffende Antwort in das nebenstehende Kästchen ein.

1	Es ist im Verlauf der nächsten drei Monate mit einem deutlichen Kursanstieg des EUR gegenüber dem GBP zu rechnen.
2	Es ist im Verlauf der nächsten drei Monate mit einem deutlichen Kursrückgang des EUR gegenüber dem GBP zu rechnen.
3	Es ist im Verlauf der nächsten drei Monate mit einem deutlichen Kursanstieg des GBP gegenüber dem EUR zu rechnen.

> Die **Aufgaben 74 und 75** beziehen sich auf die folgende Ausgangssituation:
>
> Aufgrund eines Exportgeschäftes erwartet die Müller & Schmidt GmbH einen USD-Zahlungseingang in Höhe von 320.000,00 USD in drei Monaten.

74. Aufgabe (6 Punkte)

Die Müller & Schmidt GmbH möchte für den erwarteten Zahlungseingang heute ein Kurssicherungsgeschäft abschließen. Infrage kommen

| 1 | ein Devisentermingeschäft als Outrightgeschäft oder |
| 2 | ein Devisenoptionsgeschäft in der Position Long EUR-Call. |

Ordnen Sie den nachfolgenden Beschreibungen das jeweils richtige Kurssicherungsgeschäft zu. Tragen Sie eine │3│ in das Lösungskästchen ein, wenn hier keins der oben aufgeführten Geschäfte zutrifft.

a Der Käufer erwirbt das Recht, den vereinbarten Devisenbetrag zum vereinbarten Basiskurs während oder am Ende der Laufzeit des Geschäfts gegen EUR zu verkaufen.

b Schon heute wird ein Kurs festgelegt, der sich aus dem aktuellen Kassakurs, der Laufzeit des Geschäfts sowie der Zinsdifferenz zwischen Anlagen in EUR und USD ergibt.

c Für den Abschluss dieses Geschäfts wird eine Prämie fällig, die auch dann zu zahlen ist, wenn das erworbene Recht nicht in Anspruch genommen wird.

d Als Kontraktpartner in diesem Geschäft übt man die Stillhalterposition aus und wartet ab, ob der vereinbarte Devisenbetrag vom Vertragspartner gegen Zahlung von EUR geliefert wird.

e Die Erfüllung des Geschäfts erfolgt stets mit Laufzeitende am Fälligkeitstag.

f Dieses Geschäft sollte gewählt werden, wenn die Müller & Schmidt GmbH einen starken Kursanstieg des EUR gegenüber dem USD erwartet.

75. Aufgabe (8 Punkte)

a Die Müller & Schmidt GmbH entscheidet sich für das Devisenoptionsgeschäft mit einem Basispreis von 1,0370 USD je EUR, welches zu folgenden Konditionen angeboten wird:

EURO PUT Basispreis	3 Monate Prämie in % vom EUR-Betrag	6 Monate Prämie in % vom EUR-Betrag
1,0370 USD	0,95	1,90
1,0570 USD	1,19	2,40
1,0770 USD	1,60	3,45
EURO CALL Basispreis	**3 Monate Prämie in % vom EUR-Betrag**	**6 Monate Prämie in % vom EUR-Betrag**
1,0370 USD	1,50	3,20
1,0570 USD	1,15	2,15
1,0770 USD	0,85	1,65

Ermitteln Sie Kosten der Kurssicherung für die Müller & Schmidt GmbH. EUR ☐

b Ermitteln Sie den Nettoerlös der Müller & Schmidt GmbH bei Ausübung der Option. EUR ☐

c Ermitteln Sie den Kassakurs auf vier Nachkommastellen genau, ab dem die Ausübung der Option im Vergleich zum direkten Verkauf der USD am Kassamarkt zu einem Gewinn für die Müller & Schmidt GmbH führt. USD ☐

Prüfungsbereich Wirtschafts- und Sozialkunde
Programmierte Aufgaben

1 Arbeits- und Sozialrecht

1. Aufgabe (4 Punkte)

Philipp Löw, geboren am 30. August 1998 hat zum 1. August 2016 eine Ausbildungsstelle bei der Sparkasse Kleehusen gefunden. Der Ausbildungsvertrag soll im Mai 2016 unterschrieben werden.

Welche beiden der nachstehenden Aussagen zur Unterzeichnung des Vertrages sind zutreffend?

Aussagen

1. Philipp Löw kann den Vertrag allein unterzeichnen; seine Eltern müssen die vorherige oder nachträgliche Zustimmung geben.
2. Der Vertrag muss unter Anwesenheit von Philipp Löws Eltern unterzeichnet werden.
3. Da Philipp Löw noch innerhalb der Probezeit volljährig wird, kann er den Vertrag ohne vorherige oder nachträgliche Zustimmung seiner Eltern unterzeichnen.
4. Falls Philipp Löw im Juli 2016 den rechtswirksam im Mai 2016 abgeschlossenen Vertrag widerrufen möchte, benötigt er dafür die vorherige Zustimmung seiner Eltern.
5. Sollte Philipp Löw den Vertrag unterzeichnen, ohne seine Eltern um Erlaubnis zu bitten, muss er ihn im Beisein seiner Eltern erneut unterschreiben.
6. Zur Klärung der vollen Geschäftsfähigkeit ist ab dem 30. August 2016 bis spätestens zum Zeitpunkt der Beendigung des Ausbildungsverhältnisses eine weitere Unterschrift von Philipp Löw einzuholen.

2. Aufgabe (6 Punkte)

In der Personalabteilung der Rheinbank AG sind rechtliche Sachverhalte zu klären.

a Welcher der nachstehenden Sachverhalte bezieht sich auf das Berufsbildungsgesetz?

Aussagen

1. Die Ausbildungsvergütung beträgt zurzeit ... EUR im dritten Ausbildungsjahr.
2. Im Prüfungsfach „Kundenberatung" soll der Prüfling u.a. seine Kommunikationsfähigkeit nachweisen.
3. Jede Mitarbeiterin und jeder Mitarbeiter erhält vom Arbeitgeber einen Zuschuss zum Vermögensaufbau.
4. Die Abschlussprüfung kann zweimal wiederholt werden.
5. Der Ausbildungsberuf Bankkaufmann/-frau ist staatlich anerkannt.

b Welcher der nachstehenden Sachverhalte bezieht sich auf das Jugendarbeitsschutzgesetz?

1. Kündigung des Ausbildungsverhältnisses durch den Ausbildenden
2. Beschäftigung im Ausbildungsbetrieb vor einem um 09:00 Uhr beginnenden Berufsschulunterricht
3. Voraussetzungen für die Zulassung zur Abschlussprüfung
4. Kündigung eines Arbeitnehmers ohne Mitwirkung des Betriebsrates
5. Persönliche und fachliche Eignung eines Unternehmens zur Einstellung von Auszubildenden

3. Aufgabe (12 Punkte)

Wesentliche Rechtsgrundlagen für die Ausbildung in einem staatlich anerkannten Ausbildungsberuf sind das Berufsbildungsgesetz und die jeweilige Ausbildungsordnung.

a Die nachstehenden Aussagen beziehen sich auf das Berufsbildungsgesetz.

Ergänzen Sie die Satzteile zu zutreffenden Aussagen.

aa Die Niederschrift über den Berufsausbildungsvertrag muss zumindest enthalten ...

1. den Umfang des Berufsschulunterrichts
2. die Ausbildungsmaßnahmen außerhalb der Ausbildungsstätte
3. den Einsatz in den einzelnen Abteilungen bzw. Zweigstellen
4. die Höhe des Weihnachtsgeldes
5. Kündigungsfristen

ab Die Probezeit für Auszubildende beträgt ...

  1 mindestens 6 Wochen, höchstens 6 Monate

  2 mindestens 1 Monat, höchstens 4 Monate

  3 mindestens 2 Monate, höchstens 4 Monate

  4 höchstens 4 Monate; eine Mindestfrist existiert nicht

  5 höchstens 6 Monate; eine Mindestfrist existiert nicht

ac Während der Probezeit kann das Berufsausbildungsverhältnis schriftlich gekündigt werden ...

  1 nur bei Vorliegen eines wichtigen Grundes

  2 mit einer Frist von drei Wochen

  3 mit einer Frist von vier Wochen, wenn der Auszubildende ein Studium beginnen will

  4 jederzeit ohne Einhaltung einer Kündigungsfrist und ohne Angabe des Kündigungsgrundes

  5 ohne Einhaltung einer Kündigungsfrist nur dann, wenn ein Kündigungsgrund angegeben wird

b Die folgenden Aussagen beziehen sich auf die Verordnung über die Berufsausbildung zum Bankkaufmann/zur Bankkauffrau. Ergänzen Sie die Satzteile zu zutreffenden Aussagen.

  ba Die Ausbildung dauert ...

    1 2 Jahre

    2 2,5 Jahre

    3 3 Jahre

    4 höchstens 4 Jahre

    5 mindestens 2, höchstens 3 Jahre

  bb Die Zwischenprüfung soll stattfinden ...

    1 zum Ende des ersten Ausbildungsjahres

    2 zu Beginn des zweiten Ausbildungsjahres

    3 in der Mitte des zweiten Ausbildungsjahres

    4 am Ende des zweiten Ausbildungsjahres

    5 zu einem vom Ausbildungsbetrieb festzusetzenden Zeitpunkt

  bc Zum Bestehen der Abschlussprüfung sind ausreichende Prüfungsleistungen erforderlich ...

    1 in allen Prüfungsfächern

    2 in mindestens drei der vier Prüfungsfächer

    3 in mindestens zwei der vier Prüfungsfächer

    4 auf jeden Fall im Prüfungsfach Kundenberatung

    5 auf jeden Fall im Prüfungsfach Bankwirtschaft und Betriebslehre

4. Aufgabe (6 Punkte)

Das „Duale System" der Berufsausbildung umfasst die Ausbildungsorte Berufsschule und Betrieb. Kennzeichnen Sie die folgenden Rechtsgrundlagen mit

 1 , wenn sie nur dem Ausbildungsort Berufsschule

 2 , wenn sie nur dem Ausbildungsort Betrieb

 3 , wenn sie beiden Ausbildungsorten zuzuordnen sind.

Tragen Sie eine $\boxed{4}$ ein, wenn es sich bei der Rechtsgrundlage um eine Norm handelt, die sich nicht ausschließlich auf die Berufsausbildung bezieht.

a Rahmenlehrplan

b Ausbildungsrahmenplan

c Stoffverteilungsplan

d Berufsbildungsgesetz

e Jugendarbeitsschutzgesetz

f Ausbildungsordnung

5. Aufgabe (6 Punkte)

Stellen Sie fest, ob in den nachstehenden Situationen das Arbeitsverhältnis ...

$\boxed{1}$ kraft Gesetzes beendet wird

$\boxed{2}$ durch einseitiges Rechtsgeschäft beendet wird

$\boxed{3}$ durch Vertrag beendet wird

$\boxed{4}$ weiterhin bestehen bleibt

a Der Arbeitnehmer ist verstorben.

b Über das Unternehmen wird ein Insolvenzverfahren eröffnet.

c Die Arbeitnehmer beginnen einen rechtmäßigen Streik.

d Der Arbeitnehmer erhält für sein freiwilliges Ausscheiden aus dem Unternehmen eine Abfindung.

e Der Arbeitnehmer ist bei einer Einzelunternehmung beschäftigt, deren Inhaber stirbt.

f Der Arbeitgeber hat aus wichtigem Grund fristlos unter Angabe des Grundes gekündigt.

6. Aufgabe (12 Punkte)

a Welche der beiden folgenden Aussagen zum **Abschluss** eines Berufsausbildungsvertrages sind zutreffend?

$\boxed{1}$ Die wesentlichen Vertragsinhalte sind schriftlich festzulegen; die Niederschrift muss nicht unterzeichnet werden.

$\boxed{2}$ Für Berufsausbildungsverträge mit Minderjährigen ist keine Zustimmung des gesetzlichen Vertreters notwendig, sofern der Minderjährige das 17. Lebensjahr vollendet hat.

$\boxed{3}$ Die elektronische Form der Vertragsniederschrift ist ausgeschlossen.

$\boxed{4}$ Die zuständige Industrie- und Handelskammer kann unter bestimmten Voraussetzungen die Ausbildung untersagen.

$\boxed{5}$ Bei einem bereits abgeschlossenen Berufsausbildungsvertrag können Änderungen vorgenommen werden.

$\boxed{6}$ Unterzeichnungsberechtigte beim Ausbilder können nur Prokuristen oder Mitglieder der Geschäftsleitung sein.

b Welche beiden der folgenden Aussagen zur **Kündigung** eines Berufsausbildungsverhältnisses sind zutreffend?

$\boxed{1}$ Die Kündigung eines Berufsausbildungsverhältnisses unterliegt keiner Formvorschrift.

$\boxed{2}$ Ein Berufsausbildungsverhältnis ist während der Probezeit ohne Einhaltung einer Kündigungsfrist kündbar.

$\boxed{3}$ Bei der Kündigung eines Berufsausbildungsverhältnisses ist der jeweilige Kündigungsgrund in jedem Fall anzugeben.

$\boxed{4}$ Ein Berufsausbildungsverhältnis ist nach der Probezeit aus wichtigem Grunde kündbar; eine Kündigungsfrist besteht in diesem Fall nicht.

$\boxed{5}$ Ein Berufsausbildungsverhältnis ist nach der Probezeit durch den Auszubildenden ohne Einhaltung einer Kündigungsfrist kündbar, wenn dieser sich für eine andere Berufstätigkeit ausbilden lassen will.

| 6 | Ein Berufsausbildungsverhältnis ist nach der Probezeit aus wichtigem Grund kündbar; hierbei ist eine Kündigungsfrist von vier Wochen zu beachten.
| 7 | Der Auszubildende kann das Berufsausbildungsverhältnis nach Ablauf der Probezeit mit einer Frist von vier Wochen schriftlich kündigen, um ein Studium zu beginnen; er hat allerdings dem Ausbildenden Schadenersatz zu leisten.

c Welche beiden der folgenden Aussagen zur **Beendigung** eines Berufsausbildungsverhältnisses sind zutreffend?

| 1 | Ein Berufsausbildungsverhältnis endet stets mit Ablauf der im Ausbildungsvertrag vorgesehenen Zeit.
| 2 | Ein Berufsausbildungsverhältnis endet durch rechtswirksame außerordentliche Kündigung seitens des Ausbildenden (Kündigung aus wichtigem Grund).
| 3 | Ein Berufsausbildungsverhältnis endet mit Ablauf der im Ausbildungsvertrag vorgesehenen Ausbildungszeit, wenn der Auszubildende die Abschlussprüfung bis dahin nicht besteht, und zwar auch dann, wenn der Auszubildende oder sein gesetzlicher Vertreter die Verlängerung des Ausbildungsverhältnisses beantragt.
| 4 | Ein Berufsausbildungsverhältnis endet durch einvernehmliche Aufhebung des Ausbildungsvertrages zwischen Ausbildendem und Auszubildendem nur unter der Voraussetzung, dass die zuständige IHK der Aufhebung zustimmt.
| 5 | Wegen des Erziehungscharakters der Berufsausbildung ist eine Beendigung des Ausbildungsverhältnisses durch fristlose Kündigung seitens des Ausbildenden nicht möglich.
| 6 | Wird die Abschlussprüfung vor Ablauf der Ausbildungszeit bestanden, so endet das Ausbildungsverhältnis mit Bekanntgabe des Ergebnisses durch den Prüfungsausschuss.

7. Aufgabe (11 Punkte)

Hält ein gekündigter Arbeitnehmer eine Kündigung für sozial ungerechtfertigt, so kann er ein Kündigungsschutzverfahren einleiten.

a Stellen Sie den richtigen zeitlichen Ablauf eines solchen Verfahrens durch Einsetzen der Ziffern | 1 | bis | 7 | dar.

aa Kündigungsschutzklage beim zuständigen Arbeitsgericht
ab Einspruch beim Betriebsrat
ac Anhörung des Betriebsrates
ad Zahlung einer angemessenen Abfindung an den Arbeitnehmer
ae Gerichtsverfahren mit Urteil
af Stellungnahme des Betriebsrates
ag Kündigung durch den Arbeitgeber

b Für welche der folgenden Personen sind die Regelungen zur sozial ungerechtfertigten Kündigung anwendbar?

Personen

| 1 | Auszubildende, die sich im zweiten Ausbildungsjahr befinden
| 2 | Auszubildende, die sich noch in der Probezeit befinden
| 3 | Arbeiter, die dem Unternehmen seit 9 Monaten angehören
| 4 | Angestellte, die dem Unternehmen seit 5 Monaten angehören
| 5 | Angestellte, die dem Unternehmen seit mindestens 6 und höchstens 24 Monaten angehören

c Das Kündigungsschutzverfahren gilt auch bei außerordentlichen Kündigungen. Welche der nachstehenden Aussagen zur außerordentlichen Kündigung ist zutreffend?

Aussagen

| 1 | Nur der Arbeitgeber darf eine außerordentliche Kündigung aussprechen.
| 2 | Nur der Arbeitnehmer darf eine außerordentliche Kündigung aussprechen.
| 3 | Die Auflösung eines Unternehmens ist ein Grund für eine außerordentliche Kündigung.
| 4 | Bei einer außerordentlichen Kündigung gibt es keine Kündigungsfrist.
| 5 | Eine außerordentliche Kündigung muss nicht begründet werden.

d Für Arbeitnehmer, die seit dem 01.01.2004 eingestellt wurden, gilt der allgemeine Kündigungsschutz in Betrieben ...

1 ... mit bis zu 5 Arbeitnehmern

2 ... mit bis zu 10 Arbeitnehmern

3 ... mit mehr als 5 Arbeitnehmern

4 ... mit mehr als 10 Arbeitnehmern

5 ... mit mehr als 15 Arbeitnehmern

8. Aufgabe (6 Punkte)

Die Wollhandel GmbH kündigt am 5. März 2016 (Zugang der Kündigung) die Arbeitsverhältnisse von drei Arbeitnehmern. Bei der Frage nach Beendigung der Arbeitsverhältnisse ist jeweils die Dauer der Angehörigkeit zum Betrieb zu berücksichtigen. Ermitteln Sie den Zeitpunkt, zu dem das Arbeitsverhältnis aufgrund der ordentlichen Kündigung jeweils endet. Beachten Sie dabei den nachstehend abgedruckten Auszug aus dem BGB. Abweichende tarifliche oder einzelvertragliche Regelungen bestehen nicht.

a Egon Frentzen gehört der Wollhandel GmbH seit dem 1. August 2011 an.

Tag	Monat	Jahr

b Anja Benedict gehört der Wollhandel GmbH seit dem 2. Januar 2007 an.

Tag	Monat	Jahr

c Jan Seidel gehört der Wollhandel GmbH seit dem 1. Mai 2014 an.

Tag	Monat	Jahr

Auszug aus dem BGB

§ 622 [Kündigungsfrist bei Arbeitsverhältnissen]

(1) Das Arbeitsverhältnis eines Arbeiters oder eines Angestellten (Arbeitnehmers) kann mit einer Frist von vier Wochen zum Fünfzehnten oder zum Ende eines Kalendermonats gekündigt werden.

(2) Für eine Kündigung durch den Arbeitgeber beträgt die Kündigungsfrist, wenn das Arbeitsverhältnis in dem Betrieb oder Unternehmen

1. zwei Jahre bestanden hat, einen Monat zum Ende eines Kalendermonats,
2. fünf Jahre bestanden hat, zwei Monate zum Ende eines Kalendermonats,
3. acht Jahre bestanden hat, drei Monate zum Ende eines Kalendermonats,
4. zehn Jahre bestanden hat, vier Monate zum Ende eines Kalendermonats,
5. zwölf Jahre bestanden hat, fünf Monate zum Ende eines Kalendermonats,
6. fünfzehn Jahre bestanden hat, sechs Monate zum Ende eines Kalendermonats,
7. zwanzig Jahre bestanden hat, sieben Monate zum Ende eines Kalendermonats.
[...]

(3) Während einer vereinbarten Probezeit, längstens für die Dauer von sechs Monaten, kann das Arbeitsverhältnis mit einer Frist von zwei Wochen gekündigt werden.

(4) Von den Absätzen 1 bis 3 abweichende Regelungen können durch Tarifvertrag vereinbart werden. Im Geltungsbereich eines solchen Tarifvertrags gelten die abweichenden tarifvertraglichen Bestimmungen zwischen nicht tarifgebundenen Arbeitgebern und Arbeitnehmern, wenn ihre Anwendung zwischen ihnen vereinbart ist.

(5) Einzelvertraglich kann eine kürzere als die in Absatz 1 genannte Kündigungsfrist nur vereinbart werden, [...]

9. Aufgabe (4 Punkte)

Welche der folgenden Aussagen zur „sozial ungerechtfertigten Kündigung" ist zutreffend?

Tragen Sie die Ziffer vor der richtigen Aussage in das Kästchen ein.

[1] Die Regelungen zur sozial ungerechtfertigten Kündigung befinden sich im BGB.

[2] Die Regelungen zur sozial ungerechtfertigten Kündigung gelten nicht für Arbeitnehmer, die erst ein Jahr im entsprechenden Betrieb beschäftigt sind.

[3] Eine Kündigung ist sozial ungerechtfertigt, wenn die Kündigungsgründe in der Person des Arbeitnehmers liegen.

[4] Eine Kündigung ist grundsätzlich nicht sozial ungerechtfertigt, wenn sie durch dringende betriebliche Erfordernisse bedingt ist, die einer Weiterbeschäftigung des Arbeitnehmers entgegenstehen.

[5] Eine Kündigung ist sozial ungerechtfertigt, wenn sie nicht gegen eine Richtlinie über die personelle Auswahl bei Kündigungen verstößt.

10. Aufgabe (6 Punkte)

Bei der Blei AG soll eine Abteilung zum 31. Dezember 2016 aufgelöst werden. Die Arbeitsverhältnisse der in dieser Abteilung beschäftigten drei Arbeitnehmer sollen zum gleichen Zeitpunkt enden. Hierbei muss die unterschiedliche Zugehörigkeit der Betroffenen zum Unternehmen berücksichtigt werden. Ermitteln Sie jeweils, zu welchem Zeitpunkt die Kündigung zugegangen sein muss. Beachten Sie hierbei den Auszug aus dem BGB in der 8. Aufgabe und den unten abgedruckten Kalender.

a Zoran Zadic gehört der Blei AG seit dem 1. März 2016 an.

Tag	Monat	Jahr

b Josef Harms gehört der Blei AG seit dem 2. Januar 2015 an.

Tag	Monat	Jahr

c Tanja Keller gehört der Blei AG seit dem 1. April 2010 an.

Tag	Monat	Jahr

Kalender 2016

11. Aufgabe (8 Punkte)

Die Rheinbank AG ist dem Tarifvertrag des privaten Bankgewerbes angeschlossen. Es wurde ein neuer Tarifvertrag vereinbart.

a Welche der folgenden Aussagen zur (eventuellen) Allgemeinverbindlichkeit dieses Tarifvertrages durch eine Allgemeinverbindlichkeitserklärung ist zutreffend?

1. Eine Allgemeinverbindlichkeitserklärung ist nicht notwendig, da das Kreditgewerbe zu den im Entsendegesetz aufgeführten Branchen gehört.
2. Durch eine Allgemeinverbindlichkeitserklärung werden Arbeitskämpfe rechtlich ausgeschlossen.
3. Eine Allgemeinverbindlichkeitserklärung wird durch die betroffenen Tarifparteien ausgesprochen.
4. Eine Allgemeinverbindlichkeitserklärung bewirkt, dass der Tarifvertrag auch auf die nicht tarifgebundenen Arbeitnehmer und Arbeitgeber erweitert wird.
5. Bei Tarifverträgen in einer so großen Branche wie das Kreditgewerbe erfolgt automatisch eine Allgemeinverbindlichkeitserklärung.

b Tarifverhandlungen werden nach vorgeschriebenen bzw. vereinbarten „Spielregeln" durchgeführt. Stellen Sie für die unten stehenden Vorgänge die richtige zeitliche Reihenfolge durch Einsetzen der Ziffern 1 bis 7 fest.

- ba Die Tarifverhandlungen werden von den Tarifvertragsparteien für gescheitert erklärt.
- bb Eine Einigungsempfehlung durch den Schlichter wird von beiden Tarifvertragsparteien nicht akzeptiert.
- bc Die Gewerkschaften rufen im Anschluss an eine Urabstimmung zum Streik auf.
- bd Zur Unterstützung ihrer Forderungen führen die Arbeitnehmer kurze spontane Arbeitsniederlegungen durch.
- be Der Tarifvertrag wird gekündigt.
- bf Vereinbarungsgemäß wird ein Schlichter eingesetzt.
- bg Die Vertreter der Arbeitnehmer legen einen konkreten Forderungskatalog vor.

12. Aufgabe (6 Punkte)

Mitarbeiter von Kreditinstituten in der Rechtsform einer Aktiengesellschaft nehmen ihre Mitbestimmungsrechte auch über den Aufsichtsrat wahr.

a Wie viele Vertreter der Arbeitnehmer sind in den folgenden Situationen in den Aufsichtsrat zu entsenden?

Tragen Sie die zutreffende Zahl der Arbeitnehmervertreter für den jeweiligen Aufsichtsrat in das Kästchen ein.

- aa Die Allbank AG hat 19.000 Mitarbeiter; ihr Aufsichtsrat besteht aus 16 Mitgliedern.
- ab Die Finanzbank AG hat 1.900 Mitarbeiter; ihr Aufsichtsrat besteht aus 15 Mitgliedern.

Bei Beschlussfassungen im Aufsichtsrat kann es aufgrund formal gleichmäßiger Berücksichtigung der Interessengruppen zu einer Stimmengleichheit (Patt-Situation) bei Abstimmungen kommen.

b Welche der folgenden Aussagen beschreibt zutreffend, wie in einem solchen Fall zu verfahren ist?

1. Der Aufsichtsratsvorsitzende hat in solchen Situationen zwei Stimmen.
2. Bei Stimmengleichheit wird die Angelegenheit zur Entscheidung der Hauptversammlung vorgelegt.
3. Es findet eine 2. Abstimmung statt; ergibt auch diese eine Stimmengleichheit, hat der Aufsichtsratsvorsitzende zwei Stimmen.
4. Die vorgesehene Entscheidung muss in der nächsten Sitzung des Aufsichtsrates erneut behandelt werden.
5. Die Angelegenheit wird dem Vorstand zur Entscheidung vorgelegt.

Arbeits- und Sozialrecht 127

13. Aufgabe (8 Punkte)

Welche Aussage zur Jugend- und Auszubildendenvertretung (JAV) ist jeweils zutreffend?

a Durchsetzung der JAV-Interessen ☐

Zur Durchsetzung ihrer Interessen muss sich die JAV zunächst wenden an

| 1 | den Betriebs-/Personalrat
| 2 | die Geschäftsleitung
| 3 | die Personalabteilung
| 4 | das die Geschäftsleitung kontrollierende Aufsichtsorgan
| 5 | das für Personalfragen zuständige Mitglied der Geschäftsleitung

b Stimmrecht von JAV-Vertretern bei Betriebs-/Personalratssitzungen ☐

JAV-Vertreter sind bei Betriebs-/Personalratssitzungen

| 1 | zur Teilnahme berechtigt und generell stimmberechtigt
| 2 | immer nur ohne Stimmrecht zur Teilnahme berechtigt
| 3 | allen Mitgliedern des Betriebs-/Personalrats gleichgestellt
| 4 | zur Teilnahme berechtigt und bei bestimmten Angelegenheiten stimmberechtigt
| 5 | nur teilnahmeberechtigt, sofern eine Stimmberechtigung besteht

c Mitgliederzahl in der JAV ☐

Die Mitgliederzahl in der JAV

| 1 | variiert je nach Anzahl aller Arbeitnehmer des Unternehmens
| 2 | variiert je nach Anzahl der für die JAV wahlberechtigten Arbeitnehmer des Unternehmens
| 3 | variiert je nach Bilanzsumme des Unternehmens
| 4 | ist für alle Unternehmen gleich hoch
| 5 | kann von der Geschäftsleitung bestimmt werden

d Regelmäßige Amtszeit der JAV ☐

Die regelmäßige Amtszeit der JAV beträgt

| 1 | zwei Jahre
| 2 | zwei Jahre und sechs Monate
| 3 | drei Jahre
| 4 | drei Jahre und sechs Monate
| 5 | vier Jahre

14. Aufgabe (8 Punkte)

Bei der Hansen GmbH sind folgende Personen regelmäßig und seit mindestens sechs Monaten beschäftigt:

- 3 sechzehnjährige Auszubildende
- 4 siebzehnjährige Auszubildende
- 9 neunzehnjährige Arbeiter
- 8 zwanzigjährige Auszubildende
- 7 zweiundzwanzigjährige Arbeiter
- 5 vierundzwanzigjährige Angestellte
- 4 fünfundzwanzigjährige Angestellte
- 1 sechsundzwanzigjähriger Auszubildender

Arbeits- und Sozialrecht

Für das Unternehmen gelten folgende Bestimmungen des Betriebsverfassungsgesetzes:

Zusammensetzung und Wahl des Betriebsrats

§ 7 Wahlberechtigt sind alle Arbeitnehmer des Betriebs, die das 18. Lebensjahr vollendet haben. [...]

§ 8 Wählbar sind alle Wahlberechtigten, die sechs Monate dem Betrieb angehören.

§ 60 (1) In Betrieben mit in der Regel mindestens fünf Arbeitnehmern, die das 18. Lebensjahr noch nicht vollendet haben (jugendliche Arbeitnehmer) oder die zu ihrer Berufsausbildung beschäftigt sind und das 25. Lebensjahr noch nicht vollendet haben, werden Jugend- und Auszubildendenvertretungen gewählt.

§ 61 (1) Wahlberechtigt sind alle in § 60 (1) genannten Arbeitnehmer des Betriebs.
(2) Wählbar sind alle Arbeitnehmer des Betriebs, die das 25. Lebensjahr noch nicht vollendet haben; [...]

a Stellen Sie fest, wie viele Personen bei der Hansen GmbH

  aa das aktive Wahlrecht Personenzahl ☐☐

  ab das passive Wahlrecht Personenzahl ☐☐

  für den Betriebsrat haben.

b Stellen Sie fest, wie viele Personen bei der Hansen GmbH

  ba das aktive Wahlrecht Personenzahl ☐☐

  bb das passive Wahlrecht Personenzahl ☐☐

  für die Jugend- und Auszubildendenvertretung (JAV) haben.

c Welche Person(en) aus der JAV ist (sind) bei allen Sitzungen des Betriebsrates der Hansen GmbH teilnahmeberechtigt? ☐

  [1] der Vorsitzende der JAV

  [2] ein Mitglied der JAV

  [3] alle Mitglieder der JAV

15. Aufgabe (12 Punkte)

Kurt Müller bezieht als Abteilungsleiter bei der Hiti AG im Jahr 20.. im Monatsdurchschnitt ein Bruttoarbeitsentgelt in Höhe von 5.900,00 EUR. Bei der Renten- und Arbeitslosenversicherung existiert in diesem Jahr eine Beitragsbemessungsgrenze von 6.200,00 EUR.

a Entscheiden Sie mithilfe der folgenden Aussagen jeweils, ob für Kurt Müller eine Versicherungspflicht in den verschiedenen Zweigen der gesetzlichen Sozialversicherung besteht.

Es besteht

[1] keine Versicherungspflicht; die Frage nach dem durchschnittlichen monatlichen Bruttoarbeitsentgelt ist hierbei ohne Bedeutung.

[2] eine Versicherungspflicht, die unabhängig vom durchschnittlichen monatlichen Bruttoarbeitsentgelt ist.

[3] grundsätzlich eine Versicherungspflicht; diese tritt ein, wenn das Bruttoarbeitsentgelt im Monatsdurchschnitt die Beitragsbemessungsgrenze erreicht.

[4] grundsätzlich eine Versicherungspflicht; hiervon ist der Arbeitnehmer jedoch befreit, wenn das Bruttoarbeitsentgelt im Monatsdurchschnitt die Beitragsbemessungsgrenze überschreitet.

[5] grundsätzlich eine Versicherungspflicht; hiervon ist der Arbeitnehmer jedoch befreit, wenn das Bruttoarbeitsentgelt im Monatsdurchschnitt einen bestimmten Prozentsatz der Beitragsbemessungsgrenze überschreitet.

  aa Rentenversicherung ☐

  ab Arbeitslosenversicherung ☐

[2] Wer keinen Antrag auf Arbeitslosengeld II stellt, erhält trotzdem diese staatliche Leistung, wenn er bereits bei der Bundesagentur für Arbeit erfasst ist.

[3] Eigenes Vermögen eines Empfängers von Arbeitslosengeld II wird nicht in die Berechnung der Höhe dieser staatlichen Leistung einbezogen.

[4] Arbeitslosengeld II wird nur an nicht erwerbsfähige Arbeitslose gezahlt.

[5] Die Hilfsbedürftigkeit des Empfängers von Arbeitslosengeld II wird nur bei Antragstellung geprüft.

18. Aufgabe (8 Punkte)

Die folgenden Grafiken zeigen die Entwicklung bei den Versicherungspflichtigen der Gesetzlichen Sozialversicherung und bei den Beitragssätzen zur Gesetzlichen Sozialversicherung im Zeitraum 1995 bis 2015 (ohne Arbeitnehmer-Zusatzbeitrag in der Krankenversicherung und ohne Kinderlosenzuschlag in der Pflegeversicherung).

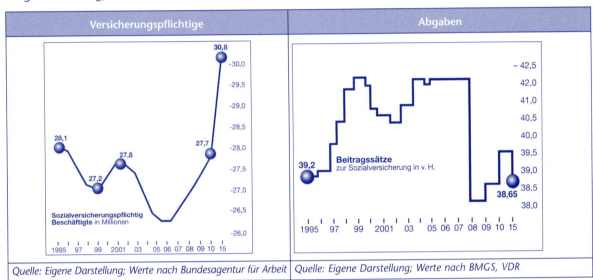

a Ermitteln Sie (auf eine Stelle nach dem Komma gerundet)

aa die prozentuale Steigerung der sozialversicherungspflichtig Beschäftigten im Jahr 2015 gegenüber 1995. % □,□

ab die Minderbelastung eines Arbeitgebers bei den Sozialversicherungsabgaben im Jahr 2015 gegenüber 1995 in Prozentpunkten bei hälftiger Aufteilung der Beiträge. Prozentpunkte □,□

b Welche der folgenden Aussagen liefert eine mögliche Erklärung für die Entwicklung der Zahl der sozialversicherungspflichtig Beschäftigten ab 2006?

Aussagen

[1] Die Regelungen zum Vorruhestand wurden gelockert.

[2] Es wurden verstärkt Produktionsbereiche vom Inland ins Ausland verlagert.

[3] Die Zahl der geringfügig beschäftigten Arbeitnehmer nahm zu.

[4] Die Zahl der Kurzarbeiter nahm zu.

[5] Die internationale Wettbewerbsfähigkeit Deutschlands hat zugenommen.

19. Aufgabe (6 Punkte)

Die Bankangestellte Jessica Brauer ist 32 Jahre alt und kinderlos. Sie verdient 2.800,00 EUR brutto zuzüglich 40,00 EUR vermögenswirksame Leistung des Arbeitgebers. Ihre Krankenkasse erhebt keinen Zusatzbeitrag.

Ermitteln Sie den von Frau Brauer zu tragenden Beitrag zur

a Krankenversicherung (Gesamtbeitragssatz: 14,6 %), EUR □□□,□□

b Pflegeversicherung (Gesamtbeitragssatz 2,35 %; Kinderlosenzuschlag 0,25 %). EUR □□,□□

c Um wie viel Prozent würde sich der von Frau Brauer zu zahlende Krankenversicherungsbeitrag erhöhen, wenn ihre Krankenkasse einen monatlichen Zusatzbeitrag in Höhe von 0,7 % erheben würde? (Ergebnis auf eine Stelle nach dem Komma runden) % □□,□

2 Rechtliche Grundlagen für die Tätigkeit der Kreditinstitute

20. Aufgabe (8 Punkte)

Im Rechtsverkehr werden Rechtssubjekte und Rechtsobjekte unterschieden.

a Bei welchen beiden der folgenden Rechtsgebilde handelt es sich um eine juristische Person des privaten Rechts?

1	Erbengemeinschaft Krause	4	Sportbund Turnvater Abraham e. V.
2	Notariat Dr. Schmüller	5	Deutsche Bundesbank
3	Molkerei eG, Neustadt	6	Hansen und Söhne OHG

b Bei welchen beiden der folgenden Rechtsobjekte handelt es sich um eine bewegliche vertretbare Sache?

| 1 | Kugelschreiber mit der Aufschrift „Stadtsparkasse Bernhausen" (Werbegeschenk für Privatkunden)
| 2 | Geschäftsanteil an der Müller GmbH
| 3 | Goldmünze „Maple Leaf"
| 4 | Patent für einen Wasserstoff-Verbrennungsmotor
| 5 | Ferienwohnung in der Anlage „Playa del Sol"
| 6 | Die „Mona Lisa" von Leonardo da Vinci

21. Aufgabe (8 Punkte)

Stellen Sie fest, welche Arten von Rechtsgeschäften unten stehend aufgeführt sind. Gehen Sie dabei von den gesetzlichen Bestimmungen des BGB aus.

| 1 | einseitige Rechtsgeschäfte mit empfangsbedürftiger Willenserklärung
| 2 | einseitige Rechtsgeschäfte ohne empfangsbedürftige Willenserklärung
| 3 | zweiseitige Rechtsgeschäfte – einseitig verpflichtend
| 4 | zweiseitige Rechtsgeschäfte – zweiseitig verpflichtend

a Kaufvertrag
b Bürgschaft
c Anfechtung
d Geschäftsbesorgungsvertrag (entgeltlich)
e Kündigung
f Testament
g Schenkung (ohne Auflagen)
h Mietvertrag

22. Aufgabe (10 Punkte)

Nach dem BGB werden wirksame, schwebend unwirksame und nichtige Rechtsgeschäfte unterschieden.

a Stellen Sie für die folgenden Situationen fest, ob die abgegebenen Willenserklärungen gemäß den Vorschriften des BGB

| 1 | wirksam
| 2 | schwebend unwirksam
| 3 | nichtig

sind.

Situationen

aa Der 11-jährige Tobias nimmt von seinem Onkel ohne Wissen seiner Eltern ein Geldgeschenk in Höhe von 200,00 EUR an.

ab Von einem Teil des Geldes (siehe aa) kauft der 11-jährige Tobias einen Fußball zum Preise von 28,00 EUR.

Rechtliche Grundlagen für die Tätigkeit der Kreditinstitute

ac Der 17-jährige Thomas kündigt seinen Arbeitsvertrag als Aushilfsservierer in einem Bistro; der Arbeitsvertrag war mit Zustimmung seiner Eltern zustande gekommen.

ad Ohne Wissen seiner Eltern schließt der 17-jährige Thomas (siehe ac) einen neuen Arbeitsvertrag als Aushilfsservierer mit dem Inhaber eines anderen Bistros.

ae Ein 17-jähriger Auszubildender eröffnet bei einem Kreditinstitut ein Gehaltskonto; der Ausbildungsvertrag war mit Zustimmung der Eltern abgeschlossen worden.

af Eine 16-jährige Schülerin kündigt den Mietvertrag über ihre Wohnung; der Mietvertrag war mit Zustimmung der Eltern zustande gekommen.

ag Der 6-jährige Stefan erhält von seiner Tante einen Tretroller als Geschenk. Die Eltern haben von der Schenkung keine Kenntnis.

b Bei welchem der folgenden Sachverhalte handelt es sich um ein nichtiges Rechtsgeschäft?

Sachverhalte

1 Rechtsgeschäft, das aufgrund einer arglistigen Täuschung zustande kam

2 Rechtsgeschäft, das aufgrund einer widerrechtlichen Drohung zustande kam

3 Rechtsgeschäft, das nur zum Schein geschlossen wurde

4 Rechtsgeschäft, das aufgrund eines Irrtums über eine wesentliche Eigenschaft der Person des Kontrahenten abgeschlossen wurde

5 Rechtsgeschäft, das ein Volljähriger abschließt und durch Bezahlung von vier 100-Euro-Scheinen erfüllt, die er gefunden hat

23. Aufgabe (10 Punkte)

Beurteilen Sie in den folgenden Fällen jeweils die Wirksamkeit des Rechtsgeschäfts und begründen Sie Ihre Entscheidung.

Wirksamkeit

Das Rechtsgeschäft ist

1 von Anfang an wirksam

2 schwebend unwirksam

3 unwirksam/nichtig

Begründung

Die Person

4 handelt im Rahmen des „Taschengeldparagrafen" (§ 110 BGB)

5 handelt rechtswirksam, da für sie ein rechtlicher Vorteil entsteht

6 handelt im Rahmen des vom gesetzlichen Vertreter gebilligten Arbeitsverhältnisses

7 benötigt zur Wirksamkeit der Willenserklärung die Zustimmung (Einwilligung oder Genehmigung) des gesetzlichen Vertreters

8 ist geschäftsunfähig

9 benötigt zur Wirksamkeit der Willenserklärung die vorherige Zustimmung (Einwilligung) des gesetzlichen Vertreters

a Der 17-jährige Schüler Karl Schmidt schließt einen Mietvertrag über ein Zimmer. Der Mietpreis pro Quadratmeter liegt erheblich unter der örtlichen Vergleichsmiete.

Wirksamkeit

Begründung

b Der 6-jährige Peter kauft sich von dem Geld, das ihm von seinem Patenonkel mit Zustimmung der Eltern überlassen wurde, einen Gameboy.

Wirksamkeit

Begründung

c Der 17-jährige Auszubildende Daniel Meier eröffnet ein Depot bei seinem Ausbildungsinstitut.

Wirksamkeit

Begründung

d Daniel Meier (siehe c) kündigt ohne Wissen seiner Eltern das Ausbildungsverhältnis, da er einen anderen Beruf erlernen möchte.

Wirksamkeit ☐

Begründung ☐

e Daniel Meier (siehe c und d) findet im Keller seiner Ausbildungsfiliale eine ausrangierte Rechenmaschine. Sein Arbeitgeber übereignet ihm die Rechenmaschine unentgeltlich.

Wirksamkeit ☐

Begründung ☐

24. Aufgabe (4 Punkte)

Welche beiden der folgenden Aussagen treffen auf den Darlehensvertrag gem. § 488 ff. BGB zu? ☐☐

1. Die Zahlung eines Entgeltes ist in keinem Fall vorgesehen.
2. Für Verbraucherdarlehensverträge gelten ergänzende Vorschriften.
3. Der Vertrag beinhaltet die entgeltliche Überlassung einer vertretbaren Sache.
4. Die Zahlung eines Zinses kann vorgesehen sein; dies ist jedoch nicht zwingend.
5. Die Schriftform ist in jedem Fall zwingend vorgeschrieben.

25. Aufgabe (8 Punkte)

Kennzeichnen Sie die nachstehenden Vorgänge mithilfe der folgenden Vertragsarten.

Vertragsarten

1. Werkvertrag
2. Kaufvertrag
3. Schenkungsvertrag
4. Mietvertrag
5. Leihvertrag
6. Verwahrungsvertrag
7. Dienstvertrag

Vorgänge

Tragen Sie eine 9 ein, wenn keiner der genannten Verträge angesprochen wird.

a Karla Senden besorgt sich bei der „Umzugsservice GmbH" einen VW-Transporter. ☐

b Die Guss AG veräußert das Nutzungsrecht für ein Fabrikationsverfahren. ☐

c Die Gemeinde Neustadt spendet ihrer russischen Partnerstadt einen Notarztwagen. ☐

d Der Architekt Kurt Bell erstellt einen Bauplan für die neue Filiale der Rotbank AG. ☐

e Einem Devisenhändler wird für die Zeit seines Auslandsaufenthaltes kostenlos ein Appartement zur Verfügung gestellt. ☐

f Der Rentner Ernst Thähig soll einmal wöchentlich gegen Zahlung von 10,00 EUR den Hof der Rheinbank AG fegen. ☐

g Die Sparkasse Blauenstein gewährt der Roth GmbH einen Investitionskredit. ☐

h Zur Besicherung des Darlehens zu g) wird eine Maschine sicherungsübereignet; hierzu wird ein Besitzkonstitut vereinbart. ☐

26. Aufgabe (8 Punkte)

Karl Hansson verkauft am 5. März 20.. eine CD an Gerhard Stolle. Eine Übereignung findet statt. Die CD wird noch nicht übergeben. Stolle überlässt seinem Geschäftspartner die CD zum unentgeltlichen Gebrauch für eine Woche und verspricht ihm, den Kaufpreis am 12. März 20.. gegen Aushändigung der CD zu zahlen.

a Welche der folgenden Aussagen zum obigen Kaufvertrag ist zutreffend?

Der Kaufvertrag

1. bedarf der Schriftform, da die Übergabe der CD erst später erfolgt.
2. gilt erst am 12. März 20.. als abgeschlossen.
3. ist wirksam, da eine Übereignung bereits stattgefunden hat.
4. ist wirksam, da Hansson und Stolle sich über die Sache und den Preis geeinigt haben.

b Welche der folgenden Aussagen zur Eigentumsübertragung trifft auf den obigen Fall zu?

Die Eigentumsübertragung

1. hat am 5. März 20.. noch nicht stattgefunden.
2. erfolgte durch Einigung über den Eigentumsübergang und die Übergabe der Sache.
3. erfolgte durch bloße Einigung über den Eigentumsübergang.
4. erfolgte durch Einigung über den Eigentumsübergang und Abtretung des Herausgabeanspruchs.
5. erfolgte durch Einigung über den Eigentumsübergang und Vereinbarung eines Besitzmittlungsverhältnisses.

c Welche der folgenden Verträge können dem geschilderten Fall zugeordnet werden?

Der geschilderte Fall beinhaltet

1. einen Kauf- und einen Mietvertrag.
2. einen Kauf- und einen Leihvertrag.
3. einen Kauf- und einen Verwahrungsvertrag.
4. einen Kauf-, einen Miet- und einen Leihvertrag.
5. einen Kauf-, einen Miet- und einen Verwahrungsvertrag.

d Welche der folgenden Aussagen zur Rechtsposition des Karl Hansson bis zum 12. März ist zutreffend?

Aussagen

Karl Hansson ist bis zum 12. März

1. nur Eigentümer der CD.
2. Eigentümer und mittelbarer Besitzer der CD.
3. Eigentümer und unmittelbarer Besitzer der CD.
4. nur mittelbarer Besitzer der CD.
5. nur unmittelbarer Besitzer der CD.

27. Aufgabe (12 Punkte)

Die Telemat GmbH legt bei ihren Geschäften ihre Allgemeinen Geschäftsbedingungen (AGB) zugrunde.

a Welche der nachstehenden Aussagen zu den ABG ist zutreffend?

Aussagen

1. Eine unzulässige Regelung in den AGB führt zur Nichtigkeit eines mit einem Kunden geschlossenen Vertrages.
2. AGB müssen durch die Kunden der Telemat GmbH ausdrücklich schriftlich anerkannt werden.
3. Die AGB der Telemat GmbH gelten nur für Geschäfte mit Verbrauchern und nicht für Geschäfte mit Unternehmen.
4. Die Telemat GmbH muss dafür Sorge tragen, dass ihre Kunden in zumutbarer Weise von den AGB Kenntnis erhalten können.
5. Die AGB sollen der Telemat GmbH helfen, ihre Ansprüche in Streitfällen besser durchsetzen zu können.

Herr Walterscheidt kauft bei der Telemat GmbH eine SmartWatch.

b Welche der folgenden Pflichten stellt im Zusammenhang mit dem Kauf der SmartWatch <u>keine</u> Verpflichtung der Telemat GmbH gemäß § 433 BGB dar?

Pflichten

1. Nacherfüllungspflicht
2. Übergabe der Sache
3. Lieferung frei von Sachmängeln
4. Lieferung frei von Rechtsmängeln
5. Verschaffung des Eigentums an der Sache

c Herr Walterscheidt bezahlt die SmartWatch mittels Electronic Cash und nimmt sie sofort mit. Welche der folgenden Aussagen zum Eigentumsübergang an dem Gerät ist zutreffend?

Aussagen

Herr Walterscheidt wird

1. zwei Geschäftstage nach Gutschrift des Betrages auf dem Konto der Telemat GmbH Eigentümer des Gerätes.
2. Eigentümer, wenn er das Gerät an der Kasse auf das Förderband legt.
3. Eigentümer, wenn das Gerät an der Kasse eingescannt wird.
4. nach Abwicklung des Electronic Cash-Verfahrens und Entgegennahme des Gerätes an der Kasse Eigentümer.
5. erst beim Verlassen der Geschäftsräume der Telemat GmbH Eigentümer des Gerätes.

d Herr Walterscheidt stellt bei Inbetriebnahme des Gerätes fest, dass eine Funktion ab und zu nicht ordnungsgemäß arbeitet. Stellen Sie fest, ob ein Mangel im Sinne der BGB-Vorschriften vorliegt bzw. um welchen Mangel es sich handelt.

1. Es liegt ein Rechtsmangel vor.
2. Es liegt ein Sachmangel vor.
3. Es ist wegen der Geringfügigkeit der Beeinträchtigung davon auszugehen, dass weder ein Sach- noch ein Rechtsmangel vorliegt.
4. Es handelt sich sowohl um einen Sach- als auch um einen Rechtsmangel.
5. Es liegt ein Mangel in Bezug auf die Unmöglichkeit der Lieferung vor.

e Welche Aussage zu eventuellen Ansprüchen von Herrn Walterscheidt gegenüber der Telemat GmbH ist zutreffend?

Aussagen

Es besteht

1. kein Anspruch,
2. ein Anspruch auf Mangelbeseitigung,
3. ein nachrangiges Recht auf Nacherfüllung,
4. ein vorrangiges Recht auf Minderung des Kaufpreises,
5. ein vorrangiges Recht auf Rücktritt vom Vertrag.

f Stellen Sie fest, welche gesetzliche Gewährleistungsfrist im vorliegenden Fall gilt, falls es sich um einen Mangel handelt.

Gewährleistungsfrist

1. 6 Monate
2. 1 Jahr
3. 2 Jahre
4. 5 Jahre
5. 30 Jahre

Rechtliche Grundlagen für die Tätigkeit der Kreditinstitute

28. Aufgabe (13 Punkte)

Stellen Sie bei den in den folgenden Fällen genannten Personen jeweils fest, ob sie nach Abschluss aller erwähnten Handlungen

1. unmittelbarer Besitzer, aber nicht Eigentümer
2. Eigentümer, aber nicht Besitzer
3. Eigentümer und unmittelbarer Besitzer
4. Eigentümer und mittelbarer Besitzer
5. weder Eigentümer noch Besitzer

der Sache sind.

a A übergibt sein Fahrrad dem B zur Aufbewahrung.

   Person A

   Person B

b A findet auf der Straße einen 100-Euro-Schein. Er übergibt den Schein zur Begleichung einer Verbindlichkeit an den ahnungslosen B.

   Person A

   Person B

c A kauft bei B eine Armbanduhr. Bei Übergabe der Uhr weiß er nicht, dass B die Uhr dem C gestohlen hat.

   Person A

   Person B

   Person C

d Firma A bestellt bei Firma B eine Maschine. Die Maschine wird in der Fertigungshalle der Firma A aufgestellt. Die Firma A schließt mit dem Kreditinstitut C einen Sicherungsübereignungsvertrag über die Maschine und erhält ein Darlehen, aus dem der Kaufpreis gezahlt wird.

   Firma A

   Firma B

   Kreditinstitut C

e A schließt mit B einen Kaufvertrag über eine wertvolle Taschenuhr, die sich in der Wohnung der Schwester des A befindet. Zur Übereignung tritt A den Herausgabeanspruch an B ab.

   Person A

   Person B

   Schwester des A

29. Aufgabe (4 Punkte)

Bei der Rheinbank liegen folgende Informationen über das laufende Konto Nr. 123456 vor:

Kontoinhaber:	Philip Kronen (19 Jahre)
Kontobevollmächtigte:	Ehefrau Jana Kronen (17 Jahre)
Kontostand:	1.850,00 EUR H
Dispositionslimit:	2.000,00 EUR

Dem Disponenten der Rheinbank liegt ein von Jana Kronen unterzeichneter Überweisungsauftrag über 2.500,00 EUR vor. Stellen Sie fest, welche beiden der folgenden Aussagen auf den Fall zutreffen.

Zur Ausführung des Überweisungsauftrags

1. ist wegen der damit verbundenen Kontoüberziehung die Zustimmung der Eltern von Jana Kronen erforderlich.
2. ist wegen der damit verbundenen Kontoüberziehung die Zustimmung des Vormundschaftsgerichts erforderlich.
3. ist keine weitere Zustimmung erforderlich, da Jana Kronen durch ihren Ehemann als gesetzlichen Vertreter rechtswirksam bevollmächtigt wurde.

[4] ist keine weitere Zustimmung erforderlich, da Jana Kronen durch ihre Heirat voll geschäftsfähig geworden ist.

[5] ist keine weitere Zustimmung erforderlich, da Jana Kronen trotz beschränkter Geschäftsfähigkeit als Vertreterin handeln kann.

[6] wäre die Zustimmung des Vormundschaftsgerichtes auch nicht erforderlich, wenn die Rheinbank kein Dispositionslimit für das Konto eingerichtet hätte.

30. Aufgabe (10 Punkte)

Stellen Sie fest, ob sich die unten stehenden Situationen

[1] nur auf die Sicherungsübereignung

[2] nur auf den (einfachen) Eigentumsvorbehalt

[3] auf Sicherungsübereignung und (einfachen) Eigentumsvorbehalt

beziehen.

a Der Erwerber wird durch die Übergabe der Sache zunächst nur unmittelbarer Besitzer, der Veräußerer bleibt Eigentümer.

b Mit vollständiger Zahlung des Kaufpreises wird der unmittelbare Besitzer – automatisch – auch Eigentümer.

c Im Insolvenzfall besteht ein Absonderungsrecht für Gegenstände, die mit diesen/m Sicherungsrecht/en belastet sind.

d Für Außenstehende ist nicht ohne Weiteres erkennbar, wer Eigentümer der Sache ist.

e Zwischen den Beteiligten wird regelmäßig ein Besitzkonstitut in Form eines Leih- oder Verwahrungsvertrages geschlossen.

f Der wirtschaftliche Nutzen aus der Sache wird vom unmittelbaren Besitzer wahrgenommen.

31. Aufgabe (3 Punkte)

A leiht dem B ein ihm gehörendes Fahrrad. B verkauft und übereignet das Fahrrad durch Einigung und Übergabe an den C zu einem angemessenen Preis. Gleichzeitig legt B eine gut gefälschte Rechnung eines Fahrradhändlers vor.

Welche der folgenden Aussagen beschreibt die Rechtssituation nach Abschluss des Vorganges zutreffend?

[1] A ist Eigentümer geblieben, da er nur den Besitz auf den B übertragen hat (Leihvertrag).

[2] A ist Eigentümer geblieben, da C nicht gutgläubig war.

[3] C ist Eigentümer geworden, da A das Fahrrad mit Willen aus dem unmittelbaren Besitz gegeben hat; zudem war C gutgläubig.

[4] C kann nicht Eigentümer geworden sein, da B nur der Besitzer des Fahrrades war. Der Erwerb des Eigentums von einem Nichteigentümer ist nicht möglich.

[5] C ist Eigentümer geworden; zugleich kann A zum Ausgleich seines Schadens den Kaufpreis von C verlangen.

32. Aufgabe (10 Punkte)

Stellen Sie fest, welches Gericht in den nachstehenden Situationen jeweils zuständig ist.

[1] Amtsgericht

[2] Landgericht

[3] Arbeitsgericht

[4] Sozialgericht

[5] Finanzgericht

Situationen

a Karl Petzner fiel bei Arbeiten an seinem Haus von der Leiter und zog sich einen Bruch des rechten Unterarms zu. Bei der Abrechnung der Behandlungskosten teilt seine Krankenkasse ihm mit, dass sie einen Teil der Kosten nicht übernehmen wird. Karl Petzner will gegen diesen Bescheid Klage erheben.

Rechtliche Grundlagen für die Tätigkeit der Kreditinstitute

b Die Südbank AG möchte im Zuge einer Klage die Rückzahlung einer Kontoüberziehung ihres Kunden Ernst Kullbracht einfordern. Herr Kullbracht hat den Debetsaldo in Höhe von 6.400,00 EUR trotz mehrfacher Mahnung nicht ausgeglichen.

c Auf Anraten ihrer Wirtschaftsprüfungsgesellschaft möchte die Nordwestbank AG Klage gegen den letzten Körperschaftsteuerbescheid erheben.

d Maja Sostenu, Angestellte bei der Kreditbank AG, erkrankt während ihres Urlaubs. Die durch ärztliches Attest nachgewiesenen Krankheitstage möchte sie anschließend als Urlaubstage nachholen. Die Kreditbank akzeptiert dies nicht; Frau Sostenu will per Klage dagegen vorgehen.

e Hans Jünger, Angestellter der Sparkasse Neu-Isenberg, erhält eine ordentliche Kündigung zum 31.12.20... Da er die Kündigung als sozial ungerechtfertigt ansieht, möchte er dagegen klagen.

33. Aufgabe (15 Punkte)

Unternehmen werden von gesetzlich oder vertraglich befugten Personen vertreten.

a Die folgenden Regelungen beziehen sich auf die Vertretungsbefugnisse in einer KG.

Stellen Sie fest, ob

1 es sich um gesetzliche Regelungen handelt, die auch ohne Handelsregistereintragung im Außenverhältnis wirksam sind.

2 es sich um vertragliche Regelungen handelt, die zu ihrer Wirksamkeit gegenüber Dritten in das Handelsregister eingetragen werden müssen.

3 es sich um vertragliche Regelungen handelt, die eintragungsunfähig und gegenüber Dritten unwirksam sind.

Regelungen

aa Die Kommanditisten Peter Schneider und Franz Alt sind zur Vertretung der Gesellschaft nicht berechtigt.

ab Der Komplementär Jochen Schmitt ist von der Vertretung ausgeschlossen.

ac Die Vertretungsmacht der Komplementäre erstreckt sich auf alle gerichtlichen und außergerichtlichen Geschäfte und Rechtshandlungen.

ad Das Unternehmen wird durch zwei vertretungsberechtigte Gesellschafter gemeinsam oder durch einen vertretungsberechtigten Gesellschafter in Gemeinschaft mit einem Prokuristen vertreten.

ae Grundstückskäufe und -verkäufe dürfen nur durch alle Gesellschafter gemeinschaftlich vorgenommen werden.

af Den vertretungsberechtigten Gesellschaftern ist nur der Abschluss branchenkonformer Geschäfte erlaubt.

b Stellen Sie fest, ob unten stehende Rechtshandlungen/Geschäfte im Bereich einer AG aufgrund der gesetzlichen Regelungen

1 nur vom Vorstand

2 neben dem Vorstand auch von den Prokuristen (ohne besondere Befugnis)

3 neben dem Vorstand und den Prokuristen auch von den Handlungsbevollmächtigten (ohne besondere Befugnis)

vorgenommen werden können.

Der Geschäftsbetrieb der AG ist auf die Erzeugung und Veräußerung von Stahl und Stahlprodukten ausgerichtet.

Rechtshandlungen/Geschäfte

ba Erwerb eines Grundstücks zur Erweiterung der Produktionskapazitäten

bb Aufnahme eines Bankkredits zur Finanzierung des Grundstückkaufs

bc Bestellung eines Grundpfandrechts zulasten des erworbenen Grundstücks

bd Vertretung der AG vor Gericht in einem Rechtsstreit mit einem Lieferanten

be Abschluss eines Kaufvertrags über Stahlerzeugnisse

bf Anmietung einer Ferienwohnung für den Urlaub von Betriebsangehörigen

bg Unterschreiben der Bilanz der AG

bh Ausstellen eines Schecks, gezogen auf das Konto der AG bei der Hausbank; die Einlösung des Schecks erfolgt im Rahmen eines bestehenden Guthabens

bi Akzeptierung eines Wechsels, der bei Fälligkeit zulasten des Kontos der AG bei der Hausbank zahlbar ist

34. Aufgabe (9 Punkte)

Als handelsrechtliche Vollmachten werden Prokura und Handlungsmacht unterschieden.

a Welche der nachstehenden Aussagen zur Vertretungsmacht eines Handlungsbevollmächtigten ist gemäß den Bestimmungen des HGB zutreffend?

Aussagen

1 Dem Handlungsbevollmächtigten sind gewöhnliche Geschäfte des betreffenden Handelsgewerbes, nicht aber außergewöhnliche Geschäfte erlaubt, während die Aufnahme von Darlehen und das Eingehen von Wechselverbindlichkeiten sowie persönliche Handlungen des Unternehmers ihm nur mit zusätzlicher besonderer Vollmacht erlaubt sind.

2 Dem Handlungsbevollmächtigten sind gewöhnliche Geschäfte des betreffenden Handelsgewerbes, nicht aber außergewöhnliche Geschäfte erlaubt, während die Aufnahme von Darlehen und das Eingehen von Wechselverbindlichkeiten ihm nur mit zusätzlicher besonderer Vollmacht und persönliche Handlungen des Unternehmers sowie die Veräußerung und Belastung von Grundstücken ihm nicht erlaubt sind.

3 Der Handlungsbevollmächtigte benötigt nur für die Veräußerung und Belastung von Grundstücken eine zusätzliche besondere Vollmacht.

4 Der Handlungsbevollmächtigte benötigt zur Aufnahme von Darlehen und zur Eingehung von Wechselverbindlichkeiten eine zusätzliche besondere Vollmacht, während ihm gewöhnliche Geschäfte des betreffenden Handelsgewerbes erlaubt und außergewöhnliche Geschäfte nicht erlaubt sind.

b Welche der nachstehenden Aussagen zur Vertretungsmacht eines Prokuristen ist gemäß den Bestimmungen des HGB zutreffend?

Aussagen

1 Dem Prokuristen sind sämtliche gewöhnliche Geschäfte des betreffenden Handelsgewerbes, sämtliche außergewöhnliche Geschäfte, die Aufnahme von Darlehen und das Eingehen von Wechselverbindlichkeiten erlaubt; persönliche Handlungen des Unternehmers sowie die Veräußerung und Belastung von Grundstücken sind ihm nur mit zusätzlicher besonderer Vollmacht erlaubt.

2 Dem Prokuristen sind sämtliche gewöhnliche Geschäfte des betreffenden Handelsgewerbes, sämtliche außergewöhnliche Geschäfte, die Aufnahme von Darlehen, das Eingehen von Wechselverbindlichkeiten und die Veräußerung und Belastung von Grundstücken erlaubt; persönliche Handlungen des Unternehmers sind ihm nicht erlaubt.

3 Dem Prokuristen sind sämtliche gewöhnliche Geschäfte des betreffenden Handelsgewerbes, sämtliche außergewöhnliche Geschäfte, die Aufnahme von Darlehen, das Eingehen von Wechselverbindlichkeiten und der Kauf von Grundstücken erlaubt; persönliche Handlungen des Unternehmers sind ihm nicht erlaubt.

4 Dem Prokuristen sind sämtliche gewöhnliche Geschäfte des betreffenden Handelsgewerbes und sämtliche außergewöhnliche Geschäfte mit Ausnahme der Aufnahme von Darlehen und des Eingehens von Wechselverbindlichkeiten erlaubt; persönliche Handlungen des Unternehmers und die Veräußerung und Belastung von Grundstücken sind ihm nur mit zusätzlicher besonderer Vollmacht erlaubt.

c Welche der folgenden Aussagen zur Unterscheidung einer BGB-Vollmacht von einer Handlungsvollmacht bzw. Prokura ist zutreffend?

Aussagen

| 1 | Im Gegensatz zu einer Handlungsvollmacht oder Prokura kann eine BGB-Vollmacht nicht für die Vertretung eines Unternehmens erteilt werden.

| 2 | Im Gegensatz zu einer Prokura kann die BGB-Vollmacht auch für ein einzelnes Rechtsgeschäft erteilt werden.

| 3 | Im Gegensatz zu einer Prokura ist die BGB-Vollmacht schriftlich zu erteilen.

| 4 | Handlungsvollmacht und Prokura werden ins Handelsregister eingetragen; dies ist bei einer BGB-Vollmacht nicht der Fall.

| 5 | Im Gegensatz zu einer Handlungsvollmacht ist eine Erteilung als Artvollmacht (Vollmacht für gleichartige Rechtsgeschäfte) bei einer BGB-Vollmacht nicht möglich.

35. Aufgabe (11 Punkte)

a Stellen Sie jeweils fest, ob bzw. in welcher Abteilung Eintragungen zu den folgenden Unternehmungen/Rechtsgebilden im Handelsregister vorliegen.

Es liegen

| 1 | lediglich in Abteilung A des Handelsregisters
| 2 | lediglich in Abteilung B des Handelsregisters
| 3 | in beiden Abteilungen des Handelsregisters
| 4 | in keiner Abteilung des Handelsregisters

Eintragungen vor.

Unternehmungen/Rechtsgebilde

- aa Dekorationsbedarf Pettersen KG
- ab Sanitärgroßhandlung Franz-Josef Birken OHG
- ac Ärztegemeinschaft Dr. Fell und Partner
- ad Deitermann Guss KGaA
- ae Extramarkt Billig GmbH & Co. KG
- af Volksbank Neuendorf eG
- ag Pelzreparatur Schneider und Sohn KGmbH
- ah Fritz Müller e. K.
- ai Arbeitsgemeinschaft (ARGE) Nördliche Rheinbrücke

b Welcher der nachstehenden Vorgänge im Zusammenhang mit der Firma Dekorationsbedarf Pettersen KG (vgl. aa) führt zu einer Eintragung mit konstitutiver Wirkung?

Vorgänge

| 1 | Karla Pettersen wird Generalbevollmächtigte des Unternehmens.
| 2 | Wolf Weber wird die Prokura zum 01.04. des laufenden Jahres entzogen.
| 3 | Janina Roth erhält Handlungsvollmacht.
| 4 | Die Einlage des Kommanditisten Horst Pettersen wird um 10.000,00 EUR herabgesetzt.
| 5 | Der bisherige Hauptlieferant des Unternehmens wird durch einen Konkurrenten ersetzt.

36. Aufgabe (7 Punkte)

Gehen Sie von folgendem auszugsweisen Ausdruck einer elektronischen Handelsregistereintragung aus:

Handelsregister A des Amtsgerichts Almdorf	Abteilung A Wiedergabe des aktuellen Registerinhalts – Abruf vom 16.05.2016 12:10	Nummer der Firma HRA 675
– Ausdruck –	Seite 1 von 1	

[...]
2. a) **Firma:**
   Hurz & Co. KG
   b) **Sitz, Niederlassung, Zweigniederlassung**
   Almdorf

3. [...]
   b) **Inhaber, persönlich haftende Gesellschafter, Geschäftsführer, Vorstand [...]:**
   Persönlich haftende Gesellschafter: Josef Hurz, Almdorf, *23.03.1960, Peter Long, Wiesenau, *01.07.1958

4. **Prokura:**
   Einzelprokura für Hans Bellin, Almdorf, *04.05.1970

5. a) **Rechtsform, Beginn der Satzung**
   Kommanditgesellschaft, Beginn 28.08.2000
   b) **Sonstige Rechtsverhältnisse**
   ---
   c) **Kommanditisten:**
   Kaufmann Egon Lau, Almdorf, *19.11.1950, Einlage 20.000,00 EUR
   Notar Karl Nix, Almdorf, *20.01.1955, Einlage 60.000,00 EUR

6. **Tag der Eintragung:**
   13.08.2015

a Kennzeichnen Sie die Vertretungsberechtigung der nachstehend aufgeführten Personen. Tragen Sie ein eine

   | 1 | bei Einzelvertretungsberechtigung,
   | 2 | bei gemeinschaftlicher Vertretungsberechtigung,
   | 3 | bei fehlender Vertretungsberechtigung.

   Personen

   aa Josef Hurz   [ ]   ad Egon Lau   [ ]
   ab Peter Long   [ ]   ae Karl Nix   [ ]
   ac Hans Bellin [ ]

b Der kontoführenden Bank der Firma Hurz & Co. KG wird ein Scheck zur Zahlung vorgelegt. Der Scheck trägt die Unterschrift von Egon Lau.

   Welche der folgenden Aussagen ist zutreffend?

   Eine Einlösung des Schecks

   | 1 | darf nicht vorgenommen werden, da ein Scheck bei Firmenkunden mindestens zwei Unterschriften aufweisen muss.
   | 2 | darf nicht vorgenommen werden, da Lau nach den Vorschriften des HGB die KG nicht vertreten darf.
   | 3 | darf vorgenommen werden, sofern der disponierenden Stelle eine entsprechende Zeichnungsberechtigung vorliegt.
   | 4 | darf vorgenommen werden, da Herr Lau in diesem Fall als Prokurist anzusehen ist.
   | 5 | muss vorgenommen werden, sofern die Vorlegungsfrist noch nicht abgelaufen ist.

37. Aufgabe (8 Punkte)

Im Zusammenhang mit der Einrichtung eines Kontos für Ihre neue Firmenkundin, die Scheller Schleifmaschinen GmbH, rufen Sie folgenden Ausdruck aus dem elektronischen Handelsregister ab:

Handelsregister B des Amtsgerichts Neustadt	Abteilung B Wiedergabe des aktuellen Registerinhalts – Abruf vom 29.04.2016 14:15	Nummer der Firma HRB 6877
– Ausdruck –	Seite 1 von 1	

1. **Anzahl der bisherigen Eintragungen**
   0
2. a) **Firma**:
   Scheller Schleifmaschinen GmbH
   b) **Sitz, Niederlassung, Zweigniederlassungen**:
   Neustadt
   c) **Gegenstand des Unternehmens**:
   Herstellung und Vertrieb von Werkzeugschleifmaschinen sowie entsprechendem Zubehör
3. **Grund- oder Stammkapital**:
   25.000,00 EUR
4. a) **Allgemeine Vertretungsregelung**:
   Ist nur ein Geschäftsführer bestellt, so vertritt er die Gesellschaft allein. Sind mehrere Geschäftsführer bestellt, so wird die Gesellschaft durch zwei Geschäftsführer sowie durch einen Geschäftsführer gemeinsam mit einem Prokuristen vertreten.
   b) **Vorstand, Leitungsorgan, geschäftsführende Direktoren, persönlich haftende Gesellschafter, Geschäftsführer, Vertretungsberechtigte und besondere Vertretungsbefugnis**:
   Einzelvertretungsbefugnis mit der Befugnis, im Namen der Gesellschaft mit sich im eigenen Namen oder als Vertreter eines Dritten Geschäfte abzuschließen: Geschäftsführer Scheller, Karl, Neustadt, *06.05.1968
5. **Prokura**:
   Gesamtprokura gemeinsam mit einem anderen Geschäftsführer oder einem anderen Prokuristen:
   Weber, Paul, Neustadt, *04.05.1970
   Kruschnik, Martina, Neustadt, *25.12.1969
6. a) **Rechtsform, Beginn, Satzung oder Gesellschaftsvertrag**:
   Gesellschaft mit beschränkter Haftung; Gesellschaftsvertrag vom 21.03.2016
   b) **Sonstige Rechtsverhältnisse**:
   ---

a Welche Aussage zur Kontobezeichnung ist zutreffend?

1 Das Konto muss den Zusatz „GmbH – Einlage noch nicht voll geleistet" aufweisen.
2 Das Konto kann auf „Scheller GmbH" lauten.
3 In der Kontobezeichnung ist ein Bezug zu dem Geschäftsführer Karl Scheller herzustellen.
4 Die Kontobezeichnung hat der unter 2a) aufgeführten Firma zu entsprechen.
5 Bei der Wahl der Kontobezeichnung gibt es verschiedene Möglichkeiten; entscheidend ist der Zusatz „GmbH".

b Für das Konto soll eine Kreditlinie in Höhe von 150.000,00 EUR eingerichtet werden. Welche der folgenden Aussagen trifft in diesem Zusammenhang zu?

1 Für die Rückzahlung eines entstehenden Sollsaldos
2 haftet die GmbH mit ihrem Stammkapital.
3 haftet die GmbH mit ihrem Vermögen.
4 haftet die GmbH mit ihrem Vermögen sowie Herr Scheller mit seiner Stammeinlage.
5 haftet die GmbH gesamtschuldnerisch.
6 haftet die GmbH bis zur Höhe des bilanziellen Vermögens.

c Es wird ein Überweisungsauftrag von 300.000,00 EUR zulasten des Firmenkontos erteilt. In welchen beiden der nachstehenden Fälle können Sie den Auftrag aufgrund fehlender Zeichnungsberechtigung nicht ausführen? (Die Zeichnungsberechtigung in den Kontounterlagen entspricht den Regelungen im Handelsregister.)

1 Der Auftrag wurde von Karl Scheller unterschrieben.
2 Der Auftrag wurde von Paul Weber unterschrieben.
3 Der Auftrag wurde von Karl Scheller und Paul Weber unterschrieben.
4 Der Auftrag wurde von Martina Kruschnik und Paul Weber unterschrieben.
5 Der Auftrag wurde von Karl Scheller, Martina Kruschnik und Paul Weber unterschrieben.
6 Der Auftrag wurde von Martina Kruschnik unterschrieben.

38. Aufgabe (16 Punkte)

Die nachstehenden Fragen beziehen sich auf verschiedene Aspekte des Unternehmens- und Vertragsrechts.

a Bei den folgenden Textabschnitten handelt es sich um Auszüge aus Handelsregisterveröffentlichungen. Stellen Sie fest, ob sich diese Textabschnitte auf die

1 OHG
2 KG
3 AG
4 GmbH
5 eG

beziehen.

Textabschnitte

aa „... Die Gesellschaft ist durch Gesellschafterbeschluss aufgelöst worden. Der bisherige Geschäftsführer Moritz Klein ist zum Liquidator bestellt worden ..."

ab „... Der Vorstand hat mit Zustimmung des Aufsichtsrates beschlossen, von dem in § 3 der Satzung eingeräumten Recht auf Erhöhung des Grundkapitals (genehmigtes Kapital) im Umfang von 10 Mio. EUR Gebrauch zu machen ..."

ac „... Das Statut wurde in § 6 dahin gehend geändert, dass die Nachschusspflicht für den Fall einer Insolvenz auf jeden Geschäftsanteil von 500,00 EUR auf 800,00 EUR erhöht wurde ..."

ad „In die Gesellschaft sind drei neue Gesellschafter eingetreten ..."

ae „... Das Stammkapital ist von 4,2 Mio. EUR auf 5,2 Mio. EUR erhöht worden. Der Gesellschaftsvertrag ist in § 4 entsprechend geändert worden ..."

b Stellen Sie fest, welche beiden der folgenden Aussagen auf eine Personenhandelsgesellschaft zutreffen.

Aussagen

1 Es ist möglich, die Gesellschaft im Grundbuch als Eigentümerin von Grundstücken einzutragen.
2 Bei der Gesellschaft handelt es sich um eine juristische Person des öffentlichen Rechts.
3 Die Gesellschaft besitzt eigene Rechtspersönlichkeit.
4 Die Gesellschaft ist in der Lage, unter ihrer Firma Verbindlichkeiten einzugehen.
5 Die Gesellschaft wird in Abteilung B des Handelsregisters eingetragen.
6 Die Gründung dieser Gesellschaft ist auch durch eine Person allein möglich.

c Stellen Sie fest, welche der folgenden Aussagen zu den AGB von Unternehmen zutreffend ist.

Aussagen

1 AGB sind zwingende Rechtsgrundlagen, die nicht durch einzelvertragliche Regelungen ersetzt werden können.

2 Vorschriften zu den AGB sind im BGB geregelt.

3 Eine unwesentliche Benachteiligung eines Kunden durch eine AGB-Regelung führt automatisch zur Unwirksamkeit des Vertrages.

4 Zur Wirksamkeit der AGB genügt es, wenn das Unternehmen dafür sorgt, dass die AGB über die Internetseite des Unternehmens abgerufen werden können.

5 Teilt ein Unternehmen den Kunden eine Änderung seiner AGB mit, müssen diese der Änderung ausdrücklich zustimmen.

39. Aufgabe (11 Punkte)

Stellen Sie fest, ob die unten stehenden Aussagen gemäß den gesetzlichen Bestimmungen des HGB

1 nur auf die OHG
2 nur auf die KG
3 sowohl auf die OHG als auch auf die KG
4 weder auf die OHG noch auf die KG

zutreffen.

Aussagen

a Die Gesellschaft entsteht im Verhältnis zu Dritten mit der Eintragung in das Handelsregister, sofern sie ihre Geschäfte noch nicht aufgenommen hat.

b Alle Gesellschafter sind bezüglich der Haftung gleichgestellt.

c Bei einem Teil der Gesellschafter wird der Betrag der übernommenen Einlage im Handelsregister eingetragen.

d Die Gesellschaft kann unter ihrer Firma als Inhaberin einer Forderung in das Bundesschuldbuch eingetragen werden.

e Ein entstehender Verlust wird unter die Gesellschafter nach Köpfen verteilt.

f Eine Teilnahme an einer anderen gleichartigen Handelsgesellschaft ist nur einem Teil der Gesellschafter gestattet.

g Die Gesellschafter müssen der Gesellschaft ein gesetzlich vorgeschriebenes Eigenkapital zur Verfügung stellen.

h Im Handelsregister steht folgende Eintragung zu einem Unternehmen:

„Die Gesellschafterversammlung hat den Bäckermeister Fritz Kurjan zum Geschäftsführer bestellt"

i Die Firma soll Müllers & Co. heißen.

j Die Gesellschaft erwirbt stets erst mit Eintragung in ein öffentliches Register ihre Rechtsfähigkeit.

k Alle Gesellschafter sind zur Vertretung der Gesellschaft berechtigt.

40. Aufgabe (7 Punkte)

Stellen Sie fest, ob sich die folgenden Aussagen

| 1 | nur auf Aktiengesellschaften
| 2 | nur auf Gesellschaften mit beschränkter Haftung
| 3 | sowohl auf Aktiengesellschaften als auch auf Gesellschaften mit beschränkter Haftung
| 4 | weder auf Aktiengesellschaften noch auf Gesellschaften mit beschränkter Haftung

beziehen.

Aussagen

a Das Vertretungsorgan besteht aus einer oder aus mehreren Personen.

b Die Haftung ist grundsätzlich auf das Vermögen der Gesellschaft beschränkt.

c Die Bestellung von Prokuristen erfolgt durch die Mitglieder des Vertretungsorgans.

d Die Gesellschaft hat ein gesetzlich vorgeschriebenes Mindestnennkapital (gezeichnetes Kapital).

e Die Gründung der Gesellschaft kann durch eine Person oder durch mehrere Personen erfolgen.

f Durch die Eintragung in das Handelsregister – Abt. A – entsteht die Gesellschaft als juristische Person.

g Die Urkunde, die das Beteiligungsrecht an der Gesellschaft verbrieft, wird durch Abtretung übertragen.

41. Aufgabe (4 Punkte)

Vor einigen Jahren wurde das GmbH-Recht reformiert. Welche beiden der nachstehenden Aussagen beschreiben Neuerungen im Zusammenhang mit dem GmbH-Recht?

Aussagen

| 1 | Eine Handelsregistereintragung ist nicht mehr erforderlich.
| 2 | Die Gründung einer „haftungsbeschränkten Unternehmergesellschaft" ohne bestimmtes Mindeststammkapital ist möglich.
| 3 | Die Möglichkeit zur Gründung einer „Ein-Mann-GmbH" entfällt.
| 4 | Die Stammeinlage eines Gesellschafters kann auf einen Betrag von 1,00 EUR lauten.
| 5 | Es ist nicht mehr möglich, GmbH-Anteile auf andere Personen zu übertragen.
| 6 | Das Mindeststammkapital muss grundsätzlich 30.000,00 EUR betragen.

42. Aufgabe (6 Punkte)

Veröffentlichung im Bundesanzeiger am 17.02.2016:

> Handelsregister Grevenbroich/Neueintragungen – Auszug HR B 1314 – 03.02.2016
>
> Konservenfabrik Josef Schmitz GmbH, Grevenbroich (Kölner Str. 234).
>
> Gegenstand des Unternehmens ist die Herstellung von Konserven aller Art sowie der Handel mit diesen.
>
> Stammkapital: 25.000,00 EUR, Geschäftsführer Josef Schmitz, *23.08.1959, Stefan Schmitz, *04.05.1962, beide Grevenbroich.
>
> Gesellschaft mit beschränkter Haftung. Gesellschaftsvertrag vom 23.12.2014. Die Geschäftsführer vertreten die Gesellschaft gemeinschaftlich.

Rechtliche Grundlagen für die Tätigkeit der Kreditinstitute

Zur Beantwortung der folgenden Fragen ist oben stehender Textauszug heranzuziehen.

a Wann ist die GmbH entstanden? Datum ☐☐.☐☐.☐☐☐☐

b Welchen Betrag müssen die Gesellschafter vor Anmeldung der Gesellschaft beim Handelsregister mindestens eingezahlt haben? EUR ☐☐☐☐☐☐

c Welche der folgenden Aussagen zur Haftung dieser GmbH ist zutreffend? ☐

| 1 | Die Gesellschafter haften mit 25.000,00 EUR persönlich.
| 2 | Die Gesellschaft haftet mit ihrem Stammkapital in Höhe von 25.000,00 EUR.
| 3 | Die Gesellschaft haftet unbeschränkt mit ihrem Vermögen, die Gesellschafter beschränkt mit ihrer Stammeinlage.
| 4 | Die Gesellschaft haftet mit ihrem Vermögen, die persönliche Haftung der Gesellschafter ist ausgeschlossen.
| 5 | Die Gesellschaft haftet mit ihrem Vermögen, die Gesellschafter und Geschäftsführer mit ihrem Privatvermögen.

43. Aufgabe (4 Punkte)

Seit 2004 gibt es die Europäische AG (Societas Europaea – SE) als europaweite Unternehmensform.

Welche beiden der folgenden Aussagen zur SE sind zutreffend? ☐☐

Aussagen

| 1 | Die SE ersetzt bis zum Jahr 2020 die deutsche Aktiengesellschaft.
| 2 | Die SE muss mit einer nationalen Rechtsform kombiniert werden (z. B. mit der AG).
| 3 | Bei der SE ist kein Aufsichtsrat vorgesehen.
| 4 | Das Kapital der SE muss mindestens 120.000,00 EUR betragen und in Aktien eingeteilt sein.
| 5 | Für die SE ist nur ein Arbeitnehmer-Mitbestimmungsmodell vorgesehen.
| 6 | Die Firma muss den Zusatz „SE" tragen; sie wird in ein Register des Staates eingetragen, in dem sie ihren Sitz hat.

44. Aufgabe (12 Punkte)

Bei den Unternehmensformen wird u. a. zwischen Aktiengesellschaften (AG), Gesellschaften mit beschränkter Haftung (GmbH) und Genossenschaften (eG) unterschieden.

Stellen Sie fest, ob – gemäß den gesetzlichen Bestimmungen – sich die folgenden Aussagen

| 1 | nur auf eine AG
| 2 | nur auf eine GmbH
| 3 | nur auf eine eG
| 4 | auf eine GmbH und eine AG
| 5 | auf eine GmbH und eine eG
| 6 | auf eine AG und eine eG
| 7 | auf alle drei angeführten Unternehmensformen
| 8 | auf keine der aufgeführten Unternehmensformen

beziehen.

a Die Firma muss vom Gegenstand des Unternehmens entlehnt sein (Sachfirma). ☐

b Das Unternehmen wird durch einen oder durch mehrere Geschäftsführer vertreten. ☐

c Die Gründung des Unternehmens kann durch eine Person oder durch mehrere Personen vorgenommen werden. ☐

d Das Unternehmen muss in jedem Fall einen Aufsichtsrat haben. ☐

e In der Versammlung der Eigentümer hat jedes Mitglied grundsätzlich nur eine Stimme. ☐

f Eintragungen zum Unternehmen erfolgen im Handelsregister, Abteilung B.

g Besteht das zur Vertretung des Unternehmens berechtigte Organ aus mehreren Personen, so ist vom Grundsatz der Gesamtvertretung auszugehen.

h Die Eintragung der Gesellschaft in das entsprechende Register hat konstitutive Wirkung.

i Die Gesellschafter sind die gesetzlichen Vertreter der Gesellschaft – es ist vom Grundsatz der Einzelvertretung auszugehen.

j Die Gesellschaft hat stets ein bestimmtes Mindestkapital.

k Die Haftung ist auf das Vermögen der Gesellschaft beschränkt.

l Vertretungsberechtigtes Organ ist der Vorstand; dieser kann aus einer Person oder aus mehreren Personen bestehen.

45. Aufgabe (2 Punkte)

Welche der folgenden Begriffskombinationen trifft ausschließlich auf die GmbH zu?

Begriffskombinationen

1 Kapitalgesellschaft
   Geschäftsführer
   Stammkapital
   Hauptversammlung

2 Personengesellschaft
   Vorstand
   Stammkapital
   Gesellschafterversammlung

3 Kapitalgesellschaft
   Geschäftsführer
   Grundkapital
   Gesellschafterversammlung

4 Personengesellschaft
   Vorstand
   Stammkapital
   Hauptversammlung

5 Kapitalgesellschaft
   Geschäftsführer
   Stammkapital
   Gesellschafterversammlung

46. Aufgabe (12 Punkte)

Die Kurz KG hat ihre Kreditverpflichtungen nicht fristgerecht erfüllt. Die Düsselbank macht eine Forderung in Höhe von 120.000,00 EUR geltend. Wilhelm Kurz hat bei Gründung der KG eine Geldeinlage in Höhe von 50.000,00 EUR erbracht, Gesellschafter Lang hat eine Einlage in Höhe von 30.000,00 EUR übernommen und voll eingezahlt, Gesellschafter Fischer hat eine Einlage in Höhe von 40.000,00 EUR übernommen und darauf 25.000,00 EUR eingezahlt. Die Gesellschafter Lang und Fischer sind Kommanditisten der KG.

a Mit welchem der unten stehenden Beträge haften die Gesellschafter der KG jeweils für die Forderung der Düsselbank unmittelbar?

   aa Gesellschafter Kurz

   ab Gesellschafter Lang

   ac Gesellschafter Fischer

   Beträge:

   1 120.000,00 EUR
   2 70.000,00 EUR
   3 50.000,00 EUR
   4 40.000,00 EUR
   5 30.000,00 EUR
   6 25.000,00 EUR
   7 15.000,00 EUR
   8   0,00 EUR

b Begründen Sie Ihre Entscheidung zu aa.

c Begründen Sie Ihre Entscheidung zu ab.

d Begründen Sie Ihre Entscheidung zu ac.

Begründungen

1 Für die Verbindlichkeiten einer KG haftet nur die KG mit ihrem Gesellschaftsvermögen.

2 Für die Verbindlichkeiten einer KG haftet neben dem Gesellschaftsvermögen auch jeder Gesellschafter unmittelbar in voller Höhe der Forderung.

3 Für die Verbindlichkeiten einer KG haftet der Komplementär nur insoweit unmittelbar, als er seine übernommene Einlage noch nicht geleistet hat.

4 Für die Verbindlichkeiten einer KG haftet der Komplementär unmittelbar in voller Höhe der Forderung.

5 Für die Verbindlichkeiten einer KG haftet der Kommanditist unmittelbar in Höhe seiner noch nicht eingezahlten Einlage.

6 Für die Verbindlichkeiten einer KG haften die Kommanditisten unmittelbar in Höhe ihrer übernommenen Einlagen.

7 Für die Verbindlichkeiten einer KG haftet der Kommanditist nicht unmittelbar, sofern er seine übernommene Einlage voll eingezahlt hat.

47. Aufgabe (6 Punkte)

In der Main-Saarbank AG nehmen verschiedene Personen Sonderaufgaben wahr.

a Heinz Driesser ist Datenschutzbeauftragter der Main-Saarbank AG. Stellen Sie fest, welche der folgenden Aussagen zum/zur Datenschutzbeauftragten zutreffend ist.

Aussagen

Der/die Datenschutzbeauftragte

1 ist in Privatunternehmen zu bestellen, sofern das Unternehmen mindestens 20 Arbeitnehmer beschäftigt.

2 muss lediglich Sorge für die Einhaltung der Vorschriften des Bundesdatenschutzgesetzes tragen.

3 ist organisatorisch der Personalabteilung zu unterstellen.

4 muss die ordnungsgemäße Anwendung der Datenverarbeitungsprogramme überwachen, mit deren Hilfe personenbezogene Daten verarbeitet werden.

5 entlässt aufgrund seiner/ihrer Tätigkeit die anderen datenverarbeitenden Stellen in seinem Unternehmen aus der Verantwortung für den Datenschutz und die Datensicherheit.

b Carla Brunis ist Umweltbeauftragte der Main-Saarbank AG. Stellen Sie fest, welche der folgenden Aussagen zum/zur Umweltschutzbeauftragten zutreffend ist.

Aussagen

Der/die Umweltbeauftragte

1 ist laut gesetzlicher Vorschrift in jedem größeren Privatunternehmen einzusetzen.

2 wirkt an der Festlegung von Umweltregeln für die Geschäftsleitung und die Mitarbeiter/-innen mit.

3 ergreift Maßnahmen zur Hemmung des quantitativen Unternehmenswachstums.

4 kann die Kreditvergabe an Unternehmen mit zu hohem CO_2-Ausstoß untersagen.

5 übernimmt Beratungs- und Koordinierungsfunktionen, aber keine Kontrollfunktionen.

3 Grundlagen der Volkswirtschaftslehre

48. Aufgabe (6 Punkte)

Das unten stehende Schaubild stellt eine Klassifikation von Gütern dar.
Stellen Sie fest, an welcher Stelle die nachstehenden Güterbegriffe einzuordnen sind.

Tragen Sie die Ziffer, die die jeweils zutreffende Stelle kennzeichnet, in das entsprechende Kästchen ein.

a Verbrauchsgüter ☐

b Dienstleistungen ☐

c wirtschaftliche Güter ☐

d Gebrauchsgüter ☐

e Produktionsgüter ☐

f immaterielle Güter ☐

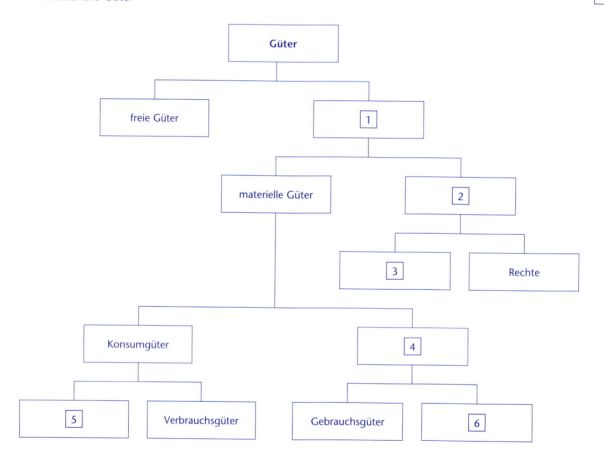

49. Aufgabe (6 Punkte)

Kennzeichnen Sie die nachfolgenden Güter mit einer

☐1 , wenn es sich um ein Konsumgut in Form eines Verbrauchsgutes

☐2 , wenn es sich um ein Konsumgut in Form eines Gebrauchsgutes

☐3 , wenn es sich um ein Produktionsgut in Form eines Verbrauchsgutes

☐4 , wenn es sich um ein Produktionsgut in Form eines Gebrauchsgutes

handelt.

a Teppich in einem Privathaushalt ☐

b Geldtransporter für den Geldtransport zwischen den Zweigstellen ☐

c Schließfachanlage in einem Kreditinstitut ☐

d Überweisungsformulare in einem Kreditinstitut ☐
e Öl im Heizungstank eines Privathaushaltes ☐
f Kühlwasser in einem privat genutzten Pkw ☐

50. Aufgabe (8 Punkte)

Bei welchen/welchem der unten stehenden Sachgüter/Dienstleistungen/Rechte handelt es sich um ein/eine

| 1 | konsumtives Sachgut,
| 2 | produktives Sachgut,
| 3 | konsumtive Dienstleistung,
| 4 | produktive Dienstleistung,
| 5 | konsumtives Recht,
| 6 | produktives Recht?

a Küchenmixer in einem Privathaushalt ☐
b Rechtsberatung eines Anwalts über eine Unternehmensgründung ☐
c Sprachkurs in der Volkshochschule für eine Hausfrau ☐
d Lizenz eines Landwirtes zum Schnapsbrennen ☐
e Verkaufsoption eines Privatanlegers auf 100 Stück Bayer-Aktien ☐
f Devisenoption eines Exportunternehmens über 120.000,00 USD ☐
g Sonnenbank in einem Bräunungsstudio ☐
h Rechtsberatung bei einem Notar über eine Testamentsgestaltung ☐

51. Aufgabe (10 Punkte)

In einer Volkswirtschaft werden u. a. die folgenden drei Wertschöpfungsbereiche unterschieden:

Wertschöpfungsbereiche

| 1 | Primärbereich
| 2 | Sekundärbereich
| 3 | Tertiärbereich

a Ordnen Sie den unten stehenden Wirtschaftszweigen den jeweiligen Wertschöpfungsbereich zu.

Wirtschaftszweige

aa Landwirtschaft ☐
ab Baugewerbe ☐
ac Kreditinstitute ☐
ad Küstenfischerei ☐
ae Einzelhandel ☐
af Energiewirtschaft ☐
ag Handwerk ☐
ah Versicherungen ☐
ai Kohlebergbau ☐

b Welches der folgenden Unternehmen ist nicht dem tertiären Bereich zuzuordnen?

Unternehmen

| 1 | Sparkasse Domstadt | 4 | Hotel Breitstein GmbH
| 2 | Installationsbetrieb Kehl KG | 5 | Malo Anlageberatungsgesellschaft mbH
| 3 | Pflegedienst Kurt Kröger

52. Aufgabe (6 Punkte)

Gehen Sie von folgender Übersicht zur volkswirtschaftlichen Gesamtrechnung eines Landes aus:

III. Verwendung des Inlandsprodukts			
In jeweiligen Preisen (Mrd. EUR)	2013	2014	2015
Private Konsumausgaben	1.410,8	1.423,0	1.475,2
Konsumausgaben des Staates	473,5	488,8	501,8
Ausrüstungsinvestitionen	158,2	170,8	184,8
Bauinvestitionen	244,4	235,0	254,5
Sonstige Anlagen	27,3	27,8	28,6
Vorratsveränderungen	– 18,2	– 4,0	– 8,3
Inländische Verwendung	2.296,0	2.341,4	2.436,5
Außenbeitrag	113,1	135,5	133,5
Exporte	979,3	1.159,8	1.288,5
Importe	866,2	1.024,4	1.155,0
Bruttoinlandsprodukt	2.409,1	2.476,8	2.570,0

a Ermitteln Sie den prozentualen Anteil der privaten Konsumausgaben am Bruttoinlandsprodukt im Jahr 2015 (Ergebnis auf eine Stelle nach dem Komma runden). %

b In welchem der folgenden Verwendungsbereiche war im Jahr 2015 im Vergleich zu 2013 prozentual der stärkste Zuwachs zu verzeichnen?

Verwendungsbereiche

| 1 | Private Konsumausgaben
| 2 | Ausrüstungen
| 3 | Bauten
| 4 | Sonstige Anlagen
| 5 | Exporte

53. Aufgabe (8 Punkte)

Welche beiden der folgenden Aussagen zur Berechnung der Arbeitslosenquote (gemeldete Arbeitslose in Prozent der gesamten Erwerbspersonen) sind zutreffend?

Aussagen

| 1 | Erhöht sich die Zahl der selbstständigen Erwerbspersonen, so erhöht sich dadurch zwangsläufig die Zahl der gesamten Erwerbspersonen.

| 2 | Sinkt die Zahl der beschäftigten Arbeitnehmer, so sinkt dadurch zwangsläufig die Zahl der gesamten Erwerbspersonen.

| 3 | Wenn sich die Zahl der gesamten Erwerbspersonen erhöht, so sinkt die Arbeitslosenquote stets, wenn die Zahl der gemeldeten Arbeitslosen gleich bleibt.

| 4 | Wenn Informationen über die Zahl der selbstständigen Erwerbspersonen, der gemeldeten Arbeitslosen und der beschäftigten Arbeitnehmer vorliegen, ist es möglich, die Arbeitslosenquote zu berechnen.

| 5 | Die Arbeitslosenquote erhöht sich stets, wenn die Zahl der gemeldeten Arbeitslosen steigt.

| 6 | Die Zahl der Erwerbspersonen steigt bei wachsender Gesamtbevölkerung zwangsläufig.

54. Aufgabe (6 Punkte)

In einer Tageszeitung werden folgende Wirtschaftsdaten zweier Länder veröffentlicht:

		Arbeitslose	Arbeitslosen-quote	Kurzarbeiter	Offene Stellen
Land 1	Juli	2.636.227	7,8 %	144.656	398.310
	August	2.631.069	7,8 %	106.425	378.958
Land 2	Juli	1.410.709	18,0 %	28.128	72.993
	August	1.387.130	17,7 %	36.523	79.046

a Stellen Sie fest, um wie viel Prozentpunkte die Arbeitslosenquote in Land 2 von Juli auf August zurückgegangen ist. Prozentpunkte

b Ermitteln Sie die Zahl der Erwerbspersonen für Land 1 im August (auf glatte 1.000 Personen abrunden); Hinweis: Arbeitslosenquote = Arbeitslose in Prozent der Erwerbspersonen. Personen

55. Aufgabe (3 Punkte)

Zur Wirtschaftsentwicklung im vorangegangenen Jahr schreibt die Wirtschaftspresse:

„Die Bruttoanlageinvestitionen der Produktionsunternehmen sind im vorherigen Jahr dem Wert nach um gut 8 ½ Prozent und dem Volumen nach um 7 ½ Prozent gewachsen; das war der stärkste Anstieg seit 10 Jahren."

Welche der folgenden Aussagen dazu ist zutreffend?

Aussagen

1 Die Bruttoanlageinvestitionen waren um circa einen Prozentpunkt höher als die Nettoanlageinvestitionen.

2 Circa ein Prozentpunkt der Gesamtinvestitionen waren Vorratsinvestitionen.

3 In konstanten Preisen gerechnet stiegen die Bruttoanlageinvestitionen um 7 ½ Prozent.

4 Das gesamte Anlagevermögen der Produktionsunternehmen stieg dem Wert nach um gut 8 ½ Prozent.

5 Circa ein Prozentpunkt der Bruttoanlageinvestitionen ist auf Ersatzinvestitionen zurückzuführen.

56. Aufgabe (3 Punkte)

Die wirtschaftlichen Daten einer Volkswirtschaft weisen im abgelaufenen Jahr für die Vorratsveränderungen einen Wert in Höhe von + 6,5 Mrd. EUR aus.

Welche Aussage dazu ist zutreffend?

Aussagen

1 Den Lägern wurden insgesamt Vorräte im Gesamtwert von 6,5 Mrd. EUR zugeführt.

2 Die Lagerbestände erhöhten sich um 6,5 Mrd. EUR.

3 Den Lägern wurden Vorräte im Gesamtwert von 6,5 Mrd. EUR entnommen und in der Produktion verarbeitet bzw. verkauft.

4 Den Lägern wurden laufend Vorräte zugeführt und entnommen. Die Entnahmen waren um 6,5 Mrd. EUR höher als die Zuführungen.

5 Den Lägern wurden laufend Vorräte zugeführt und entnommen. Die Zuführungen waren um 6,5 Mrd. EUR höher als die Entnahmen.

57. Aufgabe (2 Punkte)

Im Jahr 20.. werden unter den Vorratsveränderungen nominal 17,1 Mrd. EUR ausgewiesen. Der entsprechende reale Wert beträgt 10,7 Mrd. EUR.

Welche der folgenden Aussagen zu diesem Sachverhalt ist zutreffend?

1 Die Preise für Rohstoffe etc. sind seit dem Basisjahr gesunken.

2 Die Preise für Rohstoffe etc. sind seit dem Basisjahr gestiegen.

3 Die Preise für Rohstoffe etc. sind seit dem Basisjahr unverändert geblieben, jedoch werden in der realen Betrachtung geringere Bestände angesetzt.

4 Der Wert von 17,1 Mrd. EUR ist darauf zurückzuführen, dass gegenüber dem Basisjahr höhere Mengen an Rohstoffen vorlagen.

5 Die Vorratsveränderungen betragen netto 10,7 − 17,1 = − 6,4 Mrd. EUR.

58. Aufgabe (6 Punkte)

Ein Fabrikant hat die Möglichkeit, bei der Produktion von 200 Paar Schuhen die Produktionsfaktoren Arbeit (gemessen in Arbeitsstunden) und Kapital (gemessen in Maschinenstunden) wie in der folgenden Grafik dargestellt zu kombinieren.

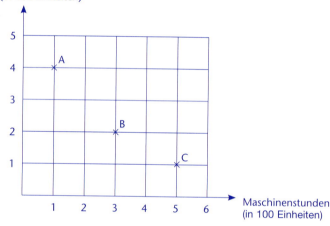

Die Preise für die Produktionsfaktoren Arbeit und Kapital betragen:

32,00 Geldeinheiten (GE) für eine Arbeitsstunde

18,00 GE für eine Maschinenstunde

a Ermitteln Sie die Höhe der Gesamtkosten für die kostengünstigste Kombination. GE

b Wie viel GE betragen die Selbstkosten für ein Paar Schuhe bei der kostengünstigsten Kombination? GE

c Bei der obigen Darstellung spricht man von Produktionsfaktoren, die in Grenzen substituierbar sind. Welche der folgenden Darstellungen bezieht sich auf limitationale Produktionsfaktoren?

Darstellungen

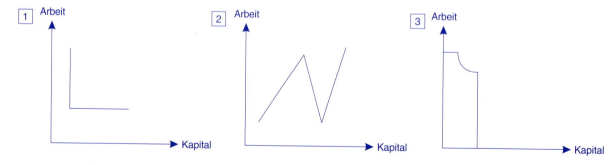

59. Aufgabe (8 Punkte)

Ermitteln Sie anhand der nachstehenden Darstellung des Statistischen Bundesamtes (jeweils auf zwei Stellen nach dem Komma gerundet)

a die nominale Wachstumsrate des Bruttoinlandsprodukts im 3. Quartal 2015 gegenüber dem Vorquartal, %

b die reale Wachstumsrate des Bruttoinlandsprodukts im 3. Quartal 2015 gegenüber dem Vorquartal, %

c die reale Wachstumsrate des Bruttoinlandsprodukts im 3. Quartal 2015 gegenüber dem Basisjahr, %

d die Veränderung des Anteils der privaten Konsumausgaben am Bruttoinlandsprodukt vom 1. Quartal 2015 auf das 3. Quartal 2015 in Prozentpunkten. Prozentpunkte

Grundlagen der Volkswirtschaftslehre

Jahr, Vierteljahr		Bruttoinlandsprodukt insgesamt	Inländische Verwendung							Außenbeitrag (Sp.10–11)	Exporte	Importe
			zusammen	Konsumausgaben			Bruttoinvestitionen					
				zusammen	private Konsumausgaben	Konsumausgaben des Staates	zusammen	Bruttoanlageinvestitionen	Vorratsveränderungen			
		1	2	3	4	5	6	7	8	9	10	11
Bruttoinlandsprodukt, in jeweiligen Preisen Mrd. EUR												
2011	1.Vj	662.940	626.260	479.648	357.094	122.554	146.612	122.382	24.230	36.680	296.522	259.842
	2.Vj	665.880	634.382	496.119	372.922	123.197	138.263	139.723	−1.460	31.498	300.717	269.219
	3.Vj	689.120	662.075	503.818	380.325	123.493	158.257	142.472	15.785	27.045	303.757	276.712
	4.Vj	685.180	648.258	521.639	385.192	136.447	126.619	143.244	−16.625	36.922	310.493	273.571
2012	1.Vj	682.030	638.914	496.519	370.367	126.152	142.395	128.106	14.289	43.116	315.911	272.795
	2.Vj	676.950	633.474	508.851	381.688	127.163	124.623	141.223	−16.600	43.476	315.336	271.860
	3.Vj	700.600	662.154	516.052	388.131	127.921	146.102	143.651	2.451	38.446	318.436	279.990
	4.Vj	695.280	652.598	535.117	393.643	141.474	117.481	142.886	−25.405	42.682	317.241	274.559
2013	1.Vj	684.960	642.214	504.075	372.634	131.441	138.139	120.905	17.234	42.746	312.760	270.014
	2.Vj	697.110	651.942	520.446	389.327	131.119	131.496	142.663	−11.167	45.168	320.651	275.483
	3.Vj	721.470	687.593	532.557	399.301	133.256	155.036	146.254	8.782	33.877	321.213	287.336
	4.Vj	717.280	669.664	547.564	401.442	146.122	122.100	147.482	−25.382	47.616	328.515	280.899
2014	1.Vj	715.910	668.299	516.813	380.355	136.458	151.486	133.952	17.534	47.611	324.748	277.137
	2.Vj	716.850	668.622	532.750	395.772	136.978	135.872	148.250	−12.378	48.228	327.784	279.556
	3.Vj	742.510	696.385	543.937	405.254	138.683	152.448	150.787	1.661	46.125	336.674	290.549
	4.Vj	740.380	685.963	562.710	410.783	151.927	123.253	152.100	−28.847	54.417	343.980	289.563
2015	1.Vj	739.070	682.601	531.639	390.348	141.291	150.962	137.087	13.875	56.469	343.067	286.598
	2.Vj	743.420	680.339	548.910	406.270	142.640	131.429	153.094	−21.665	63.081	355.409	292.328
	3.Vj	770.720	717.838	561.634	416.245	145.389	156.204	156.108	0.096	52.882	358.005	305.123
Bruttoinlandsprodukt, preisbereinigt verkettet 2010 = 100												
2011	1.Vj	102.78	101.52	98.22	97.44	100.51	114.14	96.20	X	X	106.38	103.65
	2.Vj	102.75	101.97	100.58	100.99	99.37	107.32	109.09	X	X	107.56	106.25
	3.Vj	105.76	106.18	102.28	103.01	100.13	121.12	111.20	X	X	108.30	109.73
	4.Vj	103.33	101.96	103.88	103.93	103.74	94.60	112.21	X	X	110.90	108.46
2012	1.Vj	104.33	101.77	99.84	99.29	101.46	109.17	98.55	X	X	111.51	106.06
	2.Vj	103.06	100.43	101.57	101.94	100.49	96.14	108.26	X	X	110.71	105.09
	3.Vj	105.88	104.47	103.00	103.45	101.71	110.08	110.09	X	X	111.44	108.63
	4.Vj	103.07	100.84	104.75	104.61	105.19	86.05	109.93	X	X	111.36	106.83
2013	1.Vj	102.58	100.44	99.70	98.62	102.84	103.33	91.81	X	X	110.03	105.61
	2.Vj	103.79	101.62	102.15	102.62	100.79	99.67	108.01	X	X	112.72	108.40
	3.Vj	106.92	106.87	104.46	105.11	102.58	116.08	110.11	X	X	113.22	113.85
	4.Vj	104.28	102.00	105.63	105.56	105.82	88.28	111.21	X	X	116.12	111.82
2014	1.Vj	105.27	103.10	100.74	99.61	104.01	112.14	99.98	X	X	114.88	110.61
	2.Vj	104.81	102.78	103.12	103.28	102.66	101.58	110.42	X	X	115.79	112.03
	3.Vj	108.20	106.90	105.29	105.61	104.38	113.11	112.11	X	X	118.51	116.54
	4.Vj	105.95	103.51	107.46	107.28	107.97	88.56	113.31	X	X	121.20	116.91
2015	1.Vj	106.55	104.50	102.98	101.86	106.18	110.38	100.86	X	X	120.44	117.03
	2.Vj	106.50	103.61	105.03	105.10	104.85	98.28	112.51	X	X	123.32	118.11
	3.Vj	110.12	109.05	107.68	107.79	107.40	114.35	114.63	X	X	124.58	123.80

Wirtschafts- und Sozialkunde
Programmierte Aufgaben

60. Aufgabe (10 Punkte)

Grunddaten zur Wirtschaftsentwicklung einer Volkswirtschaft – in Mrd. EUR			
	2013	2014	2015
Bruttoinlandsprodukt (BIP) in jeweiligen Preisen	2.733	2.762	2.834
reales Bruttoinlandsprodukt (BIP)	2.649	2.709	2.757
Produktivität – in Prozent reales BIP je Erwerbstätigenstunde (2010 = 100)	100,7	103,8	106,1

Die folgenden Aufgaben sind unter Berücksichtigung der o. a. Tabelle zu bearbeiten.

Nicht genannte Einflussfaktoren bleiben unberücksichtigt.

a Wie viel Prozent betrug die Wachstumsrate des realen BIP im Jahre 2015? (Ergebnis auf eine Stelle nach dem Komma runden) %

b Um wie viel Prozent ist die Produktivität im dargestellten Zeitraum insgesamt gestiegen? (Ergebnis auf eine Stelle nach dem Komma runden) %

c Der Anstieg der Produktivität je Erwerbstätigenstunde ist wesentlich zurückzuführen auf ...

1. einen Anstieg der Anzahl der Beschäftigten.
2. eine zunehmende Kapitalausstattung der Unternehmen.
3. steigende Produktion.
4. eine Verlängerung der Arbeitszeit.
5. eine höhere Kapazitätsauslastung.

d Welche Auswirkung hat die Entwicklung des realen Bruttoinlandsprodukts und der Produktivität je Erwerbstätigenstunde im Jahr 2015 auf das Arbeitsvolumen (= Gesamtzahl der in der Volkswirtschaft geleisteten Arbeitsstunden)?

1. Das Arbeitsvolumen bleibt unverändert
2. Das Arbeitsvolumen steigt geringfügig (max. um 1 %)
3. Das Arbeitsvolumen steigt deutlich (um mehr als 1 %)
4. Das Arbeitsvolumen sinkt geringfügig (max. um 1 %)
5. Das Arbeitsvolumen sinkt deutlich (um mehr als 1 %)

61. Aufgabe (6 Punkte)

Daten zur Wirtschaftsentwicklung einer Volkswirtschaft			
	2013	2014	2015
Erwerbstätige in Mio.	28,2	28,7	29,8
Arbeitsvolumen (1) 2010 = 100	100,5	101,2	103,9
Produktivität (2) 2010 = 100	106,4	109,9	112,1
(1) Gesamtzahl der in der Volkswirtschaft insgesamt geleisteten Arbeitsstunden			
(2) reales Bruttoinlandsprodukt je Erwerbstätigenstunde			

a Stellen Sie aus der Gegenüberstellung der Erwerbstätigenzahlen und des Arbeitsvolumens fest, wie sich im dargestellten Zeitraum die durchschnittliche Arbeitszeit je Erwerbstätigem entwickelt hat.

1. Die durchschnittliche Arbeitszeit ist konstant geblieben.
2. Die durchschnittliche Arbeitszeit ist gesunken.
3. Die durchschnittliche Arbeitszeit ist gestiegen.

b Das Zusammenwirken von Beschäftigungs- und Produktivitätsentwicklung führte im angegebenen Zeitraum zu einer Erhöhung des realen BIP ...

1. zwischen 2 % und 4 %
2. zwischen 4 % und 6 %
3. zwischen 6 % und 8 %
4. zwischen 8 % und 10 %
5. zwischen 10 % und 12 %

62. Aufgabe (15 Punkte)

Daten einer Volkswirtschaft:

Jahr	BIP in Mrd. EUR	Erwerbstätige in 1.000	Produktivität in EUR je Erwerbstätiger pro Jahr	Für Güter im Wert von 1 Mio. EUR werden ... Erwerbstätige benötigt
t 1	795	27.390	aa	ba
t 5	1.790	37.920	ab	bb

a Ermitteln Sie die Produktivität je Erwerbstätigen (in glatten Euro, kaufmännisch gerundet) für die Zeiträume

aa t 1   EUR

ab t 5   EUR

b Stellen Sie fest, wie viele Tausend Erwerbstätige jeweils in den Jahren t 1 und t 5 benötigt werden, um Güter im Wert von 1 Mrd. EUR herzustellen (kaufmännisch gerundet).

ba im Jahr t 1   Tausend Erwerbstätige

bb im Jahr t 5   Tausend Erwerbstätige

c Berechnen Sie, wie viele Mio. Erwerbstätige benötigt würden, wenn das BIP des Jahres t 5 mit der Produktivität des Jahres t 1 hergestellt werden müsste (Ergebnis auf drei Stellen nach dem Komma kaufmännisch gerundet).

Mio. Erwerbstätige

4 Entstehung und Verteilung des Produktionserlöses

63. Aufgabe (9 Punkte)

In der folgenden Skizze eines Wirtschaftskreislaufs sind Geldströme zwischen den verschiedenen Sektoren eingezeichnet. Kennzeichnen Sie die nachstehenden Transaktionen jeweils mit der richtigen Ziffer des entsprechenden Geldstroms.

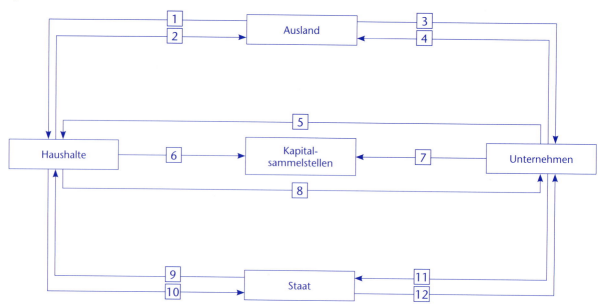

Transaktionen

a Die Schmitt GmbH führt indirekte Steuern ab.

b Die Angestellten der HAPA AG erhalten ihre Gehälter auf laufende Konten gutgeschrieben.

c Ein Aufsichtsratsmitglied der HAPA AG zahlt Einkommensteuer.

d Die Müller-Werft erhält Subventionen.

e Die Hansen oHG zahlt Miete für ein Ladenlokal an den Rentner Johann Perlick.

f Die Metall GmbH verkauft Fertigerzeugnisse in die USA.

g Familie Müller schafft sich einen neuen Pkw an.

h Die Securitas AG zahlt Körperschaftsteuer.

i Kurt Merck zahlt 1.000,00 EUR auf ein Sparkonto ein.

64. Aufgabe (6 Punkte)

Gehen Sie von folgenden Transaktionen in einer geschlossenen Volkswirtschaft aus:

1	Einzahlungen der Haushalte auf Sparkonten	150 Mio. EUR
2	Lohnzahlungen der Unternehmen an Haushalte	900 Mio. EUR
3	Unternehmen zahlen Körperschaftsteuer	100 Mio. EUR
4	Steuerzahlungen der Haushalte	200 Mio. EUR
5	Konsumausgaben der Haushalte	780 Mio. EUR
6	Zinszahlungen der Kreditinstitute an Haushalte	10 Mio. EUR
7	Staat nimmt bei Kreditinstituten Kredit auf	50 Mio. EUR
8	Transferleistungen des Staates an Haushalte	220 Mio. EUR

Ermitteln Sie die folgenden Werte:

a Transferleistungen des Staates an Unternehmen   Mio. EUR

b Kreditaufnahmen der Unternehmen bei Kreditinstituten   Mio. EUR

65. Aufgabe (9 Punkte)

Bearbeiten Sie diese Aufgabe anhand des folgenden Auszuges aus der volkswirtschaftlichen Gesamtrechnung eines europäischen Landes.

Position	2011	2012	2013	2014	2015
	Mrd. EUR				
nominale Werte					
II. Verwendung des Inlandsprodukts					
Private Konsumausgaben	1.092,4	1.108,2	1.120,9	1.125,3	1.132,5
Konsumausgaben des Staates	374,7	379,3	385,6	388,4	390,2
Ausrüstungen	160,4	174,3	165,5	152,5	151,2
Bauten	248,8	242,6	228,5	217,1	210,1
Sonstige Anlagen	23,2	25,3	26,8	27,4	27,8
Vorratsveränderungen	– 4,1	3,1	– 14,1	– 22,0	– 18,1
Inländische Verwendung	1.895,5	1.932,7	1.913,2	1.888,6	1.893,7
Außenbeitrag	15,6	35,8	66,4	101,1	91,5
Exporte	581,8	658,8	689,9	722,6	740,0
Importe	566,2	623,0	623,5	621,5	648,5
Bruttoinlandsprodukt	1.911,1	1.968,5	1.979,6	1.989,7	1.985,2

a Ermitteln Sie

    aa die Höhe der Bruttoinvestitionen im Jahr 2015 (in Mrd. EUR),   Mrd. EUR ☐☐☐☐

    ab die prozentuale Steigerung/den prozentualen Rückgang der Bruttoinvestitionen 2015 gegenüber dem Vorjahr (Ergebnis auf eine Stelle nach dem Komma runden).   % ☐☐

b Welche der folgenden Aussagen zur Entwicklung der Vorratsveränderungen ist zutreffend?   ☐

1	Die Lagerbestände lagen 2015 um 18,1 Mrd. EUR unter den Beständen des Jahres 2014.
2	Die Lagerbestände wurden 2015 um 40,1 (–22,0 – 18,1) Mrd. EUR reduziert.
3	Im Jahr 2015 wurden 18,1 Mrd. EUR in Vorräte investiert.
4	Im Jahr 2012 wurden 3,1 Mrd. EUR mehr in Vorräte investiert als ein Jahr später.
5	Im Jahr 2011 stiegen die Lagerbestände gegenüber 2012 um 3,1 Mrd. EUR.

66. Aufgabe (6 Punkte)

Gehen Sie von folgenden Werten aus:

Volkseinkommen	2.616,0 Mrd. EUR
Saldo der Primäreinkommen aus der übrigen Welt	–14,0 Mrd. EUR
Unternehmens- und Vermögenseinkommen	742,6 Mrd. EUR
Bruttoinlandsprodukt	3.459,6 Mrd. EUR

Ermitteln Sie

a die Lohnquote,   % ☐☐☐

b das Bruttonationaleinkommen zu Marktpreisen.   Mrd. EUR ☐☐☐☐☐

67. Aufgabe (9 Punkte)

Gehen Sie von folgenden Werten aus (in Mrd. EUR, soweit nichts anderes angegeben ist):

Arbeitnehmerentgelt in Prozent des Volkseinkommens	72,6 %
Unternehmens- und Vermögenseinkommen	684,9
reale inländische Verwendung des Inlandsprodukts	2.979,6
realer Export	739,8
reales Bruttoinlandsprodukt	2.965,1
reale Vorratsveränderungen	28,1

160 Entstehung und Verteilung des Produktionserlöses

Ermitteln Sie

a die Gewinnquote, %

b den Wert des realen Imports, Mrd. EUR

c das Volkseinkommen (auf volle Mrd. EUR runden). Mrd. EUR

68. Aufgabe (7 Punkte)

Einkommensverteilung			
Angaben in Mrd. EUR	2013	2014	2015
Arbeitnehmerentgelt	1.883	1.902	1.907
Unternehmens- u. Vermögenseinkommen	716	754	829

a Berechnen Sie die Lohnquote für das Jahr 2014 (Ergebnis auf eine Stelle nach dem Komma runden).

b Wie viel Prozent betrug die Steigerung der „Gewinnquote" im Zeitraum 2013-2015? (Ergebnis auf eine Stelle nach dem Komma runden).

c Welche der nachstehenden Aussagen über das „Unternehmens- u. Vermögenseinkommen" ist zutreffend?

Das Unternehmens- u. Vermögenseinkommen ...

| 1 | fließt insgesamt den Unternehmerhaushalten als Unternehmereinkommen zu.

| 2 | ist die Entlohnung für selbstständige und unselbstständige Arbeit im Produktionsprozess.

| 3 | fließt zum Teil den Unternehmerhaushalten als Unternehmereinkommen, zum anderen Teil den Arbeitnehmerhaushalten als Entgelt für die Bereitstellung von Boden und Kapital zu.

| 4 | ist ausschließlich die Entlohnung für den Produktionsfaktor Kapital.

| 5 | beinhaltet keine Zinseinkünfte aus Kapitalanlagen im Ausland.

69. Aufgabe (10 Punkte)

a Lohn- und Gewinnquote sind wichtige Orientierungsgrößen im Rahmen der Volkswirtschaftlichen Gesamtrechnung eines Landes. Berechnen Sie die Lohnquote unter Verwendung der unten stehenden Daten (Ergebnis auf eine Stelle nach dem Komma runden). %

Volkswirtschaftliche Daten eines Landes	
• BIP	1.945 Mrd. EUR
• Volkseinkommen	1.503 Mrd. EUR
• Unternehmens- u. Vermögenseinkommen	457 Mrd. EUR
• Exporte	224 Mrd. EUR
• Importe	165 Mrd. EUR

b Kennzeichnen Sie

zutreffende Aussagen zur Lohnquote mit einer 1

nicht zutreffende Aussagen zur Lohnquote mit einer 2

Nicht genannte Einflussfaktoren bleiben unberücksichtigt.

ba Bei steigendem Volkseinkommen erhöht sich das Arbeitnehmerentgelt trotz konstanter Lohnquote.

bb Bei sinkender Lohnquote sinkt das Arbeitnehmerentgelt, sofern das Volkseinkommen gegenüber dem Vorjahr konstant bleibt.

bc Bei sinkendem Volkseinkommen und sinkender Gewinnquote bleibt die Lohnquote konstant.

bd Steigen das Volkseinkommen um 5 % und die Gewinnquote um 3 %, dann steigt die Lohnquote um 2 %.

be Bleibt das Volkseinkommen gegenüber dem Vorjahr konstant, dann erhöhen sich die Arbeitnehmerentgelte, sofern die Lohnquote steigt.

c In die Lohn- und Gewinnquote gehen verschiedene Einkommensbestandteile eines Haushaltes ein. Stellen Sie fest, wie viel Euro im folgenden Beispiel

   ca in die Lohnqoute des Jahres 2015,   EUR

   cb in die Gewinnquote des Jahres 2015
   eingehen.   EUR

> **Beispiel:**
> Herr Halman verdiente als kaufmännischer Angestellter im Jahr 2015 brutto 3.200,00 EUR monatlich; es wurden 12,5 Monatsgehälter gezahlt. Er verfügt über ein Wertpapiervermögen von 45.000,00 EUR, das im Jahr 2015 zu durchschnittlich 4 % angelegt war. Außerdem hat er eine Eigentumswohnung geerbt, die er während des Jahres 2015 für 1.100,00 EUR monatlich vermieten konnte.

70. Aufgabe (14 Punkte)

Auf welche Posten (01 bis 23) der folgenden Übersicht beziehen sich die nachstehenden Aussagen?

Verwendung des Inlandsprodukts (preisbereinigt, verkettet)

01 Private Konsumausgaben
02 Konsumausgaben des Staates
03 Ausrüstungsinvestitionen
04 Bauinvestitionen
05 Sonstige Anlagen
06 Vorratsveränderungen
07 Inländische Verwendung
08 Außenbeitrag
09 Exporte
10 Importe
11 Bruttoinlandsprodukt

Verwendung des Inlandsprodukts in jeweiligen Preisen

12 Private Konsumausgaben
13 Konsumausgaben des Staates
14 Ausrüstungsinvestitionen
15 Bauinvestitionen
16 Sonstige Anlagen
17 Vorratsveränderungen
18 Inländische Verwendung
19 Außenbeitrag
20 Exporte
21 Importe
22 Bruttoinlandsprodukt
23 Nachrichtlich: Bruttonationaleinkommen (Bruttosozialprodukt)

Aussagen

a Das reale Wirtschaftswachstum entsprach nicht ganz den vorherigen Erwartungen.

b Dem Wert nach war nur eine geringe Steigerung bei den Exporten zu verzeichnen.

c In aktuellen Preisen lag die Nachfrage der öffentlichen Haushalte unter dem Niveau des Vorjahres.

d Die gesamtwirtschaftliche Produktion innerhalb der geografischen Grenzen
   Deutschlands hat sich nominal erhöht.

e Die nominal hohen Überschüsse der Einnahmen aus Waren- und Dienstleistungsexporten über die
   entsprechenden Ausgaben waren vor allem auf die gestiegene Auslandsnachfrage zurückzuführen.

f Die relativ geringe Steigerung dieser Größe ist auf den hohen negativen Saldo der Erwerbs-
   und Vermögenseinkommen zwischen In- und Ausland (Saldo der Primäreinkommen aus der
   übrigen Welt) zurückzuführen.

g Zum ersten Mal seit vier Jahren weist diese Bestandsveränderungsgröße real einen negativen
   Wert auf.

71. Aufgabe (10 Punkte)

Die nachstehende Tabelle gibt Auskunft über die Bruttowertschöpfung nach Wirtschaftsbereichen in Deutschland (Werte in Mio. EUR).

Jahr, Vierteljahr		Land- und Forst- wirt- schaft, Fische- rei	Prod. gewerbe ohne Baugewerbe		Bau- gewer- be	Handel, Verkehr, Gast- gewerbe	Informa- tion und Kommuni- kation	Finanz- und Versiche- rungs- dienst- leister	Grund- stücks- und Wohnungs- wesen	Unter- nehmens- dienst- leister	Öffentliche Dienst- leister, Erziehung, Gesund- heit	Sonstige Dienst- leister
			zusam- men	darunter: Verarbei- tendes Gewerbe								
		1	2	3	4	5	6	7	8	9	10	11
2011	1. Vj	5.023	156.375	134.507	20.469	90.179	28.522	25.700	71.062	64.457	107.006	24.976
	2. Vj	5.488	158.097	139.633	26.482	97.800	27.134	25.095	69.734	60.852	103.576	24.020
	3. Vj	5.028	161.978	143.331	28.736	100.246	28.833	25.185	72.163	66.267	106.619	25.092
	4. Vj	4.428	159.234	138.533	30.816	98.765	27.641	25.672	68.686	64.349	111.735	24.558
2012	1. Vj	4.312	164.419	141.397	22.350	92.015	29.739	25.832	70.104	67.076	109.975	25.211
	2. Vj	4.606	162.412	141.644	27.748	97.946	27.917	26.126	68.849	62.960	106.637	24.103
	3. Vj	5.063	164.288	143.350	30.076	99.214	29.937	26.237	70.911	68.544	110.490	25.698
	4. Vj	5.123	160.071	137.298	30.947	97.995	28.871	26.155	67.381	65.909	116.660	25.213
2013	1. Vj	5.255	159.728	137.692	21.185	92.149	31.177	25.923	71.494	68.324	113.715	25.406
	2. Vj	5.333	165.118	145.131	28.451	100.837	29.368	26.082	70.517	65.523	110.951	25.012
	3. Vj	4.619	166.160	146.366	31.308	102.610	31.586	26.207	72.518	72.567	114.889	26.860
	4. Vj	4.833	164.519	143.405	32.385	100.655	30.756	26.533	69.070	69.980	121.084	26.173
2014	1. Vj	4.982	167.234	145.478	24.573	95.240	32.442	26.730	73.574	72.598	118.829	26.763
	2. Vj	5.109	167.807	148.622	30.040	102.588	30.578	26.910	72.442	69.044	114.860	25.747
	3. Vj	4.209	171.101	152.162	32.551	104.810	32.766	27.110	74.560	75.822	118.984	27.558
	4. Vj	3.603	168.651	147.303	33.574	104.525	31.692	26.855	71.246	72.737	125.718	26.928
2015	1. Vj	3.695	172.342	149.423	25.480	98.731	33.604	27.020	76.315	75.820	123.611	27.630
	2. Vj	3.869	175.070	154.763	31.575	106.110	32.037	26.778	75.278	72.604	119.655	26.694
	3. Vj	3.609	177.140	156.711	34.286	108.781	34.228	26.469	77.744	79.765	124.159	28.538

a Welche Art der Ermittlung des Inlandsproduktes zeigt die Tabelle auf?

   ⌊1⌋ Entstehungsrechnung des Inlandsprodukts

   ⌊2⌋ Verwendungsrechnung des Inlandsprodukts

   ⌊3⌋ Verteilungsrechnung des Inlandsprodukts

   ⌊4⌋ sowohl Entstehungs- als auch Verteilungsrechnung

   ⌊5⌋ alle Ermittlungsarten des Inlandsprodukts

b Ermitteln Sie die gesamte Bruttowertschöpfung für das 3. Quartal 2015 in Mrd. EUR.

c Stellen Sie fest, auf welche der von 01 bis 11 durchnummerierten Wirtschaftsbereiche in oben stehender
   Tabelle sich die folgenden Aussagen jeweils beziehen.

   ca Dieser Wirtschaftsbereich trug im 3. Quartal 2015 mit 25,5 % zur gesamten Wertschöpfung bei.

   cb Dieser Wirtschaftsbereich verzeichnete im 3. Quartal 2015 den geringsten Rückgang in Mrd. EUR
       gegenüber dem Vorquartal.

   cc Die Wertschöpfung dieses Bereichs ging vom 1. bis zum 3. Quartal 2015 kontinuierlich zurück.

5 Markt und Preis/Marketing

72. Aufgabe (8 Punkte)

Auf einem vollkommenen Markt besteht die folgende Angebots- und Nachfragesituation:

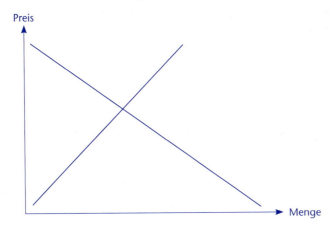

Die folgenden Fälle sind unabhängig voneinander zu lösen.

a Durch Veränderung des Konsumverhaltens kommt es zu einem Nachfragerückgang. Gleichzeitig sind die Anbieter gezwungen, ihr Angebot aufgrund gestiegener Herstellungskosten zu reduzieren. Angebots- und Nachfragekurve verschieben sich aufgrund dieser Sachverhalte parallel im gleichen Maße.

  aa Kennzeichnen Sie die Auswirkung auf den Gleichgewichtspreis.

   Der Gleichgewichtspreis ...

   1 sinkt

   2 steigt

   3 bleibt unverändert

  ab Kennzeichnen Sie die Auswirkung auf den Umsatz zum Gleichgewichtspreis (Umsatz = Preis · Menge).
   Der Umsatz ...

   1 sinkt

   2 steigt

   3 bleibt unverändert

b Die Anbieter verlagern ihre Produktion teilweise in ausländische Billiglohnländer. Hierdurch werden die Stückkosten gesenkt. Der Kostenvorteil wird an die Verbraucher weitergegeben.

  ba Kennzeichnen Sie die Auswirkung auf die Angebotskurve.

   1 Die Angebotskurve verschiebt sich nach links.

   2 Die Angebotskurve verschiebt sich nach rechts.

   3 Das Angebot verändert sich auf der Angebotskurve nach oben.

   4 Das Angebot verändert sich auf der Angebotskurve nach unten.

   5 Der Vorgang hat auf das Angebot keine Auswirkung.

  bb Kennzeichnen Sie die Auswirkung auf die Nachfragekurve.

   1 Die Nachfragekurve verschiebt sich nach links.

   2 Die Nachfragekurve verschiebt sich nach rechts.

   3 Die Nachfrage verändert sich auf der Nachfragekurve nach oben.

   4 Die Nachfrage verändert sich auf der Nachfragekurve nach unten.

   5 Der Vorgang hat auf die Nachfrage keine Auswirkung.

73. Aufgabe (5 Punkte)

Ein Kreditinstitut kalkuliert seinen Marktpreis für Dispositionskredite in der Kundenklasse B (mittlere Bonität; jährliches Gesamtvolumen 10 Mio. EUR) unter Berücksichtigung folgender Daten:

Zinskosten (inkl. Risikoprämie)	4,75 % p. a.
beabsichtigte Gewinnspanne	2,00 % p. a.
anteilmäßige jährliche Betriebserlöse	22.000,00 EUR
anteilmäßige jährliche Betriebskosten	195.000,00 EUR

a Welcher Marktpreis (Preisuntergrenze in % p. a.) ergibt sich (Ergebnis auf eine Stelle nach dem Komma runden)? % p. a.

Das Kreditinstitut befindet sich zusammen mit zwei Konkurrenzinstituten in einer Stadt mit ca. 300.000 Einwohnern.

b Welche der folgenden Marktformen liegt in diesem Fall für Kunden vor, die nicht vom Onlinebanking Gebrauch machen?

1. Monopol
2. vollständige Konkurrenz
3. zweiseitiges Oligopol
4. Angebotsoligopol
5. Nachfrageoligopol

74. Aufgabe (5 Punkte)

In den folgenden Aussagen werden Marketingmaßnahmen verschiedener Kreditinstitute beschrieben. Kennzeichnen Sie diese Maßnahmen. Tragen Sie ein eine

1. , wenn sich die Aussage auf das Marketinginstrument Produktpolitik
2. , wenn sich die Aussage auf das Marketinginstrument Preispolitik
3. , wenn sich die Aussage auf das Marketinginstrument Distributionspolitik
4. , wenn sich die Aussage auf das Marketinginstrument Kommunikationspolitik

bezieht.

a Die Rheinbank AG möchte im nächsten Jahr verstärkt mit Partnern im Lebensversicherungsbereich zusammenarbeiten.

b Die Volksbank Neustadt eG plant ihre Aktivitäten in den Bereichen Bausparen und Fonds zu forcieren.

c Durch Ausbau des Geldautomatennetzes möchte die Sparkasse Groß-Stadthagen vor allem in der Nähe von Einkaufszentren eine größere Kundennähe erreichen.

d Durch Rationalisierung von Arbeitsabläufen gelang es der Nord-Süd-Bank AG, die Konditionen im Ratenkreditgeschäft kundenfreundlicher zu gestalten.

e Ziel der Düsselbank AG ist es, ihre Produkte möglichst kassenstundenunabhängig und weltweit verfügbar anzubieten.

f Im Hause der Volksbank Gremman werden Mitarbeiterschulungen mit dem Ziel durchgeführt, die Cross-Selling-Quote zu erhöhen.

g Die Weserbank kalkuliert ihre Ratenkredite nach den Vorgaben von „Basel II".

75. Aufgabe (4 Punkte)

In welchen beiden der folgenden Sachverhalte wird eine sachliche Preisdifferenzierung beschrieben?

1. Schüler können den Zoo zu ermäßigten Preisen besuchen.
2. Ein Lieferant gewährt einem Abnehmer bei Bezug von 100 Stück 10 %, bei Bezug von 200 Stück 15 % Preisnachlass.
3. Eine Supermarktkette verkauft ihre Produkte im abgelegenen Ort Kleindorf um 10 % teurer als an anderen Standorten.
4. Telefongespräche zum Mondscheintarif sind besonders günstig.

| 5 | Bei der Berechnung von Anwaltshonoraren wird die Höhe des Streitwertes zugrunde gelegt.
| 6 | Eine rund um die Uhr geöffnete Tankstelle verkauft Erdnüsse teurer als der benachbarte Supermarkt.

76. Aufgabe (10 Punkte)

In den USA werden pro Woche zum Preis von 99 Cent 6,1 Mio. Songs heruntergeladen.

Als idealer, umsatzsteigernder Tarif wurde ein Preis von 54 Cent ermittelt, bei dem sich das Volumen der Downloads verdreifachen würde. Eine Preiserhöhung auf 115 Cent würde den Absatz auf 4,3 Mio. Songs schrumpfen lassen.

a Berechnen Sie den Umsatz für die drei Preissituationen.

   aa Preis 54 Cent   Mio. USD

   ab Preis 99 Cent   Mio. USD

   ac Preis 115 Cent   Mio. USD

b Ermitteln Sie die Preiselastizitäten

   ba für die Situation einer Preisänderung von 99 Cent auf 54 Cent.

   bb für die Situation einer Preisänderung von 99 Cent auf 115 Cent.

77. Aufgabe (8 Punkte)

Ein Marktanbieter ermittelt für die Herstellung des von ihm angebotenen Produktes die folgenden Kostenverläufe:

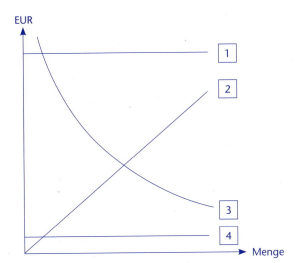

Es ist von einer linearen Kostenfunktion auszugehen.

Ordnen Sie die einzelnen Kostenverläufe den im Folgenden aufgeführten Begriffen zu.

a Gesamte Stückkosten

b Variable Stückkosten

c Fixe Gesamtkosten

d Variable Gesamtkosten

78. Aufgabe (12 Punkte)

Für eine Zweigstelle der Volksbank Südenham eG liegen folgende Daten vor:

- Zahl der Angestellten   5
- Durchschnittszahl der täglichen Barverfügungen über Girokonten   220
  darunter: Verfügungen über Geldautomat (GA)   115
- Kosten je GA-Verfügung   0,55 EUR
- Kosten je Kassenvorgang   1,35 EUR

a Ermitteln Sie die in der Zweigstelle entstehenden täglichen Kosten für Barverfügungen.

EUR

b Wie viel Euro Kosten für Barverfügungen an der Kasse entfallen jährlich auf einen Angestellten, wenn man unterstellt, dass die Zweigstelle 220 Tage im Jahr geöffnet ist.

EUR

c Stellen Sie fest, um wie viel Prozent die Kosten je GA-Verfügung unter den Kosten für einen Kassenvorgang liegen (Ergebnis auf eine Stelle nach dem Komma runden).

%

d Zur Steigerung des Anteils der GA-Verfügungen soll eine Marketingaktion durchgeführt werden. Dabei ist u. a. vorgesehen, dass die Mitarbeiter ihre Kunden gezielt auf die Vorteile des GA ansprechen. Zu diesem Zweck soll eine spezielle Mitarbeiterschulung durchgeführt werden. Welchem Marketinginstrument ist diese Schulung zuzuordnen?

1 Preispolitik

2 Produktpolitik

3 Distributionspolitik

4 Kommunikationspolitik

Tragen Sie eine 5 ein, wenn keines dieser Marketinginstrumente zutrifft.

79. Aufgabe (11 Punkte)

Ein Marktanbieter produziert mit fixen Kosten in Höhe von 15.000,00 EUR. Die variablen Kosten betragen 0,40 EUR pro Stück. Der Anbieter kann aufgrund seiner Produktionskapazität höchstens 600 Stück seines Gutes produzieren. Bis zu dieser Grenze ist er jedoch in der Lage, die gesamte Produktion (nur ganze Stückzahlen) zum Marktpreis von 30,00 EUR je Stück abzusetzen.

a Wie viel Euro beträgt der maximale Gewinn des Anbieters? EUR

b Welche Stückzahl muss der Anbieter mindestens absetzen, damit er einen Gewinn erzielt? Stck.

Zur Steigerung seiner Produktionskapazität um 30 % schafft der Anbieter eine weitere Maschine an. Hierdurch erhöhen sich seine fixen Kosten auf insgesamt 20.000,00 EUR; die variablen Stückkosten sinken auf 0,35 EUR.

c Wie viel Euro ergeben sich jetzt als maximaler Gewinn, wenn die gesamte Produktion zum gleichen Marktpreis abgesetzt werden kann? EUR

d Ermitteln Sie für den Fall c) die gesamten Stückkosten (Ergebnis auf zwei Stellen nach dem Komma gerundet). EUR

80. Aufgabe (11 Punkte)

Bundeskartellamt und Landeskartellämter überwachen in Deutschland den Wettbewerb. Sie prüfen dabei u. a. bestimmte Formen der Kooperation und Konzentration von Unternehmen.

a Die Heizungsinstallateurbetriebe der Region Südlicher Niederrhein unterzeichnen die nachstehend in Auszügen aufgeführte Vereinbarung:

> „Es wird eine Gesellschaft zur Durchführung von Aufträgen in öffentlichen Gebäuden mit der Bezeichnung (GDAöG) gegründet. Zweck der Gesellschaft ist die Bündelung der Fachkenntnisse der unterzeichnenden Betriebe bei der Durchführung von Gewerken für öffentliche Aufträge mit der Zielrichtung einer Rationalisierung der betrieblichen Abläufe in allen beteiligten Unternehmen. [...]"

Welche der folgenden Aussagen trifft auf diese Vereinbarung zu?

1 Es handelt sich um ein verbotenes Gebietskartell.

2 Es handelt sich um ein sogenanntes Mittelstandskartell, das lt. dem Gesetz gegen Wettbewerbsbeschränkungen zulässig ist.

3 Die Vereinbarung ist nur mit Genehmigung durch das Bundeskartellamt gültig, da es sich um ein Quotenkartell handelt.

4 Da diese Vereinbarung unmittelbare Auswirkungen auf die Preise für die entsprechenden Gewerke hat, handelt es sich um ein verbotenes Preiskartell.

Markt und Preis/Marketing

5 Genehmigungsfähig ist diese Vereinbarung als Strukturkrisenkartell nur dann, wenn der Nachweis gegenüber dem Bundeskartellamt erfolgt, dass die Vereinbarung aufgrund der strukturellen Branchenprobleme notwendig ist.

b Konzerne und Fusionen sind weitere Formen der Kooperation und Konzentration von Unternehmen. Kennzeichnen Sie die nachstehenden Aussagen.

1 Es liegt ein Konzern vor.

2 Es liegt eine Fusion vor.

3 Es liegt weder ein Konzern noch eine Fusion vor.

Aussagen

ba Ein Unternehmen wird unter Aufgabe seiner rechtlichen und wirtschaftlichen Selbstständigkeit mit dem gesamten Vermögen in ein anderes Unternehmen eingegliedert.

bb Bei diesem Zusammenschluss behalten die Unternehmen ihre rechtliche Selbstständigkeit, geben jedoch ihre wirtschaftliche Selbstständigkeit teilweise auf.

bc Ein Unternehmen erwirbt eine Mehrheit von 51 % an einem anderen Unternehmen.

bd In einer Kreisstadt wird der Neubau einer Schule ausgeschrieben. Die ortsansässigen Bauunternehmen vereinbaren, dass keines von ihnen einen bestimmten Angebotspreis unterschreitet.

81. Aufgabe (8 Punkte)

Stellen Sie fest, wie sich die unten aufgeführten Vorgänge auf die Angebots- bzw. Nachfragesituation in der nachstehenden Abbildung auswirken. Andere Einflussfaktoren bleiben unberücksichtigt.

Tragen Sie in das jeweilige Kästchen eine

1 ein, wenn die Angebotskurve sich nach rechts verschiebt.

2 ein, wenn die Angebotskurve sich nach links verschiebt.

3 ein, wenn die Nachfragekurve sich nach rechts verschiebt.

4 ein, wenn die Nachfragekurve sich nach links verschiebt.

5 ein, wenn die Lage der Angebots- und Nachfragekurve unverändert bleibt.

Angebots-/Nachfragesituation

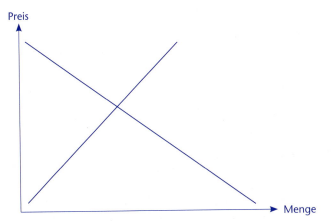

Vorgänge

a Durch Öffnung der Grenzen kommen neue ausländische Anbieter auf den Markt.

b Durch Rationalisierungsmaßnahmen gelingt es, die Produktionskosten zu senken.

c Die Preise für Substitutionsgüter sinken.

d Die Preise für Komplementärgüter steigen.

e Die Tarifvertragsparteien vereinbaren eine Erhöhung der Tariflöhne und -gehälter.

f Die Unternehmenssteuern steigen um zwei Prozentpunkte.

g Ein homogenes Gut wird zu einem vergleichbaren Preis neu am Markt eingeführt.

h Eine umfangreiche Werbemaßnahme für das Gut stößt auf eine positive Resonanz.

82. Aufgabe (9 Punkte)

Im folgenden Marktmodell eines Polypols sind vier verschiedene Preissituationen gekennzeichnet:

Situation

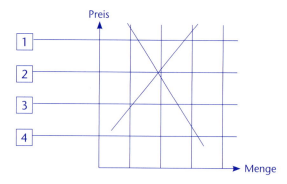

a Bei welcher der obigen Situationen liegt

   aa kein Umsatz

   ab ein Mindestpreis

   ac ein Schutz der Produzenten

   ad eine Räumung des Marktes

   ae ein durch Ausgabe von Bezugsscheinen regulierter Markt

   af ein Käufermarkt

   ag ein Aufkauf durch staatliche Vorratsstellen

   vor?

b Ein Marktnachfrager hat eine Preisvorstellung in Höhe der Preissituation 3 . Welche der folgenden Aussagen trifft auf den Nachfrager zu, wenn es sich um einen vollkommenen Markt handelt?

   Aussagen

   1 Es handelt sich um einen Grenznachfrager.
   2 Der Nachfrager realisiert eine Konsumentenrente.
   3 Der Nachfrager realisiert eine Produzentenrente.
   4 Der Nachfrager realisiert einen Nachfrageüberschuss.
   5 Der Nachfrager kommt nicht zum Zuge.

83. Aufgabe (13 Punkte)

Die Situation auf einem Markt ist durch nachstehende Angebots- und Nachfragefunktion gekennzeichnet:

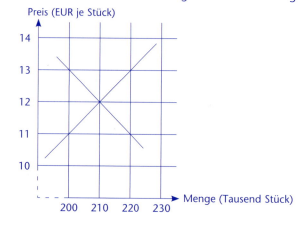

Die folgenden Fälle sind unabhängig voneinander zu lösen.

Der Staat garantiert den Anbietern einen Preis von 13,00 EUR je Stück. Alle Anbieter liefern direkt an den Staat.

a Der Staat bietet die Ware am Inlandsmarkt zum garantierten Preis an.

    aa Wie viel Tausend Stück sind im Inland nicht absetzbar?   Tsd. Stck.

    ab Wie viel Tausend Euro beträgt der Gesamtverlust des Staates, wenn der Staat die in aa) ermittelte Menge im Ausland zum Weltmarktpreis von 6,00 EUR je Stück verkauft?   Tsd. EUR

b Der Staat bietet die Ware auf dem Inlandsmarkt zum Gleichgewichtspreis an.

    ba Wie viel Tausend Stück sind im Inland nicht absetzbar?   Tsd. Stck.

    bb Wie viel Tausend Euro beträgt der Gesamtverlust des Staates, wenn der Staat die in ba) ermittelte Menge im Ausland zum Weltmarktpreis von 6,00 EUR je Stück verkauft?   Tsd. EUR

c Der Staat bietet die Ware auf dem Inlandsmarkt zu einem Preis an, zu dem die gesamte produzierte Menge abgesetzt werden kann. Wie viel Tausend Euro beträgt der finanzielle Gesamtverlust des Staates?   Tsd. EUR

84. Aufgabe (9 Punkte)

Ein Möbelhersteller produzierte im Monat August eines Jahres 1.800 Garderobenständer. Dies entspricht einem Auslastungsgrad von 90 %. Die Gesamtkosten für diesen Produktionsbereich betrugen im August 150.000,00 EUR, die variablen Kosten 40,00 EUR je Stück.

a Ermitteln Sie

    aa die fixen Kosten des Produktionsbereichs „Garderobenständer" pro Jahr in Tausend Euro beim o. g. Auslastungsgrad,   Tsd. EUR

    ab die fixen Stückkosten des Produktionsbereichs für August,   EUR

    ac die monatlichen fixen Stückkosten, die sich – unter sonst gleichen Annahmen – bei voller Auslastung der Produktionskapazität ergeben würden.   EUR

Im Absatzgebiet des Möbelherstellers wurden innerhalb eines Jahres insgesamt 250.000 Garderobenständer verkauft. Während des Jahres konnte das Unternehmen monatlich durchschnittlich 85 % seines Auslastungsgrades absetzen.

b Ermitteln Sie den Marktanteil des Möbelherstellers in Prozent (auf zwei Stellen nach dem Komma).   %

6 Binnen-/Außenwert des Geldes

85. Aufgabe (4 Punkte)

In der folgenden Übersicht werden reale und nominale Veränderungen der Nettoverdienste je Arbeitnehmer (in Prozent) in einer Volkswirtschaft von 2012 bis 2015 dargestellt.

Übersicht

	2012	2013	2014	2015
nominal	+ 0,5	+ 0,7	+ 3,8	+ 2,0
real	− 2,1	− 1,1	+ 2,3	+ 0,5

Ermitteln Sie (in Prozent)

a den nominalen

b den realen

Gesamtzuwachs/Gesamtrückgang der Nettoverdienste je Arbeitnehmer von Anfang 2012 bis Ende 2015 (Ergebnisse jeweils auf zwei Stellen nach dem Komma runden).

86. Aufgabe (17 Punkte)

Die folgende Darstellung weist verschiedene Preisindizes (Nr. 01 bis 13) für die Lebenshaltung aller privaten Haushalte eines Bundeslandes für den Monat Juni 20.. aus.

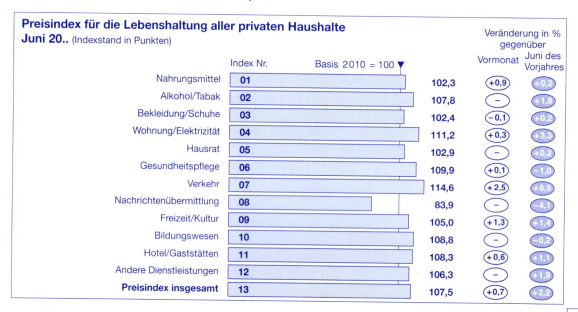

a Welcher Index hatte im Juni des Vorjahres den niedrigsten Stand nach Indexpunkten?

b Um wie viele Indexpunkte hat sich der unter Nr. 03 aufgeführte Index seit dem Vormonat geändert (Ergebnis auf drei Stellen nach dem Komma runden)?

c Berechnen Sie für den Gesamtpreisindex (Nr. 13)

　ca den Indexwert im Juni des Vorjahres (Ergebnis auf eine Stelle nach dem Komma runden),

　cb die Kaufkraft im Juni 20.. gegenüber dem Basisjahr (Ergebnis auf eine Stelle nach dem Komma runden).

d Ermitteln Sie für den Index Nr. 12 den Kaufkraftverlust gegenüber dem Juni des Vorjahres (Ergebnis auf eine Stelle nach dem Komma runden).

Binnen-/Außenwert des Geldes

e Stellen Sie bei den folgenden Aussagen fest, auf welchen der von 01 bis 13 durchnummerierten Indizes sich die Aussage jeweils bezieht.

ea Dieser Index weist seit dem Basisjahr den höchsten Zuwachs an Indexpunkten auf.

eb Dieser Index weist seit dem Juni des Vorjahres den geringsten Rückgang an Indexpunkten auf.

ec Dieser Index weist seit dem Juni des Vorjahres den höchsten Zuwachs an Indexpunkten auf.

87. Aufgabe (9 Punkte)

Für einen Arbeitnehmerhaushalt gelten folgende Werte:

	Juni 2014	Juni 2015
Verfügbares Einkommen	4.900,00 EUR	5.100,00 EUR
Preisindex für die Lebenshaltung	112,5	114,5
Sparquote	12,0 %	11,5 %

Ermitteln Sie die Veränderung der unten stehenden Größen von Juni 2014 bis Juni 2015. Tragen Sie ein eine

$\boxed{1}$, wenn eine Senkung

$\boxed{2}$, wenn eine Erhöhung

$\boxed{3}$, wenn keine Änderung

vorliegt.

a Nominale Sparleistung des Haushalts

b Kaufkraft des verfügbaren Einkommens des Haushalts

c Realer Konsum des Haushalts

88. Aufgabe (7 Punkte)

Ein Kunde zahlt 4.500,00 EUR auf sein laufendes Konto bar ein.

Ermitteln Sie

a den Geldschöpfungsmultiplikator bei einem Mindestreservesatz von 2 % und einem Kassenreservesatz der Kreditinstitute von 6 %.

b das theoretische Kreditvolumen, das aus dieser Einzahlung maximal geschaffen werden könnte. EUR

89. Aufgabe (9 Punkte)

Aus den Bilanzen von Monetären Finanzinstituten (MFIs = Banken) liegen u. a. die folgenden Angaben vor:

Mrd. EUR

- Kassenbestände der MFIs — 70
- Sichtverbindlichkeiten gegenüber anderen MFIs — 1.350
- Täglich fällige Einlagen von Nichtbanken — 3.700
- Einlagen von Nichtbanken mit vereinbarter Laufzeit von bis zu 2 Jahren — 1.900
- Einlagen von Nichtbanken mit vereinbarter Kündigungsfrist von bis zu 3 Monaten — 1.850
- Einlagen von Nichtbanken mit vereinbarter Laufzeit von mehr als 2 bis zu 4 Jahren — 2.220
- Geldmarktpapiere — 780
- Geldmarktfondsanteile — 910
- Schuldverschreibungen mit einer Ursprungslaufzeit von mehr als 2 bis zu 4 Jahren — 3.670

Informationen der EZB:

Summe der insgesamt in Umlauf gegebenen Münzen und Banknoten (= Bargeldumlauf insgesamt) — 1.650

Berechnen Sie (jeweils in Mrd. EUR) die Geldmengen

a M 1   Mrd. EUR
b M 2   Mrd. EUR
c M 3   Mrd. EUR

90. Aufgabe (7 Punkte)

Die Europäische Zentralbank (EZB) unterscheidet die Geldmengenbegriffe M1, M2 und M3.

Entscheiden Sie, wie sich die unten angegebenen Sachverhalte auf die Geldmengen auswirken. Zeigen Sie nur die unmittelbare Auswirkung auf die jeweils angesprochene Geldmenge auf.

[1] Die angesprochene Geldmenge erhöht sich.

[2] Die angesprochene Geldmenge vermindert sich.

[3] Die angesprochene Geldmenge bleibt unverändert/wird nicht berührt.

Sachverhalte	Auswirkung auf	Entscheidung
a Privatkunden erwerben bei ihren Hausbanken Schuldverschreibungen (6 Jahre Laufzeit) gegen fällig gewordene Termingelder (Laufzeit 1 Monat).	M 2	
b Kreditinstitute erhalten im Rahmen von Wertpapierpensionsgeschäften Gutschrift auf DBB-Konten.	M 1	
c Täglich fällige Einlagen werden in Spareinlagen mit dreimonatiger Kündigungsfrist umgewandelt (Nichtbanken).	M 2	
d Fällige Bankschuldverschreibungen (5 Jahre) werden in Termingelder mit einer Befristung unter zwei Jahren angelegt (Nichtbanken).	M 3	
e Kreditinstitute erhöhen ihre Kassenbestände durch Verfügung über ihre DBB-Guthaben.	M 1	
f Unternehmen erwerben bei Kreditinstituten US-Dollar, Verrechnung erfolgt über KK-Guthaben.	M 1	
g Fällige Termineinlagen mit einer Befristung unter zwei Jahren werden in täglich fällige Einlagen umgewandelt (Nichtbanken).	M 2	

91. Aufgabe (6 Punkte)

Im Mai und Juni eines Jahres notierte der US-Dollar gegenüber dem Euro wie folgt:

- Mai: 1,00 EUR = 1,1511 USD
- Juni: 1,00 EUR = 1,1419 USD

a Welche beiden der folgenden Aussagen sind in diesem Zusammenhang für Juni gegenüber dem Vormonat zutreffend?

[1] Die EZB musste aufgrund vertraglicher Verpflichtungen USD verkaufen.

[2] Reisen von Inländern in die USA verteuerten sich.

[3] Kapitalanlagen von Inländern in den USA sanken im Wert.

[4] Deutsche Rohstoffimporte auf USD-Basis ermäßigten sich im Preis.

[5] Reisen von US-Touristen nach Deutschland verteuerten sich.

[6] Europäische Exporteure hatten eine bessere Wettbewerbsfähigkeit auf dem US-amerikanischen Markt.

b Beurteilen Sie, wie sich eine Zinssenkung im „Euroland" tendenziell auf das Kursverhältnis EUR/USD auswirken würde (nicht genannte Einflussfaktoren bleiben unberücksichtigt).

[1] Der USD würde an Wert gewinnen.

[2] Der USD würde an Wert verlieren.

[3] Eine Zinssenkung im „Euroland" hätte keine Auswirkung auf das Kursverhältnis EUR/USD.

92. Aufgabe (4 Punkte)

Gehen Sie von folgender Darstellung aus:

		Euro-Wechselkurse (Basis 1,00 EUR)		
		Japanischer Yen	Schweizer Franken	Pfund Sterling
20..	Jan.	127,12	1,2745	0,81659
	Febr.	126,23	1,2775	0,81160
	März	124,75	1,2678	0,81574
	April	125,81	1,2658	0,81407
	Mai	125,86	1,2572	0,82823
	Juni	127,80	1,2721	0,84405
	Juli	127,05	1,2624	0,83870

a Welche der folgenden Aussagen zum Verhältnis des EUR zu den drei ausländischen Währungen ist zutreffend?

Im dargestellten Zeitraum hat der EUR

  1 gegenüber allen drei Währungen an Wert verloren.
  2 gegenüber allen drei Währungen an Wert gewonnen.
  3 nur gegenüber dem Schweizer Franken an Wert verloren.
  4 gegenüber dem Schweizer Franken an Wert gewonnen.
  5 gegenüber dem Englischen Pfund an Wert gewonnen.

b Bei welcher der drei Währungen war der prozentuale Wertgewinn/-verlust des EUR im Juli gegenüber Januar am höchsten?

  1 Beim Japanischen Yen
  2 Beim Schweizer Franken
  3 Beim Pfund Sterling

93. Aufgabe (6 Punkte)

Gehen Sie von den folgenden Devisenkursen aus:

Basis 1,00 EUR		
USA	US-$	1,1061
Japan	Yen	115,69
Großbritannien	£	0,8365
Schweiz	sfr	1,0910
Kanada	kan-$	1,4433
Schweden	skr	9,4521
Norwegen	nkr	9,3256
Dänemark	dkr	7,4356

a Ermitteln Sie (Ergebnisse jeweils auf vier Stellen nach dem Komma gerundet)

  aa den Wert in Pfund für einen US-Dollar,
  ab den Wert in Yen für einen US-Dollar.

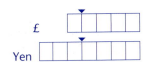

Gehen Sie davon aus, dass 14 Tage später die Devisenkurse für US-Dollar und Yen auf der Basis 1,00 EUR wie folgt lauten:

USD: 1,1865

Yen: 117,24

b Welche der folgenden Aussagen trifft in diesem Zusammenhang zu?

Der Außenwert des Yen hat sich im angegebenen Zeitraum

1 gegenüber Euro und US-Dollar erhöht.

2 gegenüber Euro und US-Dollar verringert.

3 gegenüber Euro erhöht, jedoch gegenüber US-Dollar verringert.

4 gegenüber Euro verringert, jedoch gegenüber US-Dollar erhöht.

94. Aufgabe (6 Punkte)

Stellen Sie fest, wie sich die Entwicklung des Außenwertes des EUR gegenüber dem japanischen Yen (JPY) auf den Außenhandel zwischen dem Euroraum und Japan tendenziell ausgewirkt hat.

Geben Sie die Ziffer/n der drei zutreffenden Aussage/n an.

1,00 EUR = ... Yen

t 0 (Basisjahr)	=	135,23 Yen	t 1 =	99,47 Yen
			t 2 =	108,68 Yen
			t 3 =	118,06 Yen
			t 4 =	130,97 Yen
			t 5 =	123,78 Yen

Aussagen

1 Im dargestellten Zeitraum (t 1 – t 5) haben sich die Exportbedingungen für Unternehmen im Euroraum insgesamt verbessert.

2 Im dargestellten Zeitraum haben sich die Exportbedingungen für japanische Unternehmen in den Euroraum zunächst verbessert, dann (t 5) verschlechtert.

3 Die Importbedingungen für den Bezug von japanischen Gütern haben sich im dargestellten Zeitraum zunächst verbessert, dann (t 5) wieder verschlechtert.

4 Bezogen auf das Basisjahr haben sich die Exportbedingungen für Unternehmen im Euroraum insgesamt (in t 5) verbessert.

5 Bezogen auf das Basisjahr haben sich die Importbedingungen für japanische Unternehmen insgesamt (in t 5) verschlechtert.

6 Bezogen auf das Basisjahr haben sich die Exportbedingungen für japanische Unternehmen insgesamt (in t 5) verbessert.

7 Zahlungsbilanz

95. Aufgabe (8 Punkte)

Die Europäische Zentralbank (EZB) führt zur Leistungsbilanz eines Jahres im Eurowährungsraum u. a. Folgendes an:

> Im Ergebnis führten die günstige Exportentwicklung und die im Vergleich dazu moderate Importzunahme zu einem weiteren Anstieg des Exportüberschusses, und zwar um 15 Mrd. EUR auf 110 Mrd. EUR. [...] Angesichts der beachtlichen Verbesserung der Außenhandelsposition der Wirtschaft in Europa hat sich das gesamte Leistungsbilanzdefizit insgesamt deutlich (um 12,5 Mrd. EUR auf 21,5 Mrd. EUR) verringert.

a Ermitteln Sie den Betrag in Mrd. EUR, der auf die hier nicht genannten Posten der Leistungsbilanz (Dienstleistungen, Primäreinkommen, Sekundäreinkommen) entfiel (auf glatte Mrd. EUR runden). Mrd. EUR ☐☐☐

b Kennzeichnen Sie den in a ermittelten Wert. Tragen Sie ein eine ☐

  ☐1, wenn er mit einem Minuszeichen

  ☐2, wenn er mit einem Pluszeichen

  zu versehen ist.

c Im Geschäftsbericht der EZB wird außerdem erwähnt, dass bei den Sekundäreinkommen ein Defizit zu verzeichnen war. Welcher der folgenden Sachverhalte könnte hierzu beigetragen haben? ☐

  ☐1 Kreditgewährung an US-amerikanische Unternehmen

  ☐2 Europäische Schenkungen an Gebietsansässige in der Karibik

  ☐3 Zinszahlungen an japanische Gläubiger

  ☐4 Zahlungen an die Vereinten Nationen

  ☐5 Ausgaben europäischer Touristen in Fernost

96. Aufgabe (8 Punkte)

Gehen Sie von folgenden Posten der Zahlungsbilanz des Eurowährungsraumes in einem bestimmten Monat aus (Angaben in Mio. EUR):

- Ausfuhr 65.900
- Einfuhr 55.300
- Dienstleistungen .... – 2.823
- Primäreinkommen .... – 1.304
- Sekundäreinkommen .... – 4.850
- Kapitalbilanz (inkl. Währungsreserven der EZB) ....

  +6.770 (Zunahme)

a Berechnen Sie (nicht aufgeführte Posten bleiben jeweils unberücksichtigt) den Saldo der Leistungsbilanz. Mio. EUR ☐☐☐☐

b Stellen Sie fest, ob bei der Kapitalbilanz ☐

  ☐1 die inländischen Anlagen im Ausland stärker gestiegen sind als die ausländischen Anlagen im Inland oder

  ☐2 die inländischen Anlagen im Ausland stärker gesunken sind als die ausländischen Anlagen im Inland.

c Ermitteln Sie die Höhe der statistisch nicht aufgliederbaren Transaktionen (Restposten). Mio. EUR ☐☐☐☐

97. Aufgabe (9 Punkte)

Die Leistungsbilanz der Zahlungsbilanz wird unterteilt in die Teilbilanzen:

- [1] Warenhandel
- [2] Dienstleistungen
- [3] Primäreinkommen
- [4] Sekundäreinkommen

Stellen Sie fest, welcher Teilbilanz die folgenden Sachverhalte jeweils zuzuordnen sind. Tragen Sie die Ziffer vor der zutreffenden Teilbilanz in das entsprechende Kästchen ein.

Tragen Sie eine [5] ein, sofern der Sachverhalt keiner der genannten Teilbilanzen zugeordnet werden kann.

- a Ausländische Baufirmen erbringen Bauleistungen im Inland
- b Reiseausgaben deutscher Touristen im Ausland
- c Beiträge aus dem Bundeshaushalt zum EG-Haushalt
- d Import von Rohöl aus einem OPEC-Staat
- e Rentenzahlungen eines privaten inländischen Versicherers an ständig in Spanien lebende Deutsche
- f Ein Ausländer fliegt mit der Lufthansa von New York nach Frankfurt
- g Eine inländische Hypothekenbank zahlt Zinsen an ausländische Kapitalanleger
- h Ein Inländer fliegt mit der Lufthansa von Frankfurt nach Stockholm
- i Inländische Unternehmen leisten Zahlungen für die Inanspruchnahme ausländischer Patente und Lizenzen

98. Aufgabe (6 Punkte)

Welche Auswirkungen können die folgenden Sachverhalte auf die Leistungsbilanz eines Landes haben?
Der Sachverhalt

- [1] trägt tendenziell zur Verringerung eines bereits vorhandenen Leistungsbilanzüberschusses bei.
- [2] trägt tendenziell zur Erhöhung eines bereits vorhandenen Leistungsbilanzüberschusses bei.
- [3] hat keinen direkten Einfluss auf die Leistungsbilanz.

Nicht genannte Faktoren bleiben jeweils unberücksichtigt.

- a Die Inlandswährung wird abgewertet.
- b Der Staat erhöht den Rahmen für Exportgarantien.
- c Die Lohnstückkosten steigen im Inland weniger stark als im Ausland.
- d Die Inflationsrate im Inland steigt stärker als im Ausland.
- e Inländer kaufen verstärkt ausländische Rentenpapiere.
- f Ausländische Staaten führen Schutzzölle ein.

99. Aufgabe (12 Punkte)

Gegeben sind die folgenden Teilbilanzen einer Zahlungsbilanz. Nicht aufgeführte Teilbilanzen bleiben unberücksichtigt.
(Angaben in Mrd. EUR)

- Außenhandel
  - Ausfuhr 732,6
  - Einfuhr 634,6
- Dienstleistungen .... – 62,9
- Sekundäreinkommen .... – 58,0
- Kapitalbilanz .... – 55,8 (Abnahme)
- Saldo der statistisch nicht aufgliederbaren Transaktionen (Restposten) .... ?

Zahlungsbilanz

a Berechnen Sie den Saldo der Leistungsbilanz. Mrd. EUR

b Ermitteln Sie den Betrag der autonomen Finanztransaktionen. Mrd. EUR

c Um welchen Betrag haben sich die Restposten verändert? Mrd. EUR

d Welche der folgenden Aussagen beschreibt zutreffend eine mögliche Ursache für das hohe Defizit in der Bilanz

　|1| Die Kapitalertragszahlungen an das Ausland waren deutlich größer als die aus dem Ausland bezogenen Kapitalerträge.

　|2| Inländische Touristen gaben im Ausland entscheidend mehr Geld aus als ausländische im Inland.

　|3| Die Nettoleistungen zum EU-Haushalt waren stark negativ.

　|4| Die Einnahmen für Patente und Lizenzen aus dem Ausland waren deutlich geringer als die Ausgaben.

　|5| Es flossen sehr viele Zahlungen aufgrund von Erbschaften und Schenkungen an das Ausland.

e Welche der folgenden Aussagen zum Saldo der Kapitalbilanz ist zutreffend?

　|1| Ausländische Kapitalanleger haben für insgesamt 55,8 Mrd. EUR Vermögenstitel im Inland erworben.

　|2| Inländische Kapitalanleger haben für insgesamt 55,8 Mrd. EUR Vermögenstitel im Ausland erworben.

　|3| Die inländischen Kapitalanlagen im Ausland überstiegen die ausländischen Kapitalanlagen im Inland um 55,8 Mrd. EUR.

　|4| Die ausländischen Kapitalanlagen im Inland überstiegen die inländischen Kapitalanlagen im Ausland um 55,8 Mrd. EUR.

　|5| Per Saldo lagen mehr Kapitalanlagen durch Inländer im Ausland vor.

100. Aufgabe (9 Punkte)

Zur Entwicklung des Kapitalverkehrs mit Ländern außerhalb des Euro-Währungsgebietes in den Monaten Februar und März eines Jahres führt die Europäische Zentralbank (EZB) u. a. an:

> Die inländischen Anlagen in Wertpapieren ausländischer Emittenten nahmen im März um 3,5 Mrd. EUR netto zu, nachdem sie im Februar noch um 0,2 Mrd. EUR abgenommen hatten. Die inländischen Direktinvestitionen im Ausland nahmen per Saldo um 1,1 Mrd. EUR zu (Februar: Zunahme von 1,9 Mrd. EUR). Im übrigen Kapitalverkehr überstiegen die inländischen Anlagen im Ausland die ausländischen Anlagen im Inland um 4,1 Mrd. EUR, während die ausländischen Anlagen im Inland im Februar noch um 2,4 über den inländischen Anlagen im Ausland gelegen hatten.

a Ermitteln Sie (nicht genannte Posten bleiben unberücksichtigt) den Saldo des Kapitalverkehrs mit dem Ausland

　aa für den Monat Februar, Mrd. EUR

　ab für den Monat März. Mrd. EUR

b Kennzeichnen Sie die in a ermittelten Salden.

Tragen Sie eine

　|1| ein, wenn beide Salden mit einem Pluszeichen,

　|2| ein, wenn der Februarsaldo mit einem Plus-, der Märzsaldo mit einem Minuszeichen,

　|3| ein, wenn der Februarsaldo mit einem Minus-, der Märzsaldo mit einem Pluszeichen,

　|4| ein, wenn beide Salden mit einem Minuszeichen

zu versehen sind/ist.

101. Aufgabe (7 Punkte)

a Ermitteln Sie mithilfe des folgenden Auszugs aus einem Bundesbankbericht für Juli 20.. (Ergebnisse in Mrd. EUR auf eine Stelle nach dem Komma runden.)

    aa den Saldo der Leistungsbilanz,   Mrd. EUR   **15,0**

    ab den Saldo der statisch nicht aufgliederbaren Transaktionen.   Mrd. EUR   **−1,1**

b Welcher der folgenden Vorgänge ist der Vermögensänderungsbilanz zuzuordnen?   **1**

    [1] EU-Zuschüsse zu Infrastrukturmaßnahmen

    [2] An das Ausland zu zahlende Renten

    [3] Beiträge zu den Haushalten internationaler Organisationen

    [4] Zinsen aus Kapitalanlagen im Ausland

    [5] Entlohnungen für die Nutzung von Patenten

Auszug

Wichtige Posten der Zahlungsbilanz der Bundesrepublik Deutschland (Salden in Mio. EUR)

I. Leistungsbilanz		
1. Warenhandel	+	16,4
Ausfuhr (fob)		92,7
Einfuhr (fob)		76,3
nachrichtlich: Außenhandel	+	16,5
Ausfuhr (fob)		93,4
Einfuhr (cif)		77,0
2. Dienstleistungen	−	4,0
Einnahmen		18,1
Ausgaben		22,1
3. Primäreinkommen	+	4,8
Einnahmen		16,7
Ausgaben		11,9
4. Sekundäreinkommen	−	2,2
II. Vermögensänderungsbilanz	+	0,4
III. Kapitalbilanz (Zunahme: +)	+	16,5
1. Direktinvestitionen	−	0,8
Inländische Anlagen im Ausland	+	3,7
Ausländische Anlagen im Inland	+	4,6
2. Wertpapiere	+	5,3
Inländische Anlagen in Wertpapieren ausländischer Emittenten	+	16,0
Aktien	+	3,0
Investmentfondsanteile	+	5,5
Langfristige Schuldverschreibungen	+	6,9
Kurzfristige Schuldverschreibungen	+	0,6
Ausländische Anlagen im Inland	+	10,7
Aktien	+	11,3
Investmentfondsanteile	+	1,2
Langfristige Schuldverschreibungen	−	1,5
Kurzfristige Schuldverschreibungen	−	0,3
3. Finanzderivate	−	0,2

4. Übriger Kapitalverkehr	+	12,4
Monetäre Finanzinstitute	+	21,4
darunter kurzfristig	+	24,4
Unternehmen und Privatpersonen	–	7,8
darunter kurzfristig	–	7,2
Staat	–	5,6
darunter kurzfristig	–	3,4
Bundesbank	+	4,4
5. Währungsreserven	–	0,1

102. Aufgabe (9 Punkte)

Die Deutsche Bundesbank veröffentlichte folgende Werte zur deutschen Zahlungsbilanz:

Position	Vorjahr 3. Vj.[1]	laufendes Jahr 2. Vj.	laufendes Jahr 3. Vj.
Warenhandel			
Ausfuhr (fob)	146	161	157
Einfuhr (cif)	133	141	134
Dienstleistungen (Saldo)	– 13	– 11	– 14
Saldo der Primäreinkommen	– 2	– 2	– 1
Saldo der Sekundäreinkommen	– 7	– 8	– 6
Saldo der Vermögensänderungsbilanz	+ 16	– 1	– 1

a Ermitteln Sie den Saldo der Leistungsbilanz für das 3. Vj. des laufenden Jahres.   Mrd. EUR

b Welcher der folgenden Sachverhalte kann eine Ursache für die ständig defizitäre Dienstleistungsbilanz sein?

    [1] Erwerb von Grundstücken im Ausland durch Inländer.

    [2] Zahlung von Beiträgen an den EU-Haushalt.

    [3] Die Reiseausgaben der Inländer im Ausland waren deutlich höher als die der Ausländer im Inland.

    [4] Für im Ausland aufgenommene Kredite mussten wesentlich höhere Zinsen gezahlt werden als für im Inland von Ausländern aufgenommene Kredite.

    [5] Die Zahlungen deutscher Unternehmen an im Ausland wohnhafte Arbeitnehmer stiegen an.

c Wie wirkte sich eine deutliche preisliche Entspannung auf den Rohölmärkten im laufenden Jahr aus?

    [1] Der Wert der Ausfuhr ist deutlich gestiegen.

    [2] Der Wert der Einfuhr ist deutlich gestiegen.

    [3] Der Wert der Ausfuhr ist deutlich gesunken.

    [4] Der Wert der Einfuhr ist deutlich gesunken.

    [5] Der Außenhandelssaldo ist deutlich gesunken.

---

[1] Vj. = Vierteljahr

103. Aufgabe (9 Punkte)

Bei der Vorbereitung der Zahlungsbilanzstatistik für die volkswirtschaftliche Abteilung der Rheinbank AG sind die Zahlenwerte durch einen Programmfehler durcheinandergeraten bzw. verloren gegangen.

Es liegen folgende Angaben vor (Angaben in Mrd. EUR):

(1)	Primäreinkommen/Einnahmen		112,0
(2)	Saldo der Wertpapiertransaktionen und Finanzderivate (Zunahme +)	–	36,0
(3)	An das Ausland geleistete Vermögenseinkommen		106,0
(4)	Vermögensänderungsbilanz/Saldo	–	1,5
(5)	Außenhandel/Ausfuhr	+	645,0
(6)	Saldo der Direktinvestitionen (Zunahme +)	–	6,9
(7)	An das Ausland geleistete Erwerbseinkommen		12,7
(8)	Saldo der Leistungsbilanz	+	47,0
(9)	Bilanz der Sekundäreinkommen/Saldo		xxx
(10)	Außenhandel/Einfuhr		520,0
(11)	Sonstiger Kapitalverkehr (einschließlich Währungsreserven) (Abnahme –)	+	116,4
(12)	Dienstleistungen/Ausgaben insgesamt		217,0
(13)	Dienstleistungen/Einnahmen insgesamt		168,0

Ermitteln Sie

a den Saldo der Sekundäreinkommen,   Mrd. EUR

b den Saldo der Kapitalbilanz (Veränderung),   Mrd. EUR

c den Saldo der statisch nicht aufgliederbaren Transaktionen (Restposten),   Mrd. EUR

d das Vorzeichen für das Ergebnis von c.

    [1] Plus,

    [2] Minus.

8 Konjunktur/Konjunkturpolitik/Geldpolitik/Steuern

104. Aufgabe (12 Punkte)

Mit Beginn des Jahres 1999 wurde ein einheitliches Euro-Währungsgebiet geschaffen.

a Stellen Sie fest, welche der folgenden Staaten im Jahr 2014 noch nicht am Euro-System teilnahmen.

Tragen Sie die Ziffern der Nichtteilnehmerländer in die Kästchen ein (3 Länder).

0 1	Belgien	0 9	Irland
0 2	Dänemark	1 0	Italien
0 3	Deutschland	1 1	Lettland
0 4	Estland	1 2	Litauen
0 5	Finnland	1 3	Österreich
0 6	Frankreich	1 4	Portugal
0 7	Griechenland	1 5	Schweden
0 8	Großbritannien	1 6	Slowenien

b Welche Institution entscheidet über den Einsatz der Geldpolitik im Euro-Währungsgebiet?

1 Zentralbankrat der Deutschen Bundesbank in Frankfurt

2 Europäisches Parlament in Straßburg

3 Europäische Kommission in Brüssel

4 Rat der Europäischen Zentralbank in Frankfurt

5 Rat der Europäischen Union

c Kennzeichnen Sie die folgenden möglichen geldpolitischen Instrumente mit einer

1 , sofern sie im Euro-Währungsgebiet Anwendung finden,

2 , sofern sie im Euro-Währungsgebiet keine Anwendung finden.

ca Festsetzen eines Diskontsatzes

cb Bereitstellung eines Rediskontkontingents

cc Offenmarktgeschäfte

cd Haltung von Mindestreserven bei den nationalen Zentralbanken

ce Festsetzen eines Lombardsatzes

cf Anlage von Tagesgeld bei den nationalen Zentralbanken

105. Aufgabe (10 Punkte)

EZB-Rat und Direktorium sind die Beschlussorgane der EZB.

a Stellen Sie fest, welche der auf S. 186 aufgeführten Personengruppen die Zusammensetzung dieser Beschlussorgane zutreffend angibt.

aa Zusammensetzung EZB-Rat

ab Zusammensetzung Direktorium

Konjunktur/Konjunkturpolitik/Geldpolitik/Steuern

Personengruppen

1 Präsidenten und Vizepräsidenten der nationalen Zentralbanken der Mitgliedsstaaten

2 Präsident und Vizepräsident der EZB und sechs weitere Mitglieder

3 Präsident und Vizepräsident der EZB sowie je ein Regierungsmitglied aus den Mitgliedsstaaten

4 Präsident und Vizepräsident der EZB und vier weitere Mitglieder

5 Mitglieder des Direktoriums der EZB und die Präsidenten der nationalen Zentralbanken der Mitgliedsstaaten

b Welche beiden der folgenden Aussagen beschreiben die Situation der Deutschen Bundesbank im Rahmen des Europäischen Systems der Zentralbanken (ESZB) zutreffend?

Aussagen

1 Die Deutsche Bundesbank hat Sitz und Stimmrecht im Direktorium der EZB.

2 Ein Teil der Währungsreserven der Deutschen Bundesbank wurde auf die EZB übertragen.

3 Der selbstständige Einsatz geldpolitischer Instrumente durch die Deutsche Bundesbank ist auf das Inland beschränkt.

4 Die Organe der Deutschen Bundesbank werden mit Einführung des Euro aufgelöst.

5 Die Deutsche Bundesbank ist integraler Bestandteil des ESZB; sie kann jedoch keine autonome Geldpolitik betreiben.

6 Die Deutsche Bundesbank bleibt zuständig für die Genehmigung der Banknotenausgabe (EUR) im Inland.

c Welche der nachstehenden Aussagen zur Ausgabe von Banknoten und Münzen im ESZB ist zutreffend?

Aussagen

1 Die EZB ist zur Ausgabe von Banknoten und Münzen berechtigt.

2 Die EZB und die Mitgliedsstaaten sind zur Ausgabe von Banknoten berechtigt.

3 Nur die EZB ist zur Ausgabe von Banknoten berechtigt.

4 Die Mitgliedsstaaten sind zur Ausgabe von Banknoten und Münzen berechtigt.

5 Die EZB und die nationalen Zentralbanken sind zur Ausgabe von Banknoten berechtigt.

106. Aufgabe (4 Punkte)

Der Konjunkturzyklus lässt sich in folgende vier Phasen einteilen:

1 Tiefstand (Rezession)

2 Aufschwung (Expansion)

3 Boom (Hochkonjunktur)

4 Abschwung

Stellen Sie bei nachstehenden Aussagen fest, welche Konjunkturphase jeweils beschrieben wird.

a Die zunehmende Kapazitätsauslastung und die steigende Produktion führen zu sinkenden Stückkosten.

b Arbeitslosigkeit, geringe Nachfrage, eine hohe Sparquote und „Nullwachstum" sind charakteristisch für diese Konjunkturphase.

c Investitionstätigkeit und Konsum steigen mit geringeren Wachstumsraten; Arbeitslosenquote und Zahl der Insolvenzen steigen an.

d Aufgrund von steigenden Gewinnerwartungen der Unternehmen nehmen Investitionsneigung und Kreditnachfrage zu. Die Arbeitslosigkeit geht zurück.

Konjunktur/Konjunkturpolitik/Geldpolitik/Steuern

107. Aufgabe (6 Punkte)

Beantworten Sie die nachstehenden Fragen zur Aufschwungphase in einem Konjunkturmodell.

a Welche der folgenden Aussagen zur Entwicklung der Sparquote der privaten Haushalte in der obigen Konjunkturphase ist zutreffend?

1 Es liegt eine wachsende Sparquote vor.

2 Es liegt eine sinkende Sparquote vor.

3 Eine eindeutige Aussage über die Entwicklung der Sparquote ist nicht möglich, da kein Zusammenhang zwischen Sparquote und Konjunktur nachweisbar ist.

b Welche der folgenden Aussagen zur Entwicklung der Beschäftigung in der obigen Konjunkturphase ist zutreffend?

1 Es liegt eine Tendenz zu steigender Beschäftigung vor.

2 Es liegt eine Tendenz zu sinkender Beschäftigung vor.

3 Eine eindeutige Aussage über die Entwicklung der Beschäftigung ist nicht möglich, da kein Zusammenhang zwischen Beschäftigung und Konjunktur nachweisbar ist.

c Während der obigen Konjunkturphase werden die Staatsausgaben erhöht. Welche der folgenden Aussagen zum Verhalten des Staates ist zutreffend?

Der Staat verhält sich

1 zyklisch

2 antizyklisch

3 konjunkturneutral

108. Aufgabe (6 Punkte)

Gehen Sie von folgenden Werten für den Bundeshaushalt eines Haushaltsjahres aus (in Mrd. EUR):

Ausgaben **327,7**
Einnahmen **327,7**
Steuereinnahmen 213,8
Sonstige Einnahmen 27,8
nachrichtlich:
Investitionen **48,6**

a Ermitteln Sie die Höhe der Nettokreditaufnahme für das Haushaltsjahr.   Mrd. EUR

b Im Juni 2009 beschloss der Bundesrat die Einführung einer ab 2016 gültigen „Schuldenbremse" in das Grundgesetz. Im Artikel 115, Abs. 2 heißt es nach diesem Beschluss:

> Einnahmen und Ausgaben sind grundsätzlich ohne Einnahmen aus Krediten auszugleichen. Diesem Grundsatz ist entsprochen, wenn die Einnahmen aus Krediten 0,35 vom Hundert im Verhältnis zum nominalen Bruttoinlandsprodukt nicht überschreiten. [...]

Welche der nachstehenden Aussagen ist zutreffend, wenn im Haushaltsjahr ein Bruttoinlandsprodukt in Höhe von 2.500 Mrd. EUR vorliegt?

1 Für das Haushaltsjahr wäre die Zielvorgabe der „Schuldenbremse" knapp erfüllt.

2 Wenn die „Schuldenbremse" bereits gelten würde, läge die Nettokreditaufnahme im Haushaltsjahr um ca. 10 Mrd. EUR über der Vorgabe des Grundgesetzes.

3 Bei einer um 20 Mrd. EUR geringeren Nettokreditaufnahme im Haushaltsjahr wäre die neue Vorgabe des Grundgesetzes erfüllt.

4 Um die Vorgabe des Grundgesetzes für 2017 zu erfüllen, müsste bei einem nominalen Bruttoinlandsprodukt von 3.000 Mrd. EUR die Nettokreditaufnahme gegenüber dem Haushaltsjahr um ca. 75 Mrd. EUR sinken.

5 Bei einer Nettokreditaufnahme von 10 Mrd. EUR und einem Bruttoinlandsprodukt von 3.000 Mrd. EUR im Jahr 2017 wäre die Vorgabe des Grundgesetzes nicht erfüllt.

Konjunktur/Konjunkturpolitik/Geldpolitik/Steuern

109. Aufgabe (8 Punkte)

Ein Steuerpflichtiger, der Einkünfte aus nicht selbstständiger Arbeit und Einkünfte aus Vermietung und Verpachtung bezieht, listet im Rahmen seiner Einkommensteuererklärung folgende Ausgaben auf:

1. Fahrtkosten zur Arbeitsstelle
2. gezahlte Kirchensteuer
3. Darlehenszinsen für vermietete Immobilie
4. Beiträge zu einem Riester-Vertrag
5. Beiträge zur Kranken-, Pflege- und Arbeitslosenversicherung
6. Zuschlag für Einzelzimmer während eines zweiwöchigen Krankenhausaufenthaltes

Bei welchen beiden dieser Ausgaben handelt es sich um

a Werbungskosten? ☐ ☐
b beschränkt abzugsfähige Sonderausgaben? ☐ ☐

110. Aufgabe (8 Punkte)

Stellen Sie fest, auf welches geldpolitische Instrument des Europäischen Systems der Zentralbanken (ESZB) sich die folgenden Sachverhalte jeweils beziehen. Tragen Sie ein eine

- [1], wenn das Hauptrefinanzierungsinstrument bzw. längerfristige Refinanzierungsgeschäfte im Rahmen der Offenmarktgeschäfte,
- [2], wenn die Feinsteuerungsoperationen im Rahmen der Offenmarktgeschäfte,
- [3], wenn die Spitzenrefinanzierungsfazilität,

angesprochen ist/sind. Tragen Sie eine [4] ein, wenn eine Zuordnung nicht möglich ist.

Sachverhalte

a Die Europäische Zentralbank (EZB) kauft USD gegen Euro per Kasse und verkauft diese USD gleichzeitig per Termin zu einem späteren Zeitpunkt. ☐

b Die EZB vergibt Kredite gegen Verpfändung von Schuldverschreibungen. ☐

c Es werden Handelswechsel von Kreditinstituten angekauft. ☐

d Die Kreditinstitute können sich durch eine Geldaufnahme „overnight" bei der EZB refinanzieren. ☐

e Es werden Termingelder in der Spanne von 1,45 % bis 1,48 % gehandelt. ☐

111. Aufgabe (5 Punkte)

Die nachstehende Übersicht enthält verschiedene Maßnahmenbündel konjunktur-/finanzpolitischer Entscheidungen. Welches der aufgeführten Maßnahmenbündel ist insgesamt geeignet, eine konjunkturelle Flaute zu überwinden? ☐

Tragen Sie die Ziffer vor dem zutreffenden Maßnahmenbündel in das Kästchen ein.

	staatliche Kreditaufnahme	Mehrwertsteuersatz	Lohn-/Einkommensteuersätze	Außenwert des Euro	Refinanzierungssätze
1	Senkung	Erhöhung	Erhöhung	Aufwertung	Senkung
2	Erhöhung	Senkung	Senkung	Aufwertung	Erhöhung
3	Senkung	Senkung	Erhöhung	Abwertung	Senkung
4	Erhöhung	Senkung	Senkung	Abwertung	Senkung
5	Erhöhung	Senkung	Senkung	Aufwertung	Senkung
6	Erhöhung	Senkung	Senkung	Abwertung	Erhöhung

112. Aufgabe (6 Punkte)

Die unten stehende Tabelle zeigt unterschiedliche Kombinationsmöglichkeiten geld- und fiskalpolitischer Instrumente.

Bei welchen Kombinationen tragen alle Instrumente dazu bei,

a die Konjunktur anzukurbeln, ☐

b die Inflationsrate zu dämpfen? ☐

Kombinationsmöglichkeiten geld- und fiskalpolitischer Instrumente				
Kombination	Veränderung der Leitzinsen	Volumen der Offenmarkt-Geschäfte	Staatliche Ausgabenpolitik	Staatliche Einnahmenpolitik
1	senken	senken	zusätzliche Kreditaufnahme	Senkung der direkten Steuern
2	senken	erhöhen	zusätzliche Kreditaufnahme	Erhöhung der direkten Steuern
3	senken	erhöhen	zusätzliche Kreditaufnahme	Senkung der direkten Steuern
4	erhöhen	senken	Stilllegung von Einnahmen bei der Notenbank	Erhöhung der direkten Steuern
5	erhöhen	erhöhen	zusätzliche Kreditaufnahme	Erhöhung der direkten Steuern
6	erhöhen	senken	Stilllegung von Einnahmen bei der Notenbank	Senkung der direkten Steuern
7	senken	senken	Stilllegung von Einnahmen bei der Notenbank	Senkung der direkten Steuern
8	erhöhen	erhöhen	zusätzliche Kreditaufnahme	Senkung der direkten Steuern

113. Aufgabe (12 Punkte)

In der nachstehenden Übersicht werden geldpolitische Geschäfte des Eurosystems (Tenderverfahren) in der Vergangenheit aufgeführt.

Tag der Gutschrift	Gebote Betrag Mio. EUR	Zuteilung Betrag	Festsatz % p. a.	marginaler Zuteilungssatz	gewichteter Durchschnittssatz	Laufzeit Tage
Hauptrefinanzierungsgeschäfte						
15.12.	300.000	57.000	1,00			7
22.12.	485.825	70.000	1,00			7
Längerfristige Refinanzierungsgeschäfte						
30.09.	41.443	15.000		1,66	1,67	86
28.10.	74.430	25.000		1,19	1,42	91
25.11.	74.988	25.000		1,18	1,27	98
23.12.	91.088	25.000		1,26	1,29	98

Zur Lösung der folgenden Aufgaben ist oben stehende Tabelle heranzuziehen.

a Welches Tenderverfahren kam bei

   aa den Hauptrefinanzierungsgeschäften, ☐

   ab den längerfristigen Refinanzierungsgeschäften ☐

   jeweils zur Anwendung?

   [1] Mengentender [2] Zinstender – holländisches Verfahren [3] Zinstender – amerikanisches Verfahren

b Ermitteln Sie

   ba die Repartierungsquote des Tenderverfahrens vom 15.12. % ☐☐☐

   bb die Höhe der Gutschrift für ein Kreditinstitut, das am 15.12. ein Gebot in Höhe von 25 Mio. EUR abgegeben hat. Mio. EUR ☐☐☐

c Berechnen Sie den Saldo der Refinanzierungsgeschäfte im Tenderverfahren zum 22.12. Mrd. EUR ☐

d Nach Ausbruch der Finanzkrise änderte die EZB ihre Strategie bei der Zuteilung von Hauptrefinanzierungsgeschäften. Welche der folgenden Aussagen trifft in diesem Zusammenhang zu? ☐

   [1] Die EZB verlängerte die Laufzeiten.

   [2] Die EZB verlangte höhere Zinssätze.

   [3] Es wurden wechselweise Mengen- und Zinstender durchgeführt.

   [4] Die EZB setzte die Hauptrefinanzierungsgeschäfte mehrmals zeitweise aus.

   [5] Es wurden jeweils 100 % der Gebote zugeteilt.

114. Aufgabe (12 Punkte)

Die EZB schreibt zu einem bestimmten Zeitpunkt einen Mengentender und einen Zinstender aus.

Für den Mengentender liegen von den fünf bietenden Kreditinstituten Gebote in Höhe von 740 Mio. EUR vor. Der Festsatz beträgt 1,8 %.

a Ermitteln Sie die Repartierungsquote bei dem Mengentender bei einem Zuteilungsvolumen von 350 Mio. EUR (auf eine Stelle nach dem Komma kaufmännisch gerundet). % ☐☐☐

Beim Zinstender wurden 360 Mio. EUR zugeteilt. Die fünf Kreditinstitute gaben hierzu folgende Gebote ab:

Kreditinstitut	Gebote in Mio. EUR	Bietungszinssatz
A	140	1,80 %
B	150	1,82 %
C	100	1,84 %
D	140	1,83 %
E	160	1,81 %

b Ermitteln Sie die Zuteilungen für den Zinstender bei den fünf Kreditinstituten. Tragen Sie Nullen ein, wenn keine Zuteilung erfolgt.

   • Kreditinstitut A   Mio. EUR ☐☐☐
   • Kreditinstitut B   Mio. EUR ☐☐☐
   • Kreditinstitut C   Mio. EUR ☐☐☐
   • Kreditinstitut D   Mio. EUR ☐☐☐
   • Kreditinstitut E   Mio. EUR ☐☐☐

c Wie hoch ist beim Zinstender der gewogene durchschnittliche Zinssatz für die zum Zuge gekommenen Geschäfte (Ergebnis auf zwei Stellen nach dem Komma kaufmännisch runden)? % ☐☐☐

Konjunktur/Konjunkturpolitik/Geldpolitik/Steuern

115. Aufgabe (5 Punkte: je 1 Punkt)

Bei seinen geldpolitischen Operationen unterscheidet das Europäische System der Zentralbanken (ESZB) unter anderem folgende Instrumente:

| 1 | Hauptrefinanzierungsgeschäfte
| 2 | Längerfristige Refinanzierungsgeschäfte
| 3 | Spitzenrefinanzierungsgeschäfte
| 4 | Einlagefazilität

Stellen Sie bei den folgenden Aussagen jeweils fest, auf welches dieser Instrumente sich die Aussage bezieht.

Aussagen

a Dieses Instrument zur Liquiditätsversorgung wird lediglich auf Initiative der Kreditinstitute in Anspruch genommen.

b Dieses Instrument dient stets dem Ziel der Liquiditätsabschöpfung.

c Dieses Instrument hat eine Laufzeit von einer Woche.

d Der Zinssatz für dieses Instrument liegt normalerweise über dem entsprechenden Geldmarktzins im Interbankenhandel.

e Dieses Instrument kommt in der Regel monatlich mit einer Laufzeit von ca. drei Monaten zur Anwendung.

116. Aufgabe (9 Punkte)

Relevante Zinssätze im Euroraum sind:

| 1 | Repartierungsquote bei Mengentendern
| 2 | Mindestbietungssatz für Zinstender
| 3 | marginaler Satz beim Zinstender
| 4 | gewichteter Durchschnittszinssatz
| 5 | Zinssatz für die Spitzenrefinanzierungsfazilität
| 6 | Zinssatz für die Einlagenfazilität
| 7 | Zinssatz für längerfristige Refinanzierungsgeschäfte
| 8 | Zinssatz für die Verzinsung der Mindestreserve
| 9 | Basiszinssatz
| 10 | Euribor
| 11 | Eonia

Stellen Sie fest, welche Zinssätze in den folgenden Sachverhalten jeweils angesprochen sind bzw. welche Zinssätze zur Anwendung kommen.

Sachverhalte

a Ersatz für den Diskontsatz, soweit dieser in Verträgen und Vorschriften als Bezugsgröße verwendet wird.

b Geldanlagemöglichkeit der Geschäftsbanken „über Nacht" bei der EZB

c Tagesgeldsatz am Interbankenmarkt

d Von der EZB angestrebte Obergrenze für Tagesgelder der Geschäftsbanken

e Durchschnitt des EZB-Satzes für die Hauptrefinanzierungsgeschäfte während einer Erfüllungsperiode

f Termingeldsatz am Interbankenmarkt

g Abwicklung von liquiditätszuführenden Offenmarktgeschäften mit einer Regellaufzeit von drei Monaten

h Übersteigen die Gebote das vorgesehene Bereitstellungsvolumen, werden die bietenden Kreditinstitute mit einer gleichen Quote bedient.

i Kostenoptimaler Bietungssatz beim Zinstender

117. Aufgabe (3 Punkte)

Das Bundesministerium der Finanzen stellt fest:

> „Die Steuereinnahmen von Bund, Ländern und Gemeinden liegen im laufenden Jahr mit 555 Mrd. Euro wieder nahe am Einnahmeniveau des Vorjahres. Mittelfristig wird der Anteil der direkten Steuern wieder leicht überwiegen."

Konjunktur/Konjunkturpolitik/Geldpolitik/Steuern

Bei welcher der nachstehend aufgeführten Steuerarten handelt es sich um direkte Steuern?

Steuerarten

| 1 | Umsatzsteuer
| 2 | Kfz-Steuer
| 3 | Energiesteuer
| 4 | Tabaksteuer
| 5 | Lotteriesteuer

118. Aufgabe (5 Punkte)

Im Rahmen seiner Einkommensteuererklärung macht Peter Kellmann, Automechaniker bei der CarService GmbH, verschiedene Ausgaben steuermindernd geltend. Stellen Sie fest, bei welchen der nachstehend aufgeführten Ausgaben es sich um

| 1 | Werbungskosten, | 2 | Sonderausgaben, | 3 | außergewöhnliche Belastungen handelt.

Ausgaben

a Unterhaltsleistungen an die geschiedene Ehefrau
b von der Krankenkasse nicht erstattete Arztkosten
c Fahrtkosten für den Weg zur Arbeitsstelle
d Spende an einen gemeinnützigen Verein
e Kauf eines Montage-Overalls

119. Aufgabe (3 Punkte)

Philipp Kroh und Vanessa Steller wollen in Kürze heiraten. Beide arbeiten im Servicebereich der Sparkasse Neustadt und verdienen in etwa gleich viel. Ihre Einkommen wurden bisher in Steuerklasse I versteuert. Die beiden erkundigen sich, welche Steuerklasse(n) sie nach ihrer Heirat wählen sollen. Welche der nachstehenden Aussagen ist in diesem Zusammenhang zutreffend?

Aussagen

| 1 | Es muss die Kombination „Steuerklasse III und Steuerklasse IV" gewählt werden.
| 2 | Am besten bleiben beide in Steuerklasse I.
| 3 | Wenn einer der beiden in Steuerklasse III wechselt, kann der andere in Klasse I bleiben.
| 4 | Aufgrund der Tatsache, dass beide in etwa gleich verdienen, ist die Kombination „Steuerklasse III und Steuerklasse IV" zu empfehlen.
| 5 | Wechseln beide in Klasse IV, werden zukünftig die Lohnsteuerabzüge gleich hoch sein.

120. Aufgabe (3 Punkte)

Im Rahmen einer Einkommensteuererklärung werden Vorsorgeaufwendungen geltend gemacht. Welche der folgenden Aufwendungen zählt zu den Vorsorgeaufwendungen?

Steuerarten

| 1 | Beiträge zu einer Rürup-Rentenversicherung
| 2 | gezahlte Kirchensteuer
| 3 | Spenden an eine gemeinnützige Pflegeinstitution
| 4 | Beitrag zu einer Gebäudehaftpflichtversicherung
| 5 | Hausratversicherung

Prüfungsbereich Rechnungswesen und Steuerung
Programmierte Aufgaben

1 Unternehmensleistungen erfassen und dokumentieren

Hinweis zu den Kontierungsaufgaben:
- Für alle Buchungssätze finden Sie einen Kontenplan im Anhang. Zweistellige Kontonummern entsprechen dabei dem IHK-Kontenplan.
- Bei zusammengesetzten Buchungssätzen entspricht die Zahl der Lösungskästchen nicht immer der Anzahl der erforderlichen Konten. Bitte tragen Sie Nullen in nicht benötigte Kästchen ein.
- Die Reihenfolge der Konten im „Soll" und im „Haben" ist dabei beliebig, deshalb entspricht die Zahl der Lösungskästchen für den Betrag immer der für den größten Euro-Betrag benötigten Anzahl.

1. Aufgabe (6 Punkte)

Kaufleute im Sinne des HGB müssen für ihre Unterlagen gesetzlich vorgeschriebene Aufbewahrungsfristen einhalten. Das Geschäftsjahr eines Kreditinstituts endet am 31. Dezember 2016.

Ermitteln Sie den letzten Tag der Aufbewahrungsfrist für

a die Bestandteile des Jahresabschlusses des Geschäftsjahres 2016,   Datum

b Handelskorrespondenz aus dem Monat Mai 2016,   Datum

c am 20.11.2016 entstandene Buchungsbelege.   Datum

2. Aufgabe (4 Punkte)

Stellen Sie fest, welche der folgenden Erklärungen auf unten stehende Begriffe zutreffen.

1. Geschäftsbuch zur Erfassung aller Geschäftsfälle in chronologischer Reihenfolge
2. Bestandsverzeichnis sämtlicher Vermögensteile und Schulden nach Art, Menge und Wert
3. Von den Verbänden der Kreditinstitute empfohlene, systematische Zusammenfassung sachlich gleichartiger Einzelkonten zu Kontengruppen und Kontenklassen
4. Übersicht über alle in einem Kreditinstitut vorgesehenen Konten
5. Geschäftsbuch zur Erfassung aller Geschäftsfälle nach sachlichen Gesichtspunkten
6. Kurz gefasste kontenmäßige Übersicht über Vermögen, Eigenkapital und Fremdkapital eines Kreditinstitutes

a Inventar

b Grundbuch

c Kontenrahmen

d Kontenplan

3. Aufgabe (13 Punkte)

Buchen Sie die folgenden Geschäftsfälle der Kreditbank im Grundbuch unter Verwendung des Kontenplans im Anhang. Tragen Sie Nullen in nicht benötigte Kästchen ein.

                                  S   H

a Überweisungsaufträge von Kunden werden über Korrespondenzbanken ausgeführt.

b Kontokorrentkunden werden mit Sollzinsen für Überziehungskredite belastet.

c Die Kreditbank erwirbt von einem Firmenkunden einen Schreibtisch für die Anlageberatung zum Preis von 1.100,00 EUR zuzüglich Umsatzsteuer.

d Kauf von Büromaterial für die Depotabteilung; die Rechnung wird über eine Korrespondenzbank beglichen.

Unternehmensleistungen erfassen und dokumentieren

	S	H
e Bargeld zur Befüllung der Geldautomaten wird gegen Belastung des Bundesbankkontos geliefert.		
f Die Kreditbank hat eine Schuldverschreibung begeben, bei Fälligkeit werden Nennwert und Zinsen über Korrespondenzbanken überwiesen		
g Eine Umsatzsteuerzahllast wird über das Bundesbankkonto verrechnet.		
h Ein Computer der Kreditabteilung wird zum Endpreis von 1.400,00 EUR an einen Kontokorrentkunden verkauft, der Verkaufspreis liegt unter dem Buchwert.		
i Die Kreditbank verliert einen Gerichtsprozess und zahlt Prozesskosten über das Bundesbankkonto. Die Zahlung war im Vorjahr höher geschätzt worden.		

4. Aufgabe (2 Punkte)

Die Privatbank überträgt ein Festgeld von 250.000,00 EUR bei Fälligkeit vom Festgeldkonto des Kunden auf dessen Girokonto, das zurzeit einen Debetsaldo von 110.000,00 EUR aufweist.

Wie verändert die Übertragung die Bankbilanz?

1 Aktiva und Passiva erhöhen sich um 110.000,00 EUR.

2 Die Bilanzsumme steigt um 250.000,00 EUR.

3 Die Bilanzsumme vermindert sich um 110.000,00 EUR.

4 Die Bilanzsumme bleibt unverändert.

5 Die Bilanzsumme vermindert sich um 140.000,00 EUR.

6 Die Bilanzsumme vermindert sich um 250.000,00 EUR.

5. Aufgabe (8 Punkte)

Stellen Sie fest, welche der folgenden Bilanzveränderungen auf die unten stehenden Geschäftsfälle der Kreditbank zutreffen.

1 Aktivtausch

2 Passivtausch

3 Aktiv-Passiv-Mehrung

4 Aktiv-Passiv-Minderung

a Ein Kunde zahlt 1.800,00 EUR auf sein Sparkonto ein.

b Ein Kontokorrentkunde (Saldo 11.840,00 EUR Haben) legt 10.000,00 EUR als Festgeld für drei Monate an.

c Ein Kontokorrentkunde (Saldo 480,00 EUR Haben) verfügt 500,00 EUR am eigenen Geldautomaten.

d Ein Firmenkunde (Saldo 4.690,00 EUR Soll) reicht Lastschriftdateien über 6.400,00 EUR ein, der Einzug erfolgt über das Bundesbankkonto.

e Ein Kontokorrentkunde (Saldo 1.698,00 EUR Haben) reicht einen Überweisungsauftrag über 2.100,00 EUR ein, die Ausführung erfolgt über das Bundesbankkonto.

f Ein Kontokorrentkunde (Saldo 5.490,00 EUR Soll) erhält über das Bundesbankkonto eine Überweisungsgutschrift über 4.200,00 EUR.

g Ein fälliges Termingeld wird auf ein Sparkonto übertragen.

h Ein Kontokorrentkunde (Saldo 4.170,00 EUR Haben) kauft einen Computer aus der Kreditabteilung zum Buchwert von 3.100,00 EUR.

6. Aufgabe (5 Punkte)

Das Geschäftskonto der EasyTec GmbH bei der Kreditbank AG weist zu Beginn des Geschäftstags einen Saldo von 17.400,00 EUR Haben auf. Im Tagesverlauf werden folgende Buchungen durchgeführt:

|1| Ausführung eines Überweisungsauftrags in Höhe von 3.100,00 EUR zugunsten eines Debitors (Kontostand 7.500,00 EUR Soll)

|2| Einreichung von Lastschriftdateien über 9.200,00 EUR zur Gutschrift E. v.

|3| Übertrag von 25.000,00 EUR auf ein Termingeldkonto

a Geben Sie an, um welchen Betrag sich die Bilanzsumme durch die oben stehenden Geschäftsfälle verändert. Tragen Sie Nullen in die Lösungskästchen ein, wenn sich die Bilanzsumme nicht verändert. EUR ☐☐☐☐☐

b Geben Sie an, wie sich die Veränderung auf die Bilanzsumme auswirkt. ☐

|1| Aktivtausch

|2| Passivtausch

|3| Erhöhung der Bilanzsumme

|4| Verringerung der Bilanzsumme

7. Aufgabe (7 Punkte)

Stellen Sie fest, auf welche Kontenarten sich die nachfolgenden Aussagen beziehen.

Die Aussagen beziehen sich

|1| nur auf aktive Bestandskonten, |5| auf aktive Bestandskonten und Aufwandskonten,

|2| nur auf passive Bestandskonten, |6| auf passive Bestandskonten und Ertragskonten,

|3| nur auf Aufwandskonten, |7| auf alle aufgeführten Kontenarten,

|4| nur auf Ertragskonten, |8| auf keine der aufgeführten Kontenarten.

Tragen Sie die Ziffer vor der/den zutreffenden Kontenart/Kontenarten in das Lösungskästchen ein.

Aussagen

a Diese Konten erfassen Vorgänge, die zur Vermehrung des Eigenkapitals führen. ☐

b Sie haben keinen Anfangsbestand, beim Kontoabschluss wird ein Habensaldo errechnet. ☐

c Der Anfangsbestand steht im Soll, die Minderungen stehen im Haben. ☐

d Der Saldo steht auf der Sollseite. ☐

e Die beiden Seiten werden Aktiva und Passiva genannt. ☐

f Diese Konten werden im Hauptbuch geführt. ☐

g Auf diesen Konten werden die Gläubiger des Kreditinstitutes erfasst. ☐

8. Aufgabe (8 Punkte)

Stellen Sie fest, ob die untenstehenden Geschäftsfälle die Bilanzsumme einer Bank

|1| erhöhen,

|2| mindern,

|3| nicht beeinflussen.

a Ein Schreibtisch für die Sparabteilung wird vom KK-Kunden (Debitor) gekauft. ☐

b Der benachbarte Kindergarten erhält eine Barspende. ☐

c Sparer gleichen überzogene Girokonten aus. ☐

d Ein überzogenes Konto bei einer Korrespondenzbank wird über DBB ausgeglichen. ☐
e Ein Kunde liefert Wertpapiere ins geschlossene Depot ein. ☐
f Spareinlagen werden in Termineinlagen umgewandelt. ☐
g Ein Vorstandsfahrzeug wird gekauft, der Händler unterhält ein Konto mit Guthaben im Haus. ☐
h An Vertriebsmitarbeiter (Debitoren) werden Provisionen gezahlt. ☐

9. Aufgabe (4 Punkte)

Die Bank in Neuhausen löst folgenden, über die Deutsche Bundesbank vorgelegten Scheck zulasten des Kontos des Ausstellers ein.

Kontostände (EUR) bei der Bank in Neuhausen vor dem Scheckeingang:

Soll	Bundesbank	Haben		Soll	KK-Möhlmeier	Haben
9.560.000,00						43.000,00

Bank Neuhausen — Nur zur Verrechnung

Zahlen Sie gegen diesen Scheck
fünfundfünfzigtausend
Betrag in Buchstaben

Betrag: Euro, Cent
55.000,00

noch Betrag in Buchstaben
an *Ferdinand Zilke*
oder Überbringer

Bonn
Ausstellungsort
16. März 20..
Datum

Möhlmeier
Unterschrift des Ausstellers

Wie wirkt sich die Einlösung des Schecks auf die Bilanz des Kreditinstituts aus? ☐

☐ 1 Die Bilanzsumme ändert sich nicht.
☐ 2 Es kommt zu einem Aktivtausch.
☐ 3 Es kommt zu einem Passivtausch.
☐ 4 Die Bilanzsumme erhöht sich um 12.000,00 EUR.
☐ 5 Die Bilanzsumme verringert sich um 55.000,00 EUR.
☐ 6 Die Bilanzsumme verringert sich um 43.000,00 EUR.
☐ 7 Die Bilanzsumme verringert sich um 12.000,00 EUR.

10. Aufgabe (10 Punkte)

Geben Sie an, ob die untenstehenden Geschäftsvorgänge den Erfolg eines Kreditinstituts

☐ 1 erhöhen,
☐ 2 mindern,
☐ 3 nicht beeinflussen.

a Quartalsabrechnungen für Debitoren werden gebucht. ☐
b Für die Firmenkreditbetreuer wird ein Dienstwagen angeschafft. ☐
c Der PWB-Bestand aus dem Vorjahr wird reduziert. ☐
d Kunden schließen Bausparverträge ab, die Abschlussgebühr beträgt 1 % der Bausparsumme. ☐
e Ein Geldsortiergerät geht 4 Jahre nach Kauf zum Preis von 3.680,00 EUR kaputt und wird entsorgt, die betriebsgewöhnliche Nutzungsdauer liegt bei 7 Jahren. ☐
f Kreditoren überweisen an Debitoren. ☐

g Die Umsatzsteuerzahllast wird über DBB überwiesen. ☐

h Ein gebrauchter Drucker wird unter Buchwert an einen Auszubildenden verkauft. ☐

i Wertpapiere der Liquiditätsreserve notieren am Bilanzstichtag über dem Kaufkurs. ☐

j Miete für Geschäftsräume wird überwiesen. ☐

11. Aufgabe (6 Punkte)

In der Kreditbank liegen kurz vor Buchungsschluss für das Hauptbuchkonto Kundenkontokorrent folgende Daten vor:

	Mio. EUR
Anfangsbestand Debitoren	120
Anfangsbestand Kreditoren	140
Gutschriften für Debitoren	85
Belastungen für Debitoren	72
Gutschriften für Kreditoren	90
Belastungen für Kreditoren	40
vorläufiger Schlussbestand Kreditoren	160

a Berechnen Sie den vorläufigen Schlussbestand der Debitoren. Mio. EUR ☐☐

Folgende Vorgänge sind für den endgültigen Abschluss noch zu berücksichtigen:

1 Für Debitoren werden Lastschriften über 2 Mio. EUR eingelöst.

2 Für einige Kreditoren (bisherige Saldensumme 5 Mio. EUR Haben) werden Überweisungen über 9 Mio. EUR ausgeführt.

b Ermitteln Sie den

　ba Schlussbestand der Debitoren, Mio. EUR ☐☐

　bb Schlussbestand der Kreditoren. Mio. EUR ☐☐☐

12. Aufgabe (5 Punkte)

Am Geschäftsende des 27. März weist das Hauptbuchkonto Kundenkontokorrent einer Filiale der Kölnbank folgende Summen einschließlich der Anfangsbestände auf:

Soll	Kundenkontokorrent	Haben	
Summe	278.000,00 EUR	Summe	360.000,00 EUR

Die Filiale der Kölnbank führt folgende Kundenkonten:

Kunden	Tagesendsaldo am 27.03.
Braun	18.000,00 S
Koch	22.000,00 H
Platz	34.000,00 H
Schlonk	9.000,00 S
Zuse	?

a Wie viel Euro betragen die gesamten Forderungen der Kölnbank an die Filialkunden? EUR ☐☐☐☐☐☐

b Ermitteln Sie für den Kunden Zuse den Tagesendsaldo am 27. März. EUR ☐☐☐☐☐☐

c Stellen Sie fest, ob es sich bei diesem Tagesendsaldo um einen

　1 Sollsaldo,

　2 Habensaldo

　handelt. ☐

Unternehmensleistungen erfassen und dokumentieren   195

13. Aufgabe (8 Punkte)

Die Unionbank führt für jeden Geschäftsgirokunden ein Skontro. Beim Skontro der Fruchthof GmbH hat sich ein Doppelfehler eingeschlichen. Je eine Position der Soll- und der Habenseite wurden falsch gebucht.

Soll		Fruchthof GmbH		Haben
Saldovortrag	2.650,00	(F) Bareinzahlung		3.345,00
(A) Einlösung EC-Scheck	270,00	(G) Überweisungseingang		972,00
(B) Überweisungsauftrag	679,00	(H) eigener Barscheck Nr. 111		245,00
(C) fällige Daueraufträge	907,00	(I) Erlös aus verkauften Wertpapieren		9.820,00
(D) Lastschrifteinlösung	67,00			
(E) Scheckeinreichung Gutschrift E. v.	2.723,00			

a Welche Positionen müssen ausgetauscht werden?

    1 D und H
    2 E und H
    3 C und H
    4 C und I
    5 A und F

b Über welchen Betrag lautet der Schlussbestand des Skontros nach der Berichtigung der falschen Buchungen?

    EUR ☐☐☐☐☐☐☐

c Ist die Fruchthof GmbH am Ende des Buchungstages

    1 Debitor
    2 Kreditor?

d Wie oft muss ein Kontokorrentkonto nach den Bestimmungen des HGB mindestens abgeschlossen werden?

    1 täglich
    2 monatlich
    3 ein Mal pro Quartal
    4 ein Mal pro Halbjahr
    5 ein Mal im Jahr

14. Aufgabe (11 Punkte)

Buchen Sie unter Benutzung des Kontenplans im Anhang die folgenden Geschäftsfälle aus Sicht der Kreditbank im Grundbuch. Tragen Sie Nullen in nicht benötigte Kästchen ein.

                                                                S   H

a Kontokorrentkunden der Kreditbank verfügen am eigenen Geldautomaten.

b Barschecks werden zur Auszahlung vorgelegt.

c Kunden von Korrespondenzbanken haben am Geldautomat der Kreditbank verfügt, bei der Abrechnung wird eine Gebühr belastet.

d Kontokorrentkunden reichen Überweisungsaufträge ein. Die Verrechnung erfolgt über DBB und über Korrespondenzbanken.

e Kunden der Kreditbank haben am Geldautomaten anderer Kreditinstitute verfügt, mit denen die Kreditbank einen Auszahlungsverbund unterhält. Der Kreditbank wird eine Provision in Rechnung gestellt.

f Die Kreditbank gibt in der Nachdisposition Lastschriften an Korrespondenzbanken zurück und belastet diesen eine Gebühr.

Unternehmensleistungen erfassen und dokumentieren

15. Aufgabe (7 Punkte)

Der Kassierer der Kreditbank führt am Ende eines Geschäftstags die Kassenaufnahme durch und stellt folgende Werte fest:

Umsätze des Tages:	
• Einzahlungen	24.860,70 EUR
• Sortenankäufe	8.213,30 EUR
• Verkaufte Reiseschecks	2.500,00 EUR
• GAA-Verfügungen	31.540,00 EUR
• Nachttresor	3.470,00 EUR
Kassen-Istbestand	55.159,90 EUR
Endbestand des Vortags	64.832,50 EUR

a Ermitteln Sie den Kassen-Sollbestand.   EUR

b Stellen Sie fest, welches der folgenden Ergebnisse die Kassenaufnahme ergibt.

  |1| Kassenfehlbetrag

  |2| Kassenüberschuss

16. Aufgabe (8 Punkte)

Die Kassenaufnahme der Kreditbank ergibt folgendes Bild:

Summen der Buchungsbelege:	
• Einzahlungen	51.412,64 EUR
• Auszahlungen	54.003,14 EUR
Im Kassenterminal erfasste Summen:	
• Einzahlungen	51.332,64 EUR
• Auszahlungen	54.083,14 EUR
Kassen-Islbestand	61.929,90 EUR
Endbestand des Vortags	64.520,40 EUR

a Stellen Sie fest, ob

  |1| ein Fehler bei der Entgegennahme bzw. Auszahlung von Geldbeträgen,

  |2| ein Fehler bei der Erfassung der Belege,

  |3| kein Fehler bei der Kassenführung vorliegt.

b Falls Sie eine Kassendifferenz festgestellt haben, geben Sie bitte den Betrag in Euro an (sollte keine Differenz bestehen, tragen Sie bitte 0 in das Lösungskästchen ein).   EUR

c Geben Sie an, welche Schlussfolgerungen Sie aus den oben angegebenen Werten ziehen.

  |1| Der Kassierer hat eine Einzahlung über 80,00 EUR doppelt erfasst.

  |2| Der Kassierer hat eine Auszahlung über 80,00 EUR doppelt erfasst.

  |3| Der Kassierer hat 160,00 EUR zu viel ausgezahlt.

  |4| Der Kassierer hat eine Auszahlung über 80,00 EUR als Einzahlung erfasst.

  |5| Der Kassierer hat eine Einzahlung über 80,00 EUR als Auszahlung erfasst.

d Entscheiden Sie, welche der folgenden Aussagen zur Kassendifferenz zutrifft.

  |1| Beim Kassenfehlbetrag übersteigt der Kassen-Istbestand den Kassen-Sollbestand.

  |2| Beleglose Buchungen erschweren die Unterscheidung von Buchungsfehlern und Kassendifferenzen.

  |3| Ein Kassenüberschuss wird bilanziert als sonstiger Vermögensgegenstand.

  |4| Ein Kassenüberschuss ist eine Forderung eines unbekannten Kunden an das Kreditinstitut und verjährt nach drei Jahren.

  |5| Ein Kassenüberschuss wird erfolgswirksam ausgebucht über das Konto „Abschreibungen auf Forderung".

17. Aufgabe (2 Punkte)

Die Kreditbank steht mit verschiedenen Korrespondenzbanken in direkter Kontoverbindung. Daraus resultierende Forderungen und Verbindlichkeiten werden im Hauptbuchkonto „Bankenkontokorrent" erfasst. Stellen Sie fest, welche der folgenden Aussagen zum Bankenkontokorrentkonto zutreffend ist.

| 1 | Im Bankenkontokorrentkonto sind die Forderungen und Verbindlichkeiten gegenüber allen Korrespondenzbanken separat ersichtlich.
| 2 | Zunahmen von Verbindlichkeiten werden auf der Sollseite, Zunahmen von Forderungen auf der Habenseite des Kontos erfasst.
| 3 | Zur Ermittlung der Endbestände an Forderungen und Verbindlichkeiten muss bei den zum Bankenkontokorrentkonto zugehörigen Skontren zwischen Loro- und Nostro-Konten unterschieden werden.
| 4 | Weist der Kontoauszug eines Nostro-Kontos einen Sollsaldo aus, wird dieser auf der Habenseite des Bankenkontokorrentkontos erfasst.
| 5 | Das Bankenkontokorrentkonto ist ein Bestandskonto, das zwei Anfangs- und zwei Schlussbestände hat.

18. Aufgabe (12 Punkte)

Die Unionbank Dinslaken GmbH führt Konten für ihre Korrespondenzbanken:

- Bankhaus Jepsen & Co., Moers
- Sparkasse Viersen

Gleichzeitig unterhält die Unionbank Dinslaken GmbH Konten bei ihren Korrespondenzbanken:

- Düsselbank AG, Düsseldorf
- Volksbank Dinslaken eG

Das Banken-KK der Unionbank Dinslaken GmbH weist zum 31. Dezember bereits folgende Eintragungen (SU = Anfangsbestände und Umsätze) auf:

Soll	Banken-KK	Haben	
SU	155 Tsd. EUR	SU	141 Tsd. EUR

Zum Jahresabschluss versendet die Unionbank Dinslaken GmbH Kontoauszüge an:

- Bankhaus Jepsen & Co., Moers — Soll 36 Tsd. EUR
- Sparkasse Viersen — Haben 46 Tsd. EUR

und erhält zum gleichen Zeitpunkt den Kontoauszug der

- Düsselbank AG, Düsseldorf — Haben 50 Tsd. EUR

Der Kontoauszug der Volksbank Dinslaken eG ist aber noch nicht eingetroffen.

a Ermitteln Sie den Saldo für den noch ausstehenden Kontoauszug der Volksbank Dinslaken eG in Tsd. EUR.   Tsd. EUR ☐

b Stellen Sie fest, ob es sich

| 1 | um einen Sollsaldo
| 2 | um einen Habensaldo

im Kontoauszug der Volksbank handeln muss. ☐

c Ermitteln Sie den Endbestand „Verbindlichkeiten gegenüber Kreditinstituten" der Unionbank Dinslaken GmbH in Tsd. EUR.   Tsd. EUR ☐

d Buchen Sie den Endbestand „Verbindlichkeiten gegenüber Kreditinstituten". ☐ an ☐

Kontenbezeichnungen

| 1 | Banken-KK
| 2 | Schlussbilanzkonto

e Welcher Ausdruck bezeichnet die Kontobeziehung zwischen der Unionbank Dinslaken GmbH und der Sparkasse Viersen richtig?

Die Unionbank Dinslaken GmbH führt für die Sparkasse Viersen ein

1 Conto pro Diverse (CPD)

2 Anderkonto

3 Lorokonto

4 Nostrokonto

5 DBB-Konto

19. Aufgabe (9 Punkte)

Die Unionbank unterhält mit sechs anderen Banken Kontobeziehungen. Die Kontobewegungen mit den befreundeten Banken geben folgende Skontren wieder:

Es sind per 25.06. jeweils die Summen aus Anfangsbeständen und Umsätzen in EUR abgebildet.

Soll	Loro Modernbank	Haben		Soll	Nostro Sparkasse KölnBonn	Haben
680.000		398.000		406.000		384.000

Soll	Loro Ahrtalbank	Haben		Soll	Nostro Volksbank Frechen	Haben
302.000		486.000		532.000		850.000

Soll	Loro Handelsbank	Haben		Soll	Nostro Bonner Bank	Haben
378.000		402.000		640.000		178.000

a Ermitteln Sie den Endbestand per 25.06. für

aa Forderungen an Kreditinstitute, Tsd. EUR **766**

ab Verbindlichkeiten gegenüber Kreditinstituten. Tsd. EUR **526**

b Der Gelddisponent der Unionbank möchte die Kontoüberziehung auf dem Nostrokonto durch Überweisung <u>eines</u> Liquiditätsüberschusses auf einem anderen Nostrokonto ausgleichen. Geben Sie die notwendigen Eintragungen auf dem Überweisungsträger entsprechend abgebildeter Aufstellung wieder.

Verwenden Sie zur Kennzeichnung der Kreditinstitute folgende Ziffern:

1 Unionbank

2 Sparkasse KölnBonn

3 Volksbank Frechen

4 Bonner Bank

ba Beauftragtes Kreditinstitut **4**

bb Empfänger **1**

bc Kreditinstitut des Empfängers **3**

bd Kontoinhaber (Auftraggeber) **1**

be Betrag EUR **318000**

20. Aufgabe (8 Punkte)

Die Eifelbank steht in direkter Kontobeziehung zur Prümbank, der Ahrtalbank sowie der Volksbank Kall. Zu Beginn des Geschäftstages bestehen folgende Anfangsbestände:

Forderungen der Eifelbank an die Prümbank	240.000,00 EUR
Forderungen der Ahrtalbank an die Eifelbank	430.000,00 EUR
Forderungen der Volksbank Kall an die Eifelbank	32.000,00 EUR

Unternehmensleistungen erfassen und dokumentieren

Folgende Geschäftsfälle müssen im Laufe des Tages bei der Eifelbank gebucht werden:

- Scheckbelastungen für Kontokorrentkunden. Die Scheckdatensätze werden vorgelegt von der
  Prümbank   50.000,00 EUR
  Volksbank Kall   5.000,00 EUR
- Verkauf einer gebrauchten Computeranlage an die Volksbank Kall 25.000,00 EUR (umsatzsteuerfrei)
- Überweisungen für Kontokorrentkunden gehen ein von der
  Volksbank Kall 42.000,00 EUR
  Ahrtalbank   37.000,00 EUR

a Wie viel EUR betragen bei Tagesbeginn bei der Eifelbank die

   aa Forderungen an Kreditinstitute,   EUR

   ab Verbindlichkeiten gegenüber Kreditinstituten?   EUR

b Wie viel EUR betragen am Ende des Geschäftstages bei der Eifelbank die

   ba Forderungen an Kreditinstitute,   EUR

   bb Verbindlichkeiten gegenüber Kreditinstituten?   EUR

c Die Eifelbank erhält von der kontoführenden Volksbank Kall den Tageskontoauszug.
  Geben Sie an die Summe der

   ca Sollumsätze,   EUR

   cb Habenumsätze.   EUR

21. Aufgabe (12 Punkte)

a Die Kundin Jutta Falkner unterhält ein Sparkonto mit dreimonatiger Kündigungsfrist bei der Kreditbank. Am 01.07.20.. (Wert 30.06.20..) löst sie ihr Konto mit einem seit Jahresanfang unveränderten Saldo von 11.000,00 EUR ohne vorherige Kündigung auf. Der Zinssatz beträgt 1,00 % p. a. Frau Falkner hat einen Freistellungsauftrag in ausreichender Höhe gestellt.

   aa Ermitteln Sie den Auszahlungsbetrag.   EUR

   ab Buchen Sie die Auflösung des Kontos mit Barauszahlung. Tragen Sie bei allen Teilaufgaben Nullen in nicht benötigte Kästchen ein.

         S   EUR   H   EUR

b Thomas Schmidt, konfessionslos, hat am 02.04.20.. bei der Kreditbank ein Termingeld über 30.000,00 EUR für drei Monate zum Zinssatz von 2,00 % p.a. angelegt. Der Kunde hat keinen Freistellungsauftrag erteilt, fällige Beträge sollen auf das laufende Konto übertragen werden.

   ba Ermitteln Sie den Gutschriftsbetrag bei Fälligkeit des Termingelds.   EUR

   bb Nehmen Sie die erforderliche Buchung am 02.07.20.. vor.

         S   EUR   H   EUR

c Die Kreditbank führt ein Girokonto für Yvonne Peters. Am 15.06.20.. erhält die Bank einen Auftrag zur Schließung des Kontos, der Restsaldo soll über die neue Kontoverbindung bei einer Korrespondenzbank verrechnet werden. Für die Abrechnung des laufenden Quartals liegen die folgenden Daten vor:

   - Kontostand   98,30 EUR Soll
   - Kontoführungsgebühren   15,00 EUR
   - aufgelaufene Sollzinsen   22,14 EUR

- aufgelaufene Habenzinsen 1,25 EUR
- Postengebühren 17,40 EUR
- nicht genutzter Freistellungsauftrag 50,00 EUR

Buchen Sie die Kontoauflösung.

S	EUR	H	EUR

22. Aufgabe (10 Punkte)

Buchen Sie folgende Geschäftsfälle. Tragen Sie Nullen in nicht benötigte Kästchen ein.

a Die Kölnbank kauft einen Getränkeautomaten für die Personalkantine zum Preis von 2.380,00 EUR einschließlich 19 % MwSt. gegen Barzahlung. Der Automat wird ausschließlich zur Erzielung umsatzsteuerpflichtiger Umsätze eingesetzt.

b Die Kölnbank verkauft eine Computeranlage aus der Depotverwaltung zum Preis von 9.500,00 EUR zuzüglich 19 % MwSt. an einen KK-Kunden. Der Buchwert der Anlage beträgt 9.750,00 EUR.

c Die Kölnbank kauft Büromaterial für die Kreditabteilung. Der Rechnungsbetrag lautet über 4.900,00 EUR zuzüglich 19 % MwSt. und wird der Kölnbank aufgrund einer Einzugsermächtigung über DBB-Konto belastet.

d Die Kölnbank belastet ihre Depotkunden auf deren laufenden Konten mit Depotgebühren in Höhe von 35.000,00 EUR zuzüglich 19 % MwSt.

Ermitteln Sie aufgrund dieser Geschäftsfälle die von der Kölnbank insgesamt als

e Vorsteuer zu erfassende Umsatzsteuer, EUR

f MwSt.-Verbindlichkeit zu erfassende Umsatzsteuer. EUR

Kontenbezeichnungen entsprechend Kontenplan im Anhang

23. Aufgabe (7 Punkte)

Bei Kreditinstituten gibt es umsatzsteuerbefreite und umsatzsteuerpflichtige Vorgänge.

Geben Sie zu den nachstehenden Geschäftsvorfällen an, ob bzw. welche umsatzsteuerlichen Auswirkungen eintreten. Tragen Sie die Ziffer vor der zutreffenden Aussage in das Lösungskästchen ein.

Aussage

[1] Umsatzsteuer fällt an und wird im Konto Vorsteuer erfasst.

[2] Umsatzsteuer fällt an und wird im Konto Umsatzsteuer (Mehrwertsteuer) erfasst.

[3] Es fällt keine Umsatzsteuer an.

Geschäftsvorfälle

a Die Bank berechnet eine Gebühr für die Vereinbarung eines Sparbuchkennwortes.

b Die Bank kauft eine Kuponschneidemaschine für die Depotverwaltung.

c Der Dienstwagen des Leiters des Immobilienservices wird unter dem Buchwert verkauft.

d Depotgebühren werden den Kunden in Rechnung gestellt.

e Das Kreditinstitut verbucht den Zahlungseingang von Provisionen für vermittelte Versicherungen.

f Die Bank erwirbt für den Handelsbestand 20.000 Stück Aktien der ABC AG.

g Die Schließfachanlage wird erneuert.

Unternehmensleistungen erfassen und dokumentieren

24. Aufgabe (16 Punkte)

In der Buchhaltung der Kreditbank fallen umsatzsteuerfreie und umsatzsteuerpflichtige Geschäftsfälle an.

a Geben Sie für die folgenden Fälle jeweils an, wie die Umsatzsteuer bei der Kreditbank behandelt wird.

    1 Die Umsatzsteuer wird im Konto Vorsteuer gebucht.

    2 Die Umsatzsteuer wird im Konto Umsatzsteuer gebucht.

    3 Die Umsatzsteuer wird nicht gesondert gebucht.

Falls die Umsatzsteuer gesondert gebucht wird, geben Sie bitte außerdem den zu erfassenden Umsatzsteuerbetrag in Euro an. Ist keine gesonderte Buchung der Umsatzsteuer erforderlich, tragen Sie bitte Nullen für den Betrag ein.

	Fälle	Umsatzsteuerpflicht	Betrag der Umsatzsteuer EUR
aa	KK-Kunden der Kreditbank werden mit Schrankfachgebühren in Höhe von 12.000,00 EUR netto belastet.	☐	
ab	Die Kreditbank kauft einen Dienstwagen für 42.000,00 EUR netto für Außentermine der Firmenkreditbetreuer.	☐	
ac	Die Kreditbank verkauft einen PC aus der Depotabteilung zum Endpreis von 1.904,00 EUR an einen Geschäftskunden.	☐	
ad	Die Kreditbank bezieht Lochverstärker und Heftstreifen zum Nettopreis von 84,00 EUR, mit denen Auszubildende Vertragsunterlagen der Immobilienvermittlung ablegen.	☐	
ae	Für die Filiale Lölsberg kauft die Kreditbank einen Geldautomaten zum Preis von 64.000,00 EUR netto.	☐	
af	Die Kreditbank erwirbt Büromöbel für die Depotabteilung zum Endpreis von 2.100,00 EUR.	☐	

b   **ba**   Ermitteln Sie, in welcher Höhe eine Umsatzsteuer-Zahllast bzw. ein Vorsteuer-Erstattungsanspruch besteht.   EUR ☐

     bb   Geben Sie an, ob es sich bei dem in ba ermittelten Betrag um

         1 einen Vorsteuer-Erstattungsanspruch oder

         2 eine Umsatzsteuer-Zahllast handelt.

     bc   Schließen Sie das Konto Vorsteuer im Grundbuch ab.

         S   EUR   H   EUR

     bd   Buchen Sie die Überweisung vom bzw. an das Finanzamt über DBB.

         S   EUR   H   EUR

25. Aufgabe (10 Punkte)

Die Kreditbank AG erwirbt am 1. März dieses Jahres für die Kreditabteilung folgende Gegenstände:

Pos. 1   1 EDV-Anlage für 24.000,00 EUR zuzüglich 19 % USt
           (betriebsgewöhnliche Nutzungsdauer 3 Jahre)

Pos. 2   2 Schreibtische (Sonderausstattung) für je 3.000,00 EUR zuzüglich 19 % USt
           (betriebsgewöhnliche Nutzungsdauer 4 Jahre)

Pos. 3   2 Bürostühle für je 390,00 EUR zuzüglich 19 % USt
           (betriebsgewöhnliche Nutzungsdauer 8 Jahre)

Pos. 4   5 Terminkalender für je 32,00 EUR zuzüglich 19 % USt

a Ermitteln Sie zum Jahresende die Buchwerte der am 1. März angeschafften Gegenstände. Unterstellen Sie, dass die Bank die Poolabschreibung anwendet. Notieren Sie im Lösungsbereich Nullen, wenn es keinen Buchwert zum Jahresende gibt.

Buchwerte per 31.12. für

aa Pos. 1   EDV-Anlage   EUR
ab Pos. 2   Schreibtische   EUR
ac Pos. 3   Bürostühle   EUR
ad Pos. 4   Terminkalender   EUR

b In welcher Höhe verursachen die Anschaffungen vom 1. März betrieblichen Aufwand im Anschaffungsjahr?   EUR

26. Aufgabe (5 Punkte)

Ordnen Sie den untenstehenden Beschreibungen einen der folgenden Begriffe zu.

1 Lineare Abschreibung

2 Geometrisch-degressive Abschreibung

3 keine der genannte Abschreibungsarten

Beschreibung

a Die jährliche Abschreibung wird als Prozentwert vom Restbuchwert berechnet.

b Die jährliche Abschreibung wird ermittelt, indem die Anschaffungskosten gleichmäßig auf die Jahre der Nutzungsdauer verteilt werden.

c Diese Abschreibungsart ist steuerrechtlich für Neuanschaffungen zulässig.

d Die Höhe der jährlichen Abschreibung ist abhängig vom Umfang der Nutzung des Anlageguts.

e Diese Art der Abschreibung kann nur im internen Rechnungswesen genutzt werden.

27. Aufgabe (10 Punkte)

Die Kreditbank tätigt im Juni des laufenden Jahres die folgenden Käufe, die Rechnungen werden über Korrespondenzbanken beglichen:

- 10 Mobiltelefone für Mitarbeiter der Immobilienvermittlung, Gesamtpreis 1.400,00 EUR netto (Nutzungsdauer lt. AfA-Tabelle: 5 Jahre).

- Ein Schreibtisch für das Direktorenbüro der Depotabteilung, Preis 3.100 EUR netto (Nutzungsdauer lt. AfA-Tabelle: 13 Jahre).

- 5 Notebooks für die Berater der Privatkreditabteilung, Gesamtpreis 4.200,00 EUR netto (Nutzungsdauer lt. AfA-Tabelle: 3 Jahre).

Die Kreditbank schreibt Anlagegüter mit einem Nettopreis von 150,00 bis 1.000,00 EUR als Sammelposten über fünf Jahre ab, bei höheren Beträgen wird die lineare Abschreibung gewählt.

a Buchen Sie die folgenden Vorgänge im Grundbuch, tragen Sie Nullen in nicht benötigte Kästchen ein.

aa Kauf der Mobiltelefone,

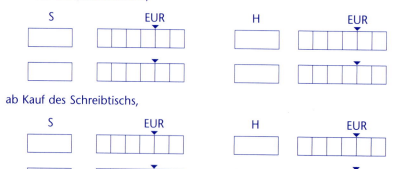

ab Kauf des Schreibtischs,

ac Kauf der Notebooks.

S	EUR	H	EUR

b Erfassen Sie die Buchung der Abschreibung aller Anlagegegenstände am Ende dieses Jahres.

S	EUR	H	EUR

28. Aufgabe (14 Punkte)

Die Kreditbank hat am 20.03.20.. einen Schreibtisch für die Büroräume der Immobilienvermittlung erworben und dazu folgende Rechnung ihrer Kundin, der Möbel Müller GmbH, erhalten:

Möbel Müller GmbH – Ihr Spezialist fürs Büro
Walnussweg 12
54321 Waldbröl

Kreditbank AG

Rechnung Nr. 1692567
Bestellung vom 04.03.20..
Lieferung vom 20.03.20..

Artikel	Preis
Schreibtischkombination EcoStar	3.560,00 EUR
Lieferung	150,00 EUR
Montage	80,00 EUR
Zwischensumme	3.790,00 EUR
19 % USt	720,10 EUR
Endbetrag	4.510,10 EUR

Zahlungsbedingungen:
Zahlungsziel bis zum 20.04.2010; bei Zahlung bis zum 30.03.20.. gewähren wir 3 % Skonto. Bitte überweisen Sie den Betrag auf unser Konto 127863 in Ihrem Hause.

Inga Müller
Geschäftsführerin

---

a Ermitteln Sie den Überweisungsbetrag für die Zahlung der Rechnung am 29.03.20..
                                                                                          EUR □□□□□

b Buchen Sie mithilfe des Kontenplans im Anhang die Begleichung der Rechnung im Grundbuch. Tragen Sie bei allen Teilaufgaben Nullen in nicht benötigte Kästchen ein.

S	EUR	H	EUR

Der Kontostand der Möbel Müller GmbH beträgt vor Gutschrift des Rechnungsbetrags 2.641,20 EUR Soll.

c Ermitteln Sie, um welchen Betrag sich die Bilanzsumme der Kreditbank durch die Gutschrift verändert. Sollte sich keine Veränderung ergeben, tragen Sie bitte Nullen in die Lösungskästchen ein.
                                                                                          EUR □□□□□

d Geben Sie an, wie sich die Veränderung auf die Bilanzsumme auswirkt.

   1 Aktivtausch

   2 Passivtausch

   3 Erhöhung der Bilanzsumme

   4 Verringerung der Bilanzsumme

Die betriebsgewöhnliche Nutzungsdauer für Büromöbel beträgt laut AfA-Tabelle 13 Jahre.

e Ermitteln Sie den Abschreibungsbetrag in EUR am 31.12.20.. für das erste Jahr der Nutzung. EUR

f Buchen Sie die Abschreibung für das erste Jahr der Nutzung im Grundbuch.

   S   EUR   H   EUR

Drei Jahre nach Kauf wird die Schreibtischkombination zum Endpreis von 3.000,00 EUR an einen Kontokorrentkunden weiterverkauft.

g Buchen Sie den Verkauf im Grundbuch.

   S   EUR   H   EUR

29. Aufgabe (10 Punkte)

Hinsichtlich ihrer Bonität und ihrer buchhalterischen Erfassung unterscheidet man

   1 uneinbringliche Forderungen,

   2 zweifelhafte Forderungen,

   3 anscheinend intakte Forderungen.

a Ordnen Sie diese Forderungen den nachstehenden Sachverhalten zu.

   aa Bis zum Bilanzstichtag sind bei diesen Schuldnern keine erkennbaren und belegbaren Ausfallrisiken aufgetreten.

   ab Der Antrag des Kreditinstituts auf Eröffnung des Insolvenzverfahrens über das Vermögen dieses Kreditnehmers wurde mangels einer die Kosten des Verfahrens deckenden Vermögensmasse abgewiesen. Der Kredit wurde blanko gewährt.

   ac Im abgeschlossenen Insolvenzverfahren hat das Kreditinstitut auf 20 % seiner Ansprüche verzichtet.

   ad Über das Vermögen eines Schuldners wurde inzwischen das Insolvenzverfahren eröffnet. Mit dem Abschluss des Verfahrens wird erst im nächsten Jahr gerechnet.

b Ordnen Sie die oben genannten Forderungen den nachstehenden buchhalterischen Maßnahmen zu.

   ba Diese Forderung ist unverzüglich auszubuchen.

   bb In Höhe des vermuteten Ausfalls der Forderung ist sogleich eine indirekte Abschreibung vorzunehmen.

   bc Eine indirekte Abschreibung auf solche Forderungen ist im steuerlich anerkannten Rahmen nur zugunsten einer Pauschalwertberichtigung zulässig.

c Ordnen Sie die oben genannten Forderungen den nachstehenden Aussagen über die Form ihres Bilanzausweises zu.

   ca Dieser Teil der Forderung ist wirtschaftlich nicht mehr existent bzw. kann auf absehbare Zeit nicht eingetrieben werden.

   cb Diese Forderungen sind um einen nicht gesondert bilanzierbaren Pauschalbetrag vermindert zu aktivieren.

   cc Da die Einzelwertberichtigung auf Forderungen nicht auf der Passivseite der Bilanz gesondert ausgewiesen werden darf, wird sie von der entsprechenden Forderung abgesetzt, bevor diese aktiviert wird.

Unternehmensleistungen erfassen und dokumentieren

30. Aufgabe (10 Punkte)

Zum Jahresende werden die Debitoren der Kreditbank bilanziell erfasst.

Die Kreditbank hat einen Forderungsbestand laut Inventur in Höhe von 360,0 Mio. EUR ermittelt, darin sind Kredite an öffentliche Verwaltungen in Höhe von 4,1 Mio. EUR enthalten.

Der aus dem Vorjahr stammende Bestand an Pauschalwertberichtigungen beträgt 2,1 Mio. EUR. Die Richtlinien des Hauses verlangen 0,75 % der hierfür maßgeblichen Forderungen.

Vor Ermittlung des diesjährigen Pauschalwertberichtigungsbestands sind noch folgende Ereignisse zu berücksichtigen:

1. Die Forderung an die BÜCOTEC GmbH über 2,5 Mio. EUR ist zum Jahresende überraschend uneinbringlich geworden.

2. Der Firmenkunde, die Muster AG, hat die Eröffnung des Insolvenzverfahrens beantragt. Wir erwarten eine Insolvenzquote von 15 %. Unsere Forderung beträgt 5,4 Mio. EUR, wovon die Hälfte durch eine werthaltige Bürgschaft abgesichert ist.

a Berechnen Sie in Mio. EUR die erforderlichen Abschreibungen für die

   aa BÜCOTEC GmbH,   Mio. EUR

   ab Muster AG.   Mio. EUR

b Berechnen Sie in Mio. EUR

   ba die Summe der mit latenten Ausfallrisiken behafteten, anscheinend intakten Forderungen.   Mio. EUR

   bb den Betrag, um den die Pauschalwertberichtigung aufgefüllt werden muss.   Mio. EUR

c Ermitteln Sie den Bilanzwert der Debitoren in Mio. EUR.   Mio. EUR

31. Aufgabe (5 Punkte)

Die Unionbank erfährt, dass über das Vermögen eines Kontokorrentkunden das Insolvenzverfahren eröffnet worden ist. Die Forderung der Unionbank beträgt 98.000,00 EUR, davon sind 50.000,00 EUR durch eine Bankbürgschaft abgesichert.

Die Insolvenzquote beträgt voraussichtlich 25 %.

a In welcher Höhe wird die Unionbank zum Jahresende Risikovorsorge treffen?   EUR

b Auf welchem Hauptbuchkonto schlägt sich die Risikovorsorge nieder?

1. Einzelwertberichtigung
2. Pauschalwertberichtigung
3. Aktive Rechnungsabgrenzung
4. Passive Rechnungsabgrenzung
5. Rückstellungen
6. keines der angegebenen Konten

c Mit welchem Betrag geht das Darlehen zum Jahresende in die Bilanzposition „Forderungen an Kunden" ein?   EUR

32. Aufgabe (7 Punkte)

Die Kreditbank AG verfügt über die folgenden Durchschnittswerte der letzten fünf Bilanzstichtage:

Forderungen	Mio. EUR
an inländische Städte und Gemeinden	416,0
an Privatkunden	3.148,0
davon grundpfandrechtlich besichert	467,0
an Firmenkunden	789,0
davon mit Delkredere-Versicherung	67,0
davon mit Bundesbürgschaft	33,0

Für die letzten fünf Jahre sind außerdem folgende Durchschnittswerte (in Mio. EUR) bekannt:

- maßgeblicher Forderungsausfall: 41,0
- direkte Abschreibung: 34,0
- Verbrauch von Einzelwertberichtigungen: 22,0
- Zahlungseingänge auf abgeschriebene Forderungen: 7,0

a Berechnen Sie den durchschnittlichen Betrag der anscheinend intakten Forderungen für die vergangenen fünf Jahre. Mio. EUR

b Ermitteln Sie den durchschnittlichen tatsächlichen Forderungsausfall der letzten fünf Jahre. Mio. EUR

c Rechnen Sie den Prozentsatz zur Bildung der Pauschalwertberichtigung zum aktuellen Bilanzstichtag aus. %

33. Aufgabe (8 Punkte)

Die Kreditbank erhält vom Insolvenzverwalter des Insolvenzverfahrens der Merchant GmbH die Abschlusszahlung über 120.000,00 EUR. Das Verfahren wurde im vergangenen Jahr eröffnet. Die Kreditbank rechnete mit einer Insolvenzquote von 18 % der ursprünglichen Forderung gegen die Merchant GmbH. Sie bildete daher zum Jahresende eine Einzelwertberichtigung von 590.400,00 EUR.

a Ermitteln Sie

    aa die ursprüngliche Forderungshöhe, EUR

    ab den bei Abschluss des Insolvenzverfahrens zusätzlich notwendigen Abschreibungsbetrag. EUR

b Bilden Sie den Buchungssatz für

- den Zahlungseingang über DBB,
- die nach Abschluss des Verfahrens erforderliche Abschreibung sowie
- das Ausbuchen der Forderung gegen die Merchant GmbH.

Verwenden Sie die Kontenbezeichnungen entsprechend dem Kontenplan im Anhang.

c Wie wirkte sich im Vorjahr die Risikovorsorge für die Merchant GmbH auf die Bildung von unversteuerten Pauschalwertberichtigungen aus?

1 Der Abschreibungsbetrag auf die Forderung erhöhte die Pauschalwertberichtigung.

2 Die Forderung gegen die Merchant GmbH wurde bei der Berechnung der Pauschalwertberichtigung nicht berücksichtigt.

3 Die Pauschalwertberichtigung stieg um den Betrag der Einzelwertberichtigung.

4 Die Pauschalwertberichtigung wurde kleiner um den Betrag der Einzelwertberichtigung.

5 Die Berechnungsbasis für die Pauschalwertberichtigung wird um den Betrag der Risikovorsorge für die Merchant GmbH gekürzt.

34. Aufgabe (10 Punkte)

Die Kölnbank tätigt für ihren eigenen Wertpapierbestand der Liquiditätsreserve folgende Umsätze in DEXTRA-AG-Aktien und in 5,0 % Realboden-Pfandbriefen, Zinstermin 20.10. gzj., Zinsberechnungsmethode act/act.

DEXTRA-AG-Aktien

Kauf	23.03.	2.000 Stück zu je 90,50 EUR
	15.07.	1.600 Stück zu je 89,00 EUR
	11.09.	2.400 Stück zu je 91,00 EUR
Verkauf	05.11.	4.200 Stück zu je 90,00 EUR

5,0 % Realboden-Pfandbriefe

Kauf	12.01	nom. 500.000,00 EUR 101,50 %
	22.05.	nom. 500.000,00 EUR 102,00 %
Verkauf	30.08.	nom. 850.000,00 EUR 102,25 %

Unternehmensleistungen erfassen und dokumentieren

Tageskurse am 31.12. d. J. (Bilanzstichtag)	
DEXTRA-AG-Aktien	88,00 EUR
Realboden-Pfandbriefe	103,00 %

a Ermitteln Sie zum 31.12.

   aa den Bilanzwert der DEXTRA-AG-Aktien, EUR

   ab die aufgelaufenen, noch nicht vereinnahmten Stückzinsen für die Realboden-Pfandbriefe (kein Schaltjahr), EUR

   ac den Bilanzwert der Realboden-Pfandbriefe. EUR

b Wie viel Euro beträgt

   ba der nicht realisierte Verlust der DEXTRA-AG-Aktien, EUR

   bb der realisierte Erfolg bei den Realboden-Pfandbriefen? EUR

35. Aufgabe (19 Punkte)

Die Kreditbank AG führt in ihrem Bestand Anleihen der Stahl AG.

3,25 % Anleihe der Stahl AG 04/09, Zinstermin 10.09. gzj. (act/act)

Soll	Eigene Wertpapiere				Haben
Nennwert	Kurs	Kurswert	Nennwert	Kurs	Kurswert
400.000,00	98,00		600.000,00	99,80	
400.000,00	99,00				
200.000,00	98,50				

Der Kurs am Bilanzstichtag lautet: 99,50 %.
Die Bilanzierung erfolgt nach dem strengen Niederstwertprinzip.

a Berechnen Sie

   aa den Durchschnittserwerbskurs, %

   ab die zum Jahresende aufgelaufenen, nicht vereinnahmten Stückzinsen (kein Schaltjahr), EUR

   ac den realisierten Erfolg zum Jahresende, EUR

   ad den nicht realisierten Erfolg zum Jahresende, EUR

   ae den Bilanzwert der Anleihen der Stahl AG. EUR

b Buchen Sie unter Verwendung des Kontenplanes im Anhang

   ba die Stückzinsen aus ab,

   S EUR H EUR

   bb den Schlussbestand der Anleihen der Stahl AG einschließlich der Stückzinsen,

   S EUR H EUR

   bc den realisierten Erfolg,

   S EUR H EUR

   bd den nicht realisierten Erfolg,

   S EUR H EUR

be die Eröffnung des Wertpapierkontos im nächsten Jahr,

| S | EUR | H | EUR |

bf die Korrektur der Stückzinsen zum Jahresanfang,

| S | EUR | H | EUR |

bg den Eingang der Kuponzinsen über das Konto bei der DBB am 10.09. des nächsten Jahres. Es wird angenommen, dass der Bestand im neuen Jahr unverändert bleibt.

| S | EUR | H | EUR |

Falls keine Buchung anfällt, tragen Sie bitte auf die Soll- und Habenseite sowie in die Betragsspalte jeweils „0" ein.

36. Aufgabe (13 Punkte)

Die Kreditbank handelt mit Aktien der Equinox AG. Die Wertpapiere werden dem Handelsbestand zugeordnet und zum Zeitwert bilanziert. Im laufenden Jahr ergaben sich die folgenden Umsätze:

	Datum	Anzahl	Kurs EUR
Kauf	17.02.	3.000	78,00
Kauf	03.05.	2.000	76,00
Kauf	26.08.	5.000	82,00
Verkauf	08.10.	7.500	81,00

Kurs am Bilanzstichtag 31.12.20..	83,00 EUR
Risikoabschlag	4,0 %

a Bestimmen Sie den Durchschnittserwerbskurs.   EUR

b Berechnen Sie den Bilanzwert der Equinox-AG-Aktien nach Abzug des Risikoabschlags.   EUR

c Ermitteln Sie

   ca den realisierten Erfolg,   EUR

   cb den nicht realisierten Erfolg.   EUR

d Buchen Sie zum Abschluss des Kontos Eigene Wertpapiere mithilfe des Kontenplans:

   da die erfolgswirksame Erfassung des Risikoabschlags,

| S | EUR | H | EUR |

   db den realisierten Erfolg,

| S | EUR | H | EUR |

   dc den nicht realisierten Erfolg,

| S | EUR | H | EUR |

   dd den Bilanzwert der Aktien.

| S | EUR | H | EUR |

37. Aufgabe (17 Punkte)

Die Kreditbank hält im Handelsbestand Hypothekenpfandbriefe, die nach dem Zeitwertprinzip bewertet werden. Der Kurs am Bilanzstichtag des abgelaufenen Jahres (31.12.) lag bei 102,60 %, die Kreditbank berücksichtigt einen Risikoabschlag in Höhe von 3,50 %.

Soll			5 % Hypothekenpfandbrief, Zinstermin 15.09. gzj. (act/act)			Haben
Nennwert EUR	Kurs	Kurswert EUR	Nennwert EUR	Kurs		Kurswert EUR
400.000,00	98,00		700.000,00	97,20		
400.000,00	99,00					
200.000,00	98,50					

Ermitteln Sie zum 31.12.

a den Durchschnittserwerbskurs des Hypothekenpfandbriefs, %

b den realisierten Erfolg, EUR

c den nicht realisierten Erfolg, EUR

d die zu berücksichtigenden Stückzinsen (kein Schaltjahr), EUR

e den Bilanzwert des Hypothekenpfandbriefs nach Abzug des Risikoabschlags. EUR

Buchen Sie mithilfe des Kontenplans im Anhang:

f den realisierten Erfolg,

g den nicht realisierten Erfolg,

h die Stückzinsen,

i die erfolgswirksame Erfassung des Risikoabschlags,

j den Bilanzwert des Hypothekenpfandbriefs,

k die Korrektur der Stückzinsen zum Jahresanfang,

l den Eingang der Kuponzinsen über DBB am 15.09. nächsten Jahres bei unverändertem Bestand.

38. Aufgabe (7 Punkte)

Die Kreditbank hält im eigenen Wertpapierbestand u. a. folgenden Pfandbrief:

Bestand nominal	500.000,00 EUR
Zinstermin	12.06. gzj.
Zinssatz	4,5 %
Durchschnittserwerbskurs	102,1 %
Kurs am 31.12. (Bilanzstichtag)	104,7 %

Für Anleihen im Handelsbestand berücksichtigt die Kreditbank einen Risikoabschlag von 2,3 %.

a Berechnen Sie die bis zum Bilanzstichtag aufgelaufenen, noch nicht vereinnahmten Stückzinsen. (Ein Schaltjahr ist nicht zu berücksichtigen.) EUR

b Bestimmen Sie den zu bilanzierenden Wert des Pfandbriefs, wenn dieser der Liquiditätsreserve zugeordnet ist. EUR

c Ermitteln Sie den zu bilanzierenden Wert des Pfandbriefs, wenn dieser dem Handelsbestand zugeordnet ist. EUR

39. Aufgabe (3 Punkte)

Stellen Sie fest, auf welche der folgenden Wertpapierbestände die unten stehenden Aussagen zutreffen.

1 Wertpapiere des Handelsbestands,

2 Wertpapiere der Liquiditätsreserve,

3 Wertpapiere des Anlagebestands,

4 alle genannten Wertpapierbestände,

5 keiner der genannten Wertpapierbestände.

Aussagen

a Die Bewertung erfolgt nach dem gemilderten Niederstwertprinzip.

b Mindestens 10 % des Nettoertrags aus diesem Bestand müssen in den Fonds für allgemeine Bankrisiken eingestellt werden.

c Nicht realisierte Kursgewinne werden immer gewinnwirksam erfasst.

d Nicht realisiert Verluste führen am Bilanzstichtag immer zu einer Abschreibung, bei Zuschreibungen stellen die Anschaffungskosten die Obergrenze dar.

e Zum Bilanzstichtag aufgelaufene, noch nicht vereinnahmte Stückzinsen erhöhen den Gewinn.

f Realisierte Kursverluste mindern den Gewinn.

g Der Bilanzwert beinhaltet einen Risikoabschlag.

h Für die Bewertung wird der niedrigste Kurs des Geschäftsjahres herangezogen.

40. Aufgabe (8 Punkte)

Das HGB sieht für die Bilanzierung der verschiedenen Wertpapierbestände von Kreditinstituten die folgenden Bewertungsprinzipien vor:

1 Gemildertes Niederstwertprinzip

2 Strenges Niederstwertprinzip

3 Fair Value

Tragen Sie eine 9 in die Lösungskästchen ein, wenn keine der genannten Bewertungsmethoden zutrifft.

a Ordnen Sie den folgenden Erläuterungen das passende Bewertungsprinzip zu.

aa Zur Bewertung werden die Anschaffungskosten und der Kurs am Bilanzstichtag verglichen. Das Kreditinstitut muss den niedrigeren der beiden Werte ansetzen.

ab Der Wert am Bilanzstichtag entspricht der Summe der abgezinsten zukünftigen Zahlungen aus dem Wertpapier, das das Kreditinstitut bis zur Fälligkeit hält.

ac Eine Abschreibung auf die Anschaffungskosten muss erfolgen bei einer dauernden Wertminderung, bei einem voraussichtlich nicht dauerndem Kursverlust besteht ein Wahlrecht zur Abschreibung. ☐

ad Zur Bilanzierung wird der aktuelle Börsenkurs eines Wertpapiers (Zeitwert) herangezogen, aus Vorsichtsgründen wird ein Sicherheitsabschlag vorgenommen. ☐

b Stellen Sie fest, welches Bewertungsprinzip für die folgenden Kategorien von Wertpapieren zutreffend ist.

ba Wertpapiere der Liquiditätsreserve ☐

bb Wertpapiere des Handelsbestands ☐

bc Begebene Schuldverschreibungen ☐

bd Wertpapiere des Anlagevermögens ☐

41. Aufgabe (7 Punkte)

Kreditinstitute betreiben aus den verschiedensten Anlässen Risikovorsorge. Stellen Sie fest, auf welche Art der Risikovorsorge sich die unten stehenden Aussagen jeweils beziehen.

Risikovorsorge

[1] Einzelwertberichtigungen auf Forderungen

[2] Pauschalwertberichtigungen (unversteuert)

[3] Stille Vorsorgereserven gemäß § 340f HGB

[4] Fonds für allgemeine Bankrisiken gemäß § 340g HGB

Tragen Sie eine [9] in das Lösungskästchen ein, wenn keine der oben aufgeführten Arten der Risikovorsorge zutrifft.

Aussagen

a Die Risikovorsorge wird auf den bereinigten Forderungsbestand gebildet, um für latente Ausfallrisiken gerüstet zu sein. Sie mindert den zu versteuernden Gewinn. ☐

b Das Kreditinstitut erfasst im Rechnungswesen den garantierten Ausfall eines Debitors. ☐

c Die Risikovorsorge hat keinen Einfluss auf die Steuerpflicht des Kreditinstituts. Sie wird in der Bilanz ausgewiesen. ☐

d Die Risikovorsorge führt dazu, dass bestimmte Vermögenswerte unter ihrem Niederstwert bilanziert werden. ☐

e Die Risikovorsorge wird wegen erkannter Ausfallrisiken bei einzelnen Debitoren gebildet. ☐

f Das Kreditinstitut bereitet sich auf im kommenden Jahr nachzuzahlende Steuern in noch unbekannter Höhe vor. ☐

g Die Risikovorsorge darf 4 % des Gesamtbestandes der Forderungen und der Wertpapiere der Liquiditätsreserve nicht überschreiten. ☐

42. Aufgabe (6 Punkte)

Im Rahmen der Jahresabschlussarbeiten hat die Kreditbank AG die unten angegebenen Forderungen und Wertpapiere nach dem Niederstwertprinzip bewertet. Der Fonds für allgemeine Bankrisiken weist einen Bestand von 21,7 Mio. EUR auf. Bei der Ermittlung der Bilanzwerte soll eine größtmögliche stille Vorsorgereserve nach § 340f HGB gebildet werden, die offene Vorsorgereserve soll mit zusätzlich 2,2 Mio. EUR dotiert werden.

Unternehmensleistungen erfassen und dokumentieren

a Nutzen Sie den unten angegeben Auszug aus dem HGB und ermitteln Sie, mit welchem Wert die folgenden Bestände bilanziert werden:

		Bestand Mio. EUR	Bilanzwert Mio. EUR
aa	Wertpapiere des Anlagevermögens	36,30	
ab	Wertpapiere der Liquiditätsreserve	12,80	
ac	Wertpapiere des Handelsbestands	17,50	
ad	Forderungen an Kreditinstitute	45,40	
ae	Forderungen an Kunden	389,20	

b Berechnen Sie den Bilanzwert des Fonds für allgemeine Bankrisiken. Mio. EUR ☐

Auszug aus dem HGB:

§ 340f

(1) Kreditinstitute dürfen Forderungen an Kreditinstitute und Kunden, Schuldverschreibungen und andere festverzinsliche Wertpapiere sowie Aktien und andere nicht festverzinsliche Wertpapiere, die weder wie Anlagevermögen behandelt werden noch Teil des Handelsbestands sind, mit einem niedrigeren [...] Wert ansetzen, soweit dies nach vernünftiger kaufmännischer Beurteilung zur Sicherung gegen die besonderen Risiken des Geschäftszweigs der Kreditinstitute notwendig ist. Der Betrag der auf diese Weise gebildeten Vorsorgereserven darf vier vom Hundert des Gesamtbetrags der in Satz 1 bezeichneten Vermögensgegenstände [...] nicht übersteigen. Ein niedrigerer Wertansatz darf beibehalten werden.

§ 340g

(1) Kreditinstitute dürfen auf der Passivseite ihrer Bilanz zur Sicherung gegen allgemeine Bankrisiken einen Sonderposten „Fonds für allgemeine Bankrisiken" bilden, soweit dies nach vernünftiger kaufmännischer Beurteilung wegen der besonderen Risiken des Geschäftszweigs der Kreditinstitute notwendig ist.

43. Aufgabe (4 Punkte)

Kreditinstitute bilden aus verschiedenen Gründen Abschreibungen. Geben Sie an, welche zwei Abschreibungen keinen Einfluss auf die Steuerlast des Kreditinstitutes haben. ☐ ☐

1. planmäßige Abschreibungen auf die Betriebs- und Geschäftsausstattung wegen ihrer zeitlich begrenzten Nutzbarkeit
2. wegen des Niederstwertprinzips erforderliche Abschreibungen auf Wertpapiere des Handelsbestands
3. zur Einstellung in den „Fonds für allgemeine Bankrisiken" gebildete Abschreibungen
4. Abschreibungen aufgrund von Kundeninsolvenzen
5. außerplanmäßige Abschreibungen auf geringwertige Wirtschaftsgüter im Jahr ihrer Anschaffung
6. zur Bildung stiller Vorsorgereserven erforderliche Abschreibungen

44. Aufgabe (8 Punkte)

Stellen Sie fest, ob die Kreditbank im Rahmen der Jahresabschlussarbeiten für die folgenden Geschäftsfälle eine

[1] antizipative Rechnungsabgrenzung,

[2] transitorische Rechnungsabgrenzung,

[3] keine Rechnungsabgrenzung

vornehmen muss.

a Im November wurde Miete für Filialräume für ein Kalenderquartal im Voraus überwiesen.

b Im Anlagevermögen der Kreditbank befinden sich Bundesanleihen mit Zinstermin 01.06.

c Im Januar des neuen Jahres müssen Renovierungsarbeiten an einem Geschäftsgebäude vorgenommen werden.

d Schrankfachmieten werden im Februar für ein Jahr rückwirkend belastet.

e Jahresprovisionen für Kreditkarten wurden im Dezember belastet.

f Kunden haben im Dezember Festgelder für zwei Monate angelegt.

g Eine Rechnung für die durchgeführte Wartung der Telefonanlage geht im Dezember ein, Zahlungstermin ist der 08.01.

h Kreditprovisionen wurden im Oktober für sechs Monate im Voraus von Kundenkonten abgebucht.

45. Aufgabe (6 Punkte)

Die Kreditbank hat zum Jahresende folgende Inhaberschuldverschreibung in ihrem Bestand:

Emittent	Industrie AG
Nominalwert	5.000.000,00 EUR
Zinssatz	4,25 % p. a.
Zinstermin	16.10. gzj.

a Für wie viele Zinstage muss zum Jahresende eine Zinsabgrenzung vorgenommen werden?

b Berechnen Sie den Betrag der zum Jahresende erforderlichen Zinsabgrenzung (kein Schaltjahr).

c In welche Bilanzposition geht die Zinsabgrenzung ein?

[1] Rechnungsabgrenzung (aktiv)   [4] Verbriefte Verbindlichkeiten

[2] Rechnungsabgrenzung (passiv) [5] Sonstige Vermögenswerte

[3] Schuldverschreibungen   [6] Sonstige Verbindlichkeiten

2 Kosten und Erlöse ermitteln und beeinflussen

46. Aufgabe (6 Punkte)

Entscheiden Sie, ob es sich bei den folgenden Geschäftsfällen

  [1] um Grundkosten,

  [2] um Zusatzkosten,

  [3] um neutralen Aufwand,

  [4] weder um Aufwand noch um Kosten

des laufenden Geschäftsjahres handelt.

a Für die Mitgliedschaft im Verein „Förderung Kölner Philharmonie" gibt die Sparkasse jährlich 120.000,00 EUR aus.

b Der Mietwert der Zweigstelle Wiener Platz im eigenen Gebäude der Sparkasse ist mit 45.000,00 EUR anzusetzen.

c Der Unterschied zwischen den Kreditkonditionen für die Geschäftskundschaft und denen für die eigenen Mitarbeiter der Sparkasse ist mit 86.300,00 EUR zu beziffern.

d Die Sparkasse hat im Vorjahr Sachanlagen im Gesamtwert von 192.000,00 EUR angeschafft.

   Die Gegenstände wurden bilanziell mit 20 % abgeschrieben.

   Die tatsächliche Nutzungsdauer beträgt im Durchschnitt vier Jahre.

e Von der am 1. Oktober für ein Jahr im Voraus gezahlten Kfz-Steuer entfallen 5.600,00 EUR auf das nächste Jahr.

47. Aufgabe (3 Punkte)

Die Controlling-Abteilung der Kreditbank AG benötigt den Gesamtbetrag der Erlöse des laufenden Geschäftsjahres. Aus dem Rechnungswesen werden folgende Zahlen gemeldet:

Erträge des laufenden Geschäftsjahres	
	Tsd. EUR
Zinsen aus Forderungen an Kunden	277,2
Auflösung der Rückstellung für nicht benötigte Boni	0,4
Realisierte Kursgewinne aus Devisengeschäften	44,8
Vergütungen für Avale	0,4
Kuponzinsen für Schuldverschreibungen des Handelsbestands	5,4
– davon auf das vergangene Geschäftsjahr entfallend –	1,1
Postengebühren für Privatgirokonten	0,8
Erhaltene Safegebühren einschließlich 19 % USt	0,476
Zahlungseingang wegen einer im Vorjahr direkt abgeschriebenen Forderung	0,2

Berechnen Sie den Wert der Erlöse in Tsd. EUR.   Tsd. EUR

48. Aufgabe (15 Punkte)

Bei der Erstellung und Verwertung der Marktleistungen fallen an:

  [1] Betriebskosten,

  [2] Betriebserlöse,

  [3] Wertkosten,

  [4] Werterlöse.

Ordnen Sie folgende Ereignisse den oben aufgeführten Begriffen zu.

Tragen Sie eine [9] in das Kästchen ein, wenn keiner der Begriffe zutrifft.

Kosten und Erlöse ermitteln und beeinflussen 215

Ereignisse

a Belastung des Kunden mit einer Postengebühr ☐
b Zinsen für Kundeneinlagen ☐
c Dividenden für Wertpapiere im eigenen Bestand der Bank ☐
d realisierte Kursgewinne aus Aktien im Handelsbestand des Kreditinstitutes ☐
e Gehalt des Vorstandsvorsitzenden ☐
f Zinsen für geduldete Überziehungen ☐
g Abschreibungen auf den Geldtransporter ☐
h Durchschnittliche tatsächliche Ausfallquote bei Ratenkrediten ☐
i Risikovorsorge für Mietavale ☐
j Von Kunden einbehaltene Kapitalertragsteuer ☐
k Von einer befreundeten Bank in Rechnung gestellte Postengebühr ☐
l Erhaltene Safemiete ☐
m Zinsen auf eigene Sparbriefe ☐
n Kursgewinne der Depotkunden ☐
o Kursverluste aus der Umschichtung des Wertpapierhandelsbestands ☐

49. Aufgabe (11 Punkte)

Entscheiden Sie, ob es sich bei den folgenden Geschäftsfällen um

☐1 Grundkosten,
☐2 Zusatzkosten,
☐3 Grunderlöse,
☐4 Zusatzerlöse,
☐5 keinen kostenrechnerisch relevanten Vorgang

handelt.

a empfangene Vergütungen für die Durchführung von Effektenkommissionsgeschäften ☐
b rechnerische Miete für die im eigenen Gebäude befindliche Zweigstelle ☐
c kalkulatorische Zinsen für das Eigenkapital ☐
d Arbeitnehmeranteil zur Sozialversicherung ☐
e Beiträge zur betrieblichen Unfallversicherung ☐
f Kassenüberschuss ☐
g Kontoführungsprovisionen für Girokonten ☐
h auf Spareinlagen angefallene Boni ☐
i Umsatzsteuerzahllast ☐
j erhaltene Avalprovisionen ☐
k abgeführter Arbeitnehmeranteil zur Sozialversicherung ☐

50. Aufgabe (6 Punkte)

Das Betriebsergebnis eines Geschäftsjahres wird von den Kosten und Erlösen dieses Geschäftsjahres beeinflusst.

Stellen Sie bei den nachfolgenden Geschäftsvorfällen fest, inwieweit sie das Betriebsergebnis eines Geschäftsjahres

- [1] erhöhen,
- [2] verringern,
- [3] nicht beeinflussen.

Tragen Sie in das Lösungskästchen die zutreffende Ziffer ein.

Geschäftsvorfall

a Die Kontoführungsgebühren im Privatkundengeschäft werden angehoben.

b Die Versicherungsprämien für den bankeigenen Fahrdienst werden erhöht.

c Die Bank spendet für Tsunami-Opfer.

d Die gestiegenen Ausfälle im Firmenkundengeschäft in den letzten fünf Jahren führen zu einer Anhebung der durchschnittlichen Abschreibungssätze auf Forderungen.

e Unaufgeklärte Kassenüberschüsse werden zum Jahresende ausgebucht.

f Bei der kalkulatorischen Miete für die selbst genutzten Räume im eigenen Gebäude wird ein höherer Preis pro Quadratmeter zugrunde gelegt.

51. Aufgabe (6 Punkte)

Die Depotabteilung der Kreditbank AG schafft zu Jahresanfang einen neuen Wertpapiertresor zum Bruttopreis von 119.900,00 EUR an. Die AfA-Tabelle gibt eine betriebsgewöhnliche Nutzungsdauer von 25 Jahren vor. Die Controlling-Abteilung geht von einer Ersatzbeschaffung nach 15 Jahren aus, bei gleichmäßiger Wertminderung steigen die Wiederbeschaffungskosten um 30 %.

a Berechnen Sie die Höhe der Abschreibung im ersten Jahr der Nutzung

   aa für die Finanzbuchhaltung,   EUR

   ab für das interne Rechnungswesen.   EUR

b Geben Sie an,

   ba ob im ersten Jahr der Nutzung

      [1] neutraler Aufwand oder

      [2] Zusatzkosten

      entstehen und

   bb in welcher Höhe diese anfallen.   EUR

52. Aufgabe (6 Punkte)

Die Kreditbank erwirbt am 30.04.20.. einen Geldautomaten zum Preis von 73.415,00 EUR inkl. USt. Die betriebsgewöhnliche Nutzungsdauer laut AfA-Tabelle liegt bei sieben Jahren. Intern kalkuliert die Bank mit einer Nutzungsdauer von fünf Jahren, die Abschreibungsmethode der Controlling-Abteilung entspricht den handels- und steuerrechtlichen Vorgaben.

Ermitteln Sie für das erste Jahr der Nutzung die Höhe der

[1] bilanziellen Abschreibung,   EUR

[2] kalkulatorischen Abschreibung,   EUR

[3] Grundkosten,   EUR

[4] Zusatzkosten.   EUR

53. Aufgabe (8 Punkte)

Die Kreditbank AG erwirbt im Januar ein neues Fahrzeug für Außendienstmitarbeiter, die Anschaffungskosten betragen 52.560,00 EUR. Die steuerliche Abschreibung muss über sechs Jahre erfolgen, das interne Rechnungswesen geht aufgrund von Erfahrungswerten von einer Nutzung über fünf Jahre aus. Die Controller setzen den Wiederbeschaffungswert mit 60.800,00 EUR an und berechnen eine degressive Abschreibung von 25 %.

a   Ermitteln Sie den Restbuchwert nach dem zweiten Jahr der Nutzung für das

   aa   externe Rechnungswesen,   EUR

   ab   interne Rechnungswesen.   EUR

b   Geben Sie an,

   ba   ob im zweiten Jahr der Nutzung

       [1]   neutraler Aufwand oder

       [2]   Zusatzkosten

   entstehen und

   bb   in welcher Höhe diese anfallen.   EUR

54. Aufgabe (8 Punkte)

Aus dem abgebildeten Ausschnitt der Gewinn-und-Verlust-Rechnung der Merkurbank sollen unter Verwendung zusätzlicher Angaben die für die Kostenrechnung relevanten Werte ermittelt werden.

Aufwendungen	Gewinn-und-Verlust-Rechnung in Tsd. EUR		Erträge
(01) Zinsaufwendungen	455	(11) Zinserträge	634
(02) Provisionsaufwendungen	105	(12) Laufende Erträge aus Aktien ...	345
(03) Allgemeine Verwaltungsaufwendungen	390	(13) Provisionserträge	250
(04) Abschreibungen auf Sachanlagen	72	(14) Nettoerträge aus Finanzgeschäften	72
(05) Sonstige betriebliche Aufwendungen	32	(15) Erträge aus Zuschreibungen zu Forderungen	23
(06) Abschreibungen auf Forderungen	150	(16) Sonstige betriebliche Erträge	17
...		...	

Zusätzliche Angaben:

Pos. (04)
Im Posten sind geringwertige Wirtschaftsgüter mit einem Anschaffungswert unter 150,00 EUR im Werte von 12 Tsd. EUR enthalten, die in diesem Geschäftsjahr angeschafft und vollständig abgeschrieben wurden. Die tatsächliche Nutzungsdauer beträgt vier Jahre.

Pos. (05)
Hierin sind Kassenfehlbeträge in Höhe von 1 Tsd. EUR sowie Verluste aus Verkäufen des Fuhrparks unter dem Buchwert von 31 Tsd. EUR enthalten.

Pos. (06)
Der langjährige durchschnittliche Forderungausfall beträgt 120 Tsd. EUR.

Der rechnerische Mietwert der selbstgenutzten Räume beträgt 95 Tsd. EUR.

Im Vorjahr wurden geringwertige Wirtschaftsgüter in Höhe von 18 Tsd. EUR erworben, die sofort abgeschrieben wurden. Die tatsächliche Nutzungsdauer beträgt zwei Jahre.

Pos. (15)
Aus im vergangenen Jahr abgeschriebenen Forderungen gingen 23 Tsd. EUR bei der Merkurbank ein.

Pos. (16)
Der Posten stammt aus dem Verkauf des Dienstwagens des Vorstandsprechers mit 2 Tsd. EUR über dem Buchwert sowie aus der Vermietung der Außenfassade als Reklamefläche für 15 Tsd. EUR.

Ermitteln Sie den Betrag, mit dem

a Pos. (04) Tsd. EUR

b Pos. (06) Tsd. EUR

in die Kostenrechnung eingeht.

Berechnen Sie die

c Grunderlöse, Tsd. EUR

d Grundkosten, Tsd. EUR

e Zusatzkosten. Tsd. EUR

55. Aufgabe (14 Punkte)

Im Controlling der Eifelbank sollen Kosten und Erlöse des Geschäftsbereichs Privatkunden Mitteleifel für den letzten Monat gegenübergestellt werden. Folgende Daten liegen dazu vor:

	TEUR
Zinsen für Ratenkredite	137,4
Zinsen für Dispositionskredite	112,9
Zinsen für Spareinlagen	98,5
Zinsen für Termineinlagen	56,7
Avalprovisionen	3,4
Kontoführungsgebühren	46,0
Von Kunden gezahlte Bearbeitungsgebühren	25,1
Personalaufwand	89,2
Mietaufwand für Geschäftsstellen	26,0
Kassenüberschuss	0,6
Abschlussgebühren aus Bausparverträgen	8,9
Depotgebühren	6,2
Planmäßige Abschreibungen auf die Geschäftsausstattung	14,1
Abschreibung eines defekten GAA	9,4
Spende für wohltätige Zwecke	0,8

Ermitteln Sie

a die Wertkosten, TEUR

b die Betriebskosten, TEUR

c die neutralen Aufwendungen, TEUR

d die Werterlöse, TEUR

e die Betriebserlöse, TEUR

f die neutralen Ertrag, TEUR

g das Betriebsergebnis des Geschäftsbereichs. TEUR

Kosten und Erlöse ermitteln und beeinflussen   219

56. Aufgabe (8 Punkte)

Stellen Sie fest, auf welche der folgenden Kostenarten sich die untenstehenden Aussagen beziehen.

1 Einzelkosten,

2 Gemeinkosten,

3 fixe Kosten,

4 variable Kosten,

5 auf alle genannten Kostenarten,

6 auf keine der genannten Kostenarten.

Aussagen:

a Diese Kostenart ist dem Betriebsbereich des Kreditinstituts zuzuordnen.

b Diese Kosten steigen mit der Beschäftigung des Kreditinstituts.

c Durch das Angebot von Möglichkeiten zur Geldanlage entstehen diese Kosten.

d Diese Kostenart kann nur durch geeignete Verteilungsschlüssel Bankprodukten zugerechnet werden.

e Bis zu einer bestimmten Angebotsmenge sind diese Kosten häufig konstant, darüber hinaus steigen sie sprunghaft an.

f Diese Kosten können das Betriebsergebnis beeinflussen.

g Bei der Berechnung des Deckungsbeitrags im Kreditinstitut werden diese Kosten berücksichtigt.

h Diese Kosten fallen unabhängig von Leistungsmenge an.

57. Aufgabe (10 Punkte)

Der Kostenuntersuchung eines Geldautomaten liegen für das abgelaufene Geschäftsjahr folgende Daten zugrunde:

Gesamte Fixkosten	14.000,00 EUR
Variable Kosten je Geldausgabe	1,25 EUR
Anzahl der Geldausgaben im Erfassungsjahr	86.400 Stück
durchschnittlicher Betriebserlös je Geldausgabe	2,40 EUR

Ermitteln Sie

a die Gesamtkosten des Geldautomaten im Erfassungsjahr in Tsd. EUR, Tsd. EUR

b die Gesamtkosten je Geldausgabe im gleichen Zeitraum (Ergebnis auf zwei Stellen hinter dem Komma runden), EUR

c den Kostendeckungsgrad (Prozentsatz der Deckung der Gesamtkosten durch die Betriebserlöse auf zwei Stellen hinter dem Komma gerundet), %

d die Anzahl der jährlichen Geldausgaben, die zur Deckung der Gesamtkosten notwendig sind (Ergebnis aufrunden).

58. Aufgabe (10 Punkte)

Im Kundenbereich der Rhein-Sieg-Bank Hennef sind drei Kassiererboxen eingerichtet.

Die Personalkosten je Kassierer werden im Monat mit durchschnittlich 4.500,00 EUR angesetzt.

Die Anschaffungskosten für die gesamte technische Einrichtung dieser sicherheitsrelevanten Arbeitsplätze betrugen 480.000,00 EUR. Man rechnet hierfür mit einer Nutzungsdauer von fünf Jahren.

Jeder Kassenvorgang verursacht Kosten in Höhe von 0,05 EUR.

An 240 Arbeitstagen pro Jahr werden hier im Tagesdurchschnitt insgesamt 500 Kassenvorgänge bearbeitet.

Die Betriebserlöse je Kassenvorgang betragen 2,00 EUR.

Ermitteln Sie

a die Fixkosten pro Jahr für jeden Kassierer-Arbeitsplatz, EUR

b die Fixkosten je Kassenvorgang, EUR

c die gesamten variablen Kosten pro Jahr und Arbeitsplatz, EUR

d die Summe von Fixkosten und variablen Kosten pro Jahr für jeden Arbeitsplatz, EUR

e die Selbstkosten der Bank (fixe und variable Kosten) je Kassenvorgang, EUR

f die Kostendeckung je Kassenvorgang in Prozent der Selbstkosten. %

59. Aufgabe (6 Punkte)

Die Controlling-Abteilung der Kölnbank wird vom Leiter des Marktleistungsbereichs „Service" gebeten, die beabsichtigte Installation eines Geldautomaten (GA) am Flughafen Köln-Bonn unter Kostenaspekten zu beurteilen.

Der Vertrag mit der Flughafen AG ist auf drei Jahre befristet. Die Nutzungsdauer des Geldautomaten beträgt ebenfalls drei Jahre.

jährliche Standmiete	20.000,00 EUR
übrige jährliche Fixkosten (Abschreibung etc.)	10.000,00 EUR
durchschnittlicher Betriebserlös je GA-Verfügung	2,90 EUR
variable Kosten je GA-Verfügung	0,40 EUR

a Ermitteln Sie

   aa den Deckungsbeitrag je GA-Verfügung, EUR

   ab die Anzahl der Verfügungen, die zur Erreichung der Gewinnschwelle (= break-even-point) erforderlich sind. Verfügungen

Der Leiter des Service-Bereichs erklärt, dass

- im 1. Jahr ca. 8.000 GA-Verfügungen,
- im 2. Jahr ca. 12.000 GA-Verfügungen,
- im 3. Jahr ca. 15.000 GA-Verfügungen

erwartet werden.

b Ermitteln Sie

   ba den voraussichtlichen Deckungsbeitrag des 1. Jahres, EUR

   bb den voraussichtlichen Gesamterfolg der GA-Installation über den gesamten Zeitraum von drei Jahren. EUR

60. Aufgabe (4 Punkte)

Das Rechnungswesen der Hansabank meldet folgende Werte:

Bilanzsumme	1.340 Mio. EUR
Verwaltungsaufwendungen	43,1 Mio. EUR
Personalaufwand	32,9 Mio. EUR
Zinserträge	98,9 Mio. EUR
Zinsaufwendungen	69,5 Mio. EUR
Provisionserträge	38,8 Mio. EUR
Provisionsaufwendungen	14,2 Mio. EUR
Nettoergebnis aus Finanzgeschäften	41,7 Mio. EUR

Ermitteln Sie in Prozent (auf zwei Stellen nach dem Komma kaufmännisch runden)

a die Bruttozinsspanne, %

b die Provisionsspanne. %

61. Aufgabe (4 Punkte)

Die Controlling-Abteilung der Sparkasse Oberzell ermittelt für das zurückliegende Geschäftsjahr folgende Zahlenangaben:

Bilanzsumme	540.000 Tsd. EUR
Zinserlöse	27.378 Tsd. EUR
Zinskosten	14.283 Tsd. EUR
Betriebserlöse	2.720 Tsd. EUR
Betriebskosten	7.445 Tsd. EUR

a Ermitteln Sie

   aa die Bedarfsspanne in Prozent, %

   ab die Nettogewinnspanne in Prozent. %

Die Geschäftsleitung des Instituts möchte die Nettogewinnspanne auf 1,7 % erhöhen. Dies soll durch eine Senkung der Betriebskosten erreicht werden.

b Um wie viel Tsd. EUR müssen die Betriebskosten gesenkt werden, um dieses Ziel zu erreichen?   Tsd. EUR

Eine alternative Strategie wäre die Erhöhung der Zinserlöse.

c Auf wie viel Prozent müssen die Zinserlöse erhöht werden, um dieses Ziel zu erreichen? %

62. Aufgabe (8 Punkte)

Die Handelsbank verwendet im Betriebsbereich die prozessorientierte Standardeinzelkostenrechnung. Arbeitsablaufstudien haben ergeben, dass beim Verkauf von bankeigenen Sparbriefen insgesamt fünf Teilprozesse anfallen, deren durchschnittliche Zeitdauer in folgender Übersicht wiedergegeben wird.

Teilprozess	Dauer in Minuten
I	5
II	4
III	2
IV	2,5
V	1

Für Teilprozess I und II ist ein höher qualifizierter Mitarbeiter erforderlich, dessen Gehaltskosten einschließlich Gehaltsnebenkosten mit jährlich 151.200,00 EUR anzusetzen sind. Die anderen Teilprozesse werden von Mitarbeitern erledigt, deren Jahresgehaltskosten pro Mitarbeiter 97.200,00 EUR betragen. Die Handelsbank geht von durchschnittlich 250 Arbeitstagen mit acht Arbeitsstunden, die zu 90 % für die eigentliche Tätigkeit genutzt werden, aus.

An Sachmittelkosten fallen laut Verbrauchsmessung 3,20 EUR pro verkauftem Sparbrief an. Energiekosten sowie Nutzung der Betriebs- und Geschäftsausstattung verursachen bei jedem verkauften Sparbrief 0,20 EUR.

Die Kostenrechner der Handelsbank haben für den Bereich Sparbriefverkauf fixe Kosten in Höhe von 35.000,00 EUR pro Jahr ermittelt.

Berechnen Sie

a den Minutensatz für die Tätigkeit eines höher qualifizierten Mitarbeiters,   EUR

b die Gehaltskostenbelastung für Teilprozess IV,   EUR

c den Standardstückkostensatz der variablen Kosten für einen verkauften Sparbrief,   EUR

d die gesamten Betriebskosten bei 2.500 verkauften Sparbriefen.   EUR

63. Aufgabe (4 Punkte)

Die Organisationsabteilung der Merkurbank hat die Vergabe von Ratenkrediten in fünf Arbeitsschritte aufgegliedert. Die Controlling-Abteilung hat nach umfassenden Studien den jeweiligen Schritten Kosten zugeordnet, die in der Übersicht abgebildet sind.

Die Merkurbank berechnet bei Ratenkrediten bis 25.000,00 EUR 2 % Bearbeitungsgebühr.

Arbeitsschritt	Personaleinsatz in Minuten	Sachkosten in EUR	EDV-Kosten in EUR
A	15	0,70	0,10
B	2	–	–
C	4	0,10	–
D	2	0,25	0,05
E	10	–	0,20

Pro Minute Personaleinsatz fallen 0,80 EUR Personalkosten an.

a Ermitteln Sie unter Verwendung der Tabelle den Standardstückkostensatz für die Vergabe eines Ratenkredites. EUR

b Berechnen Sie den Deckungsbeitrag, den ein Ratenkredit über 10.000,00 EUR erzielt. EUR

64. Aufgabe (2 Punkte)

In der Marktzinsmethode setzt sich der Werterfolg aus dem Konditions- und dem Strukturbeitrag zusammen.

Geben Sie an, welche Aussage sich auf den Strukturbeitrag bezieht.

1 Das Kreditinstitut hat Fristentransformation betrieben.

2 Die Organisationsabteilung hat das Rationalisierungspotenzial besonders intensiv genutzt.

3 Die Konkurrenzsituation am Markt hat sich erheblich verbessert.

4 Die Marketingabteilung hat neue Werbemaßnahmen durchgeführt.

5 Es wurden neue Produkte eingeführt.

65. Aufgabe (8 Punkte)

Die Kreditbank nimmt von einem Kunden eine Festgeldanlage über 150.000,00 EUR für 12 Monate zu 2,75 % p. a. entgegen.

Gleichzeitig gewährt die Kreditbank einem Firmenkunden einen Überbrückungskredit in Höhe von 150.000,00 EUR für 24 Monate zu 8 % p. a.

Konditionen für alternative Geschäfte am Geld- und Kapitalmarkt	
Kapitalanlage für 12 Monate	3,75 % p. a.
Kapitalanlage für 24 Monate	4,50 % p. a.
Kapitalaufnahme 12 Monate	3,20 % p. a.
Kapitalaufnahme 24 Monate	3,50 % p. a.
Tagesgeld	3,00 % p. a.

Ermitteln Sie für die Kundengeschäfte nach der Marktzinsmethode in Prozent (mit zwei Stellen hinter dem Komma, kaufmännisch gerundet)

a die Bruttozinsspanne, %

b den aktiven Konditionsbeitrag, %

c den passiven Konditionsbeitrag, %

d den Strukturbeitrag. %

66. Aufgabe (5 Punkte)

Die Frechener Bank verwendet zur Kalkulation im Wertbereich die Marktzinsmethode. Der zuständigen Stelle liegen für den Passivbereich folgende Angaben vor:

Passivposten

	durchschnittlicher Bestand in Mio. EUR	durchschnittlicher Kundenzinssatz in Prozent	GKM-Zinssatz in Prozent
Sichteinlagen	200	0,50	1,00 (Tagesgeldsatz)
Befristete Einlagen	600	2,50	3,00
Spareinlagen	1.600	3,00	3,75
Sparobligationen	750	4,75	5,50
Sonstige Passiva	250	3,50	3,50
Gesamt	3.400		

Berechnen Sie

a den passiven Konditionsbeitrag, %

b den passiven Strukturbeitrag, %

c den Gesamterfolgsbeitrag der Passiva. %

67. Aufgabe (8 Punkte)

Die Kreditbank nutzt folgende Daten zur Kalkulation im Wertbereich:

	Kundenzinssatz % p. a.	Zinssatz am Geld- und Kapitalmarkt % p. a.	Volumen Mio. EUR
Überziehungskredite	11,2	2,3	110,0
Privatkredite	5,6	3,1	380,0
Investitionskredite	6,3	4,2	240,0
Sichteinlagen	0,8	1,0	300,0
Termineinlagen	1,6	2,4	90,0
Spareinlagen	2,3	2,1	340,0

a Berechnen Sie jeweils in Prozent p. a. (kaufmännisch gerundet auf zwei Nachkommastellen)

  aa die durchschnittliche Verzinsung der Passivseite, %

  ab die Bruttozinsspanne, %

  ac den Konditionenbeitrag für Spareinlagen. %

b Geben Sie an, ob das in ac berechnete Ergebnis

  [1] positiv oder

  [2] negativ

  ist.

Durch eine Zinsanpassung möchte die Kreditbank mit Spareinlagen einen Konditionenbeitrag in Höhe von 510 TEUR erwirtschaften.

c Ermitteln Sie den erforderlichen Kundenzinssatz in Prozent p. a. %

68. Aufgabe (11 Punkte)

Die Unionbank verwendet zur Feststellung des Erfolges im Wertbereich die Marktzinsmethode. Ihre durchschnittlichen Bestände und Erfolge im Wertbereich gibt folgende Übersicht wieder:

Pos.	Aktiva	Volumen in Mio. EUR	Kundenzinssatz in % p. a.	Zinserlöse in EUR	Pos.	Passiva	Volumen in Mio. EUR	Kundenzinssatz in % p. a.	Zinskosten in EUR
11	Barreserve	80,00	0		21	Sichteinlagen von Kunden	160,00	0,5	
12	Forderungen an Kreditinstitute, Laufzeit 3 Monate	170,00	2,9	3 Monate	22	Termineinlagen Kunden, Laufzeit 3 Monate	440,00	2,5	
13	Kredite an Kunden, Laufzeit 4 Jahre	750,00	8,5		23	Spareinlagen, Festzinsvereinbarung 4 Jahre	600,00	3,75	
14	Schuldverschreibungen, Laufzeit 10 Jahre	200,00	5,25						
	Gesamtvolumen	1.200,00				Gesamtvolumen	1.200,00		

Geld- und Kapitalmarktzinssätze:

Tagesgeld	2,5 % p. a.
3-Monatsgeld	2,9 % p. a.
4-Jahresgeld	5,5 % p. a.
Bundesanleihen (Laufzeit 10 Jahre)	5,0 % p. a.

Ergebnisse auf zwei Stellen kaufmännisch gerundet.

a Ermitteln Sie aus der Übersicht

    aa den Zinsüberschuss in Mio. EUR,   Mio. EUR

    ab die Bruttozinsspanne in Prozent p. a.   %

b Berechnen Sie in Prozent p. a. des Gesamtvolumens

    ba den Konditionsbeitrag des Aktivgeschäfts,   %

    bb den Konditionsbeitrag des Passivgeschäfts,   %

    bc den gesamten Konditionsbeitrag.   %

c Errechnen Sie den Gesamtstrukturbeitrag in Prozent p. a.   %

d Geben Sie an, welche Bilanzpositionen einen negativen Strukturbeitrag haben.

69. Aufgabe (10 Punkte)

In der Kreditbank AG werden Überlegungen zur Ergebnisverbesserung bei den Termineinlagen angestellt.
Die Controlling-Abteilung der Kreditbank AG informiert den Vorstand über folgende Daten:

	Volumen in Mio. EUR	Kundenzinssatz	Marktzinssatz für alternative Geschäfte am Geld- und Kapitalmarkt
Termineinlagen	700,00	4,20 %	4,50 %

Tagesgeld am Geld- und Kapitalmarkt: 3,0 %

a Ermitteln Sie den Konditionenbeitrag in Prozent für die Termineinlagen.   %

b Ermitteln Sie den Strukturbeitrag in Mio. EUR für die Termineinlagen.   Mio. EUR

c Kennzeichnen Sie den Strukturbeitrag mit

  [1], wenn er positiv ist,

  [2], wenn er negativ ist.

Der Vorstand wünscht eine Verbesserung des Konditionenbeitrags für Termineinlagen um 0,2 Mio. EUR.

d Ermitteln Sie die erforderliche Höhe der Termineinlagen in Mio. EUR, wenn gleichzeitig der Kundenzinssatz auf 4,25 % steigt.   Mio. EUR

e Welches Ereignis verbessert den Strukturbeitrag gegenüber der Ausgangssituation?

  [1] Der Tagesgeldsatz am Geld- und Kapitalmarkt sinkt von 3,00 % auf 2,95 %, der Marktzinssatz für alternative Geschäfte bleibt bei 4,50 %.

  [2] Der Tagesgeldsatz am Geld- und Kapitalmarkt bleibt bei 3,00 %, der Marktzinssatz für alternative Geschäfte sinkt von 4,50 % auf 4,30 %.

  [3] Der Tagesgeldsatz am Geld- und Kapitalmarkt bleibt bei 3,00 %, der Marktzinssatz für alternative Geschäfte steigt von 4,50 % auf 4,60 %.

  [4] Der Kundenzinssatz verringert sich von 4,20 % auf 4,10 %, die Zinssätze am Geld- und Kapitalmarkt bleiben unverändert.

  [5] Der Kundenzinssatz erhöht sich von 4,20 % auf 4,40 %, die Zinssätze am Geld- und Kapitalmarkt bleiben unverändert.

Hinweis zu den Aufgaben 70 bis 80: Bitte nutzen Sie zur Kalkulation die Schemata in der Formelsammlung im Anhang.

70. Aufgabe (3 Punkte)

Die Unionbank möchte die Preisuntergrenze für ein Festdarlehen über 30.000,00 EUR, Laufzeit vier Jahre, ermitteln.

Dem Firmenkundenbetreuer stehen für die Kalkulation folgende Daten zur Verfügung:

GKM-Satz für alternative Kapitalanlagen	6,50 % p. a.
Risikokostensatz	0,25 % p. a.
Eigenkapitalkostensatz	0,05 % p. a.
Standardbetriebskosten pro Jahr	90,00 EUR
Mindestgewinnmarge	0,40 % p. a.

Berechnen Sie den Mindestzinssatz in Prozent p. a., den die Unionbank verlangen wird.   %

71. Aufgabe (3 Punkte)

Der Prokurist der Handelshof GmbH möchte mit seiner Hausbank über den Zinssatz eines Investitionskredites verhandeln.

Dem Firmenkundenbetreuer stehen für die Kalkulation folgende Daten zur Verfügung:

GKM-Satz für alternative Kapitalaufnahmen	4,50 % p. a.
GKM-Satz für alternative Kapitalanlagen	6,00 % p. a.
Risikokostensatz	0,45 % p. a.
Betriebskostensatz	0,25 % p. a.
Eigenkapitalkostensatz	1,75 % p. a.

Ermitteln Sie die Preisuntergrenze für das Investitionsdarlehen.   %

72. Aufgabe (3 Punkte)

Die Rheintalbank steht in Verhandlung mit dem Prokuristen der ABC GmbH. Er möchte eine Festgeldanlage über 200.000,00 EUR für drei Monate tätigen.

Dem Kundenberater stehen für Kalkulationen im Aktiv- und Passivbereich für Geschäfte mit einer Laufzeit von 3 Monaten folgende Daten zur Verfügung:

GKM-Satz Tagesgeld	2,75 % p. a.
GKM-Satz Dreimonatsgeld	3,25 % p. a.
Risikokostensatz	0,40 % p. a.
Eigenkapitalkostensatz	0,10 % p. a.
Direkt zurechenbare Betriebskosten	45,00 EUR
Mindestgewinnmarge	0,28 % p. a.

Berechnen Sie die höchstmögliche Kundenkondition p. a. der Rheintalbank. **2,38 % p. a.**

73. Aufgabe (3 Punkte)

Bei der Hansabank hat sich der vermögende Privatkunde Michael Stein angesagt, um über eine Festgeldanlage von 50.000,00 EUR, Laufzeit ein Monat, zu verhandeln.

Herr Stein hatte bei der Gesprächsvereinbarung auf ein Konkurrenzangebot in Höhe von 3,75 % p. a. hingewiesen.

Die Controllingabteilung der Hansabank stellt folgende Daten zur Verfügung:

Angaben für Termineinlagen, Festlegungsdauer 1 Monat	
Geld- und Kapitalmarktsatz	4,32 % p. a.
Direkt zurechenbare Betriebskosten	30,00 EUR
Mindestgewinnmarge	0,30 % p. a.

Ermitteln Sie den höchstmöglichen Angebotszinssatz der Hansabank in Prozent p. a. **3,30 %**

74. Aufgabe (6 Punkte)

In der Geschäftssparte Baufinanzierung werden bei der Handelsbank für die erste Jahreshälfte die nachfolgend abgebildeten Angaben ermittelt.

Die Handelsbank verwendet im Wertbereich die Marktzinsmethode.

Durchschnittliches Kreditvolumen	196.520.000,00 EUR
Betriebskosten	892.200,00 EUR
Betriebserlöse	136.810,00 EUR
Kundenzinssatz für Baudarlehen	6,2 % p. a.
GKM-Satz für langfristige Ausleihungen	5,0 % p. a.

a Berechnen Sie für das erste Halbjahr die gesamten Zinserlöse der Geschäftssparte Baufinanzierung. **EUR 6.092.120,00**

b Ermitteln Sie den Zinskonditionsbeitrag der Geschäftssparte Baufinanzierung. **EUR 1.179.120,00**

c Berechnen Sie den Nettokonditionsbeitrag der Geschäftssparte Baufinanzierung. **EUR 423.730,00**

75. Aufgabe (6 Punkte)

Die Unionbank erstellt zum 30.09. den Quartalsabschluss für das Geschäftsgirokonto der Talke GmbH.

Umsatzdaten Geschäftsgiro Talke GmbH	
Sollzinszahlen	84.200,00
Habenzinszahlen	23.600,00
Buchungsposten	127 Stück

Auszug aus dem Preisverzeichnis der Unionbank	
Sollzinssatz	9,75 % p. a.
Habenzinssatz	0,50 % p. a.
Postengebühr	0,25 EUR
Grundgebühr je Quartal	10,00 EUR

Die Betriebskosten werden mit 0,75 EUR je Buchungsposten veranschlagt. Die Unionbank kalkuliert im Wertbereich mithilfe der Marktzinsmethode. Dabei werden die folgenden Marktsätze als Bezugsgrößen zugrunde gelegt.

Geld- und Kapitalmarktsätze im 3. Quartal	
täglich fälliges Geld	2,25 % p. a.
GKM-Satz für alternative Kapitalanlage	5,75 % p. a.

Ermitteln Sie den

a Werterfolg, EUR

b Betriebserfolg, EUR

c Gesamterfolg EUR

aus der Kontobeziehung für das 3. Quartal.

76. Aufgabe (10 Punkte)

Hannah Frenzel unterhält bei der Volksbank Hamm ein Girokonto. Im letzten Halbjahr werden für ihr Konto folgende Daten ermittelt.

Wertbereich	
Sollzinszahlen	1.480
Sollzinssatz	9,50 % p. a.
Habenzinszahlen	4.902
Habenzinssatz	0,25 % p. a.
Alternativzinssatz am Geldmarkt	3,50 % p. a.
Risikokosten	0,90 % p. a.
Kalkulatorische Eigenkapitalkosten	1,20 % p. a.

Betriebsbereich	Anzahl	Standard-Einzelkosten je Vorgang in EUR
Abhebungen am Geldausgabeautomaten	14	0,60
	29	0,95
Überweisungsaufträge	2	1,25
Scheckeinreichungen Kontoauszüge am Automaten	14	0,05
Kontoführungsgebühr Monatspauschale		5,00 EUR
Postengebühr für 89 Posten		0,45 EUR je Posten

a Ermitteln Sie für das Girokonto

   aa den Konditionsbeitrag für das Aktivgeschäft, EUR

   ab den Konditionsbeitrag für das Passivgeschäft, EUR

   ac den Deckungsbeitrag II (Netto-Konditionsbeitrag), EUR

   ad den Deckungsbeitrag III des Girokontos im letzten Halbjahr. EUR

Frau Frenzel möchte zusätzlich ein Termingeld in Höhe von 10.000,00 EUR für zunächst drei Monate anlegen. Die Volksbank Hamm gewährt einen Zinssatz von 2,50 % p. a. Die einmaligen Betriebskosten für Beratung, Anlage und Führung von Termingeldanlagen betragen 30,00 EUR. Die Prolongation verursacht jeweils zusätzliche Betriebskosten von 5,00 EUR. Für Geldaufnahme am Bankengeldmarkt zahlt die Volksbank Hamm im Bereich bis sechs Monate jeweils 0,75 % p. a. mehr als für Kundenfestgelder.

b Ermitteln Sie den Deckungsbeitrag III für das Dreimonatsfestgeld der Kundin. EUR

c Mit welcher der nachstehenden Maßnahmen könnte der Deckungsbeitrag III aus b verbessert werden?

Tragen Sie die Ziffer vor der zutreffenden Aussage in das Lösungskästchen ein. ☐

1. Die Bank verzichtet auf Kontoführungsgebühren.
2. Der Zinssatz für die Eigenkapitalverzinsung wird angehoben.
3. Das Limit für die genehmigte Überziehung wird erhöht.
4. Der Alternativzinssatz am Geldmarkt für drei Monatsgelder sinkt um 0,1 Prozentpunkte.
5. Die Kundin legt das Festgeld für sechs Monate an.

77. Aufgabe (12 Punkte)

Der Eifelbank liegen folgende Daten des debitorisch geführten Kontos der FRUCHTHOF GmbH zum Ende des IV. Quartals vor:

• Sollzinszahlen	108.000
• Buchungsposten	222 Stück
• Sollzinssatz	9,00 % p. a.
• Postengebühr	0,22 EUR
• Grundgebühr je Monat	6,00 EUR
• Betriebskosten 0,35 EUR je Buchungsposten, 6 Freiposten pro Monat	
• durchschnittlicher Abschreibungsbedarf auf Kontokorrentkredite: 0,4 % p. a.	
• Eigenkapitalkosten	0,75 % p. a.

Die Eifelbank verwendet zur Kalkulation im Wertbereich die Marktzinsmethode. Dabei legt sie folgenden Marktzinssatz zugrunde:

• 3-Monats-Geld	3,0 % p. a.

Ermitteln Sie für das IV. Quartal

a den Deckungsbeitrag I (Zinsüberschuss), EUR ☐☐☐☐☐

b den Deckungsbeitrag II (Netto-Konditionenbeitrag), EUR ☐☐☐☐☐

c den Deckungsbeitrag III (Beitrag zum Betriebsergebnis). EUR ☐☐☐☐☐

Die Geschäftsleitung erwartet einen Beitrag zur Deckung der Overheadkosten und der Gewinnerwartung in Höhe von 6,5 % p. a. der durchschnittlichen Kontokorrentinanspruchnahme.

d Berechnen Sie den durchschnittlichen Kontokorrentkredit.
(Ergebnis auf volle EUR aufrunden) EUR ☐☐☐☐☐

e Um wie viel Euro müsste der Deckungsbeitrag III höher ausfallen? EUR ☐☐☐☐

78. Aufgabe (5 Punkte)

Die Isarbank erstellt zum 31.12. den Halbjahresabschluss für das Gehaltskonto von Elfriede Neuß auf der Basis folgender Daten:

Habenzinszahlen	900
Sollzinszahlen	3.300
Überziehungszinszahlen	150
Buchungsposten	65
Habenzinssatz	1,00 % p. a.
Zinssatz für genehmigte Überziehung	11,50 % p. a.
Zinssatz für geduldete Überziehung	16,00 % p. a.
Postengebühr	0,50 EUR
5 Freiposten pro Monat	
Grundgebühr pro Monat	5,00 EUR

Kosten und Erlöse ermitteln und beeinflussen   229

Die Betriebskosten werden mit 1,10 EUR je Buchungsposten veranschlagt.

Die Isarbank kalkuliert im Wertbereich mithilfe der Marktzinsmethode. Dabei werden folgende Marktsätze als Bezugsgrößen zugrunde gelegt:

GKM-Sätze	
Tagesgeld	2,40 % p. a.
Geldanlagen 6 Monate	5,90 % p. a.

Die Isarbank verwendet zur Ermittlung des Werterfolges

- im Passivbereich den GKM-Satz für täglich fälliges Geld,
- im Aktivbereich den GKM-Satz einer 6-Monats-Anlage.

Zinstageberechnung: Monat 30 Tage, Jahr 360 Tage

Ermitteln Sie den

a Betriebserfolg,   EUR
b Werterfolg,   EUR
c Gesamterfolg   EUR

aus der Kontobeziehung für das 2. Halbjahr.

79. Aufgabe (6 Punkte)

Für das Geschäftskonto des Kunden Ferdinand Zilkens sind im abgelaufenen Geschäftsjahr folgende Werte ermittelt worden:

Betriebskosten	600,00 EUR
Kontoführungsgebühr	275,00 EUR
durchschnittlicher Sollsaldo	24.000,00 EUR
Sollzinsen	2.100,00 EUR
Opportunitätszins für KK-Kredit	5,00 % p. a.
Standardrisikokosten	0,75 % p. a.
Eigenkapitalzins	9,00 % p. a.
erforderliches Eigenkapital	8,00 % des durchschnittlichen Krediten
durchschnittlicher Habensaldo	3.000,00 EUR
Habenzinsen	0,50 % p. a.
Opportunitätszinsen für Sichteinlagen	2,50 % p. a.

Berechnen Sie in Euro den

a Deckungsbeitrag I für den Kontokorrentkredit,   EUR
b Deckungsbeitrag I für die Sichteinlagen,   EUR
c Erfolg des Betriebsbereichs für das Geschäftsgirokonto, EUR
d Deckungsbeitrag II für das Geschäftsgirokonto,   EUR
e Deckungsbeitrag III.   EUR

80. Aufgabe (12 Punkte)

Die Controllingabteilung der Kreditbank befasst sich mit der Geschäftsbeziehung zur ADAMAX GmbH, für die im letzten Quartal ein Geschäftsgirokonto sowie ein Festgeldkonto mit vereinbarter Laufzeit von 30 Tagen geführt wurde.

Die Kreditbank verwendet die Marktzinsmethode.

Zur Beurteilung der Geschäftsbeziehung werden folgende Daten herangezogen:

Kosten und Erlöse ermitteln und beeinflussen

Geschäftsgirokonto III. Quartal 20..	
Sollzinszahlen	157.500
Sollzinssatz	10,25 % p. a.

Das Konto wies im vergangenen Quartal folgende Bewegungen auf:

Bewegung	Betriebskosten je Einheit in EUR
5 Bareinzahlungen	1,75
12 Barauszahlungen	1,90
4 beleghaft erteilte Überweisungen	0,90
75 beleglos erteilte Überweisungen	0,25
Lastschriftinkasso mit 32 Posten	0,25
59 Überweisungseingänge	0,30
Kontoführungsgebühren einschließlich Postengebühren	62,00 EUR

Festgeldkonto für 30 Tage im III. Quartal 20..	
Guthaben	50.000,00 EUR
Zinssatz	2,75 % p. a.
einmalige Bearbeitungskosten	8,00 EUR

GKM-Zinssatz für alternative Geldaufnahmen	3,05 % p. a.
GKM-Zinssatz für alternative Geldanlagen	5,40 % p. a.
Eigenkapitalkostensatz	0,72 % p. a.
Risikokostensatz	0,55 % p. a.

Ermitteln Sie in EUR

a den Zinskonditionenbeitrag für das Geschäftsgirokonto,   EUR

b den Zinskonditionenbeitrag für das Festgeld,   EUR

c den Nettokonditionenbeitrag (Deckungsbeitrag II) für die Geschäftsbeziehung,   EUR

d den Beitrag zum Betriebsergebnis (Deckungsbeitrag III) des Kunden.   EUR

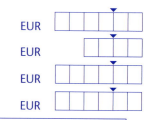

Hinweis zu den Aufgaben 81 bis 84: Bitte nutzen Sie das Schema zur Gesamtbetriebskalkulation auf Basis GuV in der Formelsammlung im Anhang.

81. Aufgabe (11 Punkte)

Die Kölnbank hat zum Jahresende das Betriebsergebnis zu ermitteln, die Bewertung erfolgt gemäß den Vorschriften des HGB. Dabei sollen noch nachfolgend aufgeführte Geschäftsfälle berücksichtigt werden.

Geben Sie an, welche Positionen des folgenden Schemas von den untengenannten Geschäftsfällen betroffen sind. Tragen Sie die Zahl „99" in das Lösungskästchen ein, wenn das Betriebsergebnis nicht beeinflusst wird.

	BERECHNUNGSSCHEMA zur Ermittlung des Teilbetriebsergebnisses und des Betriebsergebnisses
11	Zinserträge
12	+ Laufende Erträge aus Aktien und Beteiligungen
13	+ Erträge aus Gewinngemeinschaften, Gewinnabführungs- oder Teilgewinnabführungsverträgen
14	– Zinsaufwendungen
15	= *Zinsüberschuss*
16	Provisionserträge
17	– Provisionsaufwendungen
18	= *Provisionsüberschuss*
19	Personalaufwand
20	+ Andere Verwaltungsaufwendungen

Kosten und Erlöse ermitteln und beeinflussen   231

	BERECHNUNGSSCHEMA zur Ermittlung des Teilbetriebsergebnisses und des Betriebsergebnisses
21	+ Abschreibungen und Wertberichtigungen auf immaterielle Anlagewerte und Sachanlagen
22	= *Verwaltungsaufwand*
23	**TEILBETRIEBSERGEBNIS**
24	*Nettoergebnis aus Finanzgeschäften*
25	Sonstige betriebliche Erträge
26	– Sonstige betriebliche Aufwendungen
27	= *Saldo der sonstigen betrieblichen Erträge/Aufwendungen*
28	Abschreibungen und Wertberichtigungen auf Forderungen und bestimmte Wertpapiere sowie Zuführungen zu Rückstellungen im Kreditgeschäft
29	Erträge aus Zuschreibungen zu Forderungen und bestimmten Wertpapieren sowie aus der Auflösung von Rückstellungen im Kreditgeschäft
30	= *Bewertungsergebnis (Risikovorsorge)*
31	**BETRIEBSERGEBNIS**

a Der Vordruckverbrauch hatte sich aufgrund der gestiegenen Preise um 10 % erhöht.

b Der Satz für latente Risiken bei Wertpapieren des Handelsbestands musste erhöht werden.

c Boni auf abgelaufene Sparverträge fielen an.

d Den Kunden wurden Nettodividenden gutgeschrieben.

e Das Kreditinstitut hatte Kapitalertragsteuer und Solidaritätszuschläge einbehalten.

f Im Goldhandel konnte das Kreditinstitut erhebliche Gewinne realisieren.

g USD-Spekulationen führten zu realisierten Kursverlusten.

h Korrespondenzbanken musste für die Inanspruchnahme von Dienstleistungen eine Vergütung gezahlt werden.

i Der Zuschuss zum Kantinenessen der Mitarbeiter wurde erhöht.

j Die Umsatzsteuerzahllast des Monats Dezember wird erst im Januar an das Finanzamt überwiesen.

k Die Bewertung der dem Handelsbestand zuzurechnenden Aktien der DETA Stahl AG zum Jahresende führte zu Abschreibungen.

82. Aufgabe (6 Punkte)

Aus der Gewinn-und-Verlust-Rechnung der Kreditbank zum 31.12.20.. liegen die folgenden Daten in TEUR vor, das durchschnittliche Geschäftsvolumen beträgt 590.000 TEUR.

	TEUR
Zinserträge	61.720
Laufende Erträge aus Aktien	300
Zinsaufwendungen	42.380
Provisionserträge	24.260
Provisionsaufwendungen	8.650
Personalaufwendungen	18.940
andere Verwaltungsaufwendungen	14.580
Abschreibungen auf Sachanlagen	6.370

Ermitteln Sie

a die Bruttozinsspanne,   %

b die Provisionsspanne,   %

c die Bruttobedarfsspanne.   %

83. Aufgabe (7 Punkte)

Zur Beurteilung des Erfolges aus der eigentlichen betrieblichen Tätigkeit befasst sich der Vorstand der Kreditbank AG mit mehreren Kennzahlen.

Das Rechnungswesen meldet folgende Daten:

	Tsd. EUR		Tsd. EUR
Durchschnittliche Bilanzsumme	6.500.000	Personalaufwendungen	75.200
Abschreibungen auf Sachanlagen	63.850	Zinsaufwendungen	125.700
Laufende Erträge aus Aktien	450	Sonstige betriebliche Aufwendungen	42
Nettoertrag aus Finanzgeschäften	95.000	Sonstige betriebliche Erträge	18
Abschreibungen auf Forderungen	550	Erträge aus der Zuschreibung zu	
Provisionsaufwendungen	5.800	Forderungen	22
Zinserträge	325.000	Provisionserträge	9.200
Andere Verwaltungsaufwendungen	46.300		

Berechnen Sie

a den Zinsüberschuss in Tsd. EUR, Tsd. EUR

b den Provisionsüberschuss in Tsd. EUR, Tsd. EUR

c das Teilbetriebsergebnis in Tsd. EUR, Tsd. EUR

d das Betriebsergebnis in Tsd. EUR, Tsd. EUR

e die Bruttozinsspanne in Prozent
(zwei Nachkommastellen, kaufmännisch gerundet), %

f das Handelsergebnis in Prozent
(zwei Nachkommastellen, kaufmännisch gerundet), %

g die Nettogewinnspanne.
(zwei Nachkommastellen, kaufmännisch gerundet) %

84. Aufgabe (8 Punkte)

Bei der Düsselbank werden für das vergangene Quartal folgende Aufwendungen und Erträge ermittelt:

	Mio. EUR
Geschäftsvolumen	19.100
Zinserträge	601
Provisionserträge	480
Laufende Erträge aus Wertpapieren	127
Erträge aus Geschäften mit eigenen Wertpapieren	120
Sonstige betriebliche Erträge	27
Zuschreibungen zu Wertpapieren der Liquiditätsreserve	2
Zinsaufwendungen	245
Provisionsaufwendungen	42
Aufwendungen aus Geschäften mit eigenen Wertpapieren	40
Sonstige betriebliche Aufwendungen	3
Löhne und Gehälter	188
Arbeitgeberanteile Sozialversicherung	22
Andere Verwaltungsaufwendungen	42
Abschreibungen und Wertberichtigungen auf Forderungen und bestimmte Wertpapiere	24
Abschreibungen und Wertberichtigungen auf immaterielle Anlagewerte und Sachanlagen	19

Ermitteln Sie

a das Teilbetriebsergebnis, Mio. EUR

b das Betriebsergebnis, Mio. EUR

c die Bedarfsspanne (Anteil der Verwaltungsaufwendungen am Geschäftsvolumen in Prozent), %

d die Bruttozinsspanne (Anteil des Zinsüberschusses am Geschäftsvolumen in Prozent). %

3 Dokumentierte Unternehmensleistungen auswerten

85. Aufgabe (9 Punkte)

In der Kreditbank AG wird die Bilanz für das abgelaufene Geschäftsjahr aufgestellt. Einige Positionen sind noch zu berücksichtigen.

Stellen Sie fest, ob die folgenden Positionen

1 dem Anlagevermögen,

2 dem Umlaufvermögen,

3 dem Eigenkapital,

4 dem Fremdkapital

zuzuordnen sind.

Tragen Sie in das Lösungskästchen eine 9 ein, wenn die Position keiner der oben angegebenen Möglichkeiten zuzuordnen ist.

Positionen

a Geleaste Computeranlage

b Einbehaltene Lohnsteuer

c Angekaufte USD-Reiseschecks

d Der Kreditbank AG sicherungsübereignete Baukräne

e Kapitalertragsteuer auf Sparzinsen

f Aufgelaufene, noch nicht verausgabte Zinsen für eigene ausgegebene Bankobligationen

g Eingeräumte, noch nicht ausgenutzte Kontokorrentkreditlinien

h Erstattungsansprüche an das Bundeszentralamt für Steuern wegen Kapitalertragsteuer auf Dividenden für Depotkunden mit Freistellungsaufträgen

i Von Kunden sicherungshalber zedierte Forderungen

86. Aufgabe (4 Punkte)

Aufbau und Gliederung der Bankbilanz unterliegen umfangreichen Vorschriften.

Welche beiden der nachfolgenden Aussagen entsprechen den Rechnungslegungsvorschriften für Kreditinstitute?

1 Die Forderungen gegenüber Kreditinstituten und Kunden werden zu einer Bilanzposition zusammengefasst.

2 Die Aktivseite ist von oben betrachtet nach dem Gesichtspunkt der abnehmenden Liquidität aufgebaut.

3 Wegen der großen Bedeutung werden die haftenden Mittel des Kreditinstituts auf der Passivseite als erste Position aufgeführt.

4 Überziehungen von Nostrokonten werden unter der Bilanzposition „Verbindlichkeiten gegenüber Kreditinstituten" erfasst.

5 Wertpapiere des Handelsbestands sind in der Bilanzposition „Verbriefte Verbindlichkeiten" enthalten.

6 Forderungen in EUR werden getrennt von Fremdwährungsforderungen ausgewiesen.

87. Aufgabe (15 Punkte)

Der Jahresabschluss der Kreditbank AG beinhaltet unter anderem die folgenden Positionen:

Bilanz		Gewinn-und-Verlust-Rechnung	
Nr.	Position	Nr.	Position
01	Barreserve	13	Zinsaufwendungen
02	Forderungen an Kreditinstitute	14	Provisionsaufwendungen
03	Forderungen an Kunden	15	Personalaufwendungen
04	Schuldverschreibungen	16	Abschreibungen auf Sachanlagen
05	Aktien	17	Abschreibungen auf Forderungen und Wertpapiere
06	Sachanlagen	18	Sonstige betriebliche Aufwendungen
07	Sonstige Vermögensgegenstände	19	Steuern
08	Verbindlichkeiten gegenüber Kreditinstituten	20	Zinserträge
09	Verbindlichkeiten gegenüber Kunden; Spareinlagen	21	Laufende Erträge Wertpapiere
10	Verbindlichkeiten gegenüber Kunden, täglich fällig	22	Provisionserträge
11	Verbindlichkeiten gegenüber Kunden mit vereinbarter Laufzeit	23	Zuschreibungen zu Forderungen und Wertpapieren
12	Sonstige Verbindlichkeiten	24	Sonstige betriebliche Erträge

Geben Sie an, welche Positionen in Bilanz und Gewinn-und-Verlust-Rechnung die folgenden Geschäftsfälle betreffen.

a Die Rate für ein Annuitätendarlehen zur Baufinanzierung wird belastet.

b Sparkunden ohne Freistellungsauftrag erhalten Zinsgutschriften.

c Namensaktien der Equinox AG im Handelsbestand wurden zum Kurs von 112,30 EUR erworben, am Bilanzstichtag notieren die Aktien bei 114,60 EUR.

d Die Kreditbank verkauft ein Fahrzeug, dass von Firmenkreditbetreuern genutzt wurde, in bar zum Endpreis von 18.000,00 EUR, der Buchwert liegt bei 20.000,00 EUR.

e Ein Kreditkunde wird zahlungsunfähig, die Kreditbank schätzt die Insolvenzquote auf 40 %.

f Die Kreditbank verkauft eine Bundesanleihe aus dem Eigenbestand, der Zahlungseingang über BKK erhöht das Guthaben eines Nostro-Kontos.

88. Aufgabe (10 Punkte)

Entscheiden Sie, auf welche der folgenden Bilanzpositionen der AG die unten stehenden Aussagen zutreffen.

1 Rückstellungen,

2 Rücklagen,

3 Rückstellung und Rücklagen,

4 weder Rückstellungen noch Rücklagen.

a Die Bilanzierung erfolgt auf der Passivseite.

b Sie existieren aufgrund der Nichtaktivierung von geringwertigen Wirtschaftsgütern.

c Diese Position kann gebildet werden, um zukünftige Pensionsverpflichtungen zu berücksichtigen.

d Gesetzliche Regelungen können dazu verpflichten, einen Teil des Jahresüberschusses in diese Position einzustellen.

e Bei Aktienemissionen werden über den Nennwert hinausgehende Beträge in diese Position eingestellt. ☐

f Die Unterbewertung von Aktiva führt zu ihrer Entstehung. ☐

g Überhöhte Einstellungen in diese Positionen führen zur Bildung stiller Reserven. ☐

h Zur Bildung dieses Postens wird ein Aufwandskonto angesprochen. ☐

i Entnahmen aus dieser Position können dazu dienen, einen Jahresfehlbetrag auszugleichen. ☐

j Verbindlichkeiten, deren Bestehen, Höhe und Fälligkeit unsicher sind, führen zur Bildung dieser Position. ☐

89. Aufgabe (8 Punkte)

Stellen Sie fest, wie die unten stehenden Sachverhalte die Rücklagen bzw. die Rückstellungen eines Kreditinstitutes in der Rechtsform einer AG beeinflussen. Der Sachverhalt führt zu einer

1 Erhöhung der offenen Rücklagen
2 Minderung der offenen Rücklagen
3 Erhöhung der stillen Rücklagen
4 Minderung der stillen Rücklagen
5 Erhöhung der Rückstellungen
6 Minderung der Rückstellungen

a Schreibtische der Kreditabteilung werden über Buchwert verkauft. ☐

b Das Kreditinstitut führt eine Kapitalerhöhung aus Gesellschaftsmitteln durch. ☐

c Das Kreditinstitut erhält über die Prüfung des Jahresabschlusses eine Rechnung, die im Vorjahr in entsprechender Höhe antizipiert wurde. ☐

d Das Kreditinstitut führt eine Kapitalerhöhung gegen Einlagen durch, der Ausgabekurs liegt über pari. ☐

e Das Kreditinstitut wird durch einen Tarifvertrag verpflichtet, Betriebsrenten an Mitarbeiter zu zahlen. ☐

f In früheren Jahren erworbene Wertpapiere der Liquiditätsreserve werden verkauft, nachdem der Kurs seit dem letzten Bilanzstichtag gestiegen ist. ☐

g Im Rahmen der Jahresabschlussarbeiten wird für das nächste Jahr eine Steuernachzahlung geschätzt. ☐

h Das Kreditinstitut erhöht die zu versteuernde Pauschalwertberichtigung auf anscheinend intakte Forderungen. ☐

Anlage zu den Aufgaben 94–96: Auszug aus dem Aktiengesetz (AktG)

§ 58 AktG Verwendung des Jahresüberschusses

[...]
(2) Stellen Vorstand und Aufsichtsrat den Jahresabschluss fest, so können sie einen Teil des Jahresüberschusses, höchstens jedoch die Hälfte, in andere Gewinnrücklagen einstellen. Die Satzung kann Vorstand und Aufsichtsrat zur Einstellung eines größeren oder kleineren Teils des Jahresüberschusses ermächtigen. [...]

§ 150 AktG Gesetzliche Rücklage. Kapitalrücklage

(1) In der Bilanz des nach den §§ 242, 264 des Handelsgesetzbuchs aufzustellenden Jahresabschlusses ist eine gesetzliche Rücklage zu bilden.
(2) In diese ist der zwanzigste Teil des um einen Verlustvortrag aus dem Vorjahr geminderten Jahresüberschusses einzustellen, bis die gesetzliche Rücklage und die Kapitalrücklagen [...] zusammen den zehnten oder den in der Satzung bestimmten höheren Teil des Grundkapitals erreichen.

90. Aufgabe (10 Punkte)

Für das Geschäftsjahr 20.. der Kreditbank AG liegen die folgenden Daten vor:

Position	Betrag in Mio. EUR
Personalaufwand	152,00
Provisionserträge	108,00
Zinsaufwand	220,00
einbehaltene Kapitalertragsteuer	27,00
andere Verwaltungsaufwendungen	69,00
aktive Rechnungsabgrenzung	14,00
Steuern vom Einkommen und Ertrag	7,00
Zinserträge	418,00
Abschreibungen auf Forderungen	30,00
Provisionsaufwendungen	36,00
außerordentliche Erträge	31,00
Abschreibungen auf Sachanlagen	44,00
außerordentliche Aufwendungen	28,00
Erträge aus Finanzgeschäften	56,00
gezeichnetes Kapital (Nennwert pro Aktie 2,00 EUR)	50,00
Kapitalrücklage	3,8
gesetzliche Rücklage	0,4
andere Gewinnrücklage	1,8
Rückstellungen	59,00
stille Reserven	98,00
satzungsmäßige Rücklage	8,1

a   Ermitteln Sie unter Nutzung des Auszugs aus dem Aktiengesetz

   aa   die Höhe des bilanziellen Eigenkapitals,   Mio. EUR

   ab   den Jahresüberschuss nach Steuern vom Einkommen und Ertrag.   Mio. EUR

Die Hauptversammlung beschließt, gemäß dem Vorschlag des Vorstands und des Aufsichtsrats 5,7 Mio. EUR in die anderen Gewinnrücklagen einzustellen und den Bilanzgewinn vollständig auszuschütten.

b   Ermitteln Sie

   ba   den Zuführungsbetrag zur gesetzlichen Rücklage,   Mio. EUR

   bb   die Höhe der Bruttodividende,   EUR

   bc   den Betrag des bilanziellen Eigenkapitals nach Gewinnverwendung.   Mio. EUR

91. Aufgabe (10 Punkte)

Das Eigenkapital der Kreditbank AG setzt sich vor Gewinnverwendung wie folgt zusammen:

Eigenkapital	Betrag in Mio. EUR
gezeichnetes Kapital	75,00
Kapitalrücklagen	3,10
gesetzliche Rücklage	1,20
andere Gewinnrücklagen	5,25

- Der Jahresüberschuss nach Steuern vom Einkommen und Ertrag beträgt 63,6 Mio. EUR.
- Es befinden sich 50 Millionen Stückaktien im Umlauf.

Berechnen Sie mithilfe des voranstehenden Auszugs aus dem Aktiengesetz

a die Zuführung zu den gesetzlichen Rücklagen,   Mio. EUR

b die Zuführung zu den anderen Gewinnrücklagen, falls der gemäß Aktiengesetz maximal mögliche Betrag eingestellt wird,   Mio. EUR

c den Bilanzgewinn.   Mio. EUR

Vorstand und Aufsichtsrat schlagen eine Bruttodividende von 0,60 EUR pro Aktie vor, die Hauptversammlung stimmt diesem Vorschlag zu.

d Ermitteln Sie, in welcher Höhe die Ausschüttung und der Bilanzgewinn voneinander abweichen. Falls keine Abweichung vorliegt, tragen Sie Nullen in das Lösungskästchen ein.   Mio. EUR

e Geben Sie an, welche Aussage zu dem in Aufgabe d) ermittelten Betrag passt:

1 Es handelt sich um einen Gewinnvortrag.

2 Es handelt sich um einen Verlustvortrag.

3 Es handelt sich weder um einen Gewinn- noch um einen Verlustvortrag, da der Bilanzgewinn vollständig verwendet wird.

92. Aufgabe (10 Punkte)

Für die Kreditbank AG liegen folgende Angaben zum Eigenkapital vor Gewinnverwendung vor:

Eigenkapital	Betrag in Mio. EUR
gezeichnetes Kapital	62,00
Kapitalrücklagen	2,45
gesetzliche Rücklage	2,88
andere Gewinnrücklagen	12,85
Verlustvortrag aus dem Vorjahr	0,22

Der Jahresüberschuss nach Steuern vom Einkommen und Ertrag beträgt 14,1 Mio. EUR. Die Hauptversammlung stimmt dem Vorschlag von Vorstand und Aufsichtsrat zu, einen Bilanzgewinn in Höhe von 7,75 Mio. EUR auszuschütten.

a Berechnen Sie mithilfe des voranstehenden Auszugs aus dem Aktiengesetz

   aa die Zuführung zu den gesetzlichen Rücklagen,   Mio. EUR

   ab die Zuführung zu den anderen Gewinnrücklagen.   Mio. EUR

b Stellen Sie fest, welche zwei der folgenden Aussagen zur Bilanzierung und Gewinnverwendung den Bestimmungen des HGB und des Aktiengesetzes entsprechen.

1 Ist die nach dem Aktiengesetz erforderliche Höhe der Gewinn- und der Kapitalrücklage erreicht, wird der geforderte Zuführungsbetrag in die satzungsmäßige Rücklage eingestellt.

2 Der Bilanzgewinn steht dem Unternehmen dauerhaft zur Verfügung und ist als langfristiges Eigenkapital anzusehen.

3 Beim Kauf eigener Anteile reduziert der Nennwert der erworbenen Aktien das gezeichnete Kapital, das Agio wird von den frei verfügbaren Rücklagen abgezogen.

4 Die Kapitalrücklage darf bei einer nominellen Kapitalerhöhung in gezeichnetes Kapital umgewandelt werden, falls die Summe aus gesetzlicher Rücklage und Kapitalrücklage mehr als 10 % des gezeichneten Kapitals beträgt.

5 Die gesetzliche Rücklage kann unter anderem aufgelöst werden, um im Falle eines Jahresfehlbetrags eine Dividendenzahlung zu gewährleisten.

6 Bei einer Kapitalerhöhung gegen Einlagen erhöht das Agio die gesetzliche Rücklage.

Dokumentierte Unternehmensleistungen auswerten

Hinweis zu den Aufgaben 93 bis 105: Bitte nutzen Sie die Formeln zu den Kennzahlen und die Definition zum Betriebsergebnis in der Formelsammlung im Anhang.

93. Aufgabe (3 Punkte)

Dem Firmenkundenbetreuer der Kreditbank liegen für ein Industrieunternehmen folgende Werte in Tsd. EUR vor:

	III. Quartal aktuelles Jahr	III. Quartal Vorjahr
Forderungen aus Lieferungen und Leistungen	756,7	721,8
Umsatzerlöse	11.022,0	10.118,9
Langjähriger Branchendurchschnittswert des Debitorenzieles:		29,4 Tage

a Berechnen Sie für das III. Quartal des aktuellen Jahres das Debitorenziel (Ergebnis auf eine Stelle kaufmännisch gerundet).   Tage

b Welche Aussage trifft auf das aktuelle Debitorenziel zu?

[1] Die Veränderung gegenüber dem Vorjahr ist positiv, im Verhältnis zum Branchendurchschnitt ist der Wert noch verbesserungsbedürftig.

[2] Die Veränderung gegenüber dem Vorjahr ist negativ, im Verhältnis zum Branchendurchschnitt ist der Wert jedoch verbessert worden.

[3] Die Veränderung gegenüber dem Vorjahr ist neutral, im Verhältnis zum Branchendurchschnitt ist der Wert noch verbesserungsbedürftig.

[4] Die Veränderung gegenüber dem Vorjahr ist neutral, im Verhältnis zum Branchendurchschnitt ist der Wert jedoch verbessert worden.

[5] Die Veränderung gegenüber dem Vorjahr ist positiv, auch im Verhältnis zum Branchendurchschnitt ist der Wert verbessert worden.

Die Aufgaben 94 und 95 beziehen sich auf folgende Ausgangssituation:

Als Firmenkundenbetreuer der Rheinbank AG beraten Sie die Geschäftsleitung der Rotex AG über Fragen der Unternehmensfinanzierung. Ihnen liegen folgende Daten vor:

Bilanz der Rotex AG (Auszug)

Aktiva	TEUR	Passiva	TEUR
A. Anlagevermögen		A. Eigenkapital	
I. Sachanlagen		I. Gezeichnetes Kapital	3.150
1. Grundstücke und Gebäude	6.800	II. Kapitalrücklage	4.938
2. Technische Anlagen und Maschinen	5.300	III. Gewinnrücklagen	3.500
3. Betriebs- und Geschäftsausstattung	2.900	IV. Bilanzgewinn	700
II. Finanzanlagen		B. Rückstellungen	
1. Anteile an verbundenen Unternehmen	5.500	I. Rückstellungen für Pensionen	4.200
2. Beteiligungen	2.600	II. Steuerrückstellungen	900
B. Umlaufvermögen		C. Verbindlichkeiten	
I. Vorräte		I. Verbindlichkeiten gegenüber Kreditinstituten	13.362
1. Roh-, Hilfs- und Betriebsstoffe	7.200	davon langfristig:	4.400
2. Sonstige Vermögensgegenstände	3.600	II. Verbindlichkeiten aus Lieferungen und Leistungen	5.762
II. Forderungen und sonstige Vermögensgegenstände			
1. Forderungen aus Warenlieferungen	7.600	D. Rechnungsabgrenzungsposten	700
2. Sonstige Vermögensgegenstände	500		
III. Kassenbestand und Guthaben bei Kreditinstituten	2.202		
C. Rechnungsabgrenzungsposten	420		
	42.822		42.822

Sonstige Angaben:	
Betriebsergebnis (nach Zinsen)	2.850 TEUR
Fremdkapitalzinsen	2.210 TEUR
Nennwert pro Stückaktie	1,80 EUR
Aktueller Aktienkurs	12,50 EUR

94. Aufgabe (10 Punkte)

Im Rahmen der Jahresabschlussanalyse ermitteln Sie verschiedene Bilanzkennziffern für die Rotex AG. Berechnen Sie mit zwei Nachkommastellen

a das bilanzielle Eigenkapital, Mio. EUR

b die Eigenkapitalquote, %

c die Eigenkapitalrentabilität, %

d die Gesamtkapitalrentabilität, %

e den Anlagendeckungsgrad II. %

95. Aufgabe (10 Punkte)

Da zur Finanzierung auch die Emission von jungen Aktien infrage kommt, analysieren Sie Kennzahlen für die Aktie der Rotex AG. Der Gewinn wurde im vergangenen Geschäftsjahr zur Hälfte ausgeschüttet, für das nächste Geschäftsjahr erwarten Sie eine Gewinnsteigerung von 20 %. Ermitteln Sie mit zwei Nachkommastellen

a die Anzahl der ausgegebenen Aktien, Mio. Stück

b die Dividendenrendite auf Basis des aktuellen Kurses, falls der Bilanzgewinn in voller Höhe ausgeschüttet wird, %

c das Kurs-Gewinn-Verhältnis.

96. Aufgabe (6 Punkte)

Im Rahmen einer Kreditwürdigkeitsprüfung liegt die aufbereitete, auszugsweise abgebildete Erfolgsrechnung der Wilma AG vor (Zahlenangaben in Tsd. EUR).

Erfolgsrechnung Wilma AG		
	Berichtsjahr	Vorjahr
Umsatzerlöse	15.950	13.970
Materialaufwand	7.220	6.920
Personalaufwand	3.470	3.300
Zuführung zu den Pensionsrückstellungen	28	20
Abschreibungen auf Sachanlagen	60	50
Betriebsergebnis	280	250
außerordentliche Erträge	20	15
außerordentliche Aufwendungen	15	30
Jahresüberschuss	285	235

Ermitteln Sie

a den Cashflow im Berichtsjahr in Tsd. EUR, Tsd. EUR

b die Veränderung des Cashflow gegenüber dem Vorjahr in Prozent. %

c Welche (2) der folgenden Aussagen treffen auf den Cashflow zu?

    1 Der Cashflow zeigt die Selbstfinanzierungskraft der Unternehmung unabhängig von den Abschreibungen und der Zuführung zu den langfristigen Rückstellungen.

2 Der Cashflow zeigt den gesamten Zufluss an liquiden Mitteln, den das Unternehmen aus der gewöhnlichen Geschäftstätigkeit und den außerordentlichen Vorgängen in der betreffenden Rechnungsperiode erzielt hat.

3 Der Cashflow zeigt die Selbstfinanzierungskraft der Unternehmung unabhängig von den außerordentlichen Erträgen und Aufwendungen.

4 Der Cashflow zeigt die Selbstfinanzierungskraft der Unternehmung unter Einbeziehung der Abschreibungen auf Sachanlagen und der Zuführung zu den langfristigen Rückstellungen.

5 Der Cashflow zeigt den gesamten Zufluss an liquiden Mitteln, der dem Unternehmen aus dem Jahresüberschuss für Finanzierungszwecke zur Verfügung steht.

97. Aufgabe (10 Punkte)

Die Kreditbank bezieht zur Kreditwürdigkeitsprüfung Informationen aus verschiedenen Unterlagen. Ordnen Sie zu, aus welcher der folgenden Unterlagen die untenstehenden Informationen stammen.

1 Bilanz

2 Gewinn-und-Verlust-Rechnung

3 Anhang

4 Lagebericht

5 Betriebswirtschaftliche Auswertung

6 keine der genannten Unterlagen

Informationen

a Erläuterung zu Methoden der Bilanzierung

b Information über zukünftige wirtschaftliche Risiken im Unternehmen

c laufende Auskunft über die aktuelle Ertragslage

d Aufwand für Roh-, Hilfs- und Betriebsstoffe im Geschäftsjahr

e Zahl der Mitarbeiter im Unternehmen

f Umfang der stillen Reserven

g nach Liquidität strukturierte Übersicht des Vermögens

h Summe der Steuern vom Einkommen und Ertrag

i Bestand der Gewinnrücklagen

j Einschätzung der zukünftigen Entwicklung des Unternehmens

98. Aufgabe (2 Punkte)

Die Stahlbau AG ist ein mittelständisches Industrieunternehmen und beantragt ein Investitionsdarlehen bei der Weserbank AG. Zur Beurteilung der Kreditwürdigkeit führt die Bank unter anderem ein Ratingverfahren durch.

Stellen Sie fest, welche der folgenden Aussagen zum bankinternen Rating zutreffend ist. Tragen Sie die Ziffer in das Kästchen ein.

1 Auf Basis der ermittelten Ratingklasse kann ein bonitätsorientierter Zinssatz festgelegt werden.

2 Für das Rating können nur objektiv bewertbare Kriterien, wie z.B. Kennzahlen zur Finanz- und Ertragslage, herangezogen werden.

3 Mindestens 60 % der Gesamtbewertung des Ratings müssen sich aus zukunftsorientierten Informationen ergeben.

4 Bankinterne Ratingverfahren müssen von der EZB genehmigt werden.

5 Als Ergebnis des Ratings kann der Kunde einer Ratingstufe zugeordnet werden, eine Aussage über die Ausfallwahrscheinlichkeit des Kredits ist nicht möglich.

99. Aufgabe (12 Punkte)

Im Rahmen der Kreditwürdigkeitsprüfung für ein Investitionsdarlehen beurteilen Sie den Jahresabschluss der MultiTec GmbH. Ihnen liegen folgende Zahlen vor:

Jahresabschlussdaten:

	Berichtsjahr in TEUR
Umsatzerlöse	32.670
Aktivierte Eigenleistungen	160
Außerordentliche Aufwendungen	2.490
Außerordentliche Erträge	1.920
Bestandserhöhung	1.160
Einstellung in langfristige Pensionsrückstellung	460
Materialaufwand	15.910
Personalaufwand	13.870
Planmäßige Abschreibung auf Sachanlagen	2.650
Sonstige betriebliche Aufwendungen	670
Sonstige betriebliche Erträge	240
Steuern vom Einkommen und Ertrag	430

Vergleichsdaten:

MultiTec GmbH	Betriebsergebnis	Cash-Flow-Rate	Umsatzrentabilität
Vorjahr	1.270,00 TEUR	11,85 %	4,18 %

Branchendurchschnitt	Cash-Flow-Rate	Umsatzrentabilität
Berichtsjahr	15,31 %	5,42 %

a Ermitteln Sie für das Berichtsjahr gerundet auf zwei Nachkommastellen

  aa das Betriebsergebnis,   TEUR

  ab die Umsatzrentabilität,   %

  ac die Cash-flow-Rate.   %

b Beurteilen Sie die Kennzahl Cash-flow-Rate für die MultiTec AG. Der Wert ist

  [1] positiv

  [2] negativ

  zu beurteilen.

  ba im Jahresvergleich,

  bb im Branchenvergleich.

c Welche der folgenden Aussagen zur Kennzahl Umsatzrentabilität ist zutreffend?

Die Umsatzrentabilität zeigt

  [1] wie viel Liquidität dem Unternehmen durch 100,00 EUR Umsatz zur Verfügung steht,

  [2] wie viel Umsatz mit 100,00 EUR Gewinn erzielt werden,

  [3] die Produktivität der Vertriebsmitarbeiter,

  [4] wie viel das Unternehmen mit 100,00 EUR Umsatz verdient hat,

  [5] die Rentabilität des im Unternehmen eingesetzten Kapitals.

100. Aufgabe (10 Punkte)

Die Indux AG ist Kundin der Südbank AG und beantragt einen Betriebsmittelkredit zur Finanzierung des laufenden Geschäfts. Sie prüfen die folgende Bilanz des vergangenen Geschäftsjahres.

Bilanz Indux AG (Auszug) in Mio. EUR

Aktiva		Passiva	
Grundstücke und Gebäude	57	Gezeichnetes Kapital	26
Anlagen und Maschinen	139	Gewinnrücklagen	89
Betriebs- und Geschäftsausstattung	42	Bilanzgewinn	12
Vorräte	80	Rückstellungen (kurzfristig)	51
Forderungen aus LL	78	Verbindlichkeiten ggü. Kreditinstituten	220
Bankguthaben	32	davon langfristig	163
Kasse	17	Verbindlichkeiten aus LL	47
	445		445

Auszug aus der Gewinn-und-Verlust-Rechnung in Mio. EUR:

Umsatzerlöse	587
Personalaufwand	192
Materialaufwand	298
Abschreibungen auf Sachanlagen	31

Berechnen Sie auf zwei Nachkommastellen gerundet

a die Eigenkapitalquote, %

b den Anlagendeckungsgrad I, %

c den Anlagendeckungsgrad II, %

d das Debitorenziel (auf volle Tage aufgerundet), Tage

e das Kreditorenziel (auf volle Tage aufgerundet). Tage

101. Aufgabe (8 Punkte)

Im Rahmen der Kreditwürdigkeitsprüfung befasst sich die Kreditbank mit der Bilanz der Transito GmbH.

Bilanz der Transito GmbH in Tsd. EUR

Aktiva	Berichtsjahr	Vorjahr	Passiva	Berichtsjahr	Vorjahr
Anlagevermögen	1.050	750	Eigenkapital	200	190
Umlaufvermögen	760	780	Fremdkapital	1.610	1.340
			langfristiges	640	720
			kurzfristiges	970	620
Bilanzsumme	1.810	1.530		1.810	1.530

(Berechnungen auf zwei Stellen hinter dem Komma kaufmännisch gerundet)

a Berechnen Sie die Eigenkapitalquote in Prozent

  aa des Berichtsjahres, %

  ab des Vorjahres. %

b Berechnen Sie den Anlagedeckungsgrad I in Prozent

　ba des Berichtsjahres, %

　bb des Vorjahres. %

c Berechnen Sie den Anlagedeckungsgrad II in Prozent

　ca des Berichtsjahres, %

　cb des Vorjahres. %

d Stellen Sie fest, welche der nachstehenden Aussagen die Bilanzveränderungen bei der Transito GmbH zutreffend beschreiben.

　1 Trotz Zunahme des Eigenkapitals im Berichtsjahr hat sich die Eigenkapitalquote gegenüber dem Vorjahr verschlechtert.

　2 Der Abbau des Umlaufvermögens lässt auf eine verbesserte Liquiditätslage schließen.

　3 Die Erhöhung der kurzfristigen Verbindlichkeiten ist in einer Niedrigzinsphase besonders vorteilhaft.

　4 Die Finanzierungsstruktur hat sich insgesamt verbessert, weil sich die haftenden Mittel erhöht haben.

　5 Die Verringerung des Umlaufvermögens wird verursacht durch die intensivere Ausnutzung des Kreditorenziels durch die Transito AG.

　6 Der Teil des Anlagevermögens, der durch langfristig der Unternehmung zur Verfügung stehende Mittel finanziert worden ist, ist im Berichtsjahr zu gering.

Die **Aufgaben 102 und 103** beziehen sich auf folgende Ausgangssituation: Die AutoMotive AG ist Kundin der Kreditbank AG und reicht Unterlagen zur Kreditwürdigkeitsprüfung ein. Als Firmenkundenberater entnehmen Sie dem Jahresabschluss die folgenden Daten:

Position	Mio. EUR
Umsatzerlöse	1.360,0
Zinsaufwendungen	34,1
Abschreibungen auf Sachanlagen	51,0
Personalaufwand	295,8
Zuführungen zu Pensionsrückstellungen	6,0
Betriebsergebnis	21,4
Jahresüberschuss	16,9
Anlagevermögen	322,0
Umlaufvermögen	296,5
Gezeichnetes Kapital	54,0
Rücklagen	137,7
Fremdkapital 　davon langfristig	421,2 275,3

102. Aufgabe (6 Punkte)

a Ermitteln Sie für die AutoMotive AG

　aa den Anlagendeckungsgrad I, %

　ab den Anlagendeckungsgrad II. %

b Stellen Sie fest, welche der folgenden Aussagen zum Anlagendeckungsgrad zutreffend ist.

1 Beim Anlagendeckungsgrad I muss die Deckung nicht vollständig durch Eigenkapital erfolgen, da ein Teil des Anlagevermögens auch durch Betriebsmittelkredite finanziert werden darf.

2 Die Anlagendeckungsgrad II muss unter 100 % liegen, damit die Finanzierung der AutoMotive AG fristenkongruent erfolgt.

3 Der Anlagendeckungsgrad I sollte unter 100 % liegen, damit ein Teil des „eisernen" Bestands an Umlaufvermögen langfristig gedeckt werden kann.

4 Ein Anlagendeckungsgrad II über 100 % führt dazu, dass ein Teil der Vorräte langfristig gedeckt ist.

5 Die Goldene Bankregel beschreibt eine Übereinstimmung von langfristigem Vermögen mit langfristigem Kapital und ist erfüllt, wenn der Anlagendeckungsgrad I bei 100 % liegt.

103. Aufgabe (6 Punkte)

a Ermitteln Sie für die AutoMotive AG

   aa die Eigenkapitalrentabilität, %

   ab die Gesamtkapitalrentabilität. %

b Geben Sie an, welche der folgenden Aussagen zu den in a ermittelten Kennzahlen richtig ist.

1 Bei der Berechnung der Gesamtkapitalrentabilität müssen die Fremdkapitalzinsen berücksichtigt werden, damit die Kennzahl die tatsächliche Ertragslage der Unternehmens wiederspiegelt.

2 Falls die Gesamtkapitalrentabilität den Zinssatz für Fremdkapital übersteigt, wirkt sich eine zusätzliche Kreditaufnahme positiv auf die Eigenkapitalrentabilität aus.

3 Damit die Gesamtkapitalrentabilität unabhängig von der Finanzierung der AutoMotive AG ist, wird anstelle des Jahresüberschusses das Betriebsergebnis zur Berechnung genutzt.

4 Die Eigenkapitalrentabilität gibt an, welche Rendite die Umsätze des Unternehmens erwirtschaften.

5 Eine steigende Rentabilität des Gesamtkapitals wirkt sich immer positiv auf die Eigenkapitalrentabilität aus.

104. Aufgabe (3 Punkte)

Dem Firmenkundenbetreuer der Kreditbank liegen für ein Industrieunternehmen folgende Werte vor:

	III. Quartal aktuelles Jahr	III. Quartal Vorjahr
Verbindlichkeiten aus Lieferungen und Leistungen	560,2 Tsd. EUR	580,4 Tsd. EUR
Materialaufwand	8.400,0 Tsd. EUR	9.700,1 Tsd. EUR
Langjähriger Branchendurchschnittswert des Kreditorenzieles:		32,3 Tage

a Berechnen Sie für das III. Quartal des aktuellen Jahres das Kreditorenziel (Ergebnis auf eine Stelle kaufmännisch gerundet). Tage

b Welche Aussage trifft auf das aktuelle Kreditorenziel zu?

1 Im aktuellen Jahr findet eine Verlängerung des Kreditorenzieles statt, was, gemessen am Vorjahr, negativ bewertet wird.

2 Im aktuellen Jahr findet zwar eine Verschlechterung des Kreditorenzieles statt, was aber in Hinblick auf den Branchendurchschnitt hinnehmbar erscheint.

3 Im aktuellen Jahr findet eine Verkürzung des Kreditorenzieles statt, die, gemessen am Branchendurchschnitt, noch stärker hätte ausfallen sollen.

4 Im aktuellen Jahr findet eine Verlängerung des Kreditorenzieles statt, die, gemessen am Branchendurchschnitt, noch stärker hätte ausfallen sollen.

5 Im aktuellen Jahr findet eine Verbesserung des Kreditorenzieles gegenüber dem Vorjahr statt. Da der Branchendurchschnitt unverändert bleibt, ergeben sich für das Industrieunternehmen keine positiven Effekte.

105. Aufgabe (8 Punkte)

Die Kreditbank prüft im Mai 2016 die Kreditwürdigkeit der MERCATOR GmbH.
Der Jahresabschluss 2015 liegt noch nicht vor.

a Welche Unterlage wird die Kreditbank als Ersatz für den noch nicht fertig gestellten Jahresabschluss von der MERCATOR GmbH verlangen?

Tragen Sie die Ziffer vor der zutreffenden Unterlage in das Kästchen ein.

1	Lagebericht	5	Umsatzsteuervoranmeldung
2	Auftragsbuch	6	Betriebswirtschaftliche Auswertung (BWA)
3	Geschäftsbericht	7	Grundsteuerbescheid der Gemeinde
4	Personalstatistik	8	Anhang

Folgende Daten aus den Bilanzen der Jahre 2014 und 2013 liegen bereits vor:

Bilanz der MERCATOR GmbH (Kurzfassung) in Tsd. EUR					
Aktiva	2014	2013	Passiva	2014	2013
Anlagevermögen	1.500	1.350	Eigenkapital	900	900
Umlaufvermögen			Fremdkapital		
Handelswaren	1.900	1.500	langfristig	410	180
Forderungen			kurzfristig	2.250	1.910
an Kunden	155	132			
Bank	4,8	7,4			
Kasse	0,2	0,6			
Summe	3.560	2.990	Summe	3.560	2.990

	2014	2013
Umsatzerlöse in Tsd. EUR	2.360	2.180

b Welche Aussagen beschreiben die Entwicklung der MERCATOR GmbH in den Jahren 2013 und 2012 richtig?

Aussagen

1	Die Stabilität des Eigenkapitals in beiden Jahren erhöht die Kreditwürdigkeit.
2	Die Finanzierung des Anlagevermögens ist im Jahr 2014 gegenüber dem Jahr 2013 verbessert worden.
3	Das Debitorenziel war im Jahr 2013 schlechter als im Folgejahr.
4	Die Eigenkapitalquote hat sich 2014 gegenüber dem Vorjahr verschlechtert.
5	Das Wachstum der Bilanzsumme in den Berichtsjahren ist ein Zeichen gestiegener Liquidität.
6	Wenn die Zunahme der kurzfristigen Verbindlichkeiten aus der verstärkten Inanspruchnahme des Kontokorrentkredites stammt, sind die Zinsaufwendungen gesunken.
7	Der Anlagedeckungsgrad II hat sich zwar im Jahr 2014 gegenüber dem Vorjahr verbessert, gilt aber noch als bedenklich.
8	Die Zunahme der kurzfristigen Verbindlichkeiten wurde verursacht durch die Umsatzentwicklung.

Lösungen Prüfungsbereich Bankwirtschaft Teil I: Fälle

1 Kontoführung und Zahlungsverkehr

1. Fall (35 Punkte)

a *1. Gebot kaufmännischer Sorgfaltspflicht*
Das Kreditinstitut muss sich über die Rechts- und Geschäftsfähigkeit des neuen Geschäftspartners informieren. Dies verschafft Rechtssicherheit in Hinblick auf die später zu tätigenden Geschäfte.
2. Prinzip der Kontenwahrheit
§ 154 AO verlangt von den Kreditinstituten, sich Gewissheit über die Person des Verfügungsberechtigten zu verschaffen. Die Vorschrift der Steuergesetzgebung will erreichen, dass die Vermögenswerte und deren Erträge den namentlich bekannten Steuerpflichtigen zugeordnet werden können, um eine ordnungsgemäße Besteuerung zu gewährleisten.
3. Geldwäschegesetz
Das Gesetz will erreichen, dass illegal erworbene Gelder, insbesondere aus dem Drogenhandel, nicht in den legalen Geldkreislauf gelangen und dadurch „gewaschen" werden. Der zu identifizierende Antragsteller muss erklären, ob er für eigene Rechnung oder für Rechnung anderer, namentlich zu bezeichnender Personen handelt. (9 P.)

b Existenznachweis der juristischen Person Tectal GmbH durch Vorlage eines aktuellen Handelsregisterauszuges, Abt. B + Legitimation des für die GmbH handelnden Geschäftsführers Frank Palm durch Vorlage des Personalausweises (4 P.)

c § 154 Abs. 2 AO schließt nicht aus, dass das Konto schon vor Abschluss der Legitimationsprüfung errichtet werden kann. Einzahlungen auf das neue Konto können durchgeführt werden, bevor die Legitimationsprüfung abgeschlossen ist. Diese muss jedoch unverzüglich nachgeholt werden und abgeschlossen sein, bevor Verfügungen über das Konto zugelassen werden. Demnach ist die Einzahlung von Herrn Palm möglich, ebenso das Scheckinkasso, da dieser Vorgang voraussichtlich zu einem Guthaben führen wird. Der Erwerb der Reiseschecks zulasten des Geschäftsgirokontos ist zu diesem Zeitpunkt noch abzulehnen. (6 P.)

d 1 Die Oderbank kann allgemein gehaltene Auskünfte über juristische Personen und im Handelsregister eingetragene Kaufleute an andere Banken und an eigene Kunden erteilen, sofern sich die Anfrage auf die geschäftliche Tätigkeit bezieht. Hierzu benötigt sie gemäß den AGB nicht die ausdrückliche Zustimmung der Tectal GmbH. Lediglich bei einem ausdrücklichen Widerspruch wäre die Auskunft zu versagen; ein solcher Widerspruch liegt hier jedoch nicht vor.
2 Die Oderbank wird an den Lieferanten keine Auskunft erteilen, da er kein Kunde der Oderbank ist. Falls die Hausbank des Lieferanten anfragt, werden die Auskünfte sich auf allgemeine Feststellungen über die wirtschaftlichen Verhältnisse der Tectal GmbH, ihre Kreditwürdigkeit und ihre Zahlungsfähigkeit beschränken. Auskünfte über Kontostände werden nicht gegeben.
3 Die Oderbank wird das Auskunftsersuchen von Herrn Palm ablehnen. Nur an die SCHUFA angeschlossene Organisationen erhalten für eigene Zwecke Auskünfte. Hier nutzt die Auskunft lediglich der Tectal GmbH und nicht der Oderbank. Der betroffene Mitarbeiter selbst hat allerdings das Recht, gegen Kostenerstattung eine Eigenauskunft zu erhalten. (6 P.)

e Das HGB räumt dem Handlungsbevollmächtigten die Befugnis ein, alle Handlungen vorzunehmen, die das Handelsgewerbe gewöhnlich mit sich bringt. Verfügungen über Geschäftsgirokonten mittels Überweisungen im üblichen Rahmen gehören bei der allgemeinen Handlungsvollmacht dazu.
Dennoch wird die Oderbank zunächst den Auftrag nicht ausführen, da ihr gegenüber die Bevollmächtigung noch nicht bekannt gemacht wurde. Erst wenn Frau Hübinger eine Vollmachtsurkunde des Geschäftsführers vorlegt, sich mit ihrem Personalausweis legitimiert und eine Unterschriftsprobe abgibt, kann der Auftrag ausgeführt werden. (5 P.)

f Schecks werden bei der Oderbank im Wege der Nachdisposition bearbeitet. Das bedeutet, dass aus technischen Gründen der Scheck, ausgestellt von der Tectal GmbH, zunächst dem Geschäftsgirokonto belastet wird. Anschließend erhält der Kontoführer eine Dispositionsliste, anhand derer er prüfen kann, ob die Oderbank die Belastung auch akzeptiert.
Durch die Scheckbuchung vom 18.12. ist das Geschäftsgirokonto über das eingeräumte Limit hinaus belastet worden. Die Oderbank ist nicht bereit, diese Belastung hinzunehmen und der Tectal GmbH dadurch zusätzlichen Kredit zu geben. Die AGB räumen der Oderbank das Recht ein, Scheck- und Lastschriftbelastungen innerhalb von zwei Arbeitstagen nach Buchung zu stornieren. Dies erfolgte am 20.12. mit Wert vom 18.12.
Der Scheck wird nicht eingelöst. Er geht mit dem Nichtbezahlt-Vermerk an den Scheckeinreicher zurück. (5 P.)

2. Fall (30 Punkte)

a 1 Information: Name des Vereins (Verein zur Förderung des rheinischen Brauchtums e.V.)
   Begründung:
   - Die Kontobezeichnung muss genau dem Namen aus dem Vereinsregister entsprechen.

   2 Information: Vertretungsberechtigte des Vereins (Michael Steffen und Ingrid Peters, gemeinschaftlich)
   Begründung:
   - Der Verein wird durch natürliche Personen vertreten.
   - Zusätzlich muss das Kreditinstitut jederzeit Auskunft darüber geben können, wer über Konten verfügungsberechtigt ist. (6 P.)

b
- Die Vertretungsmacht des Vorstandes gegenüber Dritten, d. h. auch gegenüber einem Kreditinstitut, kann in der Satzung beschränkt worden sein.
- Es muss daher überprüft werden, ob eine derartige Beschränkung vorliegt, die Einfluss auf die Geschäftsbeziehung zur Düsselbank eG haben könnte. (3 P.)

c
- Es wäre eine Kontovollmacht mit gemeinschaftlicher Verfügungsberechtigung mit einem Vorstandsmitglied möglich.
- Die Kontovollmacht müssten Frau Peters und Herr Steffen gemeinschaftlich erteilen. (2 P.)

d
- Die Forderungen aus den Vereinsbeiträgen werden pünktlich und regelmäßig reguliert, sofern das Konto des Zahlungspflichtigen Deckung aufweist.
- Die Disposition der eigenen Liquidität wird für den Verein erleichtert, da der Zahlungsvorgang durch den Zahlungsempfänger ausgelöst wird.
- Die Buchhaltung wird entlastet, weil keine Überwachung der Zahlungseingänge erforderlich ist und Mahnungen auf Rücklastschriften reduziert sind.
- Falls eingehende Beiträge verzinslich angelegt werden oder Kontoüberziehungen dadurch vermieden werden, ergeben sich für den Verein Zinsvorteile durch den pünktlichen Zahlungseingang.
- Die SEPA-Basis-Lastschrift ermöglicht einen Einzug der Vereinsbeiträge von Zahlungspflichten aus allen Ländern des SEPA-Raumes. (jew. 2 P., max. 6 P.)

e
- Verbraucher sind als Zahlungspflichtige im SEPA-Firmen-Lastschriftverfahren nicht zulässig, sodass dieses Verfahren für den Verein mit natürlichen Personen als Vereinsmitglieder nicht geeignet ist. (2 P.)

f
- Der Verein erhält bei Einreichung der Lastschriften eine sofortige Gutschrift E.v. und kann über den Betrag verfügen.
- Zahlungspflichtige können innerhalb von acht Wochen Widerspruch gegen die Lastschriftabbuchung einlegen. Die Lastschriften werden dann an die 1. Inkassostelle zurückgegeben, die den Einreicher belastet. Dieser muss über ausreichende Bonität für die Rückbelastung verfügen. (4 P.)

g
- Die Rückgabefrist beträgt acht Wochen nach Belastung; der Einzug erfolgt jeweils zum Monatsanfang.
- Rechnerischer Nachweis:

   1 Einzugsmonat:
   eingereichte Lastschriften: 600 · 25,00 = 15.000,00 EUR
   mögliche Rückgaben: 15.000,00 EUR

   2 Einzugsmonat:
   eingereichte Lastschriften: 15.000,00 EUR
   mögliche Rückgaben: 30.000,00 EUR (Monat 1 + Monat 2)

   3 Einzugsmonat:
   eingereichte Lastschriften: 15.000,00 EUR
   mögliche Rückgaben: 30.000,00 EUR (Monat 2 + Monat 3, Monat 1 fällt weg)

- Das maximale Rückgaberisiko bleibt bei: 30.000,00 EUR (= Höhe des Lastschriftobligos). (4 P.)

h
- Es liegt kein Mandat vor.
- Bei nicht autorisierten Lastschriften beträgt die Widerspruchsfrist 13 Monate nach dem Tag der Belastung.
- D. h., am 1. August 2014 besteht letztmalig die Möglichkeit des Widerspruchs, da die Frist am 02. August 2014 abläuft. (3 P.)

3. Fall (30 Punkte)

a Möller & Steiner KG (1 P.)

b
- Isabell Möller oder Michael Steiner als Komplementäre jeweils allein.
- einer der Komplementäre zusammen mit Markus Girnt oder Claudia Abels.
- Markus Girnt und Claudia Abels gemeinschaftlich. (3 P.)

c Isabell Möller, Michael Steiner, Markus Girnt und Claudia Abels sind als Vertreter des Unternehmens bereits im Handelsregister eingetragen.

Aus diesem Grund kann bei diesen Personen auf die Legitimationsprüfung und die Herstellung der Auskunftsbereitschaft verzichtet werden (Nr. 7 Anwendungserlass zu § 154 AO).

(Hinweis: Die Kommanditisten haben keine Verfügungsberechtigung über das Konto, müssen deshalb nicht identifiziert werden. Ansonsten greift auch für diese Personen der o. g. Anwendungserlass zur AO.) (4 P.)

da Die Auskunft wird verweigert, weil Auskunftsanfragen grundsätzlich schriftlich erfolgen müssen. (3 P.)

db Die Auskunft wird verweigert, weil bei Privatkunden eine ausdrückliche Zustimmung zur Auskunft vorliegen muss. (3 P.)

dc Die Auskunft wird schriftlich erteilt, da Kreditinstitute eigenen Kunden allgemeine Auskünfte zu den wirtschaftlichen Verhältnissen, der Kreditwürdigkeit sowie der Zahlungsfähigkeit machen. Es wird nicht über konkrete Beträge Auskunft gegeben. (3 P.)

dd Die Düsselbank eG ermöglicht dem Bundeszentralamt für Steuern die Abfrage von Kontostammdaten im Rahmen eines automatisierten Onlineabrufs.

(Hinweis: Das Kreditinstitut gibt Auskunft über die Kontonummern, den Tag der Einrichtung bzw. die Auflösung von Konten und Depots, den Vor- und Zunamen mit Geburtsdatum des Kontoinhabers sowie der Verfügungsberechtigten und den Namen und die Anschrift der wirtschaftlich Berechtigten. Das Abfragen einzelner Kontostände und -bewegungen bzw. die Höhe der Kapitalerträge erfolgt nicht.) (3 P.)

e
- Als Komplementäre der KG haften Frau Möller sowie Herr Steiner als Gesamtschuldner persönlich, solidarisch und in unbegrenzter Höhe, auch mit ihrem Privatvermögen für alle Verbindlichkeiten der KG.
- Herr Girnt und Frau Abels haften als Prokuristen nicht persönlich für die Verbindlichkeiten der KG.
- Die Kommanditisten Herr Möller und Frau Walters haften, sofern sie ihre Kommanditeinlage in voller Höhe geleistet haben, nicht länger persönlich. (6 P.)

f
- Skontobetrag: 35.600,00 EUR · 3/100 = 1.068,00 EUR (= Kosten des Lieferantenkredits)
- Rechnungsbetrag abzüglich Skonto: 35.600,00 EUR − 1.068,00 EUR = 34.532,00 EUR
- Kontokorrentkreditzinsen bei Zahlung am 7. Tag bis zum 60. Tag:
(34.532,00 EUR · 11,5 · 53)/(100 · 360) = 584,65 EUR
- Vorteil der Skontoausnutzung (= Inanspruchnahme des Kontokorrentkredits):
1.068,00 EUR − 584,65 EUR = 483,35 EUR (4 P.)

4. Fall (30 Punkte)

a *1. Möglichkeit: Zwei Einzelkonten mit Kontovollmacht für den anderen Ehegatten*
Der Umfang der Verfügungsberechtigung des Bevollmächtigten kann im Kontovertrag festgelegt werden, dies gilt besonders für die Kreditaufnahme.
Für die Kontoverbindlichkeiten haftet allein der Kontoinhaber.
Allerdings fallen Kosten für die Führung von zwei Konten an.
2. Möglichkeit: Gemeinschaftskonto
Im Fall der Einzelverfügungsberechtigung (Oderkonto) kann jeder Ehegatte allein über das Kontoguthaben verfügen. Bei gemeinschaftlicher Verfügungsberechtigung (Undkonto) können nur beide Kontoinhaber gemeinsam verfügen.
Bei beiden Verfügungsvereinbarungen können Kreditverträge nur gemeinsam abgeschlossen werden. Allerdings kann im Falle der Einzelverfügungsberechtigung jeder allein über einen eingeräumten Kredit verfügen sowie von der Möglichkeit vorübergehender Kontoüberziehungen im banküblichen Rahmen Gebrauch machen.
Für die Kontoverbindlichkeiten haften unabhängig davon, wer sie verursacht hat, beide Kontoinhaber als Gesamtschuldner.
Die Kontoführungsgebühr fällt nur einmal an. (8 P.)

b Die Ausgabe einer Girocard ist bei einem Gemeinschaftskonto mit Einzelverfügungsberechtigung möglich, bei einem Gemeinschaftskonto mit gemeinschaftlicher Verfügung nicht. (3 P.)

c Beim Oderkonto bleiben nach dem Tode eines Kontoinhabers die Befugnisse des anderen Kontoinhabers unverändert bestehen. Er kann auch ohne Mitwirkung der Erben das Gemeinschaftskonto auflösen oder auf seinen Namen umschreiben lassen.
Beim Undkonto kann der überlebende Kontoinhaber nur zusammen mit den Erben über das Konto verfügen oder es auflösen. (4 P.)

d • Anerkennung der AGB
• Erlaubnis zur Schufameldung
• Erklärung: Handeln für eigene/fremde Rechnung (3 P.)

e Maßgeblich für die Zinsberechnung ist die Wertstellung des Umsatzes, nicht das Buchungsdatum. Der Gehaltseingang vom 14.09. ist erst am 15.09. valutenmäßig gutgeschrieben worden. Die Verfügung am Geldautomaten vom 14.09. führt zu einer valutischen Kreditgewährung in Höhe von 500,00 EUR für einen Tag. Bei einem Sollzins von 10,25 % p. a. ergeben sich $500 \cdot 10,25 \cdot 1/36.000 = 0,14$ EUR Sollzinsen. (4 P.)

f Er muss die Belastungsbuchung hinnehmen, da das Kreditinstitut von seinem Recht Gebrauch gemacht hat, Fehlbuchungen durch Stornobuchungen rückgängig zu machen, wenn die Vorgänge vor dem Rechnungsabschluss liegen. (4 P.)

g • Die Frist für Euro-Überweisungen im Inland beträgt nach dem BGB einen Bankarbeitstag, aufgrund der beleghaften Zahlung verlängert sich die Frist um einen Tag.
• Der Betrag müsste am Dienstag, 20.10. bei der Bank eingehen und mit gleicher Valuta unverzüglich dem Kundenkonto gutgeschrieben werden. (4 P.)

5. Fall (30 Punkte)

a „Notar Dr. Justus Kranz" mit Zusatz „Anderkonto". Zusätzlich kann der Name der wirtschaftlich berechtigten Claudia Hoffmann angegeben werden. (4 P.)

b Dem Wunsch nach Erteilung einer Vollmacht an die Büroangestellte kann nicht entsprochen werden. Vollmacht über ein Notaranderkonto kann nur an den amtlich bestellten Vertreter des Notars erteilt werden. (4 P.)

c Frau Hoffmann wird ihren Schadenersatzanspruch nicht durchsetzen können. Gemäß den Bedingungen für Anderkonten prüft die Bank die Rechtmäßigkeit von Verfügungen des Kontoinhabers über das Anderkonto nicht. Dies gilt auch dann, wenn der Kontoinhaber Übertragungen auf sein eigenes Konto vornimmt. Auch die von Frau Hoffmann verlangte Verfügungsbeschränkung wird die Unionbank nicht akzeptieren. Sie ist nur dem Kontoinhaber Dr. Kranz gegenüber berechtigt und verpflichtet. (6 P.)

d • Guthaben auf Anderkonten fallen beim Tod des Kontoinhabers nicht in den Nachlass des Treuhänders.
• Zwangsvollstreckungsmaßnahmen in das Vermögen des Notars erfassen nicht Vermögenswerte auf dem Anderkonto.
• Guthaben auf Anderkonten haften nicht für die persönlichen Verbindlichkeiten des Kontoinhabers gegenüber dem Kreditinstitut. (8 P.)

e Nein, da das Kreditinstitut ausschließlich mit dem Notar eine vertragliche Verpflichtung eingegangen ist. (2 P.)

f • Es besteht keine Meldepflicht, da die Guthaben nicht zum Vermögen des Notars gehören. (2 P.)
• Verfügungsberechtigt ist der vom Landesjustizminister bestellte Notariatsverweser. (2 P.)
• Steuerpflichtig ist der jeweilige Treugeber. (2 P.)

6. Fall (30 Punkte)

a Die Handelsbank darf den Betrag an Frau Goldbach auszahlen, da die Kundin trotz der Betreuung voll geschäftsfähig bleibt. Ein Einwilligungsvorbehalt ist nicht ersichtlich. (4 P.)

b Herr Küster hat durch das Betreuungsverhältnis zwar die Stellung eines gesetzlichen Vertreters. Sein Aufgabenbereich erstreckt sich laut Bestellungsurkunde auch auf den Bereich Vermögensangelegenheiten. Er ist aber verpflichtet, Geld von Frau Goldbach mündelsicher anzulegen. Aktien erfüllen diese Voraussetzung nicht. (4 P.)

ca an das Familiengericht (2 P.)

cb Durch die Anordnung eines Einwilligungsvorbehaltes wäre Frau Goldbach in dem jeweiligen Bereich einer beschränkt geschäftsfähigen Person gleichgestellt. Verfügungen über das Konto wären dann von der Zustimmung von Herrn Küster abhängig. (4 P.)

d Die Meldung an das zuständige Finanzamt muss binnen eines Monats nach Bekanntwerden des Todes erfolgen, d. h., hier spätestens bis zum 21. April. (2 P.)

e Maßgeblich sind die Tagesendsalden vom Vorabend des Todes, d. h. hier vom 14. März. (2 P.)

f Meldepflichtig sind die Guthabensalden zuzüglich der bis zum Todestag aufgelaufenen Zinsen:

    2.420,30 EUR Kontokorrentkonto
+ 15.000,00 EUR Termingeldkonto
+   7.430,90 EUR Sparkonto
+ 10.120,10 EUR Sparkonto   Der Name und die Anschrift der Begünstigten sind ebenfalls anzugeben.
   34.971,30 EUR (4 P.)

Außerdem ist die Existenz des Stahlschließfaches zu melden.

g
- Die Überweisung ist zulässig, da es sich um eine besondere Verfügung ohne die Notwendigkeit einer Konto-Vollmacht bzw. Erbberechtigung handelt. Eine Kopie der quittierten Rechnung sollte zu den Kontounterlagen genommen werden. Allerdings sollte vorsorglich die Zustimmung der Erbengemeinschaft eingeholt werden. Den Erben könnten Einwendungen gegenüber dem Bestattungsunternehmer zustehen. (4 P.)

- Der alleinige Zugang ist unzulässig, da nur alle Erben gemeinschaftlich zugangsberechtigt sind. Das Mandat von Herrn Küster als Betreuer ist mit dem Tod von Frau Goldbach erloschen. (4 P.)

7. Fall (35 Punkte)

a Sparkasse Südstadt: Drittschuldnerin
   Vermieter: Pfandgläubiger
   Mieter: Verpfänder und Gläubiger der Einlage (3 P.)

ba Der Vermieter hat im Falle einer Auseinandersetzung über eventuelle Ansprüche aus dem Mietverhältnis das Recht, das Sparguthaben zu kündigen und den Betrag einzuziehen. (3 P.)

bb Das Sparbuch wird während der Mietzeit dem Vermieter übergeben. (2 P.)

bc Die Zinserträge stehen dem Mieter steuerlich zu, da er bis zur Pfandverwertung Gläubiger der Einlage ist. (3 P.)

ca Mit dem Zusatz Mietkautionskonto wird dokumentiert, dass auf dem Sparkonto treuhänderisch überlassenes Geld angelegt ist. Gegenüber dem Kreditinstitut ist allerdings nur der Kontoinhaber berechtigt und verpflichtet. Er hat alleiniges Zugriffsrecht auf das Sparguthaben. Das Kreditinstitut verzichtet auf sein AGB-Pfandrecht. (4 P.)

cb Die Gutschrift der Zinsen erfolgt auf dem Sparkonto. Damit unterliegen sie zunächst der Verfügungsmacht des Kontoinhabers. Die Zinsen stehen rechtlich allerdings dem Mieter zu. Am Ende der Kautionszeit hat der Vermieter bei ungestörter Abwicklung den Kautionsbetrag zuzüglich gutgeschriebener Zinsen zu übergeben. (4 P.)

cc Die Erteilung eines Freistellungsauftrages ist nicht möglich. (3 P.)

cd Da die Zinsen dem Mieter zustehen, hat er sie als Einkünfte aus Kapitalvermögen zu versteuern. Der Vermieter hat ihm eine Zinsbescheinigung mit Angabe der Kapitalertragsteuer sowie des Solidaritätszuschlages auszustellen. (3 P.)

d Nein, da sie in der Verpfändungserklärung zugunsten des Vermieters mit ihrem AGB-Pfandrecht zurückgetreten ist. Ihr Pfandrecht lebt erst wieder auf, wenn der Vermieter eine Pfandfreigabe erteilt hat. (3 P.)

e Vor Auszahlung des Sparguthabens an den Vermieter wird die Sparkasse Südstadt den Mieter informieren und ihm einen Monat Zeit geben, sich mit dem Vermieter zu einigen oder gerichtliche Schritte zur Abwendung der Pfandverwertung einzuleiten.
Zur Wartefrist von einem Monat kommen noch banküblichen Bearbeitungstage für die Erstellung der Mitteilung an den Mieter. (2 P.)

f 2.251,86   (2.250,65 + 1,21)   auch richtig: 2.251,85

WERT	Vorgang	Betrag	Tage	Zinsen
30.07. d.J.	Einzahlung	2.200,00	150	13,75
30.12. d.J.	Zinsgutschrift	13,75		
30.12. d.J.		2.213,75	360	33,21
30.04. n.J.	Zinserhöhung	0,00	240	3,69
30.04.		2.213,75		36,90
30.12. n.J.	Zinsgutschrift	36,90		
		2.250,65	360	39,39
11.01. ü. n.J.	Abhebung	2.250,65	349	38,18
		0,00	Zinsen	1,21

(5 P.)

8. Fall (31 Punkte)

a
- Kontovertrag
- Anerkennung der AGB
- Scheckvertrag
- Anerkennung der Sonderbedingungen für den Scheckverkehr   (jew. 1 P., max. 3 P.)

b
- Grundsätzlich ist eine Barauszahlung möglich, da der Vermerk „nur zur Verrechnung" nur für die VR Bank als bezogene Bank gilt.
- Da die Sparkasse jedoch nicht prüfen kann, ob die Ausstellerunterschrift und die Kontodeckung in Ordnung sind oder ob ein Widerruf vorliegt, wird sie den Scheck nicht bar auszahlen.   (4 P.)

c
- Inkassoauftrag durch Scheckeinreicherformular
- Blankoindossament auf Scheckrückseite   (2 P.)

d
- Die Kundin erhält am 18.11. eine sofortige Gutschrift des Scheckbetrags (mit einer Wertstellungsfrist von zwei Tagen).
- Die Gutschrift erfolgt, aber „Eingang vorbehalten" (E.v.), damit die Buchung bei einer Nichteilösung des Schecks storniert werden kann.
- Während einer festgelegten „E.v.-Sperrfrist" sind Verfügungen über die Scheckgutschrift nicht möglich.   (6 P.)

e
- Valuta der Scheckgutschrift: Montag, 22.11.
- Sollsaldo für vier Tage: 6.400,00 EUR – 20.000,00 EUR = 13.600,00 EUR

Sollzinsen:	10.000 · 4 · 10,9/(360 · 100) =	12,11 EUR
Überziehungszinsen:	3.600 · 4 · 13,4/(360 · 100) =	5,36 EUR
Summe:		17,47 EUR

(4 P.)

f
- Letzter Tag der Vorlegungsfrist: 22.11.20.. (Acht Kalendertage nach Ausstellung, Verschiebung auf Montag aufgrund des Wochenendes)
- Bei verspäteter Vorlage:
  - Keine scheckrechtlichen Regressansprüche gegen Aussteller und Indossanten
  - Kein Urkundenprozess möglich
  - Möglichkeit zur Einlösung durch bezogenes KI, aber keine Verpflichtung   (4 P.)

g
- Hinweis: Scheckbetrag > 6.000,00 EUR: Der Scheck wird im ISE-Verfahren eingezogen, neben den Scheckdaten wird ein Scan des Schecks an das bezogene KI übermittelt.
- Die VR Bank prüft (neben der Vorlegungsfrist):
  - formelle Ordnungsmäßigkeit und Lückenlosigkeit der Indossamentenkette (anhand des Images),
  - Unterschrift des Ausstellers (anhand des Images),

- Kontodeckung,
- Vorliegen eines Widerrufs. (4 P.)

h • Grundsätzlich ist für die Durchsetzung der Ansprüche in einem Scheckprozess ein Vorlegungsvermerk der bezogenen Bank auf dem Scheck erforderlich. Da der Originalscheck bei der 1. Inkassostelle verbleibt, kann dieser nicht angebracht werden.

• Ersatzweise stellt beim ISE-Verfahren die Bundesbank eine Nichteinlösungserklärung aus; mit dieser und dem Originalscheck ist der Urkundenprozess möglich. (4 P.)

9. Fall (32 Punkte)

a Vorteile: (4 P.)

• Kosten entsprechen denen einer Inlandsüberweisung.

• Ausführungsfrist ist identisch mit der für Inlandsüberweisungen.

Weitere Zahlungsformen: (2 P.)

• SEPA-Lastschrift

• SEPA-Kartenzahlung (6 P.)

b 1 IBAN (International Bank Account Number): International gültige Kontonummer, zusammengesetzt aus Ländercode, zweistelliger Prüfziffer und Kontoidentifikation (in Deutschland Bankleitzahl und Kontonummer).

2 BIC (Bank Identifier Code): International gültige Identifikationsnummer für Banken („internationale Bankleitzahl"). (4 P.)

c Spesen werden geteilt („shared"), Empfänger und Auftraggeber zahlen jeweils die Gebühren ihres Instituts. (4 P.)

d • Valuta 17.10.20.. (Dienstag)

• Durch die Festlegung der Cut-Off-Zeit im Preis- und Leistungsverzeichnis auf 15:30 Uhr beginnt die Ausführungsfrist am Fr., 13.10.

• Gemäß § 675s BGB beträgt die Frist einen Geschäftstag, aufgrund der beleghaften Überweisung verlängert sich diese um einen weiteren Tag.

• Zahlungseingang bei Crédit Agricole spätestens am Di., 17.10., Gutschrift für Empfänger unverzüglich mit Valuta 17.10. (4 P.)

e Ein Widerruf ist am Montagmorgen nicht mehr möglich. Gemäß § 675p BGB ist ein Widerruf nur bis zu Beginn der Ausführungsfrist möglich, im vorliegenden Fall bis Sonntagabend (15.10.20..). (2 P.)

f Frau Winter muss sich darauf einstellen, dass der Betrag an den Mitbewerber des Ferienhausanbieters überwiesen wird, denn nach § 675r BGB dürfen die beteiligten Kreditinstitute Zahlungsaufträge ausschließlich anhand der IBAN ausführen. (Die Sparkasse ist gemäß § 675n BGB jedoch verpflichtet, gegen Entgelt des Kunden zu versuchen, den Betrag zurückzuerlangen.) (4 P.)

g • Die Kundin hat gemäß § 675l BGB pflichtgemäß gehandelt, wenn sie die TAN-Liste („Zahlungsauthentifizierungsinstrument") sorgfältig aufbewahrt und den Verlust oder Diebstahl unverzüglich der Bank anzeigt.

• Da eine grobe Fahrlässigkeit vermutlich nicht vorliegt, haftet die Kundin nach § 675v BGB nur bis zu einer Summe von 150,00 EUR. (4 P.)

h In diesem Fall ist von grober Fahrlässigkeit auszugehen, gemäß § 675v BGB haftet die Kundin unbeschränkt. Die Haftung ist auf die Höhe des Verfügungsrahmens von 5.000,00 EUR beschränkt. (2 P.)

i Frau Winter hat keine weiteren Ansprüche zu befürchten. Nach § 675v BGB haftet ausschließlich die Bank nach Anzeige der Sperre durch den Kunden. (2 P.)

Kontoführung und Zahlungsverkehr – Lösungen

10. Fall (30 Punkte)

a SEPA (Single Euro Payment Area) steht für einen einheitlichen Zahlungsverkehrsraum in den Ländern des Europäischen Wirtschaftsraums (einschließlich Schweiz und Monaco). Ziel ist die Gleichstellung von inländischen und grenzüberschreitenden Zahlungen. (3 P.)

b
- Die Zahlung per Lastschrift wird durch den Empfänger ausgelöst (pull-Zahlung), die Überweisung wird durch den Auftrag des Zahlungspflichtigen bewirkt (push-Zahlung).
- Geeignete Forderungen:
  - regelmäßige und unregelmäßige Zahlungen
  - gleiche und wechselnde Beträge (4 P.)

c
- Gläubiger-Identifikationsnummer: Der Zahlungsempfänger muss zur Teilnahme am Lastschriftverfahren bei der Deutschen Bundesbank eine sogenannte Gläubiger-Identifikationsnummer beantragen.
- Mandatsreferenz: Der Zahlungsempfänger vergibt für jedes Mandat ein individuelles Kennzeichen, das gemeinsam mit der Gläubiger-ID eine eindeutige Identifizierung des Mandats ermöglicht. (4 P.)

d
- Grundsätzlich muss der Zahlungsempfänger dem Zahlungspflichtigen den Einzug mindestens 14 Tage vor Fälligkeit ankündigen (Pre-Notification).
- Abweichende Fristen können vereinbart werden, die Vorankündigung kann z. B. durch Angabe des Termins auf der Rechnung erfolgen. (3 P.)

e SEPA-Lastschriften müssen der Zahlstelle einen Tag vor Fälligkeit vorliegen (2 P.)

f
- Die Frist für den Widerspruch des Zahlungspflichtigen beträgt acht Wochen nach Kontobelastung
- Weitere Rückgabegründe:
  - mangelnde Kontodeckung
  - Unanbringlichkeit (4 P.)

g
- Prüfung der formellen Ordnungsmäßigkeit
- Prüfung und Anpassung des Lastschriftobligos (Einreicherlimits)
- Buchung/Valutierung (Erteilung der Gutschrift E.v. für den Zahlungsempfänger, Belastung von Zahlungspflichtigen im eigenen Haus bzw. Belastung der Verrechnungsstellen)
- Weitergabe der Lastschriftdatensätze an die Clearingstellen bzw. per Kontoauszug an die Kunden des eigenen Hauses (4 P.)

h Die Frist zur Rückgabe verlängert sich auf 13 Monate. (2 P.)

i
- Gutschrift auf dem Konto des Zahlungspflichtigen mit Valuta der Belastung
- Beleglose Rückrechnung mit elektronischem Vorlegungsvermerk der Zahlstelle (4 P.)

11. Fall (30 Punkte)

a Typische Dienstleistungen, z. B.:
- Schließung von Konten und Depots
- Einzug von Guthaben
- Ausgleich von Sollsalden
- Übertrag von Wertpapieren
- Übernahme von Daueraufträgen
- Information von Lastschriftempfängern über neue Kontoverbindung
- Löschung/Änderung von Freistellungsaufträgen (jew. 1 P., max. 4 P.)

b
- Verfügung am Geldautomaten
- Ziehen von Kontoauszügen
- Nutzung von SB-Terminals
- Zahlung im ElectronicCash-Verfahren

- Zahlung im ELV-Verfahren (voraussichtlich bis 02/2016)
- Nutzung von chipbasierten Zahlungsformen (Geldkarte, GiroGo etc.) (jew. 1 P., max. 4 P.)

c
- Debit-Card: sofortige Belastung eines eigenen Kreditkartenkontos bei Verfügungen, in der Regel debitorische und kreditorische Kontoführung möglich
- Charge-Card: monatliche Abrechnung der Verfügungen und Einzug vom Girokonto, keine Belastung von Sollzinsen bis zur Abrechnung
- Credit-Card: monatliche Abrechnung der Verfügungen, Rückzahlung in Raten möglich (6 P.)

d
- Um den Umfang der Verfügungen mit der Kreditkarte zu begrenzen, wird ein monatlicher Verfügungsrahmen vorgegeben.
- Der Verfügungsrahmen ist abhängig von der Bonität des Kunden, die durch die Bankauskunft geprüft wird. (4 P.)

e
1 Tablet-PC: Die Electronic-Cash-Zahlung mit PIN beinhaltet eine Zahlungsgarantie für den Händler und kann nicht rückgängig gemacht werden. Bei Gewährleistungsfragen muss der Kunde den Händler kontaktieren.

2 Bohrmaschine: Die ELV-Zahlung mit Legitimation per Unterschrift löst eine Lastschriftabbuchung aus, gegen die Widerspruch möglich ist. Bei Rückgabe der Lastschrift ermächtigt der Zahlungspflichtige seine Bank zur Weitergabe seiner Adressdaten an den Händler. (4 P.)

f
- Unverzügliche Verlustmeldung beim KI/zentralen Sperrannahmedienst
- Bei Diebstahl: Anzeige bei Polizei (2 P.)

g
1 Rückgabe der Lastschrift wegen Widerspruchs, der Händler trägt den Schaden.

2 Falls keine grobe Fahrlässigkeit vorliegt, ist die Haftung des Kunden grundsätzlich bis zur Verlustmeldung auf 150,00 EUR beschränkt.

3 Nach der Verlustmeldung haftet der Kunde nicht. (6 P.)

2 Geld- und Vermögensanlagen

12. Fall (35 Punkte)

a Versorgungslücke:

- Differenz zwischen dem finanziellen Bedarf und dem tatsächlichen Einkommen im Rentenalter.
- Die Versorgungslücke steigt durch sinkende Leistungen aus gesetzlicher und betrieblicher Altersvorsorge, die Notwendigkeit zur privaten Altersvorsorge nimmt zu.

Leistung aus der gesetzlichen Rentenversicherung:

- Arbeitnehmer erhalten zurzeit maximal 67 % des durchschnittlichen Nettogehalts. Dieser Wert wird aber nur in Ausnahmefällen erreicht, z. B. bei 45 Jahren Beitragsdauer und einem Gehalt, das nicht über der Beitragsbemessungsgrenze lag.
- Die tatsächliche Rente für die meisten Arbeitnehmer liegt unter 60 % des letzten Nettogehalts. (5 P.)

b Begründung der Eignung:

- Die Kunden haben bereits eine Basisversorgung bzw. Altersvorsorge aus der 1. Schicht.
- Als Zusatzversorgung kommt ein staatlich gefördertes Anlageprodukt infrage, das speziell der Altersvorsorge dient (2. Schicht).

Zugehörigkeit zum geförderten Personenkreis:

- Herr Naumann ist als Angestellter zulagenberechtigt.
- Frau Naumann erwirbt durch die Förderung ihres Ehemanns einen abgeleiteten Zulagenanspruch und kann einen eigenen Altersvorsorgevertrag abschließen. (4 P.)

c
- Banksparplan
- Rentenversicherung
- Investmentsparvertrag
- Eigenheimrente („Wohn-Riester") (je 1 P., max. 3.P.)

d
- Die Auszahlung muss als lebenslange Rente erfolgen; max. 30 % kann sich der Anleger jedoch einmalig bei Rentenbeginn auszahlen lassen.
- Es muss eine Kapitalgarantie gewährt werden, d. h., das eingezahlte Kapital (Eigenbeiträge + Zulagen) muss erhalten bleiben.
- Eine Auszahlung ist erst ab dem Erreichen des 62. Lebensjahres möglich.
- Die Kosten für Abschluss und Vertrieb des Vertrages sind auf fünf Jahre zu verteilen. (je 2 P., max. 6 P.)

e Gesamtbeitrag: 4 % von 55.000,00 = 2.200,00   max.   2.100,00 EUR   (1 P.)

– Zulagen: 2 · 154,00 + 185,00 + 300,00   =   – 793,00 EUR   (1 P.)

gesamter Eigenbeitrag des Ehemanns   =   1.307,00 EUR   (1 P.)

Eigenbeitrag der Ehefrau: Sockelbeitrag   60,00 EUR   (1 P.)

Hinweis: Ab dem Jahr 2012 muss ein unmittelbar zulagenberechtigter Ehepartner immer den Sockelbeitrag einzahlen. Der Sockelbeitrag erhöht dann den als Altersvorsorgebeitrag steuerlich abzugsfähigen Betrag auf 2.160,00 EUR.

	Grundzulage	Kinderzulage	Eigenbeitrag	Gesamtbeitrag
Ehefrau	154,00 EUR	185,00 EUR + 300,00 EUR	60,00 EUR (Sockelbeitrag)	699,00 EUR
Ehemann	154,00 EUR	–	1.307,00 EUR	1.461,00 EUR
Summe	308,00 EUR	485,00 EUR	1.367,00 EUR	2.160,00 EUR

(4 P.)

f
- Allgemeines Marktrisiko: Das unternehmensspezifische Risiko von Aktien kann durch die Diversifikation in Investmentfonds reduziert werden. Das allgemeine Risiko für die Entwicklung des gesamten Aktienmarkts bleibt jedoch bestehen.
- Managementrisiko: Die Anlageentscheidungen für die Aufteilung des Fondsvermögens trifft ein Fondsmanager, hier besteht das Risiko von Fehlentscheidungen bei der Auswahl der Aktien.
- Liquiditätsrisiko: Fondsgesellschaften können in Ausnahmefällen die Rücknahme von Fondsanteilen einschränken oder aussetzen.
- Risiken durch Anlageschwerpunkte: Mit der Konzentration z. B. auf bestimmte Branchen oder Regionen bei der Anlage steigt die Ertragschance des Fonds, durch die Spezialisierung nimmt aber auch das Risiko zu.

(je 2 P., max. 6 P.)

g
- jährlicher Antrag beim Anbieter (Weiterleitung an Zulagenstelle für Altersvermögen)
- Dauerzulagenantrag

(2 P.)

h Ansparphase:
- Die Einzahlungen und Erträge bleiben steuerfrei.
- Günstigerprüfung: Eigenbeitrag und Zulagen sind als Sonderausgaben steuerlich absetzbar (max. 2.100,00 EUR + 60,00 EUR Sockelbeitrag). Ist die Steuerersparnis durch den Abzug der Sonderausgaben höher als die Summe der im Jahr gewährten Zulagen, erhält der Anleger eine Erstattung in Höhe der Differenz.

Rentenphase: Die Renten sind in voller Höhe steuerpflichtig.

(3 P.)

13. Fall (37 Punkte)

a 1. Schicht (Basisversorgung):
- Gesetzliche Rentenversicherung (bzw. berufsständische Versorgung)
- Private Basisrente (Rürup-Rente)

2. Schicht (Zusatzversorgung):
- Betriebliche Altersvorsorge
- Staatlich geförderte Zusatzversorgung (Riester-Rente)

3. Schicht (Kapitalanlageprodukte):
- Sonstige Anlageprodukte, z. B. Fondssparpläne, Renten- und Kapitallebensversicherungen, Sparpläne usw.

(6 P.)

b ⌐1¬ Auszahlung im Rentenalter (4 P.):
- Kapitallebensversicherung: Bei Erreichen des Endalters wird die Ablaufleistung, bestehend aus der Versicherungssumme und einer Überschussbeteiligung, in einer Summe ausgezahlt.
- Rentenversicherung: Bei Erreichen des Renteneintrittsalters wird die Garantierente zzgl. Überschussbeteiligung als lebenslange Rente oder als Zeitrente ausgezahlt.

⌐2¬ Auszahlung bei Tod vor dem 65. Lebensjahr (3 P.):
- Kapitallebensversicherung: Hinterbliebenenversorgung durch Auszahlung der Versicherungssumme an eine bezugsberechtigte Person.
- Rentenversicherung: Das Kapital verfällt. (Als Zusatzvereinbarung ist ein Hinterbliebenenschutz vor und/oder nach Rentenbeginn häufig möglich).

(7 P.)

c
- Beiträge zu den Rentenversicherungen der 1. Schicht werden schrittweise steigend als Sonderausgaben anerkannt. Der abzugsfähige Anteil steigt jährlich um zwei Prozentpunkte (von 60 % in 2005 auf 100 % in 2025), der Maximalbetrag liegt bei 20.000,00 EUR.
- Renten werden sukzessive besteuert, der steuerpflichtige Anteil steigt zuerst um zwei, später um einen Prozentpunkt pro Jahr an (von 50 % in 2005 auf 100 % in 2040). Der einmalig bei Rentenbeginn festgelegte steuerpflichtige Anteil gilt lebenslang.

(6 P.)

d
- Keine Übertragung, Vererbung oder Beleihung.
- Auszahlung als lebenslange Rente (Leibrente).
- Monatliche Rentenzahlung frühestens ab dem 60. Lebensjahr.

(3 P.)

e		max. Aufwendungen zur Basisversorgung	22.767,00 EUR	
	–	Arbeitnehmerbeitrag zur GRV (Beitragsbemessungsgrenze: 74.400,00 EUR)	74.400,00 · 9,35 % = 6.956,40 EUR	
	–	Arbeitgeberbeitrag zur GRV	74.400,00 · 9,35 % = 6.956,40 EUR	
	=	Jährliche Einzahlung in Rürup-Rente	8.854,20 EUR	
	–>	Monatliche Einzahlung	737,85 EUR	(4 P.)

f		Arbeitnehmerbeitrag zur gesetzlichen Rentenversicherung	6.956,40 EUR	
	+	Arbeitgeberbeitrag zur gesetzlichen Rentenversicherung	6.956,40 EUR	
	+	weitere Beiträge zur Basisversorgung	8.854,20 EUR	
	=	gesamte Aufwendungen zur Basisversorgung	22.767,00 EUR	
		davon abzugsfähiger Anteil 82 %	18.668,94 EUR	
	–	steuerfreier Arbeitgeberanteil zur gesetzlichen Rentenversicherung	6.956,40 EUR	
	=	steuerlich absetzbare Altersvorsorgeaufwendungen	11.712,54 EUR	(4 P.)

g
- Die geleisteten Beiträge zur Rürup-Rente sind zu 82 % steuerlich abzugsfähig.
- Falls Frau Kleinschmidt sich nicht zum Abschluss des Vertrags entschließt, wird die zur Einzahlung empfohlene Summe mit dem Grenzsteuersatz von 42 % versteuert.
- Steuerersparnis: 8.854,20 · 82 % · 42 % = 3.049,39 EUR (3 P.)

h
- Sonderausgabenabzug: max. 2.100,00
- Steuerersparnis: 2.100,00 · 42 % = 882,00 EUR
- Davon werden 154,00 EUR als Grundzulage ausgezahlt, der Rest wird mit der Einkommensteuerschuld verrechnet oder erstattet.
- Empfehlung: Der in g ermittelte mögliche Sonderausgabenabzug ist bei der Rürup-Rente deutlich höher. (4 P.)

14. Fall (35 Punkte)

a Die FERROSTAHL AG benötigt langfristig zur Verfügung stehende Mittel, um die kurzfristigen Verbindlichkeiten abzulösen. Durch die Anleihe mit sechs Jahren Laufzeit erlangt die Emittentin Zinssicherheit. Die Finanzierungskosten werden dadurch kalkulierbar. Bei kurzfristigen Verbindlichkeiten ist es ungewiss, zu welchem Zinssatz Prolongationen möglich sind. (4 P.)

b ba 745.500.000,00 EUR   750.000.000 · 99,40/100 (2 P.)

bb 4,38 % p. a.

Ermittlung des Rückzahlungsgewinnes: 100 % – 99,4 % = 0,6 % in 6 Jahren, pro Jahr 0,1 %

$$\text{Emissionsrendite} = \frac{4,25 + 0,1}{99,4} \cdot 100 = 4,38 \%$$ (4 P.)

c Der Ausdruck einer Globalurkunde ist gegenüber der Herstellung effektiver Stücke kostengünstiger. Der Hauptvorteil liegt jedoch in der einfacheren Verwaltung der Emission an den Kuponterminen, bei der Rückzahlung und bei der Eigentumsverschaffung. (4 P.)

d Je nach Liquiditätslage kann die Emittentin sich durch Rückkauf der eigenen Anleihe von den Zinszahlungen befreien. Das ist lohnend, wenn das Kapitalmarktzinsniveau gesunken ist. (2 P.)

ea Die Anleihe ist durch erststellige Gesamtgrundschulden am Grundbesitz der FERROSTAHL AG gesichert. Das bedeutet, das den Anleihegläubigern ein Verwertungsrecht an mehreren Grundstücken der FERROSTAHL AG zusteht, wenn die Emittentin mit ihren Zahlungen in Verzug kommt. Jedes belastete Grundstück haftet bis zur Höhe von 750 Mio. EUR. Die Westbank tritt als Vertreterin der Anleihegläubiger auf und nimmt in deren Namen die notwendigen Handlungen vor, falls die Zwangsverwertung erforderlich werden sollte. Bei ordnungsgemäßer Abwicklung der Anleihe erteilt die Westbank die Löschungsbewilligung der Gesamtgrundschulden. (6 P.)

eb Die Anleihe ist mit einem festen Zinssatz ausgestattet. Wenn das allgemeine Kapitalmarktzinsniveau steigt, kann der Käufer der FERROSTAHL-Anleihe daran nicht teilhaben. Da die Anleihe zinsmäßig unattraktiv geworden ist, wird der Kurs sinken. (3 P.)

ec Die Anleihe lautet auf einen Nominalbetrag, der zu 100 % zurückgezahlt werden wird. Die Kaufkraft des heute eingesetzten Kapitals kann durch allgemeine Preissteigerungen bis zur Rückzahlung gefallen sein. (3 P.)

ed Die Kuponzinsen stellen Einkünfte aus Kapitalvermögen dar und müssen in der jährlichen Einkommensteuererklärung angegeben werden. (2 P.)

ee Der Kunde erwirbt das Eigentum durch Depotgutschrift. (2 P.)

f Die höhere Verzinsung erklärt sich durch das höhere Risiko, das in einer Industrieschuldverschreibung gegenüber einem Pfandbrief liegt. Das Emittentenrisiko ist bei einer Hypothekenbank wie der Realboden AG, die den strengen gesetzlichen Regelungen sowie der Kontrolle durch die Bundesanstalt für Finanzdienstleistungsaufsicht (BaFin) unterworfen ist, sehr gering im Gegensatz zu einem Industrieunternehmen. Es bleibt auch ungewiss, ob die Verwertung der industriell genutzten Grundstücke im Ernstfall den benötigten Betrag ergibt. (3 P.)

15. Fall (28 Punkte)

a Die Pfandbriefe gelten als eine besonders sichere Kapitalanlage, da der Gesamtbetrag der umlaufenden Pfandbriefe in Höhe des Nennwertes jederzeit durch Werte von wenigstens gleicher Höhe und gleichem Zinsertrag gedeckt sein muss.
Im Falle der Insolvenz des Emittenten hat der Pfandbriefgläubiger ein Vorrecht an den eingetragenen Deckungswerten. Als Deckungswerte kommen hauptsächlich Grundpfandrechte infrage, die nicht mehr als 60 % des Grundstücksbeleihungswertes ausmachen. (8 P.)

b Der Emissionskurs wird hier genutzt, um die Effektivverzinsung der Anlage zu beeinflussen. Sie liegt unter der Nominalverzinsung, da der Käufer 100,25 EUR Kapital einsetzen muss, aber Zinsen nur auf 100,00 EUR erhält. Außerdem hat er einen Rückzahlungsverlust von 0,25 % in 10 Jahren hinzunehmen. Die anfängliche Effektivverzinsung der Anlage entspricht mit 4,713 % p. a. in etwa dem derzeitigen Kapitalmarktzinsniveau.

Ermittlung des Rückzahlungsverlustes: 100,25 − 100 = 0,25 in 10 Jahren, pro Jahr 0,025

$$\text{Effektivverzinsung} = \frac{4{,}75 - 0{,}025}{100{,}25} \cdot 100 = 4{,}713\,\%$$

(8 P.)

c Dem Käufer werden Zinsen bis zum Beginn des Zinslaufs vergütet. Seine Kaufabrechnung ermäßigt sich entsprechend um „Minusstückzinsen" (Defektivzinsen). (3 P.)

d Kurswert 50.000 · 100,25 %   50.125,00 EUR

abzüglich Stückzinsen für 9 Tage   58,56 EUR

03.04. inkl. − 11.04.

Belastung per 03.04.2016   50.066,44 EUR

(3 P.)

e Die Emittentin wird von ihrem Kündigungsrecht Gebrauch machen, wenn das Kapitalmarktzinsniveau deutlich unter 4,75 % p. a. sinkt. In diesem Fall würde sie den Anlegern einen zu hohen Nominalzins gewähren. (3 P.)

f Donnerstag, 08.04.2018 (3 P.)

16. Fall (35 Punkte)

a Frau Hahn hat Anspruch auf Arbeitnehmersparzulage, da sie

- Arbeitnehmerin ist und
- ihr zu versteuerndes Einkommen unter der Einkommensgrenze liegt (17.900,00 EUR für Bausparen bzw. 20.000,00 EUR für Beteiligungssparen).

(2 P.)

b

	maximal geförderte Einzahlung p. M.	Arbeitnehmersparzulage p. a.
Bausparen	470,00/12 = 39,17 EUR	9 %
Beteiligungssparen	400,00/12 = 33,33 EUR	20 %

(4 P.)

Geld- und Vermögensanlagen – Lösungen

c
- Die Kundin erhält eine Bescheinigung über die eingezahlten vermögenswirksamen Leistungen.
- Mit der Bescheinigung wird die Arbeitnehmersparzulage im Rahmen der Steuererklärung beim Finanzamt beantragt. (3 P.)

d Eigene Sparbeiträge müssen als vermögenswirksame Leistungen gekennzeichnet vom Arbeitgeber direkt auf das Anlagekonto überwiesen werden. (2 P.)

e Frau Hahn hat weiterhin Anspruch auf Förderung nach dem Wohnungsbauprämiengesetz:
- das zu versteuerndes Einkommen liegt unter 25.600,00 EUR p. a.
- der maximal geförderte Betrag liegt bei 512,00 EUR
- die Wohnungsbauprämie beträgt 8,8 % p. a. (4 P.)

f   Arbeitnehmersparzulage: 470 · 9/100 = 42,3 → 43,00 EUR (auf volle EUR aufgerundet)
    Wohnungsbauprämie: 512 · 8,8/100 = 45,06 EUR
    Summe: **88,06 EUR** (3 P.)

g
- Sparphase: Zahlung von (Regel-) Sparbeiträgen, bis die Voraussetzungen zur Zuteilung erreicht sind.
- Zuteilungsphase: Auszahlung der gesamten Bausparsumme, die sich aus den angesparten Eigenmitteln und dem Darlehen zusammensetzt.
- Tilgungsphase: Tilgung des Darlehens mit einem festgelegten Tilgungsbeitrag. (6 P.)

h Vorteile (drei Nennungen):
- Niedriger Darlehenszins
- Besicherung des Darlehens durch nachrangige Grundschuld
- Sondertilgungen für das Darlehen jederzeit möglich
- Sichere Kalkulationsgrundlage, da Zinsfestlegung bei Vertragsabschluss erfolgt (3 P.)

i Mögliche Kosten beim Bausparvertrag (zwei Nennungen):
- Abschlussgebühr
- Darlehensgebühr bei Inanspruchnahme des Kredits
- Jährliche Kontoführungsgebühr (2 P.)

j Bausparsumme:
- Monatliche Einzahlung: (470,00 EUR + 512,00 EUR)/12 = 81,83 EUR
- Bausparsumme: 81,83 EUR · 1.000/5 = 16.366,00 EUR → **17.000,00 EUR** (3 P.)

k Voraussetzungen zur Zuteilung:
- Einhaltung einer Mindestansparduer
- Erreichen einer Mindestbewertungszahl
- Wohnwirtschaftliche Verwendung des Darlehens (3 P.)
- Kreditwürdigkeit des Darlehensnehmers
- Grundpfandrechtliche Besicherung des Darlehens

17. Fall (33 Punkte)

a
- Hinterbliebenenversorgung: Herr Schleicher möchte als Alleinverdiener für den Fall seines Todes die Darlehenstilgung und die Versorgung seine Familie sicherstellen. Im Todesfall wird aus der Lebensversicherung eine festgelegte Summe an einen Bezugsberechtigten gezahlt.
- Altersvorsorge: Bei Erreichen eines festgelegten Endalters wird eine Versicherungsleistung an Herrn Schleicher ausgezahlt. Herr Schleicher verfügt bereits über eine Altersvorsorge der 1. und 2. Schicht und möchte die Kapitallebensversicherung als zusätzliche Vorsorge nutzen. (6 P.)

b
- Kostenanteil: Kapital zur Deckung der Kosten der Versicherungsgesellschaft und des Vertriebs.
- Risikoanteil: Kapital zur Auszahlung von Todesfallleistungen, falls Mitglieder der Versichertengemeinschaft vor Erreichen des Endalters versterben.
- Sparanteil: Kapital, das im Deckungsstock verzinslich angelegt und im Erlebensfall ausgezahlt wird. (6 P.)

c Berufsunfähigkeits-Zusatzversicherung: Im Fall von Berufsunfähigkeit entsteht eine Versorgungslücke in Höhe der Differenz zwischen dem vorherigen Nettogehalt und der Erwerbsminderungsrente aus der gesetzlichen Rentenversicherung. Die Berufsunfähigkeits-Zusatzversicherung leistet eine monatliche Rente und zahlt in der Regel die Beiträge der Kapitallebensversicherung. (3 P.)

d
- Versicherungssumme: Summe der Sparbeiträge, die mit dem Höchstrechnungszins („Garantiezins") von zurzeit 1,25 % verzinst wird und bei Erreichen des Endalters mindestens an den Versicherungsnehmer ausgezahlt wird.
- Todesfallsumme: Vereinbarter Betrag, der bei Tod der versicherten Person an den Bezugsberechtigten ausgezahlt wird.
- Ablaufleistung: Tatsächliche Auszahlung im Erlebensfall, bestehend aus der Versicherungssumme und der Überschussbeteiligung (eingesparte Kosten oder Mehrertrag bei der Geldanlage), der berechnete Betrag stellt eine Prognose dar. (6 P.)

e Der Versicherungsbeitrag ist abhängig vom Sterblichkeitsrisiko des Kunden. Um dieses individuell einschätzen zu können, führt die Versicherungsgesellschaft eine Risiko- und Gesundheitsprüfung u. Ä. mithilfe eines Fragebogens durch. (2 P.)

f
- Durch eine Dynamikklausel erhöht sich der Versicherungsbeitrag regelmäßig um den vereinbarten Prozentsatz. (2 P.)
- Beitrag im 3. Jahr:

  2. Jahr: 120 · 105/100 = 126,00 EUR

  3. Jahr: 126 · 105/100 = **132,30 EUR** (2 P.)

g Die Erträge der Lebensversicherung, bestehend aus der Differenz zwischen Ablaufleistung und eingezahlten Beiträgen, sind nur zur Hälfte steuerpflichtig, da Herr Schleicher die folgenden Bedingungen erfüllt:
- Vertragslaufzeit länger als 12 Jahre
- Auszahlung nach Erreichen des 62. Lebensjahrs
- Todesfallschutz größer als 50 % der Beitragssumme (3 P.)

h Bei Kündigung wird der Rückkaufswert ausgezahlt, der aus den Sparbeiträgen und Zinsen abzüglich der Kosten besteht. Aufgrund hoher Abschlusskosten kann der Rückkaufswert in den ersten Laufzeitjahren sehr gering ausfallen. (3 P.)

18. Fall (32 Punkte)

a Die Anzeige gibt den Zinssatz für die nächste Zinsperiode des zinsvariablen öffentlichen Pfandbriefes der Westfalen HYPOBANK AG bekannt. Der Zinssatz wird vier Mal im Jahr neu festgelegt. Der Festlegungstag liegt zwei Bankarbeitstage vor dem Beginn der nächsten Zinsperiode. (4 P.)

ba Der EURIBOR ist ein Durchschnittszinssatz, der aus den Angebotszinssätzen für kurzfristige Interbankkredite gebildet wird. Der EURIBOR wird errechnet aus den Angaben von ca. 50 am Geldmarkt operierenden Kreditinstituten. Er ist gestaffelt nach Laufzeiten von einem bis 12 Monate. Im vorliegenden Beispiel wird der EURIBOR für 3-Monats-Gelder angesprochen. (4 P.)

bb Der Spread ist ein Prozentsatz, der auf den Referenzzinssatz auf- oder abgeschlagen wird. Beim Öffentlichen Pfandbrief der Westfalen HYPOBANK AG wird ein Spread von 0,025 Prozentpunkten auf den 3-Monats-EURIBOR aufgeschlagen. (2 P.)

c Erwartung steigender Zinsen (2 P.)

d Der Kurs wird innerhalb einer Zinsperiode geringfügig um 100 % herum schwanken. Mit größeren Kursausschlägen ist nicht zu rechnen, da an den Zinsterminen der Zinssatz immer wieder an das aktuelle Geldmarktzinsniveau angepasst wird. (4 P.)

e Zinsänderungsrisiko

Der Zinsertrag der zinsvariablen Anleihe ist an die nicht vorsehbare Entwicklung des Geldmarktzinssatzes (EURIBOR) gekoppelt.

Geld- und Vermögensanlagen – Lösungen

Emittentenrisiko

Das Risiko der ordnungsgemäßen Bedienung der Anleihe (Zinszahlung und Tilgung) ist hier als gering einzustufen, da es sich um öffentliche Pfandbriefe handelt. Bei Insolvenz der Emittentin haben die Anleger ein Insolvenzvorrecht an den im Deckungsregister eingetragenen Deckungswerten.

Inflationsrisiko

Das Risiko besteht, da die Anleihe zu ihrem Nominalwert zurückgezahlt wird. Aufgrund von Preissteigerungen während der Laufzeit kann ein Kaufkraftverlust eintreten. (6 P.)

f 296,57 EUR

   50.000 · 92 · 2,321/36.000   (Eurozinsmethode, da es sich um einen „Floater" handelt.) (2 P.)

g ga 1. Zinstag   15.02. (Mi)

   gb letzter Zinstag   14.05. (So)

   gc Zinsfestsetzungstag   13.02. (Mo) (3 P.)

h 2,47501 %   2,45001 + 0,025 (2 P.)

i Kurswert 24.000 · 100,25/100   24.060,00 EUR

   Stückzinsen vom 15.02. – 23.04. (68 Tage)   + 112,20 EUR

   zu 2,47501 %
   _____
   ausmachender Betrag   24.172,20 EUR

   Provision 0,5 % vom Kurswert   – 120,30 EUR
   _____
   Gutschrift am 24.04.   24.051,90 EUR (3 P.)

19. Fall (30 Punkte)

a Als Aktionär der INDUSTRIE AG steht Herrn Nebel ein gesetzliches Bezugsrecht auf junge Aktien zu. Die Übernahme der jungen Aktien durch ein Bankenkonsortium unter der Führung der Hansabank stellt keinen Ausschluss des Bezugsrechtes dar, da das Konsortium sich verpflichtet hat, die Aktien den Aktionären anzubieten. (5 P.)

b Die Kapitalerhöhung geschieht aus einem genehmigten Kapital heraus. Die Hauptversammlung hat das Recht, den Vorstand zu ermächtigen, in den nächsten 5 Jahren das Grundkapital zu erhöhen. Der HV-Beschluss hierüber muss demnach keineswegs erst in diesem Jahr gefasst worden sein, er könnte längstens fünf Jahre alt sein. (5 P.)

ca 4:1   75.600.000 : 18.900.000 = 4 : 1 (2 P.)

cb 9,12 EUR $\dfrac{95,40 - 48 - 1,80}{\frac{4}{1} + 1} = \underline{9,12}$ (2 P.)

d Der Kurs am 5. Nov. 20.. wird ohne das selbstständig handelbare Bezugsrecht notiert. Dadurch muss der Kurs um den Wert des Bezugsrechtes reduziert werden. Auf den aus technischen Gründen herabgesetzten Kurs wirken die Kräfte des Marktes. Wenn die Kapitalerhöhung vom Markt positiv aufgenommen wird, kommt es zu einer Kurserhöhung der Aktie. Dies ist hier der Fall. Der Börsenkurs liegt mit 0,92 EUR über seinem rechnerischen Wert nach Bezugsrechtsabschlag. (5 P.)

e Die jungen Aktien haben laut Bezugsangebot keinen Anspruch auf die Dividende des laufenden Geschäftsjahres. Deshalb müssen die jungen Aktien von den alten Aktien getrennt geführt werden. Die ISIN DE0005128812/ Wertpapierkennnummer 512 881 für die jungen Aktien wird bis zur Hauptversammlung im nächsten Jahr verwendet. Ab dann erfolgt die Gleichbehandlung der alten mit den jungen Aktien. (4 P.)

f Er kann 878 junge Aktien beziehen.

   Aufgrund seines Aktienbesitzes hat Herr Nebel 8.000 Bezugsrechte, die, zu 9,40 EUR bewertet, einen Marktwert von 8.000 · 9,40 = 75.200,00 EUR haben.
   Beim Bezugsverhältnis von 4:1 muss er für den Erwerb einer jungen Aktie aufwenden:
   Vier Bezugsrechte zu 9,40 EUR   37,60 EUR
   Vorzugskurs der jungen Aktie   48,00 EUR
                                           _____
                                           85,60 EUR

Er kann mit dem wirtschaftlichen Wert seiner Bezugsrechte 878 junge Aktien erwerben (75.200 : 85,60 = 878,50). Dazu muss er 3.512 Bezugsrechte (878 · 4) nutzen und 42.144,00 EUR (878 · 48,00) einsetzen. Diese finanziert er aus dem Verkauf der nicht benötigten 4.488 Bezugsrechte (8.000 – 3.512). Damit ergibt sich für ihn folgende Endabrechnung (ohne Nebenkosten):

Verkauf 4.488 Bezugsrechte zu 9,40	42.187,20 EUR
Kauf von 878 jungen Aktien zu 48,00	42.144,00 EUR
Überschuss (Gutschrift aus der Transaktion)	43,20 EUR

(5 P.)

g Am letzten Tag gehandelte Bezugsrechte werden usancegemäß erst 2 Börsenarbeitstage nach dem Handelstag geliefert. Da das Wochenende zwischen letztem Handelstag und Ende der Bezugsfrist liegt, ergeben sich vier Kalendertage. (2 P.)

20. Fall (30 Punkte)

a • Mit einer Kapitalerhöhung verschafft sich die AG Eigenkapital, das in Form liquider Mittel bereitgestellt wird.

• Der Aktionär hat ein gesetzliches Bezugsrecht auf die jungen Aktien. Die Nutzung des Bezugsrechtes gibt ihm die Möglichkeit, seinen Anteil an der AG aufrechtzuerhalten. (4 P.)

b • 7 : 2   63 Mio. EUR : 18 Mio. EUR

• 0,64 EUR $\dfrac{0{,}96 \cdot 8}{12}$

• 13,19 EUR $\dfrac{180 - 120 - 0{,}64}{4{,}5}$

• 166,81 EUR   180,00 – 13,19   (8 P.)

c Die alten und die jungen Aktien verbriefen bis zum Hauptversammlungstermin im Hinblick auf die Dividende unterschiedliche Rechte. Die jungen Aktien berechtigen lediglich zum Bezug von 4/12 der Dividende des laufenden Geschäftsjahres. Daher erfolgt bis zum HV-Termin des kommenden Geschäftsjahres eine getrennte Börsennotiz der jungen Aktien. Die Börsenkurse entwickeln sich vermutlich parallel mit einem Abstand um den zu erwartenden Dividendennachteil. Für die jungen Aktien gibt es vorübergehend eine eigene Werpapierkennnummer. (4 P.)

d Aktiva: liquide Mittel   432,00 Mio. EUR
  Passiva: gezeichnetes Kapital   18,00 Mio. EUR
            Kapitalrücklagen   414,00 Mio. EUR   (2 P.)

e

Unionbank AG

Depotnummer	98764712	Bezugsrechte	5.400
Depotinhaber	Ferdinand Feldgen	Bezugsverhältnis	7 : 2
Wertpapier	VENTURA AG	Bezugspreis	120,00 EUR
Kenn-Nummer	581 900	Zahlbar am	24.08.20..
Stück	5.400	Bezugsrechtshandel von/bis	09.08. – 20.08.20..
		Wert eines Bezugsrechtes ca.	13,19 EUR

Gemäß obiger Depotinformationen ergeben sich für Sie folgende Weisungsmöglichkeiten:

Zu regulierende Bezugsrechte	Stück	Kurswert ca. in EUR	Bezug neuer Aktien Stück	Gesamtaufwendungen ca., in EUR	Gesamterlöse ca., in EUR
Verkauf	3	39,57	1.542	185.000,43	
Kauf	4	52,76	1.544	185.332,76	
Verkauf	3.902	51.467,38	ohne Einschuss neuer Barmittel 428		107,38
Verkauf	5.400	71.226,00			71.226,00

f Falls die Depotbank bis zum vorletzten Tag des Bezugsrechtshandels keine Kundenweisung erhält, verkauft sie gemäß Sonderbedingungen für Wertpapiergeschäfte die 5.400 Bezugsrechte am letzten Tag des Börsenhandels bestens. Der Kurs pro Bezugsrecht ergibt sich durch Angebot und Nachfrage. Er kann deutlich vom rechnerischen Wert bei Aufnahme des Bezugsrechtshandels abweichen. (2 P.)

21. Fall (30 Punkte)

a Durch eine Kapitalerhöhung aus Gesellschaftsmitteln kommt es aus technischen Gründen zu einer Ermäßigung des Aktienkurses bei gleichzeitiger Erhöhung der Anzahl der Aktien. Dadurch wird die Aktie „leichter" und verkehrsfähiger.

Oder:

Mit der Erhöhung des Grundkapitals wird die Dividendenbasis verbreitert. Falls der gewohnte Dividendensatz beibehalten wird, steigt für den Altaktionär die Ausschüttung, da er auf eine größere Aktienanzahl die Dividende erhält. (4 P.)

b Die Berichtigungsaktien sind in Grundkapital umgewandelte Rücklagen, die aus den Gewinnen der Vergangenheit gebildet wurden. Diese finanziellen Mittel stehen somit bereits zu Jahresbeginn der Unternehmung zur Verfügung. (4 P.)

c Der Begriff „Gratisaktien" wird häufig verwendet, da diese Aktien keinen Emissionspreis haben. Berichtigungsaktien stellen jedoch keineswegs eine Schenkung dar. Der Aktionär erhält nur, was ihm ohnehin zusteht, da er auch an den Rücklagen beteiligt ist. (3 P.)

d Herr Lang nimmt proportional zu seinem bisherigen Altbesitz an der Kapitalerhöhung aus Gesellschaftsmitteln teil. Ihm stehen in einem Berichtigungsverhältnis von 5:2 Berichtigungsaktien zu, wobei zu beachten ist, dass gemäß Bezugsaufforderung die Berichtigungsaktien nur im Berichtigungsverhältnis oder einem Vielfachen hiervon bezogen werden können. Bei 5.221 Aktien erhält er 2.088 Berichtigungsaktien zugeteilt. Auf jede alte Aktie entfallen $\frac{2}{5}$ = 0,400 Berichtigungsaktien, somit verkörpert der Dividendenschein Nr. 9 0,400 Teilrecht auf eine Berichtigungsaktie. Knut Lang behält bei einem Besitz von 5.221 Aktien nach Entgegennahme der 2.088 Berichtigungsaktien 0,400 Teilrecht übrig, über das er disponieren sollte.

Der letzte Kurs der Aktie war vor der Kapitalerhöhung 294,00 EUR. Für einen Aktionär, der fünf Aktien besitzt, bedeutet dies, dass sein Aktienpaket einen Wert von 1.470,00 EUR hatte.

Nach der Kapitalerhöhung hat er 7 Aktien, die ebenfalls 1.470,00 EUR Wert sind, was einem Kurs von 210,00 (1.470/7) entspricht. Der Kursverlust der alten Aktien von 420,00 EUR (5 · 84,00 EUR) wird ausgeglichen durch die beiden Berichtigungsaktien, die ohne Zuzahlung ebenfalls einen Wert von 420,00 EUR (2 · 210,00 EUR) haben. Auf diese theoretischen Werte wirken die Kräfte des Marktes ein, sodass es zu Abweichungen von den rechnerischen Werten kommen kann. Daher lautet die Notierung ex BA nicht 210,00 sondern 215,00 EUR. Da der Aktienkurs unter Berücksichtigung der Kapitalmaßnahmen somit gestiegen ist, hat Herr Lang sogar einen Kursgewinn erzielt. (10 P.)

Man kann die rechnerische Notierung ex BA auch über die Bezugsrechtsformel ermitteln, wobei der „Preis" der Berichtigungsaktie mit 0,00 EUR anzusetzen ist.

$$\frac{294-0}{\frac{5}{2}+1} = 84,00$$

294 − 84 = 210,00 EUR ex BA

e ea Er hat nichts zu tun, seine Depotbank wird die ihm zustehenden Aktien automatisch ohne besondere Weisung in das Depot buchen. (2 P.)

   eb Er muss 0,400 Teilrecht verkaufen. Hierüber hat er eine Verkaufsorder zu erteilen. (2 P.)

f 63,00 EUR
   220,00 · 0,400 = 88,00 abzüglich Transaktionskosten von 25,00 EUR (3 P.)

g 7.309   5.221 + 2.088 (2 P.)

22. Fall (33 Punkte)

a ☐1 Beratungsprotokoll nach § 34 (2a) WpHG

   • Über die Beratung muss ein schriftliches Protokoll angefertigt werden, das vom Berater unterschrieben und vor Vertragsabschluss an den Kunden ausgehändigt werden muss.

- Protokolliert werden z. B. Dauer des Gesprächs, Beratungsanlass/-anliegen, Anlageziele und -Erfahrungen, Anlageempfehlungen mit Begründung

  2 Erfassungsbogen nach § 31 WpHG

  - Abfrage von Kenntnissen und Erfahrungen im Wertpapierbereich, Anlagezielen und finanziellen Verhältnissen (4 P.)

b Investmentfonds sind von Kapitalverwaltungsgesellschaften (KVG) verwaltete Sondervermögen, die mit einer bestimmten Anlagestrategie und nach dem Grundsatz der Risikostreuung investiert werden. Rechte des Anlegers: (2 P.)

- Miteigentum nach Bruchteilen am Sondervermögen
- Anspruch auf Rückgabe der Anteile gegen Auszahlung aus dem Sondervermögen
- Beteiligung am Ertrag des Fonds durch Ausschüttung oder Wiederanlage (Thesaurierung)
- Anspruch auf eine ordnungsgemäße Verwaltung des Sondervermögens durch die KVG und die Verwahrstelle (3 P.)
- Information durch die KVG in (Halb-)Jahresberichten

c
- Nutzung von Ertragschancen auf dem Wertpapiermarkt
- Große Auswahl an Investmentfonds mit unterschiedlichen Anlagestrategien
- Risikostreuung durch Diversifizierung im Fondsvermögen
- Professionelle Anlagestrategie durch Fondsmanager (bei aktiv verwalteten Fonds)
- Verwaltung der Fonds in Sondervermögen (getrennt vom Vermögen der Kapitalanlagegesellschaft)
- Verwaltung der Effekten und Kontrolle der KVG durch eine Verwahrstelle
- Einmalanlage und regelmäßige Einzahlungen (Investmentsparen) möglich
- Geringer Kapitaleinsatz durch Möglichkeit des Kaufs von Bruchteilen
- Hohe Liquidität durch Möglichkeit der Rückgabe der Anteile an die KVG
- Transparente Kostenstruktur (3 P.)

d Typ A:

- Der Fonds hat einen Ausgabeaufschlag von 4 % (in der Regel als Vertriebsvergütung).
- Die Verwaltungsgebühr, mit der Kosten der KVG/Verwahrstelle sowie Bestandsprovisionen für den Vertrieb gedeckt werden, fällt dafür geringer aus.

Typ O:

- Der Fonds verfügt über keinen Ausgabeaufschlag („no-load"), dafür fällt die jährliche Verwaltungsgebühr höher aus.
- Fonds ohne Ausgabeaufschlag sind vorteilhaft bei kurzer Anlagedauer, da ein Aufschlag hier überproportional ins Gewicht fiele. (4 P.)

ea
- Beim thesaurierenden Fonds werden im Gegensatz zum ausschüttenden Fonds Erträge einbehalten und wieder angelegt.
- Auch bei Wiederanlage müssen die Erträge im Jahr des Anfallens versteuert werden. (2 P.)

eb
- Dachfonds investieren in andere Fonds und erzielen so eine sehr breite Streuung der Geldanlage.
- Ähnlich einer Vermögensverwaltung geben Dachfonds häufig mehrere standardisierte Risikoprofile zur Auswahl.
- Kosten sind in der Regel höher als bei Anlage in einzelnen Fonds, da Verwaltungsgebühren und unter Umständen Ausgabeaufschläge auch für Zielfonds gezahlt werden müssen. (3 P.)

f
- Zinsen aus Termingeld: 8.500 · 1,8 · 6/(100 · 12) = 76,50 EUR
- Gutschrift aus Termingeld: 8.576,50 EUR
- Anzahl Anteile: 8.576,50/57,94 = 148,02 → 148 Anteile (2 P.)

Zwischengewinn: 148 · 0,63 = 93,24 EUR

Zwischengewinne stellen beim Kauf von Fondsanteilen negative Kapitalerträge dar. Die Kundin hat im laufenden Jahr steuerlich relevante Zinserträge in Höhe von 76,50 EUR (nur Termingeld, der Zufluss aus den anderen Anlagen erfolgt später im Jahr) erzielt und damit den vorhandenen Freistellungsauftrag beansprucht. Durch den negativen Kapitalertrag lebt der Freistellungsauftrag im ersten Schritt bis zum Betrag von 801,00 EUR wieder auf, die restlichen 16,74 EUR werden in den allgemeinen Verlustverrechnungstopf eingestellt. (3 P.)

g KVGs führen Investmentkonten für Anleger, die in regel- oder unregelmäßigen Abständen Einzahlungen in gleicher oder wechselnder Höhe leisten möchten. Der Erwerb von Bruchteilen von Investmentanteilen ist dabei möglich. (3 P.)

h Regelmäßige Anlage eines festen Geldbetrags führt zu einem niedrigeren Durchschnittserwerbskurs (Cost-Average-Effekt): (4 P.)

Datum	Ausgabepreise in EUR	Erwerb von 3 Anteilen pro Monat	Anlage von 70,00 EUR pro Monat
01.07.20..	21,87	65,61 EUR	70/21,87 = 3,2007 Anteile
01.08.20..	25,51	76,53 EUR	2,7440 Anteile
01.09.20..	22,92	68,76 EUR	3,0541 Anteile
		210,90 EUR für 9 Anteile: 23,43 EUR Durchschnittserwerbskurs	8,9988 Anteile für 210,00 EUR: 23,34 EUR Durchschnittserwerbskurs

23. Fall (35 Punkte)

a Mit der Optionsanleihe ist ein Sonderrecht verbunden, das in den Optionsscheinen verbrieft ist. Diese können genutzt werden, um vier Inhaberaktien der PLUS AG zum Preis von je 140,00 EUR in der Zeit vom 2. Januar nächsten Jahres bis zum 10. November des Fälligkeitsjahres zu beziehen. (4 P.)

b 1,667 % p. a.

$$\text{Emissionsrendite} = \frac{6 + \frac{(100 - 120)}{5}}{120} \cdot 100 = 1{,}667 \text{ \% p. a.}$$

(3 P.)

c Da die Emissionsrendite wegen des hohen Ausgabekurses deutlich unter dem Kapitalmarktzinsniveau liegt, kann der Kaufanreiz nur in der Nutzung der Optionsscheine liegen. Der Käufer erwartet, dass der Kurs der PLUS Aktie während der Ausübungsfrist über 140,00 EUR steigen wird, sodass er beim festen Bezugspreis von 140,00 EUR einen Kursgewinn erzielt. (3 P.)

d Er muss einen Kaufauftrag über 60.000 Bezugsrechte auf die Optionsanleihe erteilen.

Zusätzlich muss er den Auftrag zur Nutzung der Bezugsrechte durch Bezug von 50.000,00 EUR nom. Optionsanleihe erteilen.

Berechnung der Bezugsrechte:

Für 500,00 EUR nom. Optionsanleihe benötigt man 600 Aktien

Für 50.000,00 EUR nom. Optionsanleihe benötigt man x Aktien

x = 600 : 500 · 50.000 = 60.000 Aktien

Das Bezugsrecht wird verkörpert durch einen Dividendenschein mit einer bestimmten Nummer, der zu jeder Aktie gehört. (3 P.)

e 60.234,25 EUR

	EUR
Kurswert der Optionsanleihe 50.000 · 120 %	60.000,00
Stückzinsen vom 23.11. inklusive bis zum 30.11.	
zu 6 % p. a. 8 Tage (act/act)	− 65,75
ausmachender Betrag	59.934,25
Transaktionskosten 0,5 % von 60.000	+ 300,00
Belastung Wert 23.11.	60.234,25

Die Stückzinsen werden vom Kurswert abgezogen, da der Kauf vor Beginn des Zinslaufs stattfindet. (4 P.)

f Der Erstanleger erwirbt zunächst die Optionsanleihe mit den Optionsscheinen. Der Emittent legt einen Termin fest, ab dem der Inhaber die Optionsscheine von der Optionsanleihe trennen kann. Die Optionsscheine sind als selbstständige Rechte ebenso an der Börse handelbar wie die Optionsanleihe mit Optionsscheinen. Dadurch ergeben sich folgende Kursnotierungen:

Kurse für

1 die Optionsanleihe mit (= cum) anhängenden Optionsscheinen,

2 die Optionsanleihe ohne (= ex) Optionsscheine und

3 den Optionsschein. (3 P.)

ga Die Optionsanleihe ex hat keine Sonderrechte mehr und wird von der Börse wie eine übliche Industrieschuldverschreibung bewertet. Kursbestimmende Faktoren sind

- Bonität des Emittenten,
- Restlaufzeit der Anleihe,
- allgemeines Kapitalmarktzinsniveau im Verhältnis zum Zinsertrag der Anleihe. (3 P.)

gb Wesentlicher Einflussfaktor ist der Börsenkurs der Aktie, zu deren Bezug der Optionsschein berechtigt. Liegt er über dem Bezugspreis, hat der Optionsschein einen (inneren) Wert.

Außerdem spielt die Laufzeit des Optionsscheines eine Rolle. Je länger die Restlaufzeit ist, desto wertvoller ist der Optionsschein, da für Kurssteigerungen mehr Zeit vorhanden ist.

Die Volatilität des Aktienkurses wirkt sich ebenfalls auf den Optionsschein aus. Eine hohe Volatilität hebt den Wert des Optionsscheines, da die Wahrscheinlichkeit wächst, von Kurssteigerungen der Aktie profitieren zu können. (6 P.)

h 3,558

$$\text{Hebel} = \frac{185}{52} = 3{,}558$$

Der Hebel gibt an, wie sich eine prozentuale Änderung des Basiswertes auf die prozentuale Änderung des Optionsscheinkurses auswirkt. Eine Steigerung des Börsenkurses der Plusaktie um 1 % erzeugt beim Optionsschein eine Kurssteigerung um 3,558 %. (6 P.)

24. Fall (30 Punkte)

a Eine Wandelanleihe ist eine Schuldverschreibung, die dem Erwerber das Recht einräumt, zu bestimmten Zeiten das Gläubigerpapier gegen Aktien umzutauschen. Der Emittent legt den Zeitraum für den Umtausch, das Umtauschverhältnis und gegebenenfalls die Zuzahlung fest. (2 P.)

b Vorteile

Die Verzinsung der Wandelanleihe liegt deutlich über dem derzeitigen Marktzinsniveau. Die hohe Verzinsung ist ein Indiz für das erhöhte Risiko.

Die Wandlungsmöglichkeit in Aktien der Software Solution AG eröffnet noch weitere Gewinnchancen.

Nachteile

Die Bonität der Emittentin scheint problematisch, da Bankkredite nicht erreichbar sind. Über eine Sicherstellung der Anleihe ist in den Anleihebedingungen nichts ausgesagt. (6 P.)

c Eine Vorfinanzierung der Investitionen durch Bankkredite ist wegen fehlender Sicherheiten nicht möglich. Ein Bankkredit wäre zudem teurer als die Wandelanleihe.

Die Ablösung der kurzfristigen Verbindlichkeiten durch Teile des Emissionserlöses führen zur Konsolidierung der Bilanzstruktur und verringern den Zinsaufwand. (8 P.)

d Mit der Emission der Wandelanleihe ist eine bedingte Kapitalerhöhung verbunden. Die aus der Kapitalerhöhung stammenden Aktien werden für die Erfüllung der Umtauschwünsche bereitgehalten. (2 P.)

ea Für eine Aktie müssen 1,02 + 0,30 = 1,32 EUR aufgebracht werden.

Der Wandlungspreis ist der Finanzaufwand, der bei Umtausch der Wandelanleihe in eine Aktie geleistet werden muss. Er setzt sich zusammen aus dem Kurswert der benötigten Anzahl von Wandelanleihen und der Zuzahlung. (3 P.)

eb 1,32 − 1,01 = 0,31 EUR   0,31 : 1,01 · 100 = 30,69 %

Die Prämie gibt an, um wie viel Euro bzw. Prozent der Bezug der Aktie über die Ausübung des Wandlungsrechtes teurer bzw. billiger ist als der Direktbezug. (3 P.)

f 52.206,80 EUR

Kurswert 50.000 · 103 %	51.500,00 EUR
Stückzinsen vom 15.10. einschließlich – 22.11.	
39 Tage zu 6 % p. a.	320,55 EUR
Transaktionskosten	386,25 EUR
Belastung Wert 23.11.	52.206,80 EUR

(2 P.)

ga 15.000,00 EUR

Er kann die Wandelanleihen in 50.000 Aktien umtauschen. Pro Aktie hat er eine Zuzahlung von 0,30 EUR zu leisten.

50.000 · 0,30 = 15.000,00 EUR (2 P.)

gb 66.500,00 EUR

Für 50.000,00 EUR nom. Wandelanleihen hat er beim Kurs von 103 % (ohne Transaktionskosten) 51.500,00 EUR gezahlt. Außerdem kommt noch die Zuzahlung von 0,30 EUR pro Aktie hinzu.

51.500 + 50.000 · 0,30 = 66.500,00 EUR. (2 P.)

25. Fall (31 Punkte)

a • Die Bank ist gem. WpHG dazu verpflichtet, dem Kunden Informationen zur Verfügung zu stellen, die angemessen über die Art und die Risiken des gewünschten Finanzinstruments informieren. (2 P.)

• Eine fehlende Aufklärung kann zu einer Schadenersatzpflicht der Bank führen. (1 P.)

b Die Kundin geht von steigenden Kursen der TELEX-Aktie aus, da in diesem Fall die Kaufoption ebenfalls an Wert gewinnt. (2 P.)

c Aufgrund des geringeren Kapitaleinsatzes beim Kauf der Option kann die Kundin im Vergleich zur Aktie überproportionale Kursgewinne erzielen. (2 P.)

d Basispreis 24,00 EUR, Fälligkeit Juni
(Begründung: geringster Kapitaleinsatz bzw. größter Hebel) (2 P.)

e Gegen Zahlung der Optionsprämie erwirbt Frau Zöller das Recht,

• von ihrem Kontrahenten

• bis zum Verfalltag im Dezember 20..

• die Lieferung von 100 Aktien der TELEX AG

• zum Basispreis von 22,00 EUR zu verlangen. (4 P.)

f Hebel: 23,10/6,70 = 3,45
Innerer Wert: 23,10 – 22,00 = 1,10 EUR
Zeitwert: 6,70 – 1,10 = 5,60 EUR
(Der Zeitwert entspricht dem Aufgeld, da die Option im Geld ist.) (6 P.)

g Prämie: 5 · 100 · 6,70 = 3.350,00 EUR
+ Provision: 3.350,00 · 0,6 % = 20,10 EUR
= Belastung: 3.370,10 EUR (3 P.)

h Gewinnschwelle: 22,00 + 6,70 = 28,70 EUR (2 P.)

i **Ausübung:**
Verkaufserlös Aktie:	5 · 100 · 32,40 = 16.200 EUR	
– Orderprovision	16.200 · 0,6 % = 97,20 EUR	
– Kaufaufwand Aktien	5 · 100 · 22,00 = 11.000,00 EUR	
– Kaufaufwand Option	3.370,10 EUR	(ggf. Folgefehler aus g)
Nettoerfolg	1.732,70 EUR	

(4 P.)

Verkauf :
Verkaufserlös Option	5 · 100 · 13,10 = 6.550,00 EUR	
– Orderprovision	6.550,00 · 0,6 % = 39,30 EUR	
– Kaufaufwand Option	3.370,10 EUR	(ggf. Folgefehler)
Nettoerfolg	3.140,60 EUR	

(3 P.)

26. Fall (33 Punkte)

a Herr Glatz möchte sein Depot gegen eventuell fallende Kurse der ToxiPharma-Aktie absichern. Da der Optionsschein bei Kursverlusten der Aktie im Wert steigt, kann er so Kursverluste kompensieren. (3 P.)

b Hebel: $53{,}60/(0{,}43 \cdot 10) = 12{,}47$
Innerer Wert: $(55{,}00 - 53{,}60)/10 = 0{,}14$ EUR
Aufgeld: $0{,}43 - 0{,}14 = 0{,}29$ EUR (6 P.)

c
- Hebel: Der Hebel gibt an, in welchem Verhältnis die Wertveränderung der Aktie den Wert des Optionsscheins beeinflusst. Ein hoher Hebel bedeutet, dass die Geldanlage im Optionsschein mit hohen Chancen und Risiken verbunden ist.
- Innerer Wert: Als Differenz zwischen dem Börsenpreis der Aktie und dem Kaufpreis der Aktie über den Optionsschein stellt der innere Wert den „fairen Preis" der Option dar. (6 P.)

d Der „Mehrpreis" des Kaufs der Aktie über den Optionsschein wird beeinflusst durch
- Aktienkurs des Basiswerts
- Höhe des Basispreises
- Hebel
- Volatilität des Aktienkurses
- Restlaufzeit der Option (jew. 1 P., max. 3 P.)

e Kurswert: $200 \cdot 10 \cdot 0{,}43 =$ 860,00 EUR
+ Provision: $860{,}00 \cdot 1{,}0\% = 8{,}60$ → 20,00 EUR
= Belastung: 880,00 EUR (3 P.)

f Ausübung durch Cash-Settlement:
Differenzbetrag: $55{,}00 - 46{,}70 = 8{,}30$ EUR
Auszahlung: $(8{,}30 \cdot 2.000$ Stück$)/($Optionsverhältnis 10:1$) = 1.660{,}00$ EUR (3 P.)

g Verkauf des DAX-Future (DAX-Future short) (2 P.)

h
- Beim Optionsschein handelt es sich um ein im Wertpapier verbrieftes Recht, an der Eurex-Terminbörse werden nur Verträge (Kontrakte) zwischen Kontrahenten geschlossen (kein Handel von Wertpapieren). (2 P.)
- Der Optionsschein beinhaltet ein Recht zur Ausübung (bedingtes Termingeschäft), beim DAX-Future findet in jedem Fall eine Erfüllung durch Barausgleich statt (unbedingtes Termingeschäft). (2 P.)

i Differenz der Indexstände: $10.812 - 10.547 = 265$ Punkte
Erfolg: $265 \cdot 25{,}00$ EUR pro Punkt $= 6.625{,}00$ EUR Verlust
→ Zahlung an Kontrahenten (3 P.)

3 Kreditgeschäft

27. Fall (34 Punkte)

a Merkmale sind z. B.
- Familienstand
- Beruf/Dauer der Beschäftigung
- Alter/Geschlecht
- Kreditbetrag
- Verwendungszweck
- Wohneigentum
- Vermögen
- Anzahl der Schuldner (3 P.)

b
- Beim Scoring handelt es sich um ein standardisiertes Verfahren zur Beurteilung der Kreditwürdigkeit. Von tatsächlich ausgefallen Krediten aus der Vergangenheit ist der Zusammenhang zwischen bestimmten Kundenmerkmalen und der Ausfallwahrscheinlichkeit für einen Kredit bekannt.
- Anhand dieser Durchschnittswerte wird für den Kunden ein Punktwert ermittelt, der die Ausfallwahrscheinlichkeit für seinen Kredit prognostiziert. Auf Basis des Scoring-Werts kann eine bonitätsabhängige Kreditkondition festgelegt werden. (4 P.)

ca
- Nettokreditbetrag mit Barzahlungsrabatt: 21.990,00 EUR · 90/100 = 19.791,00 EUR
- Da die geringstmögliche Rate gewünscht wird, muss die maximale Laufzeit von 60 Monaten gewählt werden:

$$10.000,00 \text{ EUR} - 193,33 \text{ EUR}$$
$$19.791,00 \text{ EUR} - x \text{ EUR}$$
$$x = 212,66 \cdot 19.791/10.000 = 382,62 \text{ EUR}$$ (3 P.)

cb

	Gesamtrückzahlungsbetrag	382,62 · 60 = 22.957,20 EUR
−	Nettokreditbetrag	19.791,00 EUR
=	Kreditkosten	3.166,20 EUR

(2 P.)

d
- Tod
- Arbeitsunfähigkeit
- unverschuldete Arbeitslosigkeit (bei Angestellten in der Regel nach Kündigung durch den Arbeitgeber aufgrund betrieblicher Erfordernisse) (3 P.)

e Die Restschuldversicherung kann im Versicherungsfall die Restschuld tilgen oder die fälligen Raten tragen. (2 P.)

f
- Die Abtretung wird grundsätzlich als stille Zession vereinbart.
- Eine Offenlegung kann bei Zahlungsverzug durch ein vom Kreditnehmer vorab unterzeichnetes Benachrichtigungsschreiben erfolgen, in der Regel falls
  - zwei Raten im Verzug sind und
  - eine Nachfrist zur Zahlung von einem Monat gesetzt wurde. (3 P.)

ga Die Abtretung ist betraglich beschränkt auf den pfändbaren Teil des Einkommens (§ 850c der Zivilprozessordnung). (1 P.)

gb Bei der Abtretung handelt es sich um eine fiduziarische Sicherheit, deshalb ist die Abtretung im Außenverhältnis unabhängig von der Kreditforderung. Im Innenverhältnis wird durch die Sicherungszweckerklärung eine Verbindung hergestellt, darin verpflichtet sich die Bank unter anderem dazu, die Sicherheit nach Rückzahlung des Kredits freizugeben. (2 P.)

h

Risiko z. B.	Vermeidung durch z. B.
vertragliches Abtretungsverbot	Einsichtnahme in den Arbeitsvertrag
Arbeitgeberwechsel	Anzeigepflicht
Arbeitsverhältnis in Probezeit	Einsichtnahme in den Arbeitsvertrag
Mehrfachabtretung	Offenlegung
Arbeitslosigkeit	Restschuldversicherung

(jew. 1 P., max. 4 P.)

i
- effektiver Jahreszins
- Nettodarlehensbetrag
- Nominalzinssatz und alle weiteren Kosten
- Höhe, Anzahl und Fälligkeit der Raten
- Kreditlaufzeit
- Gesamtkreditbetrag
- Auszahlungsbedingungen
- Widerrufsrecht
- Recht auf Kündigung bzw. vorzeitige Rückzahlung
- Vorfälligkeitsentschädigung
- Verzugszinssatz
- Warnhinweis zu den Folgen ausbleibender Zahlungen

(jew. 1 P., max. 5 P.)

j ja Der Kunde schuldet nur den gesetzlichen Zinssatz in Höhe von 4 % p. a. (1 P.)

jb Der Kreditnehmer muss im Kreditvertrag nicht angegebene Kosten nicht zahlen. (1 P.)

28. Fall (32 Punkte)

a Frei verfügbares Einkommen: 350,00 EUR

Einnahmen:
- Gehalt: 1.800,00 EUR

Ausgaben:
- Miete: 330,00 EUR
- Nebenkosten: 120,00 EUR
- Rentensparvertrag: 50,00 EUR
- Automobil: 200,00 EUR
- Telekommunikation, Mitgliedsbeitrag, Versicherung, etc.: 150,00 EUR
- Lebenshaltungskosten: 600,00 EUR
- ⇒ Ausgaben gesamt: 1.450,00 EUR

(3 P.)

b 5.000 · 3,110622/100 = 155,53 EUR Monatsrate (3 P.)

c
- Der Kredit ist von Herrn Fischer problemlos zu bedienen, und die Kreditvergabe sollte befürwortet werden.
- Das frei verfügbare Einkommen liegt bei 350,00 EUR; die Monatsrate in Höhe von 155,53 wäre zu tragen und eine „Reserve" in Höhe von 194,67 EUR (= 55,6 % des frei verfügbaren Einkommens) bliebe ebenfalls noch übrig.

(2 P.)

Kreditgeschäft – Lösungen

d Beispiele für Unterlagen:
- Gehaltsabrechnungen
- Schufa-Auskunft
- Arbeitsvertrag
- Selbstauskunft
- Bankauskünfte von anderen Kreditinstituten (jew 1 P., max. 2 P.)

e
- Der Bürge muss voll geschäftsfähig sein.
- Die Bonität des Bürgen muss geprüft worden sein, und der Bürge sollte über ausreichend eigenes Einkommen/Vermögen verfügen. (Bürgschaften von Angehörigen ohne ausreichende Bonität können als sittenwidrig und damit nichtig eingestuft werden.)
- Der Bürge muss der Meldung der Bürgschaft an die Schufa zugestimmt haben.

f
- Bei der gewöhnlichen Bürgschaft hat der Bürge das Recht auf die Einrede der Vorausklage.
- Bei der selbstschuldnerischen Bürgschaft verzichtet der Bürge auf die Möglichkeit dieser Einrede und kann von der Bank nicht mehr verlangen, die Zwangsvollstreckung in das bewegliche Vermögen des Hauptschuldners zu betreiben, bevor sie Zahlung von ihm als Bürgen verlangt.
- Der Bürge kann sofort nach Fälligstellung des Kredits durch die Bank in Anspruch genommen werden. (4 P.)

g
- Im Fall der Kreditkündigung laufen Zinsen sowie Kosten für die Kündigung und die Rechtsverfolgung auf, für die ebenfalls der Bürge aufkommen muss.
- Laut aktueller Rechtsprechung gilt ein Zuschlag von 20 % auf den ursprünglichen Kreditbetrag als zulässig. Daher wird der Bürgschaftshöchstbetrag auch auf den zulässigen Betrag in Höhe von 6.000,00 EUR (= 120 %) lauten. (4 P.)

h
- Laut § 770 Abs. 2 BGB kann der Bürge vor Zahlung an den Gläubiger verlangen, dass dieser das Darlehen zuerst mit anderen Forderung, die der Hauptschuldner seinerseits gegen den Gläubiger hat, verrechnet.
- Durch den Verzicht auf diese Einrede muss der Bürge auch dann auf Anforderung des Gläubigers zahlen, wenn Fabian Fischer z. B. weitere Kontoguthaben bei der Düsselbank unterhält. (4 P.)

i
- Die Bürgschaft ist eine akzessorische Sicherheit, die per Gesetz untrennbar mit der Hauptschuld verbunden ist.
- Die Bürgschaftsverpflichtung entsteht erst mit Bestehen der Hauptschuld, verringert sich mit der Tilgung der Hauptschuld und erlischt mit Rückzahlung der Hauptschuld.
- Aus diesem Grund besteht die Bürgschaftsverpflichtung von Manfred Fischer nur so lange die Hauptschuld besteht. (4 P.)

29. Fall (39 Punkte)

a

	Leasingfinanzierung	Kreditfinanzierter Kauf
aa	Pkw bleibt im Eigentum des Leasing-Gebers (WV Finance). Eheleute Schneider sind lediglich die Halter/Besitzer.	Die Eheleute Schneider sind Eigentümer und Besitzer des Pkw.
ab	Der Pkw ist pfleglich zu behandeln und muss regelmäßig in anerkannten Werkstätten gewartet werden.	Keine Vorschriften zur Handhabung oder Wartungspflicht.
ac	Der Leasing-Geber verpflichtet die Eheleute Schneider i. d. R. zum Abschluss einer Vollkaskoversicherung.	Keine Versicherungspflicht über die Haftpflicht hinaus. (Ausnahme: Bei Sicherungsübereignung des Pkw könnte es ebenfalls eine Verpflichtung zur Vollkaskoversicherung geben)
ad	Nach Beendigung der Laufzeit muss der Pkw an den Leasing-Geber zurückgegeben werden. Evtl. gibt es im Leasingvertrag eine Option zum Kauf des Pkw.	Der Pkw verbleibt nach Laufzeitende bei den Eheleuten Schneider.

(16 Punkte, je Vergleichsaspekt 2 P.)

b 4.000,00 EUR Einmalzahlung
  + 36 · 173,00 EUR Leasing-Raten
  + (53.266 – 45.000) · 0,08 EUR Abrechnung Mehrkilometer

  10.889,28 EUR Gesamtkosten (4 P.)

c 19.675,00 EUR Listenpreis
  – 1.900,00 EUR Barzahlungsrabatt
  – 4.000,00 EUR Eigenmittel

  13.775,00 EUR Nettodarlehensbetrag (2 P.)

  10.000,00 EUR = 294,129030 EUR Rate
  ⇔ 13.775,00 EUR = 405,16 EUR Rate (2 P.)

d 4.000,00 EUR Eigenmittel
  + 36 · 405,16 EUR Kreditraten

  18.585,76 EUR Gesamtkosten (3 P.)

e Mehrkosten der Kreditfinanzierung im Vergleich zum Leasing:
  18.585,76 – 10.889,28 = 7.696,48 EUR (1 P.)

  - Liegt der Restwert des Pkw nach 36 Monaten über 7.696,48 EUR ist die Kreditfinanzierung vorteilhafter.
  - Die Eheleute Schneider könnten den Pkw dann selbst verkaufen und durch den Mehrerlös die höheren Kosten der Kreditfinanzierung ausgleichen. (3 P.)

f Bei einer Verpfändung bleibt der Kreditnehmer zwar Eigentümer des Pfandgutes (Pkw); das Pfand muss aber übergeben werden. Der Kreditnehmer ist daher kein Besitzer mehr und kann den Pkw nicht nutzen. (2 P.)

g Der Eigentumswechsel am Pkw findet durch Einigung darüber statt, dass das Eigentum am Pkw übergeht.

  Die für den Eigentumswechsel grundsätzlich erforderliche Übergabe wird dadurch ersetzt, dass ein Besitzkonstitut in Form eines Leihvertrages zwischen den Eheleuten Schneider und der Düsselbank eG vereinbart wird.

  Häufig wird – um eine gutgläubige Weiterveräußerung des Pkw an Dritte zu vermeiden – der Fahrzeugbrief von den Eheleuten Schneider an die Düsselbank eG übergeben, da der Fahrzeugbrief die Eigentumsrechte am Pkw nachweist. (4 P.)

h Der Sicherungsübereignungsvertrag ist nur wirksam, wenn die Gegenstände aufgrund der Angaben im Sicherungsübereignungsvertrag eindeutig bestimmt sind (Individualisierung). Diese Individualisierung geschieht durch Aufnahme aller wesentlichen Fahrzeugdaten im Sicherungsübereignungsvertrag. (2 P.)

30. Fall (34 Punkte)

a

	Gesamtrückzahlungsbetrag	435,00 · 48 = 20.880,00 EUR
–	Auszahlungsbetrag	24.900,00 – 5.000,00 = 19.900,00 EUR
=	Kreditkosten	980,00 EUR

- durchschnittliche Laufzeit = (kürzeste Laufzeit + längste Laufzeit)/2 = (1 + 48)/2 = 24,5 Monate
- p_{eff} = 980 · 100 · 12/19.900 · 24,5 = 2,41 % (4 P.)

b

	Listenpreis	24.900,00 EUR
–	5 % Preisnachlass	1.245,00 EUR
–	Eigenkapital	5.000,00 EUR
=	Kreditbedarf	18.655,00 EUR

Monatliche Kreditrate:
10.000,00 EUR – 230,29 EUR

18.655,00 EUR – x EUR

→ x = 230,29 · 18.655/10.000 = 429,61 EUR

Das Angebot der Volksbank führt trotz des höheren Zinssatzes aufgrund des erzielten Preisnachlasses zu einer geringeren monatlichen Belastung. (4 P.)

c

	CarTec-Aktie:	26,30 · 300 · 50 % = 3.945,00 EUR
+	Bundesanleihe:	8.000 · 103,84 % · 80 % = 6.645,76 EUR
+	Lebensversicherung:	Rückkaufswert = 6.577,39 EUR
=	Beleihungswert	17.168,15 EUR

→ nicht ausreichend zur Besicherung des Nettokredits (5 P.)

da Die Wertpapiere sind im Besitz der Volksbank, daher nur Einigung über die Entstehung des Pfandrechts im Pfandvertrag. (2 P.)

db Neben der Einigung über die Entstehung des Pfandrechts muss eine Pfandanzeige an die Sparkasse erfolgen (Publizitätsprinzip). (2 P.)

e • Übergabe der Sparurkunde
 • Die Sparkasse teilt den aktuellen Saldo mit, bestätigt die Verpfändung und tritt mit ihrem eigenen AGB-Pfandrecht hinter das Pfandrecht der Volksbank zurück. (3 P.)

f • Das Kreditinstitut wird Bezugsberechtigter für den Todesfall und erhält die Versicherungspolice.
 • Die Versicherungsgesellschaft bestätigt die Abtretung der Ansprüche, teilt den aktuellen Rückkaufswert mit und erklärt sich bereit, Prämienrückstände anzuzeigen. (4 P.)

g Das AGB-Pfandrecht ist nicht ausreichend, da Verfügungen des Kunden über die Depotwerte nicht ausgeschlossen werden können. Der separate Pfandvertrag ist mit einer Depotsperre verbunden. (2 P.)

h • Die Widerrufsfrist beträgt zwei Wochen nach Belehrung in Textform und Erhalt einer Kopie des Kreditvertrags.
 • Der Widerruf erfolgt in Textform ohne Angabe von Gründen, eine Absendung innerhalb der Frist reicht aus. (4 P.)

i • Eine vorzeitige Rückführung ist jederzeit möglich, laufzeitabhängige Kosten müssen anteilig erstattet werden.
 • Das Kreditinstitut darf eine angemessene Vorfälligkeitsentschädigung verlangen, diese darf 1 % des vorzeitig getilgten Betrags und die Summe der Sollzinsen für die reguläre Restlaufzeit nicht überschreiten. (4 P.)

31. Fall (30 Punkte)

a Bei dem zugrunde liegenden Mietaval handelt es sich um eine Form der Kreditleihe. Das Kreditinstitut gibt im Auftrag der Kundin eine Bürgschaftserklärung zugunsten des Vermieters ab. Die Sparkasse Ulm wird auf erstes Anfordern des Vermieters Zahlung leisten, sofern dieser versichert, dass Frau Schneider ihren vertraglichen Verpflichtungen aus dem Mietverhältnis nicht nachgekommen ist. (4 P.)

b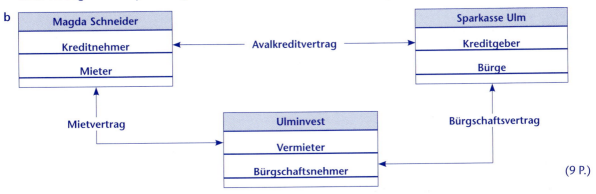

(9 P.)

c Das Kreditinstitut stellt der Kundin nur seine Bonität zur Verfügung, aber keine liquiden Mittel, d. h., es entstehen bankseitig keine Geldbeschaffungskosten (Kredit- statt Geldleihe).

Die Berechnung von Avalprovision lässt sich jedoch über die dem Kreditinstitut entstehenden Betriebs- und Wertkosten der Kreditgewährung begründen: Kreditwürdigkeitsprüfung, Kreditbearbeitung, Erstellen der Bürgschaftsurkunde sowie Pauschalwertberichtigung. (5 P.)

d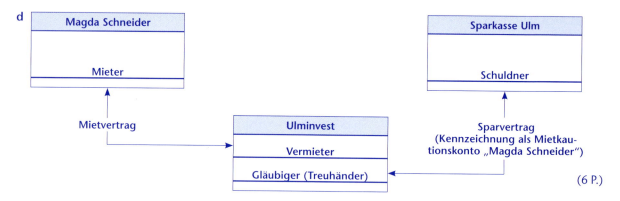

e

Mietaval	Mietkautionskonto
• geringe Avalprovision • Liquidität kann für andere Zwecke eingesetzt werden	• Vereinnahmung von Sparzinsen • Freistellungsauftrag ist nicht möglich • Liquiditätsentzug für die Dauer des Mietverhältnisses

(4 P.)

f Das zwischen dem Vermieter und dem Mieter bestehende Treuhandverhältnis wird durch Kennzeichnung des Sparkontos als Mietkautionskonto kenntlich gemacht. (2 P.)

32. Fall (33 Punkte)

a bilanzielles Eigenkapital: 4.000 + 560 + 490 + 750 + 150 = 5.950 (2 P.)
(Der Bilanzgewinn wird gem. Formelsammlung dem kurzfristigen Fremdkapital zugerechnet.)

b • Eigenkapitalrentabilität: 1.071 · 100/5.950 = 18,00 % (2 P.)
   • Gesamtkapitalrentabilität: (1.071 + 810) · 100 / (11.860 + 7.940) = 9,50 % (2 P.)

c • Die Eigenkapitalrentabilität gibt die Verzinsung der Einlagen der Eigentümer an. Da diese ein unternehmerisches Risiko tragen, muss der Wert im Vergleich zu sicheren Anlagen eine Risikoprämie beinhalten. (3 P.)
   • Die Gesamtkapitalrentabilität zeigt die Verzinsung des gesamten eingesetzten Kapitals. Da die Fremdkapitalzinsen diese Kennzahl nicht beeinflussen, ist die sie unabhängig von der Art Finanzierung. (3 P.)
   • Da die Eigenkapitalrentabilität höher als die Gesamtkapitalrentabilität ist, muss letztere auch größer als die Fremdkapitalzinsen sein. Eine weitere Aufnahme von Fremdkapital erhöht die Rendite des Eigenkapitals (Leverage-Effekt). (3 P.)

d • Cash Flow:
      1.071 + (347 – 295) + 1.190 = 2.313 TEUR (2 P.)
   • Nach einem Rückgang in V2 gegenüber V3 steigt der Wert wieder an und zeigt über drei Jahre eine positive Entwicklung. (2 P.)

e • Der Jahresüberschuss ist eine vom Vorstand im Hinblick auf die Dividendenaus-schüttung beeinflussbare Größe. (2 P.)
   • Der Cash-flow stellt den Nettozufluss an liquiden Mitteln dar und ist geeignet, um die Finanzkraft des Unternehmens zur Investition und Tilgung von Schulden zu beurteilen. (3 P.)

f Der Jahresabschluss ist
   • stichtagsbezogen,
   • vergangenheitsorientiert,
   • durch handels-/steuerrechtliche Bewertungsspielräume beeinflussbar,
   • ohne Berücksichtigung stiller Reserven erstellt. (jew. 1 P., max. 3 P.)

g zu 1) Kunden haben Rechnungen im Durchschnitt später bezahlt, die Liquiditätslage der Biosaft AG verschlechtert sich. Gründe können in Zahlungsschwierigkeiten bei Kunden oder Mängeln in der Buchhaltung liegen. (2 P.)
   zu 2) Die Finanzierung ist nicht mehr fristenkongruent, ein Teil des Umlaufvermögens ist langfristig finanziert. Nach der „Goldenen Bankregel" soll dieser Wert mindesten 100 % betragen. (2 P.)
   zu 3) Die Nicht-Aktivierung von Wirtschaftsgütern führt zu einer Bildung von stillen Reserven. (2 P.)

33. Fall (32 Punkte)

a
- Die Bank hat ein Eigeninteresse an der Prüfung der Jahresabschlüsse, um die Kreditwürdigkeit zu beurteilen. (2 P.)
- Nach § 18 KWG ist die Bank verpflichtet, bei Krediten über 750.000,00 EUR die wirtschaftlichen Verhältnisse durch Kreditunterlagen, insbesondere Jahresabschlüsse, zu prüfen. (2 P.)

b

		TEUR
	Umsatzerlöse	33.290,00
+	Bestandsveränderungen	1.560,00
+	Sonst. betriebl. Erträge	850,00
−	Materialaufwand	18.020,00
−	Personalaufwand	12.410,00
−	Abschr. auf Sachanlagen	1.350,00
−	Sonst. betriebl. Aufwendungen	490,00
=	Betriebsergebnis	3.430,00

(4 P.)

c
- Eigenkapitalquote: (4.500 + 1.480) · 100/20.930 = 28,57 % (2 P.)
- Anlagendeckungsgrad I: (4.500 + 1.480) · 100/(5.250 + 3.920) = 65,21 % (2 P.)
- Kreditorenziel: 2.370 · 365/18.020 = 48 Tage (2 P.)

d
- Eigenkapitalquote: Eigenkapital steht der Unternehmung unbefristet zur Verfügung und stellt Haftungsmasse im Insolvenzfall dar. Die hohe und über dem Branchendurchschnitt liegende Quote ist aus Banksicht positiv zu beurteilen. (3 P.)
- Anlagendeckungsgrad I: Die Kennzahl gibt an, ob Anlagevermögen langfristig finanziert wird. Für die Anlagendeckung I sind Werte unter 100 % akzeptabel, da langfristiges Fremdkapital nicht einbezogen wird. Allerdings liegt der Wert deutlich unter dem Durchschnitt der Branche. (3 P.)
- Kreditorenziel: Die Kennzahl zeigt nach wie vielen Tagen Lieferantenrechnungen durchschnittlich gezahlt werden. Der über dem Branchenschnitt liegende Wert ist negativ zu interpretieren und kann auf Zahlungsschwierigkeiten hindeuten. (3 P.)

e Daten des Jahresabschlusses sind stichtags- oder vergangenheitsbezogen. Deshalb werden zusätzlich zukunftsbezogene Informationen herangezogen, die Schlüsse darauf zulassen, ob der Kredit ordnungsgemäß zurückgeführt werden kann (ca. 30 % Gewichtung). Darüber hinaus sind bankinterne Informationen (ca. 10 %) relevant. (4 P.)

f z. B.
- Managementqualität:
Hier können z. B. fachliche Qualifikation der Führungskräfte, Führungsstil oder planerische und organisatorische Fähigkeiten bewertet werden.
- Marktstellung:
Möglich ist hier z. B. die Analyse von Produkten, Mitbewerbern oder Markt- und Branchenentwicklungen.
- Finanzierungsanlass:
Hier kann z. B. die Erforderlichkeit der Kreditaufnahme durch Planzahlen oder Investitionsrechnungen überprüft werden.

(jew. 3 P., max. 6 P.)

34. Fall (33 Punkte)

a 48.000,00 EUR = 72.000/0,6 − 72.000 (2 P.)

b Die Verpfändung erfordert die Übergabe der Sache (Faustpfandprinzip), die Stapler wären nicht mehr zur Produktion nutzbar. (2 P.)

c
- Hamacher Anlagenbau AG: wirtschaftliche Eigentümerin und unmittelbarere Besitzerin
- Isarbank AG: fiduziarische Eigentümerin und mittelbarere Besitzerin (4 P.)

d
- eingeschränktes Verwertungsrecht (Abschnitt 12 des Vertrags)
- Anspruch auf Rückübertragung (Abschnitt 13)
- Bilanzierung beim Sicherungsgeber
- Absonderungsrecht im Insolvenzfall (Abschnitt 11) (4 P.)

e
- Einigung (Abschnitt 1)
- Besitzkonstitut/Leihvertrag (Abschnitt 3)
- Individualisierung (Abschnitt 1) (3 P.)

f
- pfleglicher Umgang mit der Sicherheit (Abschnitt 6)
- regelmäßige Wartung
- Versicherung der Gabelstapler (Abschnitt 7) (jew. 1 P., max. 2 P.)

g
- Falls die Stapler bei Lieferung auf das Firmengrundstück im Eigentum des Kreditnehmers sind, werden sie zum Grundstückszubehör und haften damit für vorhandene Grundschulden (Prioritätsprinzip).
- Bei Vorhandensein von Grundpfandrechten sollte das Eigentum an den Staplern deshalb vor Auslieferung auf das KI übertragen werden. (4 P.)

h Bei einem bestehenden Eigentumsvorbehalt kann die Bank erst nach Zahlung des Kaufpreises das Eigentum am Sicherungsgut erwerben:
- Abschnitt 2: Die Bank erwirbt eine Anwartschaft auf den Eigentumserwerb, nach Zahlung geht das Eigentum direkt vom Lieferanten auf die Bank über.
- Abschnitt 5: Zur Ablösung des Eigentumsvorbehalts muss der Kreditbetrag zur Zahlung des Kaufpreises verwendet werden. (4 P.)

i

Risiko	Lösungsmöglichkeit
Doppelübereignung	Vertragliche Zusicherung des Kreditnehmers
Wertminderung, Verwertungsschwierigkeiten	Übersicherung/Bewertungsabschläge
Beschädigung, Diebstahl, Zerstörung	Versicherung mit Sicherungsschein und Abtretung der Ansprüche an KI

(jew. 1 P., max. 4 P)

j Tilgung pro Quartal: 72.000/16 = 4.500,00 EUR
Kreditsaldo nach 1. Rate: 72.000 − 4.500 = 67.500,00 EUR
2. Rate: 4.500 + 67.500 · 0,042/4 = 5.208,75 EUR (4 P.)

35. Fall (32 Punkte)

a 158.000,00 EUR   102.000 + 2 · 28.000 (1 P.)

b 84.000,00 EUR   102.000 · 50 % + 56.000 · 60 % = 84.600,00 abgerundet 84.000 (3 P.)

c
1. Finanzierung aus in der Unternehmung erwirtschafteten, einbehaltenen Gewinnen
2. Erhöhung der Stammeinlagen der Gesellschafter der GmbH (4 P.)

d Die Beleihungssätze stehen im Zusammenhang mit der erwarteten Verwertbarkeit der Betriebsausstattung im Falle der Kreditstörung. Die Eifelbank sieht in der Verwertungsmöglichkeit der Kleintransporter das geringere Risiko. Daher genügt ein geringerer Sicherungsabschlag.
Kleintransporter sind in vielen Branchen einsetzbar und haben somit einen breiteren Markt als eine Verpackungsmaschine. (3 P.)

Kreditgeschäft – Lösungen

e Es wird das Tilgungsdarlehen mit einer Laufzeit von fünf Jahren empfohlen. Die Laufzeit entspricht der Nutzungsdauer der Geräte. Die durch Tilgung jährlich kleiner werdende Kreditsumme entspricht in etwa der Abnutzung der Geräte.

Das Festdarlehen kommt nicht infrage, weil die Laufzeit weit über die Nutzungsdauer der Geräte hinausgeht. Der Kreditnehmer müsste demnach den Kredit noch zu einer Zeit bedienen, in der die Geräte bereits nicht mehr genutzt werden. Auch bei Anpassung der Laufzeit an die Nutzungsdauer von fünf Jahren wäre ein Festdarlehen aus Kostengründen nicht optimal. Während der Laufzeit muss das Darlehen in ursprünglicher Höhe mit Fremdkapitalzinsen bedient werden. Ein Kontokorrentkredit wird nur kurzfristig gewährt, er ist daher nicht für die Finanzierung des Anlagevermögens geeignet. Hierfür werden Mittel benötigt, die langfristig zur Verfügung stehen. Außerdem wäre der Kontokorrentkredit zu teuer. (6 P.)

f Sicherungsübereignungen der Verpackungsmaschine und der Kleintransporter
Die Sicherungsübereignung bietet den Vorteil, dass der Kreditnehmer im Besitz der Sicherungsgüter bleibt und sie für den Produktionsprozess weiter nutzen kann. Auf diese Weise kann er die für die Bedienung des Kredits notwendigen Mittel erwirtschaften. (3 P.)

g Aufnahme einer an der Verpackungsmaschine befindlichen Fabrikationsnummer oder Artikelnummer in den Sicherungsvertrag, Standortskizze bzw. Standortbeschreibung als Anlage zum Sicherungsvertrag, Markierung der Verpackungsmaschine mit einem Aufkleber oder einer Plakette (2 P.)

ha Eigentümer ist zu diesem Zeitpunkt der Lieferant der Kleintransporter. Er hat sie unter Eigentumsvorbehalt geliefert, der Vorbehalt besteht noch, da die Ware noch nicht bezahlt ist. Dass der Sicherungsübereignungsvertrag vor dem Kaufvertrag abgeschlossen wurde, ist hierbei unerheblich.
Die Bank lässt sich das dem Kreditnehmer in der Zeit des Eigentumsvorbehaltes zustehende Anwartschaftsrecht auf Eigentumsübertragung abtreten. (4 P.)

hb Eigentümerin ist jetzt die Eifelbank. Durch Zahlung der Rechnung geht das Eigentum auf den Inhaber des Anwartschaftsrechts (Eifelbank) über. (2 P.)

i 643,61 EUR

Skonto	2 % von 56.000,00	1.120,00 EUR
Kreditkosten	98 % von 56.000,00 EUR für 25 Tage zu 12,5 % p. a.	– 476,39 EUR
Vorteil des Kredits		643,61 EUR

(4 P.)

36. Fall (31 Punkte)

a Die PowerPlay GmbH benötigt einen Betriebsmittelkredit zur Finanzierung des Umlaufvermögens, der als Kontokorrentkredit vergeben werden kann. (2 P.)

Merkmale:
- Überziehungsmöglichkeit auf dem Kontokorrentkonto bis zur vereinbarten Kreditlinie
- Rückzahlung aus laufenden Zahlungseingängen
- Zinsen nur auf tatsächlich in Anspruch genommenen Kredit, ggf. Bereitstellungsprovision
- höherer Zinssatz bei Überziehungen über vereinbarte Kreditlinie hinaus
- Zinsbelastung mit Rechnungsabschluss
- In der Regel zeitliche Befristung mit Möglichkeit der Prolongation (jew. 1 P., max. 3 P.)

b Die Einschränkung der Zession auf die Forderungen a. LL. mit den Anfangsbuchstaben A bis K stellt eine Individualisierung dar. Die Bestimmbarkeit der Forderungen ist Voraussetzung für die Rechtswirksamkeit des Vertrags. (3 P.)

c • bestehende Forderungen: mit Vertragsschluss
- zukünftige Forderungen: mit Entstehung (2 P.)

d Folgende Forderungen sind von der Globalzession erfasst:
- Dr. Esser Spielemanufaktur e. K.
- Gebrüder Heinemann OHG (2 P.)

e • offene Bonitätsrisiken bei Debitoren mit bekannten Zahlungsschwierigkeiten (zweifelhafte Forderungen)
- verdeckte Ausfallrisiken, die aktuell noch nicht zu erkennen sind (anscheinend intakte Forderungen) (2 P.)

f 92.000,00 EUR
− 18.400,00 EUR
− 7.900,00 EUR
− 1.500,00 EUR
= 64.200,00 EUR
− 12.840,00 EUR   20 % Sicherheitsabschlag
= 51.360,00 EUR   realisierbarer Wert

Der Wert ist ausreichend, um die Kreditlinie von 50.000,00 zu besichern. (4 P.)

g • Der Kreditnehmer ist verpflichtet, regelmäßig Debitorenlisten einzureichen.
  • Die Einreichung hat für den Forderungsübergang nur deklaratorische Wirkung. (4 P.)

h Der Kreditnehmer kann z. B. verpflichtet werden, die Bankverbindung der Sparkasse auf Rechnungen anzugeben, andere Konten nicht aufzuführen oder entsprechende Überweisungsträger beizulegen. (2 P.)

i Schon bei Vertragsschluss unterzeichnet der Kreditnehmer Blankobenachrichtigungsschreiben, die bei Zahlungsverzug vervielfältigt und an die Drittschuldner versandt werden. Diese können dann mit schuldbefreiender Wirkung nur an die Sparkasse zahlen. (3 P.)

j

Risiko	Maßnahme
Mehrfachabtretung	Offenlegung
Einreden der Drittschuldner	Sicherheitsabschlag, Informationspflicht des Kreditnehmers
Zahlungen erfolgen nicht an das KI	Offenlegung
Forderungen bestehen nicht	Einsichtnahme in Geschäftsbücher
Forderung steht unter verlängertem Eigentumsvorbehalt (Globalzession ist sittenwidrig)	Teilabtretung, Anwartschaftsrecht auf Forderung

(jew. 1 P., max. 4 P.)

37. Fall (32 Punkte)

a Anzahlungsaval (1 P.)

b Beim Avalkredit stellt die Sparkasse einen Kredit durch Übernahme einer Bürgschaft oder Garantie bereit. Dabei werden keine liquiden Mittel zur Verfügung gestellt (Geldleihe), sondern nur die Bonität der Sparkasse für den Fall der Inanspruchnahme (Kreditleihe). (4 P.)

c • Maier GmbH:
Die Maier GmbH erhält nur gegen Stellung des Avals eine Anzahlung auf den Kaufpreis bei Baubeginn. (2 P.)

• Schneider KG:
Die Schneider KG erhält im Rahmen eines Garantievertrags die Sicherheit, die Anzahlung bei ausbleibender Leistung auf erstes Anfordern von der Sparkasse zurückzuerhalten. (2 P.)

d • Bonitätsprüfung für die Maier GmbH (ggf. mit Festlegung eines umfangreicheren Avalrahmens)
  • Erstellung/Abschluss des Avalkreditvertrags
  • Erstellung einer Urkunde über den Garantievertrag und Weitergabe an die Schneider KG
  • Belastung der Maier GmbH mit einer Provision (4 P.)

e

Avalurkunde

Bürgschaftsnehmer	
Schneider Industrieservice KG	
Auftraggeber	
Maier Baugesellschaft mbH	
Art des Vertrages zwischen Bürgschaftsnehmer und Auftraggeber	Datum des Vertrages
Bauleistungsvertrag	14.11.20..
Liefer-/Leistungsgegenstand	Vertrags-Nummer
Lagerhalle schlüsselfertig gem. Baubeschreibung	193778-12
Anzahlung aufgrund des Vertrages in Höhe von	
165.000,00 EUR	
Die Bürgschaft erlischt spätestens am	
01.10.20..	

(1 P.)
(1 P.)
(2 P.)
(2 P.)
(1 P.)
(1 P.)

Wir übernehmen hiermit für die Rückzahlung des vorgenannten Anzahlungsbetrages die selbstschuldnerische Bürgschaft unter Verzicht auf die Einreden der Anfechtbarkeit und der Aufrechenbarkeit (§ 770 BGB) bis zum Betrag von

	in Worten: EURO
EUR 165.000,00	einhundertfünfundsechzigtausend

(1 P.)

einschließlich sämtlicher Nebenforderungen. Die Bürgschaft ist zahlbar auf erstes Anfordern unter gleichzeitiger schriftlicher Erklärung des Bürgschaftsnehmers, dass der Auftraggeber seinen vertraglichen Verpflichtungen nicht nachgekommen ist.

Unsere Bürgschaft erlischt mit der Rückgabe dieser Bürgschaftsurkunde, spätestens aber, wenn und soweit wir daraus nicht schriftlich, bis zum o. a. Zeitpunkt bei uns eintreffend, in Anspruch genommen worden sind.

Wir sind berechtigt, uns jederzeit von der Verpflichtung aus der Bürgschaft zu befreien, indem wir den verbürgten Betrag bei der zuständigen Hinterlegungsstelle als Sicherheit anstelle dieser Bürgschaft zugunsten des Bürgschaftsnehmers hinterlegen.

Ort, Datum

Köln, 15. Juli 20..   **Kölnbank EG**

(1 P.)
(10 P.)

f Avalbetrag: 825.000,00 · 20 % = 165.000,00 EUR   (1 P.)
   Avalprovision: 165.000,00 · 0,15 % · 7 Monate = 1.732,50 EUR   (1 P.)
   Urkundenprovision: 80,00 EUR
   Belastung: 1.732,50 + 80,00 = 1.812,50 EUR   (1 P.)

g Bilanzierung als Eventualverbindlichkeit, Vermerk unter der Passivseite der Bilanz   (2 P.)

h Die Zahlung erfolgt auf erstes (schriftliches) Anfordern und gegen Vorlage der Avalurkunde. (2 P.)

i Die Maier KG ist gemäß Avalkreditvertrag zur Rückzahlung des Betrags an die Sparkasse verpflichtet. (2 P.)

38. Fall (26 Punkte)

a Die Bausparkasse stellt mit der Zuteilung die Bausparsumme (Bauspargguthaben und Bauspardarlehen) bereit. (2 P.)

b Nein, da durch die Zuschreibung der Zinsen zum Jahresende die Mindestsparsumme erreicht wird. (2 P.)

c 900,00 EUR (6 ‰ von 150.000,00 EUR) (2 P.)

d Der Tilgungsbeitrag entspricht 1,2 % des Darlehens in Höhe von 75.000,00 EUR:

1,2 % · 12 = 14,4 % Zins und Tilgung p. a.

14,4 – 4,5 % = 9,9 % anfängliche Tilgung p. a. (4 P.)

e Die UBIERBANK kann Herrn Kasten einen Zwischenkredit geben, der vom zugeteilten Bausparvertrag abgelöst wird. (2 P.)

f In Höhe des Bauspardarlehens wird zugunsten der UBIERBANK eine Grundschuld in das Grundbuch eingetragen.
Der Auszahlungsanspruch aus dem Bausparvertrag wird von Herrn Kasten an die UBIERBANK abgetreten.
Nach Valutierung des Bausparvertrags tritt die UBIERBANK die Grundschuld an die Bausparkasse ab. Im Falle einer Buchgrundschuld ist die Umschreibung im Grundbuch erforderlich, bei einer Briefgrundschuld genügt die Übergabe des Grundschuldbriefs. (4 P.)

g Am 10.06., weil der rechtswirksame Abschluss des Grundstückskaufvertrags der notariellen Beurkundung bedarf. Der Abschluss per Handschlag war infolge Formmangels nichtig. (3 P.)

h Der Eigentumserwerb erfolgte am 15.07., da zum Eigentumserwerb an einem Grundstück Einigung und Eintragung erforderlich sind. (3 P.)

i Herr Kasten erwirbt das Sondereigentum an einer Wohnung in Verbindung mit dem Miteigentum nach Bruchteilen an dem gemeinschaftlichen Eigentum (Grundstück, Treppenhaus, Dach usw.), zu dem es gehört (§ 1 WEG). (4 P.)

39. Fall (40 Punkte)

a
Grundbuchauszug	Feststellung der rechtlichen Verhältnisse des Grundstücks (Eigentümer, Vorlasten); wird voraussichtlich noch den alten Eigentümer ausweisen.
Auszug aus der Flurkarte	Beschreibung der Lage und des Zuschnitts des Grundstücks
Bauzeichnung	Zeigt die Umrisse des Gebäudes und dient der Ermittlung des umbauten Raums und der Marktgängigkeit des Objekts
Baubeschreibung	Gibt Auskunft über die Bauqualität
Kostenvoranschlag	Ermittlung der vom Architekten veranschlagten Baukosten

(15 P.)

b
600 m² · 150,00 EUR = 90.000,00 EUR
1.100 m³ · 275,00 EUR = 302.500,00 EUR
Nebenkosten   = 12.500,00 EUR
                     405.000,00 EUR
(4 P.)

c Die Beleihung darf gemäß den Bestimmungen des Pfandbriefgesetzes 60 % des Grundstückswerts nicht übersteigen.

60 % von 392.500,00 EUR = 235.500,00 EUR (2 P.)

d 405.000,00 EUR
– 90.000,00 EUR Eigenmittel
315.000,00 EUR Fremdmittel
235.500,00 EUR, 6,61 % = 15.566,55 EUR
 79.500,00 EUR, 8,50 % = 6.757,50 EUR
                          22.324,05 EUR/12 = 1.860,34 EUR monatliche Belastung

  2.400,00 EUR
+ 1.850,00 EUR
  4.250,00 EUR monatliches Einkommen
+   385,00 EUR monatliche Kaltmiete (Mieteinnahme)
  4.635,00 EUR
– 1.860,34 EUR monatliche Belastung
  2.774,66 EUR Resteinkommen für die Lebenshaltung und sonstigen Ausgaben der Eheleute

Die Eheleute befinden sich in augenscheinlich gesicherten Arbeitsverhältnissen. Aufgrund der derzeitigen Kaltmiete (entfällt) und der zukünftigen Mieteinnahmen werden die monatlich zur Verfügung stehenden Mittel nur um ca. 320,00 EUR reduziert. Angesichts der hohen monatlichen Nettoeinkünfte ist die Kreditgewährung vertretbar. (10 P.)

e 1 Der dingliche Zinssatz von 15 % p. a. darf nicht mit dem Zinssatz für das zugrunde liegende Darlehen verwechselt werden. Das Kreditinstitut verschafft sich für den Fall einer späteren Zinserhöhung einen entsprechenden Sicherungsrahmen.

   2 Die Grundschuld muss im Verwertungsfall vom Kreditinstitut nicht erst gekündigt werden, um aus ihr einen sofortigen Zahlungsanspruch ableiten zu können.

   3 Die dingliche Zwangsvollstreckungsklausel verschafft dem Kreditinstitut den zu einer Zwangsvollstreckung erforderlichen Titel. Das Kreditinstitut kann im Verwertungsfall die sofortige Zwangsvollstreckung in den Grundbesitz betreiben. (9 P.)

40. Fall (33 Punkte)

aa
- laufende Nummer 1: Wegerecht (Grunddienstbarkeit)
- Der jeweilige Eigentümer des Flurstücks 723 darf das Flurstück 712 überqueren, um sein Grundstück zu erreichen.
- laufende Nummer 2: Reallast
- An die genannte Person muss eine lebenslange, wiederkehrende Leistung entrichtet werden, für deren Erbringung die Grundstückseigentümer persönlich haften. (4 P.)

ab
- Wegerecht: Im Falle einer Nutzungseinschränkung kann es zu einer Wertminderung führen.
- Reallast: Eine vorrangige Reallast stellt eine starke Wertminderung dar, da sie im Fall der Verwertung weiter erbracht werden muss. (4 P.)

b Die Eintragung für das herrschende Grundstück mit dem Grundbuchblatt 4208 erfolgt im Bestandsverzeichnis. (2 P.)

c Mithilfe einer Sterbetafel kann die Lebenserwartung des Begünstigten ermittelt und aus den ausstehenden Zahlungen ein Barwert errechnet werden. Dieser reduziert den ermittelten Beleihungswert. (2 P.)

d Im Zusammenhang mit der Eintragung der Reallast wurde ein Rangvorbehalt zugunsten der später in Abteilung III eingetragenen Grundschuld vereinbart. Mit der Eintragung der Grundschuld in Abteilung III und der Veränderung in Abteilung II ist dieser Rangvorbehalt ausgenutzt, und das Grundpfandrecht geht der Reallast im Rang vor. (2 P.)

e 1. Rang: Abteilung II Nr. 1
   2. Rang: Abteilung III Nr. 1
   3. Rang: Abteilung II Nr. 2 (2 P.)

Ohne die Ausnahme des Rangvorbehalts ist bei Eintragung in der gleichen Abteilung die Reihenfolge maßgeblich (Locus-Prinzip), beim Vergleich zwischen verschiedenen Abteilungen ist der Zeitpunkt der Eintragung für den Rang ausschlaggebend (Tempus-Prinzip).

f Eine kostenpflichtige Löschung ist nicht erforderlich, wenn die vorhandene Grundschuld durch schriftliche Abtretung auf die Rheinbank übertragen wird. (2 P.)

g
- Realkredite sind Darlehen, die 60 % des nach der entsprechenden Verordnung ermittelten Beleihungswerts nicht überschreiten. Im Fall liegt die Realkreditgrenze bei 241.800,00 EUR (60 % von 403.000,00 EUR).
- Aufgrund der vorsichtigen Bewertung ist das Ausfallrisiko im Verwertungsfall sehr gering. Gleichzeitig sind Realkredite bei der gem. KWG erforderlichen Eigenkapitalunterlegung bevorzugt, deshalb können sie zu günstigen Konditionen angeboten werden. (6 P.)

h Darlehensbetrag: 225.000,00 · 100/95 = 236.842,11 EUR → 237.000,00 EUR (2 P.)

i
- Da der Anbau zur Ausübung der selbstständigen Tätigkeit genutzt wird, können die Kreditzinsen als Betriebsausgaben steuerlich geltend gemacht werden.
- Das Disagio mindert komplett die steuerliche Belastung im Jahr der Darlehensauszahlung. (3 P.)

j

Quartal	Kreditbetrag Quartalsbeginn EUR	Zinsen EUR	Tilgung EUR	Annuität EUR
1	237.000,00	1.659,00 = 237.000 · 2,8/(100 · 4)	1.777,50 = 237.000 · 3/(100 · 4)	3.436,50 = 1.695 + 1.777,50
2	235.341,00 = 237.000 − 1.777,50	1.647,39	1.789,11	3.436,50

(4 P.)

41. Fall (35 Punkte)

a 406.000,00 EUR

	EUR
Grundstück	79.800,00
Baukosten für Fertighaus	215.000,00
5,0 % Grunderwerbsteuer	3.990,00
1,5 % Gerichts- und Notarkosten	1.197,00
Erschließungskosten	35.700,00
Fertigkeller	27.000,00
Gartenanlage und Innenausbau	15.000,00
Garage	9.500,00
Anschluss an öffentl. Versorgungsnetze	8.500,00
Sonstige Kosten	10.000,00
Gesamtkosten (aufgerundet	405.687,00 406.000,00)

Anmerkung: Die Grunderwerbsteuer bezieht sich nur auf das Grundstück, da zum Zeitpunkt des Notarvertrags das Fertighaus noch kein wesentlicher Bestandteil ist. (3 P.)

ba Im Hinblick auf eine möglichst geringe Belastung sollten sich die Eheleute Schmitter für das Angebot 1 entscheiden. (2 P.)

bb Im Hinblick auf die Gesamtlaufzeit des Darlehens und das Lebensalter der Eheleute sollten sie sich für Angebot 2 oder 3 entscheiden, damit sie bei Erreichen des Rentenalters (65 Jahre) schuldenfrei sind. (2 P.)

c
- Der Zinssatz bleibt während der gesamten Laufzeit gleich.
- Sondertilgungen sind jederzeit ohne Vorfälligkeitsentschädigung möglich.
- Die kurze Darlehensphase, im Durchschnitt 11 bis 13 Jahre, erspart Zinskosten.
- Die Bausparkasse vergibt Bauspardarlehen bis zu 80 % des Beleihungswertes. (6 P.)

da
Gesamtbedarf	406.000,00 EUR
Eigene Mittel	
Sparguthaben	− 50.000,00 EUR
Bausparguthaben	− 75.000,00 EUR
Finanzierungsbedarf	281.000,00 EUR
Bauspardarlehen	− 75.000,00 EUR
Benötigtes Darlehen von der Volksbank (Realkredit, da unter 60 % des Beleihungswertes)	206.000,00 EUR

(4 P.)

db
Gesamtbedarf	406.000,00 EUR
Eigene Mittel	
Sparguthaben	− 50.000,00 EUR
Bausparguthaben	− 75.000,00 EUR
Finanzierungsbedarf	281.000,00 EUR
Realkredit von der Volksbank, max. 60 % des Beleihungswertes	216.000,00 EUR
Baudarlehen mit erhöhtem Zinssatz, da die 60-%-Grenze überschritten wurde.	65.000,00 EUR

(6 P.)

e 78,1 %
Bei 281.000,00 EUR an Fremdmitteln bei einem Beleihungswert von 360.000,00 EUR ergibt sich ein Beleihungsauslauf von 281.000,00/360.000,00 · 100 = 78,1 %. (3 P.)

f Ermittlung der finanziellen Reserve

Haushaltsnettoeinkommen monatlich	4.250,00 EUR
– monatliche Finanzierungsbelastung	
Darlehen der Bonnbank	1.081,50 EUR
Bausparvertrag	750,00 EUR
– Nebenkosten 1,80 EUR je m² Wohnfläche	273,60 EUR
– Lebenshaltungskosten	
600,00 EUR für erste Person	1.350,00 EUR
350,00 EUR für zweite Person	
200,00 EUR je Kind	
Finanzielle Reserve	794,90 EUR

g Das BGB räumt den Darlehensnehmern ein ordentliches Kündigungsrecht mit Ablauf der Zinsbindungsfrist ein. Die Kündigungsfrist beträgt einen Monat.
Außerdem steht dem Darlehensnehmer ein außerordentliches Kündigungsrecht bei grundpfandrechtlich abgesicherten Krediten zu, wenn seine berechtigten Interessen dies gebieten. Die Kündigungsfrist beträgt in diesem Fall drei Monate. Die Bank kann für die vorzeitige Kündigung eine Vorfälligkeitsentschädigung verlangen. (5 P.)

42. Fall (34 Punkte)

aa Bei Objekten, die nicht wohnwirtschaftlich genutzt werden, ist der Ertragswert maßgeblich. (2 P.)

ab Nur bei Darlehen für wohnwirtschaftliche Zwecke unter 400.000,00 EUR (inklusive aller Vorlasten) darf eine vereinfachte Wertermittlung durchgeführt werden. (2 P.)

b
- Die Angaben des Grundbuchs genießen öffentlichen Glauben gegenüber gutgläubigen Dritten, wenn keine Widersprüche eingetragen sind.
- Der öffentliche Glaube erstreckt sich nicht auf Eintragungen im Bestandsverzeichnis. (4 P.)

ca
- Die Auflassungsvormerkung sichert dem Käufer den dinglichen Anspruch auf Eigentumsübertragung.
- Die Eintragung schützt den Erwerber in der Zeit von der notariellen Kaufabwicklung bis zur Eintragung des Eigentümerwechsels im Grundbuch, da in dieser Zeit alle Verfügungen unwirksam sind, die den zu schützenden Anspruch beeinträchtigen. (4 P.)

cb Die Auflassungsvormerkung wurde mit Eintragung des neuen Eigentümers ins Grundbuch gestrichen und damit ungültig gemacht. (2 P.)

d
- Wenn der Transporter sich im Eigentum der Hotel GmbH befindet und auf dem Grundstück genutzt wird, stellt er Zubehör des Grundstücks dar.
- Als Zubehör haftet der Transporter zuerst für die Grundschuld der Westbank.
- Damit eine Zubehörhaftung ausgeschlossen ist, muss die Sicherungsübereignung erfolgen, bevor der Transporter auf das Grundstück ausgeliefert wird.
- (Alternativ: schuldrechtliche Verzichtserklärung der Westbank) (6 P.)

e
- Durch den Einbau wird der Aufzug wesentlicher Bestandteil des Grundstücks.
- Wesentliche Bestandteile können nicht Gegenstand besonderer Rechte sein. Der Eigentumsvorhalt des Herstellers geht deshalb unter, und der Aufzug haftet im Rahmen der beiden Grundschulden. (4 P.)

f
- Bei der Grundschuld handelt es sich um eine abstrakte Sicherheit, die Bensberger Bank wird im Außenverhältnis uneingeschränkte Gläubigerin der Grundschuld.
- Im Innenverhältnis ist das Verwertungsrecht aber durch die Fiduziarität der Grundschuld eingeschränkt. Im Sicherungsvertrag wird deshalb u. a. genau geregelt, für welche Ansprüche die Grundschuld haftet (enger oder weiter Sicherungszweck). (4 P.)

g Nach vollständiger Tilgung des Darlehens der Westbank hat die Bensberger Bank einen Anspruch auf Lösung der Grundschuld, um sich im Rang zu verbessern und so den Wert der Sicherheit zu erhöhen. (2 P.)

h

Jahr	Darlehensbetrag EUR	Zinsen EUR	Tilgung EUR	Kapitaldienst EUR
1	840.000,00	30.240,00 = 840.000 · 3,6/100	70.000,00 = 840.000/12	100.240,00
2	770.000,00	27.720,00	70.000,00	**97.720,00**

(4 P.)

43. Fall (33 Punkte)

a
- Grunderwerbsteuer
- Notarkosten
- Grundbuchkosten
- Maklercourtage

(jew. 1 P., max. 3 P.)

b Das vertretbare Darlehen beträgt 267.000,00 EUR gemäß Beleihungswertberechnung.

Ermittlung des Beleihungswerts

I. Sachwert

1. Bodenwert

730 m² à EUR 195,00   EUR 142.350,00

2. Bauwert

Herstellungswert: 1.600 m³ umbauter Raum à EUR 267,50   + EUR 428.000,00

Abzgl. Altersabschreibung 1,25 % p. a. für 0 Jahre   – EUR 0,00

Herstellungswert nach Abschreibung   = EUR 428.000,00

Abzgl. Sicherheitsabschlag 20 %   = EUR 85.600,00

Bauwert   – EUR 342.400,00

3. Sachwert (mind. 80 % des Ertragswerts)   = EUR 484.750,00

II. Ertragswert

1. Jahresrohertrag

320 m² à EUR 10,00 /Monat x 12   EUR 38.400,00

2. Reinertrag

Abzgl. Bewirtschaftungskosten 30 %   – EUR 11.520,00

Jahresreinertrag   = EUR 26.880,00

Abzgl. Bodenwertverzinsung 6 % von 142.350,00 EUR   – EUR 8.541,00

Gebäudereinertrag   = EUR 18.339,00

3. Ertragswert

Kapitalisierung des Gebäudereinertrags mit Vervielfältiger 16,51   EUR 302.776,89

Zzgl. Bodenwert   + EUR 142.350,00

Ertragswert   = EUR 445.126,89

III. Beleihungswert (auf voll Tsd. EUR abrunden)   EUR 445.000,00

Beleihungsgrenze 60 %   EUR 267.000,00

- Für Realkredite muss die Beleihungswertermittlung entsprechend den Regelungen der Beleihungswertverordnung (BelWertV) erfolgen.
- Für den Beleihungswert einer fremd genutzten Immobilie ist der Ertragswert maßgeblich.
- Der Sachwert muss ebenfalls ermittelt werden, er dient aber nur der Kontrolle. Liegt der Sachwert um mehr als 20 % unter dem Ertragswert, muss Letzterer überprüft werden.

- Der angegebene Vervielfältiger ergibt sich aus einem erwarteten Kapitalisierungszinssatz von 6 % für das Renditeobjekt bei einer Restnutzungsdauer von 80 Jahren.
- Die Beleihungswertverordnung verlangt den Abzug einer Bodenwertverzinsung. Es handelt sich dabei um kalkulatorische Kosten für den Gebrauch des Grundstücks, das nicht mehr anderweitig genutzt werden kann. (12 P.)

c
- Der Zinssatz ist für einen Zeitraum von zehn Jahren festgeschrieben, die Kundin trägt in dieser Zeit kein Zinsänderungsrisiko.
- Während der Zinsbindungsfrist sind Sondertilgungen nur nach vertraglicher Vereinbarung möglich. (4 P.)

d
- Die Tilgung von 2 % bezieht sich nur auf den anfänglichen Darlehensbetrag.
- Die Kundin zahlt gleichbleibende Monatsraten, aufgrund des sinkenden Darlehensbetrags erhöht sich der Tilgungsanteil der Rate um ersparte Zinsen. (3 P.)

e
- Kaufvertag (Verpflichtungsgeschäft): notarielle Beurkundung
- Auflassung (Erfüllungsgeschäft): notarielle Beurkundung
- Eintragung ins Grundbuch: Antrag formfrei, öffentliche Beglaubigung der Bewilligung (6 P.)

f Die Eintragung kann erst erfolgen, wenn
- das Finanzamt die Zahlung der Grunderwerbsteuer bescheinigt hat und
- die Stadt/Gemeinde den Verzicht auf ihr gesetzliches Vorkaufsrecht erklärt hat. (2 P.)

g In der Praxis ist die Erteilung einer Belastungsvollmacht üblich: Der Verkäufer bevollmächtigt den Käufer schon vor Eintragung des Eigentümerwechsels zur Bestellung von Grundpfandrechten, deren Eintragung Voraussetzung für die Auszahlung des Darlehens ist. (3 P.)

4 Auslandsgeschäft

44. Fall (32 Punkte)

a • Sunnyside International Ltd. (Exporteur) kann die Frachtkosten bzw. die Seeversicherung kostengünstiger besorgen

  • Wellgarden GmbH hat weniger Aufwand für den Abschluss der Seeversicherung sowie der dem Abschluss des Seefrachtvertrages. (2 P.)

b • Wellgarden GmbH kann den Verfrachter sowie die Versicherungsgesellschaft selbst auswählen

   → kann Gesellschaft mit größerer Vertrauenswürdigkeit auswählen

   → kann ggf. kostengünstiger transportieren bzw. versichern (2 P.)

c • Transportrisiko: Risiko, dass die Ware auf dem Transportweg beschädigt oder zerstört wird bzw. verloren geht

  • Kursrisiko: Risiko, dass bei Zahlung in USD der fällige Rechnungsbetrag aufgrund der Wechselkursschwankungen sich ungünstig entwickelt und ein höherer Gegenwert in EUR gezahlt werden muss als ursprünglich kalkuliert

  • Lieferrisiko: Risiko, dass Ware nicht oder nicht rechtzeitig geliefert wird

  • Qualitätsrisiko: Risiko, dass die Ware nicht in der vereinbarten Qualität geliefert wird

  • Transferrisiko: Risiko, dass die Ware nicht nach Deutschland ausgeführt werden darf (4 P., je 2 P.)

d

Preis der Ware	95.700,00
Sicherheitsverpackung	2.000,00
Transportkosten von Neu Dehli zum Verschiffungshafen Mumbai	1.470,00
Seefracht Hamburg	6.850,00
Seeversicherung	650,00
Lagerkosten Mumbai	630,00
Umschlagkosten Mumbai	450,00
CIF-Wert	107.750,00

(8 P., je 1 P. pro Bestandteil)

e Auf dem Konnossement muss der Vermerk „Fracht bezahlt" (Freight prepaid) enthalten sein, weil aufgrund des Incoterms CIF der Exporteur die entstehenden Kosten bis zum benannten Bestimmungshafen zu tragen hat. (2 P.)

f Zu Gunsten von Wellgarden GmbH als Importeur, weil dieser ab der Verladung der Ware an Bord des Schiffes in Mumbai die Gefahren trägt. (2 P.)

g 110 % des CIF-Wertes = 110 % von 107.750,00 USD = 118.525,00 USD (2 P.)

h Da es sich bei dem Qualitätszertifikat um ein vom Exporteur auf Wunsch der Wellgarden GmbH beschafftes Dokument handelt, muss auch sie hierfür die Kosten tragen. (2 P.)

i Rechnungsbetrag: 107.750,00 + 80,00 = 107.830,00 USD (1 P.)

Der Rechnungsbetrag muss neben dem CIF-Preis noch die Kosten für die Erstellung des Qualitätszertifikats berücksichtigen.

107.830,00/1,0170 = 106.027,53 EUR (1 P.)

106.027,53 EUR (1 P.)
+   530,14 EUR

106.557,67 EUR (1 P.)

j • Das Kursrisiko kann ggf. eingeschränkt werden, da sich Kompensationsmöglichkeiten aufgrund von USD-Zahlungseingängen sowie -Zahlungsausgängen ergeben können.

- Der Umrechnungsverlust (Kurschnitt aus der Differenz zwischen Geld- und Briefkurs) bei An- und Verkauf der Devisen wird vermieden.

- Es fällt für den An- und Verkauf der Devise keine Courtage an.

- Es besteht die Möglichkeit, der kurzfristigen Kreditaufnahme in USD bzw. zur kurzfristigen Geldanlage von USD jeweils zu US-Zinssätzen, die günstiger sein könnten als EUR-Zinsen. (4 P., je 2 P.)

45. Fall (35 Punkte)

a
- Zahlungsrisiko:
Risiko, dass die Müller & Cloppenburg OHG die Ware an den amerikanischen Vertragspartner liefert, jedoch die Zahlung nicht erhält

- Abnahmerisiko:
Risiko, dass der Importeur in den USA die Ware nicht abnimmt/abnehmen will, die Ware jedoch schon transportiert worden ist, was Folgekosten mit sich bringt (Lagerkosten, Kosten für den Weiterverkauf, ggf. Verderb der Ware etc.)

- Kurs-/Währungsrisiko:
Risiko, dass der Zahlungseingang in USD bei Fälligkeit des Rechnungsbetrages aufgrund der Wechselkursschwankungen sich ungünstig entwickelt und die Müller & Cloppenburg OHG einen niedrigeren Gegenwert in EUR erhält als ursprünglich kalkuliert

- Transportrisiko:
Risiko, dass die Ware auf dem Transportweg beschädigt oder zerstört wird bzw. verloren geht.
(4 P., je erläutertem Risiko 2 P.)

b
- Bei den dokumentären Zahlungsformen handelt es sich um Zug-um-Zug-Geschäfte: Der Exporteur stellt Dokumente bereit, die das Eigentum und die Verfügungsgewalt über die Ware verbriefen.

- Der Importeur erhält die Dokumente nur gegen Zahlung des Kaufpreises. (2 P.)

c

	Dokumenteninkasso (d/p)	Dokumentenakkreditiv
ca	Der Exporteur beauftragt sein Kreditinstitut, den Gegenwert für die eingereichten Dokumente zulasten des Importeurs einzuziehen. (1 P.)	Der Importeur beauftragt sein Kreditinstitut, ein unwiderrufliches, bedingtes, abstraktes Schuldversprechen abzugeben. (1 P.)
cb	Der Exporteur erhält nur dann eine Zahlung, wenn der Importeur die vom avisierenden Kreditinstitut angedienten Dokumente aufnimmt. (2 P.)	Der Exporteur hat eine Zahlungssicherheit aufgrund des Akkreditivversprechens des eröffnenden Kreditinstituts, sofern die Akkreditivbedingungen erfüllt werden. (2 P.)
cc	Die Kreditinstitute prüfen lediglich, ob die erhaltenen Dokumente den im Inkassoauftrag aufgelisteten Dokumenten nach Art und Anzahl entsprechen. (2 P.)	Das eröffnende sowie das benannte Kreditinstitut prüfen alle im Akkreditiv vorgeschriebenen Dokumente hinsichtlich der Akkreditivbedingungen. (2 P.) *Zusätzlicher Hinweis:* *Die Prüfung umfasst:* • *Fristeinhaltung bei Dokumenteneinreichung und bei Verladung* • *Vollständigkeit der Dokumente* • *inhaltliche Stimmigkeit untereinander* • *inhaltliche Prüfung hinsichtlich der Bedingungskonformität (Akkreditiveröffnung lt. Kaufvertrag, ERA)* • *formale Ordnungsmäßigkeit*

(insgesamt 10 P)

d Bei einem bestätigten Akkreditiv wird dieses zusätzlich vom avisierenden Kreditinstitut (= Bank des Exporteurs) bestätigt.
Durch die Bestätigung wird das Zahlungsrisiko minimiert, da das avisierende KI ein zusätzliches, abstraktes, bedingtes Zahlungsversprechen abgibt für den Fall, dass das eröffnende KI keine Zahlung leistet.
Bei einem unbestätigten Akkreditiv geht das avisierende Kreditinstitut keinerlei Zahlungsversprechen ein. (2 P.)

e
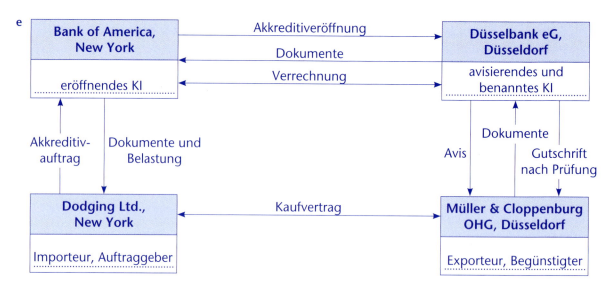

(13 P., je Beschriftung/Pfeil 1 P.)

f Solange die Ware noch nicht ausgeliefert wurde, hat der Absender unter Vorlage des 3. Originals ein Dispositionsrecht und kann die Ware umleiten, anhalten oder zurückrufen.
Dieses Dispositionsrecht kann vom Absender nicht mehr ausgeübt werden, wenn er seine Ausfertigung aus den Händen gibt. (2 P.)

g
- Das Schuldversprechen der eröffnenden Bank erlischt. Die Müller & Cloppenburg OHG hat dadurch wieder das Zahlungs- sowie Abnahmerisiko.
- Gegebenenfalls kann der Auftrag als Inkasso durchgeführt werden, wenn die Dokumente dem amerikanischen Importeur angedient werden und dieser sie aufnimmt. (2 P.)

46. Fall (35 Punkte)

a Bei CIF Taipeh hat die ROLLMAX GmbH
- die ordnungsgemäß verpackte Ware
- bis zum Bestimmungshafen Taipeh auf eigene Kosten zu senden,
- den Seeweg zu versichern und die Kosten der Seeversicherung zu tragen,
- den Importeur als Begünstigten der Versicherung anzugeben, da er die Risiken ab Verladung der Ware (Absetzen auf dem Schiff) im Verschiffungshafen trägt. (4 P.)

ba Anzahlung (1 P.)

bb offenes Zahlungsziel (1 P.)

ca Aussteller ist Taiwan Modern Bank, Taipeh. (2 P.)

cb Bezogene Bank ist die Chase Manhattan Bank in New York/USA. (2 P.)

d Der Vermerk stellt eine einfache Kreuzung des Bankenorderschecks dar. Hiermit wird die bezogene Bank angewiesen, den Scheck nur einer anderen Bank oder einem eigenen Kunden gutzuschreiben. In Deutschland wird die Kreuzung wie ein Verrechnungsvermerk behandelt, das heißt, die bezogene Bank darf den Scheck nicht bar einlösen. (4 P.)

e Prüfung
- der Urkunde auf Vollständigkeit und Echtheit,
- des Vorlagedatums (Vorlegungsfrist 70 Tage ab Ausstellungsdatum),
- der Indossamentenkette auf Lückenlosigkeit.

Das letzte Indossament muss von einem zu scheckrechtlichen Erklärungen Berechtigten der ROLLMAX GmbH zugunsten der Kreditbank AG ausgestellt sein. (4 P.)

Auslandsgeschäft – Lösungen

f Die Kreditbank trägt ein Kursrisiko, da bis zum Eingang des Scheckgegenwertes der Wert des USD sinken kann. Aufgrund der relativ kurzen Zeitspanne schätzt die Kreditbank das Kursrisiko vermutlich als gering ein.

Falls der Scheck unbezahlt zurückkommt, trägt die Kreditbank ein Rückbelastungsrisiko für den Fall, dass die ROLLMAX GmbH bereits über den Gegenwert verfügt hat. Das Risiko der Nichteinlösung des Schecks ist allerdings gering, da mit der Taiwan Modern Bank eine Bank mit erstklassiger Bonität der Scheckschuldner ist. (4 P.)

g ga 1,0410   Briefkurs + 0,003 (2 P.)

gb 191.546,59 EUR   200.000/ga = 192.122,96 – 576,37 Provision (2 P.)

h Der Exporteur erhält für die in sechs Monaten zu liefernde Devise heute bereits von seiner Bank einen Umrechnungskurs zugesichert. Damit hat er Gewissheit über den EUR-Wert seines Exporterlöses. (3 P.)

ia 1,3437

$$1,0380 + \frac{1,0380 \cdot 0,85 \cdot 6}{12 \cdot 100} = 1,0424$$

(3 P.)

ib 383.729,85 EUR   400.000/ia (3 P.)

47. Fall (31 Punkte)

a

aa	Möbelgroßhandel OHG, Düsseldorf	7, 8
ab	Sales and More Inc., Vancouver	6, 9
ac	Düsselbank eG, Düsseldorf	2, 3, 4
ad	Canadian National Bank, Vancouver	1,
ae	Bank of Canada, Toronto	5

(9 P., 1 P. je richtige Zuordnung)

b
- Voller Satz:
  Alle ausgestellten Originalkonnossemente, gegen deren Vorlage der Erhalt der Ware möglich ist, müssen eingereicht werden. (2 P.)

- Clean:
  Bestätigung des Kapitäns/der Reederei, dass die Ware und die Verpackung bei der Übernahme an Bord in äußerlich intaktem Zustand waren (2 P.)

- Bordkonnossement:
  Bestätigung des Kapitäns/der Reederei, dass die Ware an Bord des namentlich genannten Schiffes übernommen worden ist (2 P.)

- An Order ausgestellt und blanko indossiert:
  Das Konnossement wird durch diesen Vermerk zum Orderpapier (ohne Klausel: Rektapapier), durch das Blankoindossament kann das Konnossement wie ein Inhaberpapier übertragen werden. (2 P.)

c
- Da die Benutzbarkeit in Düsseldorf bei der Düsselbank eG ist, müssen die Dokumente dort vorliegen. (2 P.)

- Die Dokumente müssen gem. ERA spätestens am 09.10. (= 18.09. + 21 Tage) bei der Düsselbank eG vorliegen. (2 P.)

d Nicht negoziierbar/nicht begebbar /nicht „einlösbar"/not negotiable:
Das Dokument verbrieft kein Eigentum und berechtigt nicht zum Empfang der Ware. Es handelt sich daher auch nicht um Original-Konnossemente. (2 P.)

e 1. Ermittlung der Cross-Rate:

→ 1. Tausch: CAD in USD: Verkauf USD, Ankauf CAD: Geldkurs

→ 2. Tausch: USD in EUR: Verkauf EUR, Ankauf USD: Briefkurs

x CAD = 1 EUR
1 EUR = 1,4139 USD
0,9543 USD = 1 CAD

x = 1,4139/0,9543 = 1,4816 CAD (Bankenkurs) (2 P.)

2. Ermittlung des Kundenkurses:
1,4816 + 0,0015 = 1,4831 CAD (1 P.)

3. Kundenabrechnung:
320.000,00 CAD/1,4831 = 215.764,28 EUR (1 P.)
abzgl. Courtage = 53,94 EUR (1 P.)
→ Gutschriftbetrag = 215.710,34 EUR (1 P.)

f Sinnvoll wäre der Abschluss eines Devisenoptionsgeschäftes EUR-Call-Option auf den CAD, amerikanische Version, Laufzeit drei Monate.

Die Möbelgroßhandel OHG hätte dann bei Vorlage der Dokumente und Fälligkeit des Akkreditivgegenwertes die Option ausüben oder – bei einem günstigeren Kassakurs – verfallen lassen können. (2 P.)

(Da der Zeitpunkt der Zahlung nicht genau bestimmt ist und es nur ein Verfalldatum gibt, ist ein Termingeschäft mit einem fixen Erfüllungszeitpunkt weniger sinnvoll.)

48. Fall (25 Punkte)

a aa CIF Hamburg (2 P.)

ab Dokumentenakkreditiv mit hinausgeschobener Zahlung (deferred payment Akkreditiv) (2 P.)

b 1,0596 (Mitte Oktober – Mitte Januar = drei Monate) (3 P.)

c 376.000,00 USD, Kurs 1,0596
354.850,89 EUR Gegenwert
+   88,71 EUR Courtage
+   100,00 EUR Spesen

355.039,60 EUR (4 P.)

d • Vermeidung des beim An- und Verkauf von Devisen anfallenden Geld/Brief-Kursschnitts

• Vermeidung der beim An- und Verkauf von Devisen anfallenden Courtage

• Einschränkung des Kursrisikos aufgrund der Kompensation von USD-Zahlungseingängen und -ausgängen

• Möglichkeit der kurzfristigen USD-Geldanlage bzw. Kreditaufnahme zum jeweils aktuellen USD-Zinssatz (8 P.)

e Das auf dem USD-Konto vorhandene Guthaben wird auf dem USD-Nostrokonto der Rheinbank bei ihrer Korrespondenzbank, also in den USA, gehalten.

Für die Meta Plan GmbH handelt es sich um ein reines Devisenkonto, über das sie grundsätzlich nicht unmittelbar selbst, sondern nur mittelbar durch die Rheinbank verfügen kann.

• Ein- und Auszahlungen von USD-Sorten über dieses Konto sind in Deutschland daher nicht möglich.

• Das Inkasso von Schecks kann dagegen über das USD-Konto erfolgen, indem die Rheinbank die von ihren Kunden angekauften oder zum Inkasso eingereichten Schecks von ihrer Korrespondenzbank einziehen und ihrem Konto gutschreiben lässt.

• USD-Schecks können grundsätzlich nicht von der Meta Plan GmbH, sondern nur von der Rheinbank (Bankenorderscheck) ausgestellt werden.

Die Meta Plan GmbH kann sich jedoch im Rahmen ihres USD-Guthabens von der Rheinbank derartige Bankenorderschecks für ihre Zwecke zur Verfügung stellen lassen. (6 P.)

49. Fall (40 Punkte)

a

	Dokumentenakkreditiv	Dokumenteninkasso
Risiko des Importeurs	Erfüllungsrisiko: Er hat keine Möglichkeit, vor seiner Zahlung die Ware auf ihre vertragskonforme Qualität prüfen zu können.	
Risiko des Exporteurs	sehr gering aufgrund des bedingten abstrakten Schuldversprechens der Importeurbank	Erfüllungsrisiko: Nichtaufnahme der Dokumente durch den Importeur
Funktion der Importeurbank	leistet zugunsten des Exporteurs das Akkreditivversprechen	Inkassofunktion
Funktion der Exporteurbank	Avisierung des Akkreditivs ggf. Zahlstelle ggf. Akkreditivbestätigung	Inkassofunktion
Dokumentenprüfung durch die beteiligten Kreditinstitute	Prüfung auf Vollständigkeit, Konformität mit den Akkreditivbedingungen und Stimmigkeit untereinander	Prüfung auf Vollzähligkeit

(12 P.)

b Die Zahlungswilligkeit/-fähigkeit des Importeurs unterliegt keinem Zweifel. (2 P.)

c

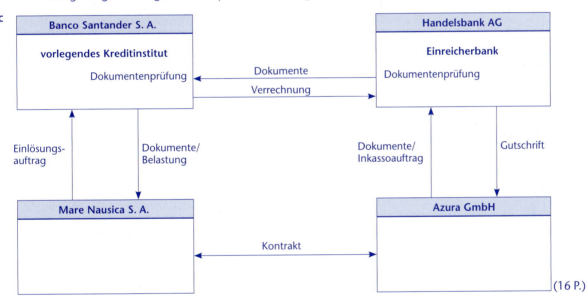

(16 P.)

d
- Mitversichert ist der „imaginäre", entgangene Gewinn des Importeurs.
- Hierdurch wird die Zug-um-Zug-Erfüllung gesichert: Die Banco Santander erteilt erst dann eine Freigabe der Ware, wenn der Importeur die Dokumente aufnimmt bzw. Zahlung leistet. (6 P.)

e

85.600,00 EUR	Inkassogegenwert
− 150,00 EUR	Inkassoprovision
85.450,00 EUR	Gutschriftsbetrag der Handelsbank für die Azura GmbH

85.600,00 EUR	Inkassogegenwert
+ 214,00 EUR	Inkassoprovision
85.814,00 EUR	Belastungsbetrag der Banco Santander für die Mare Nausica S. A.

(4 P.)

50. Fall (33 Punkte)

a Hier liegt eine Zahlungsabwicklung auf Akkreditivbasis vor. Die Impex Handelsgesellschaft mbH, Dresden, (Exporteur und Akkreditivbegünstigte) hat Waren im Werte von 330.000,00 USD an Agneta Electronic Magazin, Stockholm/Schweden (Importeur und Auftraggeber des Akkreditivs), geliefert. Die Svenska Bank (eröffnende Bank) verpflichtet sich, gegen rechtzeitige Vorlage akkreditivkonformer Dokumente den Akkreditivbetrag zu zahlen. Die Elbebank ist zugleich avisierende Bank und Zahlstelle. (4 P.)

ba Der Exporteur vermeidet das Zahlungsrisiko. Er ist durch das bedingte, abstrakte Schuldversprechen der Svenska Bank, Stockholm/Schweden, geschützt. Er gibt die Dokumente Zug um Zug gegen Zahlung des Akkreditivbetrags her. (3 P.)

bb Der Importeur kann sichergehen, dass der Exporteur nur dann Geld erhält, wenn er rechtzeitig liefert. Die beigefügten Dokumente geben ihm Anhaltspunkte für die Ordnungsgemäßheit der Lieferung. (3 P.)

c Bonitätsrisiko hinsichtlich der eröffnenden Bank:
Die Zahlungsfähigkeit der Svenska Bank, Stockholm/Schweden, ist für den Exporteur schlecht einzuschätzen.
Währungsrisiko: Da in USD fakturiert ist, können Kursschwankungen den Exporterlös reduzieren. (4 P.)

d Der Exporteur kann seinen Anspruch aus dem Akkreditiv auf einen Dritten, zum Beispiel seinen Vorlieferanten, abtreten. (2 P.)

e Es wurde das Incoterm FOB Sassnitz vereinbart.

Der Exporteur hat die ordnungsgemäß verpackten Videorekorder in Sassnitz auf das vom Importeur benannte Schiff rechtzeitig zu bringen und alle für die Ausfuhr erforderlichen Dokumente zu besorgen. Bis zur Verladung der Videorekorder an Bord des Schiffes hat der Exporteur alle anfallenden Kosten sowie das Risiko zu tragen.

Der Importeur hat den Schiffsraum zu besorgen und die Kosten des Seetransports, der Verzollung bei der Einfuhr nach Schweden sowie des Transports bis Stockholm zu übernehmen. Da das Risiko bereits im Hafen von Sassnitz auf ihn übergegangen ist, wird er für eine Transportversicherung im eigenen Interesse sorgen und die dabei anfallenden Kosten übernehmen. (6 P.)

f Die Elbebank wird der Impex Handelsgesellschaft mbH Dresden die Akkreditiveröffnung avisieren und ihre Dienste als Zahlstelle anbieten. (2 P.)

g Übereinstimmung der geforderten mit den vorgelegten Dokumenten
Vollständigkeit betreffend die Anzahl der zu liefernden Ausfertigungen
Plausibilität untereinander (3 P.)

h Die Dokumente wurden zu spät vorgelegt. Sie hätten spätestens zwei Tage nach Transportbeginn präsentiert werden müssen. Dieser Verstoß gegen die Akkreditivbedingungen führt dazu, dass die Elbebank keine Zahlung leisten darf. (2 P.)

i • Die Elbebank bemüht sich um die Zustimmung zur Abänderung der Vorlagefrist durch die Beteiligten.

• Die Elbebank nimmt die Dokumente zum Inkasso herein. (4 P.)

Prüfungsbereich Bankwirtschaft
Teil II: Programmierte Aufgaben Lösungen

1 Kontoführung und Zahlungsverkehr

1. Aufgabe (9 Punkte)

a [1]   b [1]   c [2]   d [4]   e [5]

f [1]   g [3]   h [1]   i [3]   (je 1 P.)

2. Aufgabe (4 Punkte)

[2] und [5]   (je 2 P.)

zu [4]: Wirtschaftlich Berechtigte erhalten keine Auskunft über Anderkonten.

zu [6]: In Zivilprozessen (hier: Sozialgericht) wird keine Auskunft erteilt.

3. Aufgabe (7 Punkte)

a [3]

ba [4]   bb [2]   bc [5]

c [1] (Es ist nur die Existenz des Schließfaches anzuzeigen.)

da [1]   db [4]   (je 1 P.)

4. Aufgabe (4 Punkte)

[1] und [5]   (je 2 P.)

5. Aufgabe (4 Punkte)

a   21.678,00   8.900 + 98 + 12.422 + 258   (3 P.)

b   12.10.20..   (1 P.)

6. Aufgabe (7 Punkte)

a [2] b [9] c [2] d [1] e [3] f [3] g [1]   (je 1 P.)

7. Aufgabe (5 Punkte)

a [3]   (2 P.)

Jede Person kann ein Pfändungsschutzkonto eröffnen, das der Schufa gemeldet wird. Möglich ist nur die Umwandlung vorhandener Konten. Bis zum monatlichen Grundfreibetrag kann frei verfügt werden, unpfändbare Sozialleistungen erhöhen den Betrag.

b 1.253,68
   Grundfreibetrag August: 1.073,88 EUR
   zzgl. Rest Juli: 1.045,04 – 836,40 =   237,48 EUR
   Pfändungsfreibetrag August: 1.311,36 EUR   (3 P.)

Kontoführung und Zahlungsverkehr – Lösungen

8. Aufgabe (14 Punkte)

a [3]

b [4] SEPA-Basis-Lastschriften können innerhalb von acht Wochen nach Belastung zurückgegeben werden.

c [3] SEPA-Zahlungen werden mit IBAN und ggf. BIC abgewickelt.

d [2]

e [3]

f [2]

g [3]

h [4]

i [3]

j [4] Das Mandat kann bereits abgelaufen oder widerrufen sein.

k [3]

l [3]

m [3]   (je 1 P.)

9. Aufgabe (8 Punkte)

a 20.11.20.. (Montag)
Ausführungsfrist für Euro-Zahlung im EWR max. 1 Geschäftstag + 1 Tag wegen beleghafter Zahlung   (2 P.)

b 22.11.20.. (Mittwoch)
Ausführungsfrist für Fremdwährungszahlungen im EWR max. vier Tage, keine Verlängerung bei beleghafter Zahlung   (2 P.)

c 470 : 0,8068 = 582,55 EUR   (2 P.)

d [3]   (2 P.)

10. Aufgabe (6 Punkte)

a 463,00 EUR   (2 P.)

Bei Abweichung zwischen der Schecksumme in Worten und Ziffern ist der Betrag in Worten maßgeblich.

b 26.01.20..   (2 P.)

Vorlegungsfrist acht Tage, Verlängerung auf Montag wegen des Wochenendes

c [5]   (2 P.)

- zu [1]: Das KI darf den Scheck nach Ablauf der Vorlegungsfrist einlösen, ist aber nicht dazu verpflichtet.

- zu [2]: Der Vermerk „keine Barauszahlung" ist gleichbedeutend mit dem Hinweis „nur zur Verrechnung".

- zu [3]: Die Indossamentenkette wird nur bei Orderschecks geprüft.

- zu [4]: Die Auszahlung kann an jeden rechtmäßigen Vorleger erfolgen.

11. Aufgabe (4 Punkte)

a 5 (2 P.)

Der Verlust ist unverzüglich dem zentralen Sperrannahmedienst zu melden, bei Diebstahl ist eine Anzeige bei der Polizei erforderlich.

b 2 (2 P.)

Bis zur Sperranzeige ist die Haftung gem. BGB auf 150,00 EUR beschränkt (Ausnahme: grobe Fahrlässigkeit). Danach keine Haftung für Schäden, Geldkartenguthaben werden nicht erstattet.

12. Aufgabe (6 Punkte)

a 3 (2 P.)

Bei Beanstandungen ist die Bank ist zur Prüfung des Abschlusses verpflichtet, der Kunde muss Einwendungen unverzüglich nach Feststellung schriftlich geltend machen. Die Frist für Widersprüche beträgt sechs Wochen nach Zugang des Abschlusses, es reicht die rechtzeitige Absendung innerhalb der Frist.

b 0,12 EUR

Valuta	Vorgang		Saldo
28.06.	Tagessaldo alt		47,45 EUR
28.06.	GA-Verfügung	–400,00 EUR	
28.06.	Tagessaldo		–352,55 EUR
29.06.	Scheckeinreichung	430,00 EUR	
29.06.	LS-Abbuchung	–124,30 EUR	
29.06.	Gutschrift Bezüge	2.261,70 EUR	
29.06.	Tagessaldo		2.214,85 EUR

Es liegt eine valutarische Überziehung vor, Überziehungszinsen für einen Zinstag:

$$352{,}55 \cdot 12{,}3 \cdot \frac{1}{360 \cdot 100} = 0{,}12 \text{ EUR}$$

(4 P.)

13. Aufgabe (6 Punkte)

a 6.500,00 EUR, 12 Tage = 780 #
4.000,00 EUR, 6 Tage = 240 #
1.020 #

43.732 #
–1.020 # für geduldete Überziehungen
42.712 # für genehmigte Überziehungen

$$\frac{42.712 \cdot 8}{360} = 949{,}16 \text{ EUR}$$

(3 P.)

b $\frac{1.020 \cdot 11{,}5}{360} = 32{,}58 \text{ EUR}$ (3 P.)

14. Aufgabe (6 Punkte)

a 12.700,00 EUR   (3.400 – 2.900 – 4.200 – 14.200 + 5.200) (2 P.)

b 8 Tage   22.10. (Wert) bis 30.10. (1 P.)

c 36,55 EUR   14.000 zu 10,75 % p. a. für 8 Tage = 33,44
4.000 zu 3,50 % p. a. für 8 Tage = 3,11
36,55

(3 P.)

alternativ:
36,56 EUR

10.000 zu 10,75 % p. a. für 8 Tage   23,89
4.000 zu 14,25 % für 8 Tage   12,67
36,56

2 Geld- und Vermögensanlagen

15. Aufgabe (9 Punkte)

a 525,00 EUR = 60.000 · 1,75 · 6/(12 · 100) (2 P.)

  ba 175,00 EUR = 60.000 · 1,00 · 105/(360 · 100) (2 P.)

  bb 375,00 EUR = 60.000 · 3,00 · 75/(360 · 100) (2 P.)

c $\boxed{2}$ (1 P.)

d Zinsen bei $\boxed{1}$: 175,00 EUR
   − Zinsen bei $\boxed{2}$: 525,00 − 375,00 = 150,00 EUR
   = Mehrertrag bei $\boxed{1}$: 25,00 EUR (2 P.)

16. Aufgabe (11 Punkte)

a 263,00 EUR = 26.300 · 1,00 · 360/(100 · 360) (2 P.)

b 54,79 EUR = 26.300 · 0,25 · 300/(100 · 360) (2 P.)

c 56,44 EUR = 26.300 · 0,75 · 103/(100 · 360) (2 P.)

d 11,39 EUR = (26.300 − 2.000) · 0,75 · 90/(100 · 360 · 4) (2 P.)

e 0,00 EUR Zinsertrag abzgl. Vorschusszinsen < 150,00 EUR FSA (1 P.)

f 26.440,38 EUR = 26.300,00 + 263,00 − 54,79 − 56,44 − 11,39 (2 P.)

17. Aufgabe (14 Punkte)

a 870,00 EUR (470,00 EUR + 400,00 EUR) (2 P.)

b $\boxed{4}$ (2 P.)

ca 01.08.2020   cb 31.12.2020 (4 P.)

da 20.000,00 EUR   db 20 % (4 P.)

e $\boxed{4}$ (2 P.)

18. Aufgabe (8 Punkte)

aa 870,00 EUR (2 P.)

ab 000,00 (als Studierende gehört Frau Groß nicht zum Kreis der Förderberechtigten) (1 P.)

b $\boxed{5}$ und $\boxed{8}$ (2 P.)

c $\boxed{4}$ (1 P.)

d 35.800,00 EUR (2 P.)

19. Aufgabe (8 Punkte)

a Gesamtbeitrag: 4 % von 47.500,00 = 1.900,00 EUR (max. 2.100) (2 P.)

b

Gesamtbeitrag	1.900,00 EUR
abzgl. Zulagen (154,00 + 300,00)	− 454,00 EUR
= Eigenbeitrag	= 1.446,00 EUR

(2 P.)

c $\boxed{2}$ und $\boxed{4}$

Günstigerprüfung bei einem Grenzsteuersatz von 37 %:

Gesamtbeitrag 1.900,00 · 37 % =	703,00 EUR	→ Steuervorteil durch Absetzung des Riester-Gesamtbeitrags als Sonderausgabe
abzgl. erhaltener Zulagen	– 454,00 EUR	
= Steuererstattungsanspruch	= 249,00 EUR	→ Erstattung oder Verrechnung mit übriger Steuerschuld nach Abgabe der Steuererklärung

Ergänzung: Die Rechnung ermittelt den Steuervorteil nur überschlägig. Da der Grenzsteuersatz durch die zusätzliche Absetzung des Riester-Beitrags sinkt, müsste für eine genaue Lösung die Differenz der Steuersummen bei einem Einkommen mit und ohne Absetzung des Riester-Gesamtbeitrags als Sonderausgabe berechnet werden.

(4 P.)

20. Aufgabe (12 Punkte)

a [1] und [4]

zu [2], [3] und [4]: Kinderzulagen werden automatisch dem Vertrag der Mutter zugeordnet, auf Antrag beider Eltern können sie an den Vater gezahlt werden. Voraussetzung für Kinderzulage bei Alleinerziehenden ist neben dem gemeinsamen Haushalt auch das Bestehen einer Kindergeldberechtigung.

zu [5]: Ein mittelbar zulagenberechtigter Ehepartner (abgeleiteter Zulagenanspruch) muss einen eigenen Vertrag haben.

zu [6]: Die Grundzulage wird einmalig um 200,00 EUR erhöht. (4 P.)

b 699,00 EUR (2 P.)

c 1.368,00 EUR (2 P.)

d 60,00 EUR (2 P.)

e 1.214,00 EUR

	Eigenbeitrag	+ Zulagen		= Gesamtbeitrag
Claudia Auweiler	Sockelbeitrag: 60,00 EUR	Grundzulage: 154,00 EUR	Kinderzulage: 185,00 + 300,00 = 485,00 EUR	4 % von 11.800,00 = 472,00 EUR → Summe aus Eigenbeitrag und Zulagen übersteigt Mindesteigenbeitrag → Gesamtbeitrag = 699,00 EUR
Torsten Auweiler	1.214,00 EUR	Grundzulage: 154,00 EUR	–	4 % von 34.200,00 = 1.368,00 EUR

(2 P.)

21. Aufgabe (6 Punkte)

a [2] (2 P.)

Eine Förderung von reinen Darlehensverträgen ist möglich. Bei sofortiger Versteuerung zu Beginn der Auszahlungsphase bleiben 30 % steuerfrei, die Immobilie muss in der Auszahlungsphase mindestens 20 Jahre selbst genutzt werden.

b 55.681,58 EUR
Verzinsung mit 2 % für drei Jahre:
52.470,00 · 102 · 102 · 102/(100 · 100 · 100) = 55.681,58 EUR (2 P.)

c 2.784,08 EUR
55.681,58 EUR/(85 – 65) = 2.784,08 EUR p. a. (2 P.)

22. Aufgabe (8 Punkte)

a

	Arbeitnehmerbeitrag zur gesetzlichen Rentenversicherung 49.700 · 9,35 % =	4.646,95 EUR
+	Arbeitgeberbeitrag zur gesetzlichen Rentenversicherung	4.646,95 EUR
+	weitere Beiträge zur Basisversorgung 230,00 · 12 =	2.760,00 EUR
=	gesamte Aufwendungen zur Basisversorgung	12.053,90 EUR
	davon abzugsfähiger Anteil 82 %	9.884,20 EUR
−	steuerfreier Arbeitgeberanteil zur gesetzlichen Rentenversicherung	4.646,95 EUR
=	steuerlich absetzbare Altersvorsorgeaufwendungen	8.237,25 EUR

(4 P.)

b 3 und 6

zu 1 : gilt für die Riester-Rente

zu 2 : keine Beleihung, Übertragung und Vererbung möglich

zu 3 : komplette Versteuerung ab dem Jahr 2040

zu 4 : monatliche Auszahlung der Rente

zu 5 : Kopplung mit Hinterbliebenen- oder Berufsunfähigkeitsschutz möglich

(4 P.)

23. Aufgabe (4 Punkte)

1 und 5

Bundesanleihen sind nicht als Wertpapiere verbrieft, die Laufzeit beträgt mindestens zehn Jahre, die Zinszahlung und Versteuerung erfolgt jährlich, bei inflationsindexierten Bundesanleihen wird der Kupon angepasst.

24. Aufgabe (7 Punkte)

a 22.08.20.. (2 P.)

b 8.779,11 EUR (5 P.)

Kurswert: 8.000,00 · 108,46 % =	8.676,80 EUR
zzgl. Stückzinsen vom 04.02.–21.06. jeweils einschließlich 138 Tage act/act zu 1,75 %	52,93 EUR
= ausmachender Betrag	8.729,73 EUR
zzgl. Prov. 0,5 % vom Kurswert	43,38 EUR
zzgl. Court. 0,75 ‰ vom Nennwert	6,00 EUR
= Belastung	8.779,11 EUR

25. Aufgabe (2 Punkte)

4

- Stückzinsen bei Verkauf:
  vom 04.02.–27.10. jew. einschließlich, 266 Tage act/act zu 1,75 % = 102,03 EUR

- Kauf: Neg. Kapitalertrag i. H. v. 52,93 im allgemeinen Verlustverrechnungskonto

- Verkauf: Verrechnung mit allg. Verlustverrechnungskonto, danach Belastung des FSA

26. Aufgabe (6 Punkte)

a 2   b 2

zu 6 : Die Erträge aus der Lebensversicherung (Ablaufleistung abzüglich eingezahlter Prämien) sind zur Hälfte steuerpflichtig, wenn das Endalter über 62 J. liegt und die Laufzeit größer als 12 J. ist. (je 3 P.)

27. Aufgabe (2 Punkte)

2 Die Verwahrung und Verwaltung erfolgt im offenen Depot, üblich ist die Drittverwahrung als Girosammelverwahrung durch die Clearstream Banking.

28. Aufgabe (2 Punkte)

4

zu 1 : Nur bei vinkulierten Namensaktien ist die Zustimmung der Gesellschaft erforderlich.

zu 2 : Das erforderliche Indossament wird durch Blankoindossament oder Blankozessionserklärung ersetzt, die Aktien werden dadurch zu „technischen" Inhaberpapieren, anstelle der Übergabe erfolgt die Depotgutschrift.

zu 3 und 5 : Als Dauerglobalurkunde verbriefte Aktien können im Effektengiroverkehr übertragen werden, die Auslieferung effektiver Stücke ist ausgeschlossen, eine Emission als Wertrecht ist nur für Bundeswertpapiere möglich.

29. Aufgabe (2 Punkte)

1

zu 2 : Maßgeblich ist der Besitz am 21. Tag vor der Hauptversammlung.

zu 3 : Es entscheidet die Mehrheit des anwesenden Kapitals.

zu 4 : Entschieden wird über die Verwendung des Bilanzgewinns.

zu 5 : Das Bezugsrecht kann auf Beschluss der Hauptversammlung ausgeschlossen werden, außerdem bei kleinen Emissionen oder falls der Preis nur geringfügig unter dem Aktienkurs liegt.

30. Aufgabe (8 Punkte)

a 4   b 3   c 5   d 6   e 1   f 9   g 2   h 7   (je 1 P.)

31. Aufgabe (4 Punkte)

2 und 3

zu 5 : Die Kirchensteuer muss ab 2015 grundsätzlich über das KI abgeführt werden. Ist das Kirchensteuerabzugsmerkmal beim Bundeszentralamt gesperrt, fordert das Finanzamt den Anleger zur Abgabe einer Steuererklärung auf.

zu 6 : Bei Kirchensteuerpflicht reduziert sich der KESt-Satz, da die Kirchensteuer als Sonderausgabe abzugsfähig ist.

32. Aufgabe (6 Punkte)

a 160,00 EUR = 40.000,00 · 1,6 · 3/(100 · 12) (2 P.)

b 20,54 EUR = (a − 76,00) · 24,45 %   (auf 2 Nachkommastellen kfm. gerundet) (1 P.)

c 1,12 EUR = b · 5,5 %   (nach 2. Nachkommastelle abgeschnitten) (1 P.)

d 1,85 EUR = b · 9 %   (auf 2 Nachkommastellen kfm. gerundet) (1 P.)

e 136,49 EUR = a − b − c − d (1 P.)

33. Aufgabe (6 Punkte)

a

Datum	Vorgang	KESt in EUR	Freistellungsauftrag in EUR	Allgemeines Verlustverrechnungskonto in EUR	Aktienverlustverrechnungskonto in EUR	Steuerverrechnungskonto in EUR
01.01.	Vortrag	–	801,00	500,00	300,00	–
15.02.	Kursgewinn Zertifikat 900,00 EUR	0,00	2. Schritt: aa) 401,00	1. Schritt: ab) 0,00	ac) 300,00	ad) 0,00

(3 P.)

b

Datum	Vorgang	KESt in EUR	Freistellungsauftrag in EUR	Allgemeines Verlustverrechnungskonto in EUR	Aktienverlustverrechnungskonto in EUR	Steuerverrechnungskonto in EUR
01.01.	Vortrag	–	600,00	0,00	400,00	–
12.07.	gezahlte Stückzinsen	0,00	ba) 600,00	bb) 340,00	bc) 400,00	bd) 0,00

(3 P.)

34. Aufgabe (10 Punkte)

a

Datum	Vorgang	KESt in EUR	Freistellungsauftrag in EUR	Allgemeines Verlustverrechnungskonto in EUR	Aktienverlustverrechnungskonto in EUR	Steuerverrechnungskonto in EUR
01.01.	Vortrag	–	400,00	700,00	900,00	–
19.08.	Kursgewinn Aktien 2.400,00 EUR	4. Schritt: 400,00 · 25 % = 100,00	3. Schritt: 0,00	2. Schritt: 0,00	1. Schritt: 0,00	4. Schritt: 100,00
04.10.	Kursverlust Aktien 700,00 EUR	1. Schritt: Erstattung 100,00	2. Schritt: aa) 300,00	ab) 0,00	ac) 0,00	1. Schritt: ad) 0,00

(4 P.)

b

Datum	Vorgang	KESt in EUR	Freistellungsauftrag in EUR	Allgemeines Verlustverrechnungskonto in EUR	Aktienverlustverrechnungskonto in EUR	Steuerverrechnungskonto in EUR
01.01.	Vortrag	–	600,00	200,00	0,00	–
21.02.	Aktiengewinn 1.600,00 EUR	steuerfrei, da Erwerb vor 01.01.2009	600,00	200,00	0,00	0,00
05.05.	Kursgewinn Fonds 1.400,00 EUR	3. Schritt: 600,00 · 25 % = 150,00	2. Schritt: 0,00	1. Schritt: 0,00	0,00	150,00
17.09.	Kursverlust Aktien 900,00 EUR	Verrechnung nur mit Aktiengeschäften! 0,00	Wiederaufleben nur bei Minderung durch Aktiengewinne! ba) 0,00	bb) 0,00	2. Schritt bc) 900,00	bd) 150,00

(4 P.)

35. Aufgabe (4 Punkte)

237,37 EUR (4 P.)

Für den Verkauf von 800 Stück am 21.12.2009 wurden aus dem Depot unter Anwendung des FIFO-Prinzips zuerst entnommen

die am 20.01.2008 gekauften 100 Stück, (nicht steuerpflichtig, da Altfall)
danach die am 17.03.2010 gekauften 500 Stück, (Kursverlust (51 – 52) · 500 = – 500,00)
danach noch 200 Stück (Kursgewinn (51 – 44) · 200 = 1.400,00)
aus dem Kauf vom 22.05.2012.

Kursverlust	– 500,00
Kursgewinn	1.400,00
Bemessungsgrundlage	900,00
25,0 % KESt	225,00
5,5 % SolZ	+ 12,37
Steuersumme	237,37

36. Aufgabe (6 Punkte)

a 4 (2 P.)

Das allgemeine Marktrisiko des Aktienmarkts besteht weiterhin. Eine Teilnahme an Hauptversammlungen ist nicht möglich. Die Verwaltung der Effekten und Ausgabe der Anteile erfolgen durch die Depotbank. Die Vergütung der KAG erfolgt durch eine jährliche Verwaltungsgebühr.

b 50,22 EUR = (23.598.670,00 + 2.144.930,00)/512.650 (2 P.)

c 52,23 EUR = 50,22 · 104 % (2 P.)

37. Aufgabe (9 Punkte)

a 5:1 (1 P.)
500,00 EUR nom. alte Aktien berechtigen zum Bezug von 100,00 EUR nom. Wandelanleihe, das entspricht einem Bezugsverhältnis von 5:1.

b 250 Mio. EUR (1 P.)
1 Mrd. EUR Wandelanleihe berechtigt zum Bezug von jungen Aktien im Verhältnis 4:1.
4/1 = 1 Mrd./x
x = 1 Mrd./4 = 250 Mio. EUR

c 6,00 (1 P.)
Wandlungsverhältnis 4:1
400 nom. Wandelanleihe : 100 nom. Aktien = 100 Stück Aktien + 200,00 Zuzahlung
400 + 200 = 600/100 = 6,00

d 20.000 (1 P.)
x : 4.000 = 5 : 1   x = 20.000 Bezugsrechte

e 1.500 Mio. EUR (2 P.)
Das Grundkapital erhöht sich um 250 Mio. EUR (vgl. b). Da der Wandlungspreis 6,00 EUR je Aktie mit einem Nennwert von 1,00 EUR beträgt, gehen die 5,00 EUR Differenz in die Rücklagen (5 · 250 = 1.250 Mio. EUR). Insgesamt erhöht sich also das Eigenkapital (Grundkapital und Rücklagen) um 1.500 Mio. EUR.

fa 273 (2 P.)
4.227 : x = 5 : 1   x = 845,40
Die nächsthöhere darstellbare Wandelanleihe hat einen Nominalwert von 900,00 EUR.
x : 900 = 5 : 1   x = 4.500
Ein Anleger benötigt 4.500 Bezugsrechte, um 900,00 EUR nom. Wandelanleihe zu kaufen.
Ihm fehlen 4.500 – 4.227 = 273 Bezugsrechte.

fb 225 (1 P.)
Bei nom. 900,00 EUR Wandelanleihen und einem Wandlungsverhältnis von 4:1 kann er 900/4 = 225 junge Aktien beziehen.

38. Aufgabe (9 Punkte)

a ☐ 3 (2 P.)

Die EUREX tritt in die Geschäfte ein und haftet für die Erfüllung der jeweiligen Lieferverpflichtung.

b ☐ 6 (4 P.)

Wenn Martin Schlüter die Option verfallen lässt, verliert er 5.000 · 8 = 40.000,00 EUR. Bei Ausübung kann er die bezogenen Aktien, für die er nur 5.000 · 62,00 = 310.000,00 EUR zahlt, zu 68,00 EUR das Stück verkaufen.

Verkaufserlös 5.000 · 68,00	340.000,00 EUR
Bezug der Aktien über die Ausübung der Option 5.000 · 62,00	– 310.000,00 EUR
Optionsprämie 5.000 · 8,00	– 40.000,00 EUR
Verlust	10.000,00 EUR

39. Aufgabe (8 Punkte)

aa 9:1   144:16 (1 P.)

ab 5,45

Dividendennachteil = 1,80/12 · 10 = 1,50

rechn. Wert des Bezugsrechtes = $\dfrac{276,00 - 220,00 - 1,50}{9/1 + 1}$ = 5,45 (2 P.)

b

	Stück	Kurswert
Verkauf Bezugsrechte	11.945	70.475,50
Kauf junge Aktien	320	70.400,00
Gutschrift auf dem Girokonto 1234567 in EUR		75,50

Geld- und Vermögensanlagen – Lösungen

Lösungsweg

aktueller Kurswert der Bezugsrechte
14.825 · 5,90 = 87.467,50

finanzieller Aufwand für eine junge Aktie:
9 Bezugsrechte · 5,90 =   53,10
+ Vorzugskurs   220,00
Gesamt   273,10

87.467,50/273,10 = 320,2

Der Aktionär kann 320 junge Aktien beziehen. Hierfür braucht er 320 · 9 = 2.880 Bezugsrechte.
Er kann 14.825 – 2.880 = 11.945 Bezugsrechte verkaufen und erzielt hierfür 11.945 · 5,90 = 70.475,50 EUR.

Verkaufserlös nicht benötigter Bezugsrechte   70.475,50
Kaufpreis für 320 junge Aktien zu 220,00   70.400,00
Überschuss   75,50   (5 P.)

40. Aufgabe (10 Punkte)

a 6.720 Mio. EUR
9.600 · 7/10 = 6.720 Mio. EUR   (2 P.)

b 25,90 EUR
Berichtigungsabschlag: 37/(7/3 + 1) = 11,10 EUR
Kurs exBA: 37 – 11,10 = 25,90 EUR   (2 P.)

c 372 Stück
870 · 3/7 = 372,86 → 372 Stück   (2 P.)

d 6/7 = 0,86 Stück   (1 P.)

e 17,27 EUR
Verkauf von 0,86 Teilrechten: 0,86 · 25,90 =   22,27 EUR
abzgl. Provision   5,00 EUR
Gutschrift   17,27 EUR   (3 P.)

41. Aufgabe (8 Punkte)

a 9   b 5   c 8   d 4

e 7   f 1   g 2   h 3   (je 1 P.)

42. Aufgabe (3 Punkte)

2

43. Aufgabe (4 Punkte)

a 4   b 2

Skontro der ABC-Aktie nach (teilweiser) Ausführung der Verkaufsorder   (je 2 P.)

Kauforder		Verkaufsorder	
Menge	Kurs	Menge	Kurs
150	27,50	600	28,50
		200	28,70
		400	29,00
		100	27,80

Geld- und Vermögensanlagen – Lösungen

44. Aufgabe (5 Punkte)

a $\boxed{2}$ (2 P.)

b 793,50 EUR (3 P.)

Rückzahlungspreis	(= Nennwert):	5.000,00 EUR
Anlagebetrag:	5.000 · 84,13/100 =	4.206,50 EUR
Zinsertrag:	5.000 − 4.206,50 =	793,50 EUR

45. Aufgabe (10 Punkte)

a $\boxed{3}$ (2 P.)

b 7.000,36 EUR (5 P.)

Zinssatz:	0,880 + 0,37 = 1,25 %
Zinsvaluta:	Donnerstag, 28.04. (13 Stückzinstage)
Stückzinsen:	1,25 · 13 · 7.000/(360 · 100) = 3,16 EUR
Kurswert:	7.000 · 99,96 = 6.997,20 EUR
Ausmachender Betrag:	6.997,20 + 3,16 = 7.000,36 EUR

c 22,12 EUR (3 P.)

Zinsperiode:	16.04.–15.07. jeweils einschließlich (91 Tage)
Zinsen:	7.000 · 1,25 · 91/(360 · 100) = 22,12 EUR

46. Aufgabe (13 Punkte)

aa 1.750.000 Stück

  5.250.000/3 (2 P.)

ab 47.950.000,00 EUR

  1.750.000 · 27,4 (2 P.)

ac 0,70 EUR

  1.225.000/1.750.000 (2 P.)

ad 2,55 %

  0,70 · 100/27,4 (2 P.)

ae 19,57

- erwarteter Gewinn pro Aktie: 1.225.000 · 2/1.750.000 = 1,40 EUR
- KGV: 27,4/1,40 = 19,57 (3 P.)

b $\boxed{4}$ (2 P.)

47. Aufgabe (8 Punkte)

aa 1,40 EUR   (192 − 178)/10 = 1,40 (2 P.)

ab 0,80 EUR   2,20 − 1,40 = 0,80 (2 P.)

ac 8,727   192/2,20 : 10 = 8,727... (2 P.)

b $\boxed{5}$ (2 P.)

48. Aufgabe (7 Punkte)

a [4]   b [1]   c [1]   d [2]   e [1]   f [2]   g [3]   (je 1 P.)

49. Aufgabe (5 Punkte)

a [9]   b [1]   c [4]   d [5]   e [8]   (je 1 P.)

50. Aufgabe (8 Punkte)

a

		Discountzertifikat % p. a.	Aktie % p. a.	(6 P.)
aa	**Kurs 268** 20/240 · 100 = 8,33/15 · 12 = 6,67 % p. a. [1] 23/245 · 100 = 9,39/15 · 12 = 7,51 % p. a. [1]	6,67 [1]	7,51 [1]	
ab	**Kurs 245** 5/240 · 100 = 2,08 : 15 · 12 = 1,66 % p. a. [1] 240 − 240 = 0,00 % p. a. [3]	1,66 [1] auch richtig 1,67	0,00 [3]	
ac	**Kurs 235** − 5/240 · 100 = − 2,08/15 · 12 = − 1,66 % p. a. [2] −10/245 · 100 = − 4,08/15 · 12 = − 3,27 % p. a. [2]	1,66 [2] auch richtig 1,67	3,27 [2]	

b [1]   (2 P.)

3 Kreditgeschäft

51. Aufgabe (9 Punkte)

a 550.000,00 EUR $\dfrac{400.000 \cdot 110}{80}$ (2 P.)

b sieben Maschinen   550.000,00 : 80.000 = 6,875 (aufrunden auf volle Stückzahl) (1 P.)

c 5 (2 P.)

d 3 und 5 (2 P.)

ea 4 (1 P.)

eb 4 (1 P.)

52. Aufgabe (8 Punkte)

a 1   b 5   c 4   d 1

e 3   f 3   g 4   h 6   (je 1 P.)

53. Aufgabe (6 Punkte)

a 3 Abtretungsverbote müssen beachtet werden. (2 P.)

b 1 und 5 (4 P.)

siehe § 498 BGB; der Darlehensvertrag geht über 6 Jahre, deshalb ist die Fünf-Prozent-Regelung zutreffend.

54. Aufgabe (4 Punkte)

5 und 6 (4 P.)

55. Aufgabe (8 Punkte)

a Laufzeit 54 Monate

25.000,00 EUR Kreditbetrag   – 560,00 EUR Rate
100,00 EUR Kreditbetrag   – x EUR Rate
x = 560 · 100/25.000 = 2,24 EUR

Durch Ablesen aus der Tabelle ist zu entnehmen:
Beim Zinssatz von 8,25 % liegt die Rate ab einer Laufzeit von 54 Monaten unter der maximal möglichen Rate von 2,24 EUR. (3 P.)

b 555,78 EUR

- Der Tabellenwert beim Zinssatz 8,25 % und Laufzeit 54 Monate liegt bei: 2,2231
- Daraus resultiert die folgende Ratenhöhe: 25.000 · 2,2231/100 = 555,78 EUR (3 P.)

c 5.012,12 EUR

Zinskosten = (54 · 555,78) – 25.000 = 5.012,12 EUR (2 P.)

Kreditgeschäft – Lösungen

56. Aufgabe (6 Punkte)

aa $\boxed{2}$ ab $\boxed{5}$ ac $\boxed{4}$ ad $\boxed{7}$ ae $\boxed{1}$

b $\boxed{4}$ (je 1 P.)

57. Aufgabe (12 Punkte)

a $\boxed{2}$ b $\boxed{4}$ c $\boxed{4}$ d $\boxed{1}$ e $\boxed{3}$ f $\boxed{5}$

g $\boxed{2}$ h $\boxed{1}$ i $\boxed{9}$ j $\boxed{5}$ k $\boxed{9}$ l $\boxed{2}$ (je 1 P.)

58. Aufgabe (3 Punkte)

$\boxed{5}$ (3 P.)

59. Aufgabe (6 Punkte)

a 20,2 % p. a. $\dfrac{3 \cdot 360 \cdot 100}{97 \cdot 55}$ (2 P.)

b 9,2 % p. a. $\dfrac{2 \cdot 360 \cdot 100}{98 \cdot 80}$ (2 P.)

c 833,13 EUR $1.500,00 - \dfrac{48.500,00 \cdot 9 \cdot 55}{100 \cdot 360}$ (2 P.)

60. Aufgabe (4 Punkte)

$\boxed{5}$ und $\boxed{7}$

61. Aufgabe (11 Punkte)

a 280 · 420 · 60/100 =   70.560,00 EUR
                abgerundet 70.000,00 EUR (2 P.)

b   280 · 350 · 50/100 = 49.000,00 EUR neue Kreditlinie
   70.000,00 EUR − 49.000,00 EUR = 21.000,00 EUR (2 P.)

c 21.000,00/90/99,5 · 100 · 100 = 23.450,59 EUR
                aufgerundet 23.500,00 EUR (3 P.)

d $\boxed{5}$ Einigung über die Entstehung des Pfandrechts zwischen der Schneider GmbH und der Westfalenbank
und
Abtretung des Herausgabeanspruchs an die Westfalenbank
und
Pfandanzeige an die Frankfurter Hypothekenbank AG (2 P.)

e $\boxed{2}$ $\boxed{3}$ (2 P.)

62. Aufgabe (4 Punkte)

a $\boxed{1}$ b $\boxed{7}$ (je 2 P.)

63. Aufgabe (9 Punkte)

a 3 (2 P.)

Der Beleihungswert ist der langfristig erzielbare, von Marktpreisschwankungen unabhängige Wert; der Sicherheitsabschlag wird vom Herstellungswert (abzgl. Abschreibung, zzgl. Außenanlagen) vorgenommen; der Vervielfältiger sinkt bei steigendem Zins.

(7 P.)

b

	Mietertrag p. M.: 84 · 10,50 + 60,00 =	942,00 EUR
	Jahresrohertrag: 942 · 12 =	11.304,00 EUR
–	Bewirtschaftungskosten: 11.3040 · 25 % =	2.826,00 EUR
=	Jahresreinertrag	8.478,00 EUR
–	Bodenwertverzinsung: 18.000 · 5 % =	900,00 EUR
=	Gebäudereinertrag	7.578,00 EUR
	Vervielfältiger: 7.578 · 19,6 =	148.528,80 EUR
+	Bodenwert	18.000,00 EUR
=	Ertragswert	166.528,80 EUR
	Beleihungswert	166.000,00 EUR

64. Aufgabe (13 Punkte)

a 200.000,00 EUR = (800 · 12 · 100)/(2,8 + 2) (2 P.)

ba 26,79 %
Eigenkapital: 25.000,00 BSV + 50.000,00 Sparguthaben = 75.000,00 EUR
Eigenkapitalanteil: 75.000,00 · 100/280.000,00 = 26,79 % (3 P.)

bb 156.000,00 EUR = 260.000,00 · 60 % (2 P.)

bc Annuitätendarlehen: 180.000,00 · (2 + 2,8)/(100 · 12) = 720,00 EUR
  + BSV: 50.000,00 · 6/1.000,00 = 300,00 EUR
  = monatliche Belastung 1.020,00 EUR (4 P.)

bd 78,84 % = (180.000 + 25.000) · 100/260.000 (2 P.)

4 Auslandsgeschäft

65. Aufgabe (14 Punkte)

a	Sichtkurs (halbe Geld/Briefspanne)	1,0710	(1 P.)
b	Devisengeldkurs	1,0620	(1 P.)
c	Devisengeldkurs	1,0620	(1 P.)
d	Sortengeldkurs	1,0820	(1 P.)
e	Devisenbriefkurs	1,0680	(1 P.)
f	einfach gespannter Devisengeldkurs	1,0635	(2 P.)
g	einfach gespannter Devisenbriefkurs	1,0665	(2 P.)
h	Devisengeldkurs	1,0620	(1 P.)
i	Devisenbriefkurs auch: Sichtkurs (halbe Geld/Briefspanne)	1,0680 1,0710	(1 P.)
j	Sortenbriefkurs	1,0340	(1 P.)
k	Devisengeldkurs	1,0620	(1 P.)
l	Devisenbriefkurs	1,0680	(1 P.)

66. Aufgabe (12 Punkte)

a 362,82 EUR (3 P.)

? EUR − 500,00 CAD
1,4801 CAD − 1,00 EUR

500/1,4801 = 337,82 EUR + 25,00 = 362,82 EUR

b 1.703,37 EUR (3 P.)

? EUR − 1.800,00 USD
1,0673 USD − 1,00 EUR

1.800/1,0673 = 1.686,50 EUR + 16,87 EUR = 1.703,37 EUR

c 16.243,15 EUR (3 P.)

? EUR − 17.500,00 USD   Sichtkurs = Briefkurs + (1,0733 − 1,0673)/2 = 1,0763
1,0763 USD − 1,00 EUR

17.500/1,0763 = 16.259,41 EUR − 16,26 EUR = 16.243,15 EUR

d 2.018.706,68 EUR (3 P.)

? EUR − 3 Mio. CAD   Mittelkurs = Briefkurs − (1,4921 − 1,4801)/2 = 1,4861
1,4861 CAD − 1,00 EUR

3 Mio./1,4861 = 2.018.706,68 EUR

67. Aufgabe (11 Punkte)

Berechnung eines CIF-Preises

a 127.900,00 USD

Warenwert 4 · 24.000,00	96.000,00 USD
Verpackungskosten	2.700,00 USD
Bahn-/Lkw-Frachtkosten Düsseldorf – Hamburg	4.500,00 USD
Umschlagkosten/Hafengebühr Hamburg	1.200,00 USD
Kosten für die Dokumentenbeschaffung (z. B. Konnossement)	400,00 USD

Auslandsgeschäft – Lösungen

Seefracht	18.500,00 USD
Seeversicherung	4.600,00 USD
CIF-Wert	**127.900,00 USD**

- Der zu ermittelnde CIF-Wert setzt sich aus dem Warenwert sowie den von der Bauton GmbH aus der Lieferbedingung zu tragenden Kosten zusammen.
- Bei CIF New York trägt die Bauton GmbH alle Kosten bis zur Ankunft des Seeschiffes im Bestimmungshafen New York. (6 P.)

b 140.690,00 USD

CIF Wert	127.900,00 USD
+ Mindestdeckung (10 % des CIF-Wertes)	12.790,00 USD
= Versicherungssumme	**140.690,00 USD**

(2 P.)

c 118.744,78 EUR

Kassakurs Brief	1,0846 USD
– Deport	0,0075 USD
= Devisenterminkurs	1,0771 USD

$$\begin{array}{ll} 1{,}00 \text{ EUR} & - 1{,}0771 \text{ USD} \\ \text{x EUR} & - 127.900{,}00 \text{ USD} \end{array}$$

x = 127.900/1,0771 = 118.744,78 EUR

- Zur Berechnung des Terminkurses ist der Briefkurs maßgeblich, weil die Bauton GmbH USD erhalten wird, die in EUR umgetauscht werden müssen.
- Deport ist der Abschlag auf den Kassakurs, der zur Ermittlung des Devisenterminkurses führt. (3 P.)

68. Aufgabe (8 Punkte)

a [4]   b [8]   c [1]   d [6]
e [7]   f [2]   g [5]   h [3]   (je 1 P.)

69. Aufgabe (9 Punkte)

a [1] (1 P.)   b [2] (1 P.)   c [5] (1 P.)   d [7] (1 P.)

e [4] (ohne weiteren Hinweis: Das Akkreditiv ist unwiderruflich!) (1 P.)   f [8] (1 P.)   g [3]   (1 P.)

h x EUR   = 4.250.000,00 Yen
   137,8800 Yen   =   1,00 EUR
   x   =   30.823,90 EUR   (2 P.)

70. Aufgabe (6 Punkte)

a aa [2] Kostenübergang: Ankunft der Ware im Bestimmungshafen (Bremen) (1 P.)

   ab [1] Gefahrenübergang: Verladung auf das Schiff (Absetzen der Ware) im Verschiffungshafen (Paramaribo) (1 P.)

b 110 % des Rechnungsbetrages von 112.000,00 USD = 123.200,00 USD

   Die Versicherungssumme hat gemäß ERA den imaginären Gewinn des Importeurs zu decken. (2 P.)

c [4] die Sparkasse Hameln im Auftrag des Importeurs (1 P.)

d [3] (1 P.)

71. Aufgabe (6 Punkte)

a [5]   b [4]   c [5] (je 2 P.)

72. Aufgabe (6 Punkte)

a 60.714,95 EUR (4 P.)
Geld-Brief-Spanne: 0,48

Einfach gespannter Briefkurs: $146{,}6700 - \frac{1}{4} \cdot 0{,}48 = 146{,}55$ JPY

EUR-Gegenwert	60.730,13 EUR	(= 8.900.000/146,55)
abzüglich Courtage	15,18 EUR	(= 60.730,13 · 0,25/1000)
Gutschriftbetrag	60.714,95 EUR	

b [5] (2 P.)

Meldungen von Im- und Exporterlösen erfolgen durch den Importeur bzw. den Exporteur direkt beim Bundesamt für Wirtschafts- und Ausfuhrkontrolle.

zu [2]: Meldepflichtig sind erst Zahlungen von mehr als 12.500,00 EUR.

73. Aufgabe (8 Punkte)

a 0,0016 GBP (2 P.)

$$\text{Swapsatz} = \frac{0{,}7905 \cdot 0{,}8 \cdot 90}{100 \cdot 360 + (1{,}2 \cdot 90)} = 0{,}0016 \text{ GBP}$$

b 0,7896 GBP je EUR (2 P.)

Geldkurs	0,7905 GBP
+ Report	0,0016 GBP
– Gewinnspanne	0,0025 GBP
Kundenkurs EUR/GBP	0,7896 GBP

c 112.743,48 EUR (2 P.)
89.000/0,7896 = 112.715,30 EUR EUR-Gegenwert
zuzüglich Courtage = 112.715,30 · 0,25/1000 = 28,18 EUR
Belastungsbetrag = 112.743,48 EUR

d [1] (2 P.)

Ein Kursanstieg des EUR gegenüber dem GBP (gleichbedeutend mit einem Kursrückgang des GBP gegenüber dem EUR) würde dazu führen, dass die Sommer AG weniger EUR zahlen muss. Ein Kurssicherungsgeschäft ist dann nicht vorteilhaft.

74. Aufgabe (6 Punkte)

a [2]

b [1]

c [2]

d [3]

e [1]

f [1] (Eine Option würde dann nicht ausgeübt, die Optionsprämie verfällt.) (je 1 P.)

75. Aufgabe (8 Punkte)

a 4.628,74 EUR (4 P.)

Der Verkauf von USD erfolgt durch den EUR-Call:

320.000/1,0370 = 308.582,45 EUR

308.582,45 · 1,5/100 = 4.628,74 EUR Optionsprämie

b 303.953,71 EUR (2 P.)

EUR-Gegenwert	308.582,45 EUR
abzgl. Optionsprämie	4.628,74 EUR
Nettoerlös	303.953,71 EUR

c 1,0528 USD (4 P.)

320.000/1,0370 − 4.628,74 = 320.000/x

→ x = 1,0528 USD

→ Es wird gerundet auf 1,0528 USD (Erst durch Aufrunden ist der Nettoerlös durch Ausübung der Option größer als beim direkten Verkauf der USD am Kassamarkt.)

Prüfungsbereich Wirtschafts- und Sozialkunde

Programmierte Aufgaben Lösungen

1 Arbeits- und Sozialrecht

1. Aufgabe (4 Punkte)

☐1 und ☐4 (je 2 P.)

2. Aufgabe (6 Punkte)

a ☐4 (3 P.)

b ☐2 (3 P.)

3. Aufgabe (12 Punkte)

aa ☐2 vgl. § 11 BBiG (2 P.)

ab ☐2 § 20 BBiG (2 P.)

ac ☐4 § 22 BBiG (2 P.)

ba ☐3 § 2 Ausbildungsordnung (AO) (2 P.)

bb ☐3 § 7 (1) AO (2 P.)

bc ☐2 § 8 (6) AO (2 P.)

4. Aufgabe (6 Punkte)

a ☐1 (1 P.)

b ☐2 (1 P.)

c ☐4 (Liegen nicht nur für Berufsschulklassen, sondern z. B. auch für Vollzeitklassen vor) (1 P.)

d ☐4 (Ausbildung, Fortbildung, Umschulung – vgl. § 1 BBiG) (1 P.)

e ☐4 (1 P.)

f ☐2 (1 P.)

5. Aufgabe (7 Punkte)

a ☐1 (1 P.)

b ☐4 Die Eröffnung eines Insolvenzverfahrens ist ein möglicher Kündigungsgrund. Die Kündigung müsste dann vom Insolvenzverwalter ausgesprochen werden. (1 P.)

c ☐4 Durch den Streik ruhen die Rechte und Pflichten aus dem Arbeitsvertrag; das Arbeitsverhältnis bleibt bestehen. (1 P.)

d ☐3 Aufhebungsvertrag (1 P.)

e ☐4 Die Erben des Inhabers setzen den Arbeitsvertrag weiter fort. (1 P.)

f ☐2 Die Kündigung ist ein einseitiges (empfangsbedürftiges) Rechtsgeschäft. (1 P.)

Arbeits- und Sozialrecht – Lösungen

6. Aufgabe (12 Punkte)

a ☐3☐ und ☐5☐ (vgl. § 11 BBiG) (je 2 P.)

b ☐2☐ und ☐4☐ (vgl. § 22 BBiG) (je 2 P.)

c ☐2☐ und ☐6☐

- zu ☐1☐: vgl. § 21 (1) und (2) BBiG
- zu ☐2☐: vgl. § 22 (2) Satz 1 BBiG
- zu ☐3☐: vgl. § 21 (3) BBiG
- zu ☐4☐: Zustimmung der IHK ist nicht erforderlich
- zu ☐5☐: vgl. § 22 (2) Satz 1 BBiG
- zu ☐6☐: vgl. § 21 (2) BBiG

7. Aufgabe (11 Punkte)

aa ☐5☐   ab ☐3☐   ac ☐1☐   ad ☐7☐

ae ☐6☐   af ☐4☐   ag ☐2☐ (5 P.)

b ☐3☐ Betriebszugehörigkeit länger als 6 Monate (§ 1 Kündigungsschutzgesetz) (2 P.)

c ☐4☐ (2 P.)

d ☐4☐ (2 P.)

8. Aufgabe (6 Punkte)

a Betriebszugehörigkeit länger als zwei Jahre; einen Monat Kündigungsfrist: 5. März → 5. April, also **30. April 2016** (2 P.)

b Betriebszugehörigkeit länger als acht Jahre; drei Monate Kündigungsfrist: 5. März → 5. Juni, also **30. Juni 2016** (2 P.)

c Betriebszugehörigkeit weniger als zwei Jahre, vier Wochen Kündigungsfrist: 5. März + vier Wochen (28 Tage) → 2. April, also **15. April 2016** (2 P.)

9. Aufgabe (4 Punkte)

☐4☐ (§ 1(2) Kündigungsschutzgesetz – KSchG)

- zu ☐1☐: Die Regelungen befinden sich im Kündigungsschutzgesetz (KSchG).
- zu ☐2☐: lt. § 1 KSchG reichen sechs Monate Beschäftigungsdauer.
- zu ☐3☐: vgl. § 1(2) KSchG
- zu ☐5☐: vgl. § 1(2) Nr. 1 a) bzw. 2 a) KSchG (4 P.)

Arbeits- und Sozialrecht – Lösungen

10. Aufgabe (6 Punkte)

a Betriebszugehörigkeit weniger als ein Jahr; vier Wochen Kündigungsfrist: 31. Dezember abzüglich vier Wochen (28 Tage) = **3. Dezember 2016** (2 P.)

b Betriebszugehörigkeit weniger als zwei Jahre, vier Wochen Kündigungsfrist: 31. Dezember abzüglich vier Wochen (28 Tage) = **3. Dezember 2016** (2 P.)

c Betriebszugehörigkeit weniger als acht und länger als fünf Jahre, zwei Monate Kündigungsfrist, d. h. 31. Dezember abzüglich zwei Monate = **31. Oktober 2016** (2 P.)

11. Aufgabe (8 Punkte)

a 4 (Hinweise: Durch das Entsendegesetz können Mindestlöhne für bestimmte Branchen festgelegt werden; das Kreditgewerbe gehört jedoch nicht dazu. Die Allgemeinverbindlichkeitserklärung wird durch das Bundesministerium für Arbeit und Soziales ausgesprochen.) (3 P.)

ba 4   **bb** 6   **bc** 7   **bd** 3   **be** 1   **bf** 5   **bg** 2   (5 P.)

12. Aufgabe (6 Punkte)

aa 8   Es ist das Mitbestimmungsgesetz von 1976 anzuwenden, da mehr als 2.000 Arbeitnehmer beschäftigt sind. § 7 MitbestG 1976 (2 P.)

ab 5   § 4 Drittelbeteiligungsgesetz (früher § 76 BetrVG 1952) (2 P.)

b 3   Die Situation ist im Rahmen des Mitbestimmungsgesetzes von 1976 denkbar – § 29 MitbestG 1976 (2 P.)

13. Aufgabe (8 Punkte)

a 1 (vgl. § 67 (3) Betriebsverfassungsgesetz – BetrVG)   **c** 2 (vgl. § 62 (1) BetrVG)

b 4 (vgl. § 67 (1) und (2) BetrVG)   **d** 1 (vgl. § 64 (2) BetrVG)   (je 2 P.)

14. Aufgabe (8 Punkte)

aa 9 + 8 + 7 + 5 + 4 + 1 = 34 Personen   **ab** 34 Personen   (3 P.)   (3 P.)

ba 3 + 4 + 8 = 15 Personen   **bb** 3 + 4 + 9 + 8 + 7 + 5 = 36 Personen   (3 P.)

c 2 (§ 67 (1) BetrVG) (2 P.)

15. Aufgabe (12 Punkte)

aa 2   **ab** 2   **ac** 5   **ad** 5

ba 1 Der Arbeitgeber muss pauschal Kranken- und Rentenversicherungsbeiträge zahlen. Außerdem fällt grundsätzlich eine Lohnsteuerpauschale an. Seit dem 1. Januar 2013 gilt für „Minijobs" eine Verdienstgrenze von maximal 450,00 EUR.

bb 2 Der Arbeitnehmer ist grundsätzlich zur Leistung eines Eigenbeitrags zur gesetzlichen Rentenversicherung verpflichtet, kann sich jedoch durch einen schriftlichen Antrag von der Pflicht befreien lassen.

(je 2 P.)

Arbeits- und Sozialrecht – Lösungen

16. Aufgabe (10 Punkte)

aa (6.200 · 18,7 %)/2 = 597,70 EUR

ab (4.237,50 · 2,35 %)/2 = 49,79 EUR

ac 150,00 EUR (höhere Beitragsbemessungsgrenze), also (150 · 3 %)/2 = 2,25 EUR (4 P.)

b Lösung: 5,42 EUR
Der Arbeitnehmer lag im Jahr 2015 über der Beitragsbemessungsgrenze. Der Beitrag wurde auf 6.050,00 EUR berechnet: 6.050 · (18,7 % + 3 %)/2 = 656,43 EUR.
2016 lag der Arbeitnehmer unter der Beitragsbemessungsgrenze. Der Beitrag wurde auf 6.100,00 EUR berechnet: 6.100 · (18,7 % + 3 %)/2 = 661,85 EUR. Der Gesamtbeitrag hat sich um 5,42 EUR erhöht.
Auch richtig: 5,43 EUR, Rechenweg:
50,00 EUR Mehrbelastung 2016 · (18,7 % + 3 %) : 2 = 5,43 EUR (2 P.)

c $\boxed{1}$ (2 P.)

d $\boxed{1}$ und $\boxed{3}$
Hinweis zu $\boxed{3}$: Regelung ab 01.01.2015 (je 1 P.)

17. Aufgabe (12 Punkte)

a $\boxed{1}$ (2 P.)

ba $\boxed{3}$ **bb** $\boxed{3}$

bc $\boxed{1}$ **bd** $\boxed{3}$

be $\boxed{5}$ (Gewährung durch die Kommune) **bf** $\boxed{4}$ (je 1 P.)

c $\boxed{1}$ (2 P.)

18. Aufgabe (8 Punkte)

aa $\dfrac{30,8 - 28,1}{28,1} \cdot 100 = 9,6\,\%$ (2 P.)

ab 1995: 39,2/2 = 19,6 %
2015: 38,65/2 = 19,325 %   Minderbelastung von 0,275; Lösung: 0,3 Prozentpunkte (je 2 P.)

b $\boxed{5}$ (2 P.)

19. Aufgabe (6 Punkte)

a 14,6/2 = 7,3 % von 2.840 = 207,32 EUR (2 P.)

b $\dfrac{2,35}{2}$ = 1,175 + 0,25 = 1,425 % auf 2.840 = 40,47 EUR (2 P.)

c 0,7 % Zusatzbeitrag auf 2.840 = 19,88 EUR

(19,88 : 207,32 – vgl. a) · 100 = 9,6 %

Hinweis: Seit 2015 wird kein pauschaler Zusatzbeitrag für Arbeitnehmer mehr erhoben. Jede Krankenkasse kann einen kassenindividuellen einkommensabhängigen Zusatzbeitrag erheben (vgl. Aufgabe 16 d). (2 P.)

2 Rechtliche Grundlagen für die Tätigkeit der Kreditinstitute

20. Aufgabe (8 Punkte)

a 3 und 4

b 1 und 3 (je 2 P.)

21. Aufgabe (8 Punkte)

a 4   b 3   c 1   d 4

e 1   f 2   g 3   h 4 (je 1 P.)

22. Aufgabe (10 Punkte)

aa 1 § 107 BGB – rechtlicher Vorteil (1 P.)

ab 2 §§ 108, 110 BGB – Der Taschengeldparagraf kommt nicht zur Anwendung, da die Mittel ihm vom gesetzlichen Vertreter zur freien Verfügung gestellt werden müssen. Kommen die Mittel von einem Dritten, ist die Zustimmung des gesetzlichen Vertreters erforderlich. (1 P.)

ac 1 § 113 BGB (1 P.)

ad 1 § 113 BGB (1 P.)

ae 2 § 113 BGB gilt nicht für Auszubildende (1 P.)

af 3 § 111 BGB – Da die Kündigung ein einseitiges Rechtsgeschäft ist, ist die Willenserklärung nichtig. (2 P.)

ag 3 § 105 BGB (2 P.)

b 3 (1 P.)

23. Aufgabe (10 Punkte)

a 2 7 (vgl. § 107 BGB; kein rechtlicher, nur wirtschaftlicher Vorteil) (je 1 P.)

b 3 8 (vgl. § 104 und § 105 (1) BGB) (je 1 P.)

c 2 7 (vgl. § 107 BGB; § 113 BGB gilt nicht für Auszubildende) (je 1 P.)

d 3 9 (einseitiges Rechtsgeschäft gemäß § 111 BGB) (je 1 P.)

e 1 5 (vgl. § 107 BGB) (je 1 P.)

24. Aufgabe (4 Punkte)

2 (vgl. § 491 ff. BGB)

4 (Zinszahlung ist nach § 488 BGB der Regelfall; zinsloses Darlehen muss ausdrücklich vereinbart werden.)

1 falsch; vgl. Ausführungen zu Nr. 4

3 falsch; hier wird ein Sachdarlehen gem. § 607 ff. BGB beschrieben

5 falsch; gilt nur für Verbraucherdarlehensverträge (vgl. § 492 BGB) (je 2 P.)

Rechtliche Grundlagen für die Tätigkeit der Kreditinstitute – Lösungen

25. Aufgabe (8 Punkte)

a [4]   e [5]

b [2]   f [7]

c [3]   g [9] (Gelddarlehen)

d [1]   h [5]   (je 1 P.)

26. Aufgabe (8 Punkte)

a [4] (Kaufvertrag: nur Verpflichtungsgeschäft – vgl. § 433 BGB)   (2 P.)

b [5] (unentgeltliche Überlassung = Leihvertrag = Besitzmittlungsverhältnis gemäß § 930 BGB in Verbindung mit § 868 BGB)   (2 P.)

c [2]   (2 P.)

d [5] (Stolle ist Eigentümer und mittelbarer Besitzer; s. o.)   (2 P.)

27. Aufgabe (12 Punkte)

a [4]   (2 P.)

b [1] (vgl. § 433 Abs. 1 BGB)   (2 P.)

c [4] Einigung über Eigentumsübergang und Übergabe (nach Zahlung)   (2 P.)

d [2]   (2 P.)

e [2] (Nur das Recht auf Nacherfüllung ist ein vorrangiges Recht.)   (2 P.)

f [3] (§ 438 BGB)   (2 P.)

28. Aufgabe (13 Punkte)

a [4] [1] Besitzmittlungsverhältnis zwischen A und B durch Verwahrungsvertrag; vgl. § 868 BGB (je 1 P.)

b [5] [3] gutgläubiger Eigentumserwerb bei Geld (§ 935 (2) BGB)   (je 1 P.)

c [1] [5] [2] kein gutgläubiger Eigentumserwerb bei gestohlenen Sachen (§ 935 (1) BGB); kein Besitzmittlungsverhältnis zwischen B und C   (je 1 P.)

d [1] [5] [4] Besitzmittlungsverhältnis zwischen Firma A und Kreditinstitut C durch Sicherungsübereignungsvertrag (§ 930 BGB in Verbindung mit § 868 BGB)   (je 1 P.)

e [5] [4] [1] B ist gemäß § 931 BGB Eigentümer geworden. Er ist auch nach § 868 mittelbarer Besitzer, da ein Verwahrungsvertrag mit der Schwester vorliegt.   (je 1 P.)

29. Aufgabe (4 Punkte)

[5] und [6] (Vgl. § 165 BGB; Hinweis zu [3]: Ein Ehepartner ist bei Minderjährigkeit des anderen Ehepartners nicht dessen gesetzlicher Vertreter.)   (4 P.)

30. Aufgabe (10 Punkte)

a 2 (1 P.)

b 2 (1 P.)

c 1 Die Sicherungsübereignung ist dem Pfandrecht gleichgestellt. (2 P.)

d 3 (2 P.)

e 1 (2 P.)

f 3 (2 P.)

31. Aufgabe (3 Punkte)

3

- A ist das Fahrrad mit Willen aus dem unmittelbaren Besitz gelangt. Damit ist grundsätzlich ein gutgläubiger Erwerb möglich.
- C ist gutgläubig: angemessener Preis, gut gefälschte Rechnung, Rechtsschein.

Damit verliert A sein Eigentum und C wird neuer Eigentümer. (3 P.)

32. Aufgabe (10 Punkte)

a 4   b 2   c 5

d 3   e 3   (je 2 P.)

33. Aufgabe (15 Punkte)

aa 1 § 170 HGB (1 P.)

ab 2 § 125 HGB (1 P.)

ac 1 § 126 HGB (1 P.)

ad 2 § 125 HGB (1 P.)

ae 3 § 126 HGB (1 P.)

af 3 § 126 HGB (1 P.)

ba 2 (1 P.)   bb 2 (1 P.)   bc 1 (1 P.)   bd 2 (1 P.)

be 3 (1 P.)   bf 2 (1 P.)   bg 1 (1 P.)   bh 3 (1 P.)   bi 2 (1 P.)

34. Aufgabe (9 Punkte)

a 4 (vgl. § 54 HGB; Hinweis: persönliche Handlungen des Unternehmers wie die Unterzeichnung des Jahresabschlusses etc. dürfen nur durch den Unternehmer selbst vorgenommen werden; vgl. dazu z. B. § 245 HGB) (3 P.)

b 3 (vgl. § 49 HGB; vgl. auch den Hinweis zu a) (3 P.)

c 2 (3 P.)

35. Aufgabe (11 Punkte)

aa ☐1☐ (1 P.)

ab ☐1☐ (1 P.)

ac ☐4☐ (Partnerschaftsregister) (1 P.)

ad ☐2☐ (KGaA = Kapitalgesellschaft) (1 P.)

ae ☐3☐ (KG in Abt. A, GmbH in Abt. B) (1 P.)

af ☐4☐ (Genossenschaftsregister) (1 P.)

ag ☐3☐ (KG, deren Vollhafter eine GmbH ist; vgl. ae) (1 P.)

ah ☐1☐ (Bei einem Einzelhandelsunternehmen muss der Zusatz „eingetragener Kaufmann/eingetragene Kauffrau" (e. K. bzw. e. Kfm. oder e. Kffr.) eingetragen werden.) (1 P.)

ai ☐4☐ (BGB-Gesellschaft) (1 P.)

b ☐4☐ (2 P.)

36. Aufgabe (7 Punkte)

aa ☐1☐ (vgl. § 125 HGB) (1 P.)

ab ☐1☐ (vgl. § 125 HGB) (1 P.)

ac ☐1☐ (1 P.)

ad ☐3☐ (vgl. § 170 HGB) (1 P.)

ae ☐3☐ (vgl. § 170 HGB) (1 P.)

b ☐3☐ Der Kommanditist ist nach dem HGB zwar nicht zur Vertretung der KG berechtigt, dennoch ist es möglich, ihm eine Kontovollmacht (z. B. Einzelzeichnungsberechtigung) zu erteilen bzw. ihn zum Prokuristen oder auch Handlungsbevollmächtigten zu ernennen. (2 P.)

37. Aufgabe (8 Punkte)

a ☐4☐ (2 P.)

b ☐2☐ (2 P.)

c ☐2☐ und ☐6☐ (je 2 P.)

38. Aufgabe (16 Punkte)

aa ☐4☐ Gesellschafterbeschluss/Geschäftsführer (2 P.)

ab ☐3☐ Vorstand/AR/Satzung/Grundkaptial (2 P.)

ac ☐5☐ Statut/Nachschusspflicht im Insolvenzfall/Geschäftsanteil (2 P.)

ad ☐2☐ § 162 HGB – Da es sich um eine HR-Veröffentlichung handelt, kann nur die KG gemeint sein. (2 P.)

ae ☐4☐ Stammkapital/Gesellschaftsvertrag (2 P.)

b ☐1☐ und ☐4☐ (je 2 P.)

c ☐2☐ (2 P.)

39. Aufgabe (11 Punkte)

a	3	§§ 123, 161 HGB	(1 P.)
b	1	§ 105 HGB	(1 P.)
c	2	§ 162 HGB	(1 P.)
d	3	§§ 124, 161 HGB	(1 P.)
e	1	§§ 121, 168 HGB	(1 P.)
f	2	§§ 112, 165 HGB	(1 P.)
g	4		(1 P.)
h	4	Die Eintragung bezieht sich auf eine GmbH.	(1 P.)
i	4		(1 P.)
j	4	(vgl. § 123 und § 161 (2) HGB)	(1 P.)
k	1		(1 P.)

40. Aufgabe (7 Punkte)

a	3	§ 78 AktG, § 6 GmbHG	(1 P.)
b	3	§ 13 GmbHG, § 1 AktG	(1 P.)
c	1	Bei der GmbH werden Prokuristen gemäß § 46 GmbHG durch die Gesellschafter bestellt.	(1 P.)
d	3	§ 5 GmbHG, § 7 AktG	(1 P.)
e	3	§ 2 AktG, § 1 GmbH-Gesetz	(1 P.)
f	4	Eintragung erfolgt in Abteilung B	(1 P.)
g	2	§ 15 GmbHG	(1 P.)

41. Aufgabe (4 Punkte)

2 und 4 (je 2 P.)

42. Aufgabe (6 Punkte)

a 03.02.2015 (2 P.)

b 12.500,00 EUR (vgl. § 7 (2) GmbHG) (2 P.)

c 4 (2 P.)

43. Aufgabe (4 Punkte)

4 und 6 (je 2 P.)

Hinweis zu 3 : Ein Aufsichtsrat **kann**, muss aber nicht vorgesehen sein.

Hinweis zu 5 : Arbeitnehmer und Unternehmensleitung sollen sich auf ein Mitbestimmungsmodell einigen.

44. Aufgabe (12 Punkte)

a 8 (§ 3 GenG; § 4 GmbHG; § 4 AktG) (1 P.)

b 2 § 6 GmbHG (1 P.)

c 4 § 1 GmbHG, § 2 AktG, § 4 GenG (1 P.)

d 1 § 52 GmbHG, § 95 AktG, § 9 GenG (1 P.)

e 3 § 43 GenG (1 P.)

f 4 Genossenschaften – Genossenschaftsregister (1 P.)

g 7 § 35 GmbHG, § 78 AktG, § 25 GenG (1 P.)

h 7 § 11 GmbHG, § 41 AktG, § 13 GenG (1 P.)

i 8 gilt für die Gesellschafter einer OHG sowie für die Vollhafter einer KG (1 P.)

j 1 § 7 AktG; bei Genossenschaften **kann** lt. § 8a GenG ein Mindestkapital bestimmt werden. Bei der GmbH ist nach § 5a GmbHG eine Unterschreitung des Mindestkapitals im Falle der Gründung einer „haftungsbeschränkten Unternehmergesellschaft" möglich. (1 P.)

k 7 § 13 II GmbHG, § 1 AktG, § 2 GenG (1 P.)

l 6 § 76 II AktG, § 24 GenG
GmbH wird durch Geschäftsführer vertreten; § 24 GenG sieht für Genossenschaften mit nicht mehr als 20 Mitgliedern die Möglichkeit vor, dass der Vorstand nur aus einer Person besteht. (1 P.)

45. Aufgabe (2 Punkte)

5 (2 P.)

46. Aufgabe (12 Punkte)

aa 1   ab 8   ac 7

b 4   c 7   d 5   (je 2 P.)

47. Aufgabe (6 Punkte)

a 4

b 2   (je 3 P.)

3 Grundlagen der Volkswirtschaftslehre – Lösungen

48. Aufgabe (6 Punkte)

a 6   b 3   c 1

d 5   e 4   f 2   (je 1 P.)

49. Aufgabe (6 Punkte)

a 2   b 4   c 4

d 3   e 1   f 2   (je 1 P.)

50. Aufgabe (8 Punkte)

Es ist zunächst zu entscheiden, ob es sich um ein/e Sachgut, Dienstleistung oder Recht handelt. Danach ist festzustellen, wer das Gut in Anspruch nimmt: ist es ein Haushalt, erfolgt eine Zuordnung zu den konsumtiven Gütern, ist es ein Unternehmen, erfolgt die Zuordnung zu den produktiven Gütern.

a 1   b 4   c 3   d 6

e 5   f 6   g 2   h 3   (je 1 P.)

51. Aufgabe (10 Punkte)

aa 1   ab 2   ac 3

ad 1   ae 3   af 2

ag 2   ah 3   ai 1

b 2   (je 1 P.)

52. Aufgabe (6 Punkte)

a $\dfrac{1.475,2}{2.570,0} \cdot 100 = 57,4\,\%$

b 5   (+31,6 %)   (je 3 P.)

53. Aufgabe (8 Punkte)

3 und 4

$$\frac{\text{Arbeitslose}}{\underbrace{\text{Erwerbspersonen (= Arbeitslose + }\underbrace{\text{abhängig Beschäftigte + Selbstständige}}_{\text{Erwerbstätige}}\text{)}}} \cdot 100$$

(je 4 P.)

- 1 : Falsch; Erhöhung der Selbstständigen kann z. B. zulasten der abhängig Beschäftigten gehen; in diesem Fall bliebe die Grundgesamtheit im Nenner gleich

- 2 : Falsch; gleiche Begründung wie 1

- 3 : Richtig; höherer Wert im Nenner bei gleichem Wert im Zähler führt zu einer geringeren Quote

- 4 : Richtig; diese drei Größen werden bei der Berechnung der Arbeitslosenquote zugrundegelegt

Grundlagen der Volkswirtschaftslehre – Lösungen

- ⑤: Falsch; es kommt auch auf die Entwicklung der Zahl der gesamten Erwerbspersonen im Nenner an

- ⑥: Falsch; bei wachsender Gesamtbevölkerung kann die Zahl der Erwerbspersonen unverändert bleiben oder sinken, wenn es mehr Nicht-Erwerbspersonen gibt

54. Aufgabe (6 Punkte)

a von 18,0 % auf 17,7 %; Rückgang um 0,3 Prozentpunkte (3 P.)

b 7,8 % – 2.631.069
   100 % – x
   _____
   x = 33.731.653
   → 33.731.000 Personen (3 P.)

55. Aufgabe (3 Punkte)

③

Die Formulierung „dem Wert nach" entspricht der nominalen Betrachtungsweise, d. h., der Umfang der Bruttoanlageinvestitionen wird zu laufenden/aktuellen Preisen ermittelt. Die Formulierung „dem Volumen nach" entspricht der realen Betrachtungsweise, d. h., der Umfang der Bruttoanlageinvestitionen wird inflationsbereinigt ermittelt. (3 P.)

56. Aufgabe (3 Punkte)

⑤

Aus dem Vorzeichen (+) ist erkennbar, dass es sich um einen Saldo handelt. (3 P.)

57. Aufgabe (2 Punkte)

②

Da der reale Wert – bei gleicher Mengenbetrachtung – auf den Preisen des Basisjahres beruht, muss der Zuwachs an Rohstoffen etc. real mit geringeren Preisen des Basisjahres bewertet worden sein. (2 P.)

58. Aufgabe (6 Punkte)

a Kombination A: 400 · 32 + 100 · 18 = 14.600,00 GE
   Kombination B: 200 · 32 + 300 · 18 = 11.800,00 GE
   Kombination C: 100 · 32 + 500 · 18 = 12.200,00 GE

   Lösung: **11.800,00 GE** (3 P.)

b 11.800,00 (Ergebnis a)/200 = **59,00 GE** (2 P.)

c ① Bei limitationalen Produktionsfaktoren existiert nur ein wirtschaftlich sinnvoller „Eckpunkt" für den Einsatz der Produktionsfaktoren. (1 P.)

59. Aufgabe (8 Punkte)

a 743,420 – 100 %
   770,720 – x %
   x = 103,672 Lösung: 3,67 % (2 P.)

b 106,50 – 100 %
   110,12 – x %
   x = 103,399 Lösung: 3,40 % (2 P.)

c 110,12 Indexstand im 3. Quartal 2015; Steigerung gegenüber dem Basisjahr 2010 (Indexstand 100) also 10,12 %

d 1. Quartal 2015:
   (390,348/739,070) · 100 = 52,82 %
   3. Quartal 2015:
   (416,245/770,720) · 100 = 54,01 %
   Erhöhung um 1,19 Prozentpunkte

60. Aufgabe (10 Punkte)

a (2.757 · 100)/2.709 = 101,77 → 1,8 %
Die Formulierung „im Jahre 2015" bezieht sich auf das Vorjahr. (2 P.)

b (106,1 · 100)/100,7 = 105,36 → 5,4 % (2 P.)

c 2

Die Arbeitsproduktivität kann durch geeigneten Kapitaleinsatz (Maschinen, Werkzeuge usw.) gesteigert werden. Denkbar ist eine Steigerung auch durch andere Maßnahmen: bessere Planung und Organisation, höhere berufliche Qualifikation durch Weiterbildungsmaßnahmen für die Mitarbeiter und höhere Motivation aller Beschäftigten. Dafür lag aber kein Lösungsvorschlag vor. Eine höhere Kapazitätsauslastung steigert die Produktivität des Produktionsfaktors Kapital. (3 P.)

d 4

Das reale BIP steigt im Jahre 2015 um 1,8 %, die reale Arbeitsproduktivität (AP) erhöht sich um 2,2 %, d. h., die AP-Steigerung übertrifft die Wachstumsrate des realen BIP.
Damit benötigen die Unternehmer weniger Arbeitsvolumen (ca. – 0,4 %), um dasselbe Gütervolumen zu produzieren. (3 P.)

61. Aufgabe (6 Punkte)

a 2 (29,8 · 100)/28,2 = 105,67
Die Zahl der Erwerbstätigen hat sich um 5,7 % erhöht.

(103,9 · 100)/100,5 = 103,38
Das Arbeitsvolumen hat sich um 3,4 % erhöht.

Da der prozentuale Zuwachs der Erwerbstätigenzahl höher war als die prozentuale Steigerung des Arbeitsvolumens, muss die durchschnittliche Arbeitszeit je Erwerbstätigen gesunken sein. (3 P.)

b 4

Die Lösung ergibt sich aus der Gegenüberstellung der Entwicklung des Arbeitsvolumens und der Produktivität.

Veränderung des Arbeitsvolumens: + 3,4 % (siehe a)

Produktivitätssteigerung:
(112,1 · 100)/106,4 = 105,36   + 5,4 %

Erhöht sich bei konstanter Produktivität das Arbeitsvolumen um 3,4 %, erhöht sich das reale BIP entsprechend.
Steigt gleichzeitig die Produktivität um 5,4 %, so ergibt sich:

$$\frac{103{,}4 \cdot 105{,}4}{100} = 108{,}98$$

Das BIP steigt um ca. 9 %. (3 P.)

62. Aufgabe (15 Punkte)

aa 795.000/27,39 = 29.025,00 EUR (3 P.)

ab 1.790.000/37,92 = 47.205,00 EUR (3 P.)

ba 795 Mrd. EUR – 27.390 Erwerbstätige
   1 Mrd. EUR –   x   Erwerbstätige
   ─────────────────────────────────
        x = 34 Tausend Erwerbstätige (3 P.)

bb 1.790 Mrd. EUR – 37.920 Erwerbstätige
    1 Mrd. EUR –   x   Erwerbstätige
    ─────────────────────────────────
         x = 21 Tausend Erwerbstätige (3 P.)

c 1.790.000/29.025 (vgl. aa) = 61,671 Mio. Erwerbstätige (3 P.)

4 Entstehung und Verteilung des Produktionserlöses

63. Aufgabe (9 Punkte)

a 11 (1 P.)

b 05 (1 P.)

c 10 (1 P.)

d 12 (1 P.)

e 05 (1 P.)

f 03 (Geldstrom!) (1 P.)

g 08 (1 P.)

h 11 (1 P.)

i 06 (1 P.)

64. Aufgabe (6 Punkte)

a 200 + 100 + 50 − 220 = 130 → Die Transferleistungen betrugen − 130. (3 P.)

b 780 + 130 − 900 − 100 → + 90 Kreditaufnahme (3 P.)

65. Aufgabe (9 Punkte)

aa 151,2 + 210,1 + 27,8 − 18,1 = 371,0 (3 P.)

ab 2014: 152,5 + 217,1 + 27,4 − 22,0 = 375,0

2015: 371,0 Mrd. EUR (vgl. aa);

Rückgang: $\frac{4,0}{375,0} \cdot 100 = 1,1\,\%$ (3 P.)

b $\boxed{1}$, da die Größe „Vorratsveränderungen" die Erhöhung bzw. Senkung gegenüber dem Vorjahr ausdrückt (3 P.)

66. Aufgabe (6 Punkte)

a $\frac{2.616,0 - 742,6}{2.616,0} \cdot 100 = 71,61\ldots\,\%$; gerundet 71,6 % (3 P.)

b 3.459,6
− 14,0
= 3.445,6 Mrd. EUR (3 P.)

67. Aufgabe (9 Punkte)

a Da Lohnquote und Gewinnquote 100 % ergeben, beträgt die Gewinnquote 100 − 72,6 = **27,4 %**. (3 P.)

b Es gilt: inländische Verwendung   Also: 2.979,6
+ Exporte   + 739,8
− Importe   − x
= Bruttoinlandsprodukt (BIP)   = 2.965,1 Mrd. EUR; damit ist x = **754,3 Mrd. EUR** (3 P.)

c Da das in a) ermittelte Ergebnis den prozentualen Anteil der Einkommen aus Unternehmertätigkeit und Vermögen (684,9 Mrd. EUR) am Volkseinkommen darstellt, ergibt sich:

27,4 % − 684,9 Mrd. EUR
100 % − x
x = 2.499,635 Mrd. EUR, also gerundet **2.500 Mrd. EUR** (3 P.)

68. Aufgabe (7 Punkte)

a $\dfrac{1.907 \cdot 100}{2.736} = 69{,}7\,\%$ (2 P.)

b Gewinnquote 2013: $\dfrac{716 \cdot 100}{2.599} = 27{,}5\,\%$

Gewinnquote 2015: $100 - 69{,}7 = 30{,}3\,\%$

$\left.\begin{array}{l}27{,}5 - 100\,\% \\ 30{,}3 - x\,\%\end{array}\right\} \to x = 110{,}2\,\% \to$ Anstieg 10,2 %

(bzw. 9,98 % bei nicht gerundeten Zwischenergebnissen) (3 P.)

c 3 (3 P.)

69. Aufgabe (10 Punkte)

a $\dfrac{1.046 \cdot 100}{1.503} = 69{,}59$ gerundet 69,6 % (3 P.)

ba 1 (1 P.)

bb 1 (1 P.)

bc 2 Sinkt die Gewinnquote, muss die Lohnquote steigen. (1 P.)

bd 2 siehe bc (1 P.)

be 1 (1 P.)

ca $3.200{,}00 \cdot 12{,}5 = \underline{\underline{40.000{,}00\text{ EUR}}}$ (1 P.)

cb 4 % von 45.000,00 EUR + (12 · 1.100,00 EUR) = $\underline{\underline{15.000{,}00\text{ EUR}}}$ (1 P.)

70. Aufgabe (14 Punkte)

a 11, da reales Wirtschaftswachstum = Wachstum des BIP in Preisen des Basisjahres (hier 1995) (2 P.)

b 20, da die Aussage „dem Wert nach" auf nominale Werte hinweist (2 P.)

c 13, da hier der Staatsverbrauch in jeweiligen Preisen angesprochen wird (2 P.)

d 22, da das BIP die Produktion innerhalb der geografischen Grenzen darstellt (2 P.)

e 19, da die „Überschüsse ..." den Saldo von Exporten und Importen, also den Außenbeitrag darstellen (2 P.)

f 23, da Inländerprodukt = BSP (2 P.)

g 06 Nur bei den Vorratsinvestitionen und dem Außenbeitrag sind negative Werte möglich. Da von einer Bestandsveränderungsgröße die Rede ist, muss es sich um Vorratsinvestitionen handeln; real = in Preisen von 1995. (2 P.)

71. Aufgabe (10 Punkte)

a 1 (2 P.)

b 3,609 + 177,140 + 34,286 + 108,781 + 34,228 + 26,469 + 77,744 + 79,765 + 124,159 + 28,538 = 694,719 Mrd. EUR (2 P.)

ca 2 (2 P.)

cb 1 (2 P.)

cc 7 (2 P.)

5 Markt und Preis/Marketing

72. Aufgabe (8 Punkte)

a Es kommt bei der Angebots- und bei der Nachfragekurve zu einer Linksverschiebung:

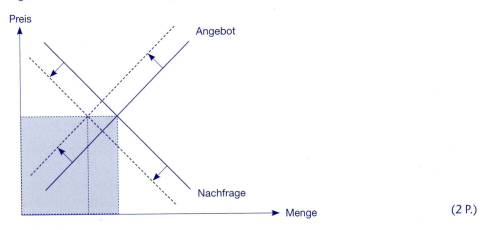

(2 P.)

aa $\boxed{3}$ (1 P.)

ab $\boxed{1}$ (Die farbig markierte Fläche, die den Umsatz kennzeichnet, wird kleiner.) (1 P.)

b Es kommt zu einer Verschiebung der Angebotskurve nach rechts, da die Anbieter durch den Kostenvorteil bei jedem Preis eine größere Menge anbieten können.

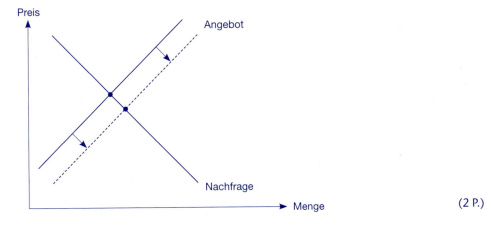

(2 P.)

ba $\boxed{2}$ (1 P.)

bb $\boxed{4}$ (1 P.)

73. Aufgabe (5 Punkte)

a   6,75 % p. a. (4,75 + 2)
  + 1,73 % p. a. ((195.000 − 22.000)/10.000.000) · 100
   8,48 % p. a., gerundet 8,5 % p. a. (3 P.)

b $\boxed{4}$ (2 P.)

74. Aufgabe (5 Punkte)

a $\boxed{1}$ b $\boxed{1}$ c $\boxed{3}$ d $\boxed{2}$

e $\boxed{3}$ f $\boxed{4}$ g $\boxed{2}$ (5 P.)

75. Aufgabe (4 Punkte)

$\boxed{2}$ und $\boxed{5}$ (je 2 P.)

76. Aufgabe (10 Punkte)

aa 18,3 Mio. · 0,54 = 9,882 Mio. USD (2 P.)

ab 6,1 Mio. · 0,99 = 6,039 Mio. USD (2 P.)

ac 4,3 Mio. · 1,15 = 4,945 Mio. USD (2 P.)

b Preiselastizität = Prozentuale Mengenänderung/Prozentuale Preisänderung (2 P.)

ba 200%/45,5 % = 4,4 (1 P.)

bb 29,5%/16,2 % = 1,8 (1 P.)

77. Aufgabe (8 Punkte)

a $\boxed{3}$ **b** $\boxed{4}$ **c** $\boxed{1}$ **d** $\boxed{2}$ (je 2 P.)

Bei einer linearen Kostenfunktion sind die variablen Stückkosten (Durchschnittskosten) konstant; sie liegen betragsmäßig unter den – ebenfalls konstanten – fixen Gesamtkosten. Die variablen Gesamtkosten bilden eine steigende Gerade aus dem Ursprung, während die gesamten Stückkosten (ebenso wie die fixen Stückkosten) einen fallenden Verlauf haben.

78. Aufgabe (12 Punkte)

a (105 · 1,35) + (115 · 0,55) = 205,00 EUR (3 P.)

b 105 · 220 = 23.100 Verfügungen pro Jahr an der Kasse
23.100 · 1,35 = 31.185 EUR/5 = 6.237,00 EUR (3 P.)

c 1,35 EUR – 100 %
0,55 EUR – x %
x = 40,7 %
100 – 40,7 = 59,3 % (3 P.)

d $\boxed{4}$ (3 P.)

79. Aufgabe (11 Punkte)

a Umsatz: 30 · 600 = 18.000,00 EUR
– Kosten: 15.000 + 0,4 · 600 = 15.240,00 EUR
= Gewinn 2.760,00 EUR (3 P.)

b Bei der Gewinnschwelle gilt: Umsatz = Kosten

30 · x = 15.000 + 0,4 · x
x = 506,7...., also gerundet **507 Stück** (3 P.)

c Kapazitätsgrenze erhöht um 180 Stück (= 30 % von 600 Stück) auf 780 Stück

Umsatz: 30 · 780 = 23.400,00 EUR
– Kosten: 20.000 + 0,35 · 780 = 20.273,00 EUR
= Gewinn 3.127,00 EUR (3 P.)

d Gesamtkosten 20.273 (vgl. c) : 780 = 25,99 EUR (2 P.)

80. Aufgabe (11 Punkte)

a $\boxed{2}$ (vgl. § 3 GWB) (3 P.)

ba $\boxed{2}$ (2 P.)

bb $\boxed{1}$ (2 P.)

bc $\boxed{1}$ (2 P.)

bd $\boxed{3}$ (verbotenes Submissionskartell) (2 P.)

Markt und Preis/Marketing – Lösungen

81. Aufgabe (8 Punkte)

a [1]   b [1]   c [4]   d [4]

e [2]   f [2]   g [4]   h [3]   (je 1 P.)

82. Aufgabe (9 Punkte)

aa [4]   ab [1]   ac [1]   ad [2]

ae [3]   af [1]   ag [1]   (je 1 P.)

b [5], da die Preisvorstellung unter dem Gleichgewichtspreis liegt.   (2 P.)

83. Aufgabe (13 Punkte)

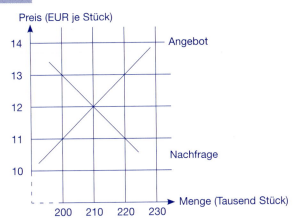

aa Angebot bei 13,00 EUR = 220.000 Stück
    Nachfrage bei 13,00 EUR = 200.000 Stück
    ──
    Angebotsüberhang von   20.000 Stück;   **Lösung: 20**   (2 P.)

ab Preisdifferenz zwischen Inland und Ausland = 7,00 EUR je Stück
    7 · 20.000 Stück (vgl. Ergebnis aa) = 140.000,00 EUR

Lösung: 140   (3 P.)

ba Vom Staat bei 13,00 EUR angekaufte Menge = 220.000 Stück
    Nachfrage bei 12,00 EUR (Gleichgewichtspreis) = 210.000 Stück
    ──
    Angebotsüberhang von   10.000 Stück

Lösung: 10   (2 P.)

bb Verkaufserlös im Inland: 12,00 EUR · 210.000 =   2.520.000,00 EUR
    zuzüglich Verkauf im Ausland: 6,00 EUR · 10.000 = +   60.000,00 EUR
    abzüglich Kaufpreis: 13,00 EUR · 220.000 = − 2.860.000,00 EUR
    ergibt einen Verlust von   280.000,00 EUR

Lösung: 280   (3 P.)

c Zum Preis von 11,00 EUR kann die Menge, die beim garantierten Mindestpreis von 13,00 EUR angekauft wurde, voll abgesetzt werden. Also ergibt sich ein Verlust von 2,00 EUR, bezogen auf die gesamte Menge: 2 · 220.000 Stück = 440.000,00 EUR.

Lösung: 440   (3 P.)

84. Aufgabe (9 Punkte)

aa 40,00 EUR · 1.800 = 72.000,00 EUR variable Kosten
Da 150.000,00 EUR Gesamtkosten vorliegen, betragen die fixen Kosten
150.000,00 EUR − 72.000,00 EUR = 78.000,00 EUR
Pro Jahr ergeben sich 78.000,00 EUR · 12 = 936.000,00 EUR, **Lösung: 936** (3 P.)

ab 78.000/1.800 = 43,33 **Lösung: 43,33 EUR** (2 P.)

ac 90 % − 1.800 Stück
100 % − x   x = 2.000 Stück bei voller Kapazitätsauslastung
78.000/2.000 = 39   **Lösung: 39,00 EUR** (2 P.)

b 90 % − 1.800 Stück
85 % − x   x = 1.700
1.700 · 12 = 20.400 verkaufte Stückzahl
Marktanteil: (20.400 : 250.000) · 100 = 8,16 % (2 P.)

6 Binnen-/Außenwert des Geldes

85. Aufgabe (4 Punkte)

a 100 % (Anfang 2012) + 0,5 % = 100,5 % (Anfang 2013) + 0,7 % von 100,5 = 101,2035 % (Anfang 2014) + 3,8 % von 101,2035 = 105,0492 % (Ende 2014) + 2,0 % von 105,0492 % = 107,15021 %;
Lösung 7,15 % (Zuwachs)

b 100 % (Anfang 2012) − 2,1 % = 97,9 % (Anfang 2013) − 1,1 % von 97,9 = 96,8231 % (Anfang 2014) + 2,3 % von 96,8231 = 99,050031 % (Ende 2014) + 0,5 % von 99,050031 % = 99,545281 % Ende 2015;
Lösung: 100 % − 99,545281 % = 0,45 % (Rückgang) (je 2 P.)

86. Aufgabe (17 Punkte)

a $\boxed{08}$ (2 P.)

b $\left.\begin{array}{l} 99{,}9\ \%\ -\ 102{,}4 \\ 100\ \%\ -\ x \end{array}\right\}$ x = 102,503 (Indexstand Mai) − 102,4 = **0,103** (3 P.)

ca Der Wert des Gesamtpreisindex von 107,5 ist gegenüber dem Monat des Vorjahres um 2,2 % gestiegen, folglich ist der Indexwert von 107,5 ein erhöhter Grundwert:

$\left.\begin{array}{l} 102{,}2\ \%\ -\ 107{,}5 \\ 100\ \%\ =\ x \end{array}\right\}$ x = 105,1859, gerundet **105,2** (3 P.)

cb Nach der Kaufkraftformel: $\frac{\text{alter Indexwert}}{\text{neuer Indexwert}} \cdot 100$ ergibt sich:

$\frac{100}{107{,}5} \cdot 100 = 93{,}02\ ..$, gerundet **93,0 %** (3 P.)

d $\left.\begin{array}{l} 101{,}9\ \%\ -\ 106{,}3 \\ 100\ \%\ -\ x \end{array}\right\}$ x = 104,31795
(104,31795 · 100)/106,3 = 98,135418; Verlust: 100 − 98,135418 = **1,9 %** (3 P.)

ea $\boxed{07}$ (vgl. Indexstand nach Punkten) (1 P.)

eb $\boxed{10}$ (vgl. negative Veränderungen gegenüber Juni des Vorjahres) (1 P.)

ec $\boxed{07}$ (vgl. positive Veränderungen gegenüber Juni des Vorjahres) (1 P.)

87. Aufgabe (9 Punkte)

a $\boxed{1}$

2014	2015
4.900,00 EUR · 12 % = 588,00 EUR	5.100,00 EUR · 11,5 % = 586,50 EUR

Die nominale Sparleistung des Haushalts ist gesunken. (3 P.)

b $\boxed{2}$ nominale Erhöhung des verfügbaren Einkommens:

4.900,00 EUR − 100 %
5.100,00 EUR − x   x = 104,08.. %, also Erhöhung um ca. **4,08 %**

Preiserhöhung:

112,5 − 100 %
114,5 − x   x = 101,77 %, also Erhöhung um ca. **1,78 %**

Insgesamt ist also das Einkommen stärker gestiegen als das Preisniveau, somit ist die Kaufkraft gestiegen. (3 P.)

c ☐2 nominaler Konsum

2014	2015		
4.900,00 EUR	5.100,00 EUR		
− 588,00 EUR (vgl. a)	− 586,50 EUR (vgl. a)	4.312,00 EUR − 100 %	
4.312,00 EUR	4.513,50 EUR	4.513,50 EUR − x	x = 104,673 %

Der nominale Konsum ist um ca. 4,67 % gestiegen; da die Preise sich nur um ca. 1,78 % erhöht haben (vgl. b), hat der Haushalt real mehr konsumiert. (3 P.)

88. Aufgabe (7 Punkte)

a 100/8 = 12,5 (3 P.)

b 4.500,00 EUR · 8 % = 360,00 EUR
4.500,00 EUR − 360,00 EUR = 4.140,00 EUR · 12,5 = 51.750,00 EUR (4 P.)

89. Aufgabe (9 Punkte)

a M1 = 1.580 + 3.700 = 5.280 (3 P.)

b M2 = 5.280 + 1.900 + 1.850 = 9.030 (3 P.)

c M3 = 9.030 + 780 + 910 = 10.720

Hinweise:
Bargeldumlauf/Bargeld in Händen von Nichtbanken = von der EZB ausgegebene Bargeldmenge abzüglich Kassenbestände der MFIs.
Einlagen mit vereinbarter Laufzeit von mehr als zwei Jahren werden in den Geldmengenbegriffen nicht berücksichtigt, ebenso Schuldverschreibungen mit einer Ursprungslaufzeit von mehr als zwei Jahren. (3 P.)

90. Aufgabe (7 Punkte)

a ☐2 Schuldverschreibungen mit 6-jähriger Laufzeit gehören nicht zu den Geldmengenbegriffen. (1 P.)

b ☐3 Repogeschäfte (Wertpapierpensionsgeschäfte) der Kreditinstitute werden nicht in den Geldmengenbegriff M1 eingerechnet. (1 P.)

c ☐3 Gemäß neuer Definition sind 3-mon. Spareinlagen jetzt in M2 enthalten. (1 P.)

d ☐1 Termingelder nehmen zu. (1 P.)

e ☐3 Kassenbestände der Kreditinstitute gehören nicht zum Bargeldumlauf. (1 P.)

f ☐2 Sichteinlagen vermindern sich, Dollarbestände werden nicht in die Geldmenge einberechnet. (1 P.)

g ☐3 Es erfolgt lediglich eine Verlagerung zwischen den Bestandteilen der Geldmenge M2. (1 P.)

91. Aufgabe (6 Punkte)

a ☐2 und ☐6 (je 2 P.)

b ☐1 (2 P.)

92. Aufgabe (4 Punkte)

a [5] (2 P.)

b [3] (2,7 %) (2 P.)

93. Aufgabe (6 Punkte)

aa
        x £ — 1,00 USD
1,1061 USD — 1,00 EUR   x = 0,756260, gerundet 0,7563
1,00 EUR — 0,8365 £ (2 P.)

ab
        x Yen — 1,00 USD
1,1061 USD — 1,00 EUR   x = 104,5927
1,00 EUR — 115,69 Yen (2 P.)

b [4] Der Yen ist gegenüber dem Euro im Außenwert gesunken (mehr Yen für einen EUR).
Gegenüber dem USD ergibt sich jetzt: x Yen — 1,00 USD
                                            1,1865 USD — 1,00 EUR
                                            1,00 EUR — 117,24 Yen
                                            x = 98,81
Gegenüber dem Dollar ist der Außenwert des Yen gestiegen (weniger Yen für 1,00 USD). (2 P.)

94. Aufgabe (6 Punkte)

[2], [3], [4] (je 2 P.)

[1] Falsch, da die Abwertung des Yen die Exporte nach Japan erschwert.

[2] Richtig, da der Yen von t 1 bis t 4 abgewertet wurde, in t 5 an Wert gewann.

[3] Richtig, Aufwertung des EUR von t 1 nach t 4, Abwertung in t 5.

[4] Richtig, da im Vergleich zwischen t 0 und t 5 eine Aufwertung des Yen stattfand.

[5] Falsch, wegen der Aufwertung des Yen haben sich die Importbedingungen verbessert.

[6] Falsch, wegen der Aufwertung des Yen haben sich die Exportbedingungen verschlechtert.

7 Zahlungsbilanz

95. Aufgabe (8 Punkte)

a $\;+110 - x = -21{,}5$

$x = 131{,}5 \quad$ gerundet **132** (3 P.)

b $\boxed{1}$, da $110 - 131{,}5$ einen Wert von $-21{,}5$ (Defizit) ergibt (2 P.)

c $\boxed{4}$ ($\boxed{1}$ beschreibt einen Vorgang innerhalb der Kapitalbilanz, $\boxed{2}$ einen Vorgang in der Vermögensänderungsbilanz, $\boxed{3}$ betrifft die Primäreinkommen (Erwerbs- und Vermögenseinkommen), $\boxed{5}$ die Dienstleistungen) (3 P.)

96. Aufgabe (8 Punkte)

a
```
   65.900
 - 55.300
 -  2.823
 -  1.304
 -  4.850
 =  1.623
```
(3 P.)

b $\boxed{1}$ (Eine Zunahme bei der Kapitalbilanz – früher Kapitalexport, Minuszeichen – bedeutet, dass die inländischen Kapitalanlagen im Ausland mehr gewachsen sind als die ausländischen Kapitalanlagen im Inland.) (2 P.)

c $6.770 - 1.623$ (vgl. a) $= 5.147$ Mio. EUR
(In der Leistungsbilanz wurde ein Überschuss von 1.623 Mio. EUR erwirtschaftet. Also gibt es Restposten in Höhe der Differenz zur Kapitalbilanz. Hinweis: Seit Mitte 2014 wird dieser Saldo mit einem Pluszeichen gekennzeichnet.) (3 P.)

97. Aufgabe (9 Punkte)

a $\boxed{2}$ Dienstleistungsimport (1 P.)

b $\boxed{2}$ Dienstleistungsimport (1 P.)

c $\boxed{4}$ (1 P.)

d $\boxed{1}$ (1 P.)

e $\boxed{4}$ (1 P.)

f $\boxed{2}$ Dienstleistungsexport (1 P.)

g $\boxed{3}$ Zinszahlungen des Inlands an das Ausland stellen Vermögenseinkommen (Primäreinkommen) für das Ausland dar. (1 P.)

h $\boxed{5}$ Es liegt keine ökonomische Transaktion zwischen In- und Ausländern vor. (1 P.)

i $\boxed{2}$ (1 P.)

Zahlungsbilanz – Lösungen

98. Aufgabe (6 Punkte)

a ☐2 (Stärkung des Exports) (1 P.)

b ☐2 (Stärkung des Exports) (1 P.)

c ☐2 (Stärkung des Exports) (1 P.)

d ☐1 (Schwächung des Exports) (1 P.)

e ☐3 (Vorgang berührt nur die Kapitalbilanz) (1 P.)

f ☐1 (Schwächung des Exports) (1 P.)

99. Aufgabe (12 Punkte)

a Saldo Leistungsbilanz

732,6 − 634,6 − 62,9 − 58 = − 22,9 (3 P.)

b Autonome Finanztransaktionen sind Kapitalex- bzw. -importe, die die Finanzierung des Leistungsverkehrs übersteigen. Das Leistungsbilanzdefizit in Höhe von − 22,9 Mrd. EUR hat eine Abnahme in der Kapitalbilanz (einen Kapitalimport) in gleicher Höhe zur Folge; tatsächlich betrugen die Kapitalimporte 55,8 Mrd. EUR, entsprechend sind in Höhe der Differenz beider Werte autonome Finanztransaktionen (= unabhängig von den Vorgängen in der Leistungsbilanz) vorgenommen worden.
→ 32,9 Mrd. EUR (3 P.)

c 55,8 − 22,9 = 32,9 Mrd. EUR
Die autonomen Finanztransaktionen entsprechen im Wert den Restposten. (2 P.)

d ☐3 (2 P.)

e ☐4 (2 P.)

100. Aufgabe (9 Punkte)

a Werte in Mrd. EUR:

	Februar	März
Wertpapiere	− 0,2	+ 3,5
Direktinvestitionen	+ 1,9	+ 1,1
übriger Kapitalverkehr	− 2,4	+ 4,1
	aa − 0,7	ab + 8,7

(3 P.)

b ☐3 (vgl. Berechnungen zu aa und ab) (3 P.)

101. Aufgabe (8 Punkte)

aa +16,4 − 4,0 + 4,8 − 2,2 = 15,0 Mrd. EUR (3 P.)

ab 1,1 Mrd. EUR (3 P.)
15,0 (vgl. aa) + 0,4 = 15,4 Mrd. EUR ist der Saldo aus Leistungsbilanz und Vermögensänderungsbilanz. Dem steht eine Zunahme von 16,5 Mrd. EUR in der Kapitalbilanz gegenüber. Als Differenz ergeben sich die Restposten. Diese Differenz wird seit Mitte 2014 mit einem Pluszeichen versehen, da die Kapitalbilanz stärker „gewachsen" ist. (3 P.)

b ☐1 (2 P.)

102. Aufgabe (9 Punkte)

a 2 Mrd. EUR (157 − 134 − 14 − 1 − 6) (3 P.)

b ☐3 (3 P.)

c ☐4 (3 P.)

103. Aufgabe (9 Punkte)

a 22,3 Mrd. EUR (3 P.)
Leistungsbilanz: Ausfuhr +645,0 − Einfuhr 520 = +125,0 Mrd. EUR
Dienstleistungen: +168 − 217 = −49 Mrd. EUR
Primäreinkommen: +112 − 12,7 − 106 = −6,7 Mrd. EUR
Zwischensumme: +69,3 Mrd. EUR
Da der Saldo der Leistungsbilanz 47,0 Mrd. EUR beträgt, müssen 22,3 Mrd. EUR als Sekundäreinkommen vorliegen.

b 73,5 Mrd. EUR (3 P.)
Leistungsbilanz: +47,0 − 1,5 Vermögensänderungsbilanz = +45,5 Mrd. EUR
Wertpapiertransaktionen und Finanzderivate (−36,0 Mrd. EUR) zuzüglich Direktinvestitionen (−6,9 Mrd. EUR) abzüglich sonstiger Kapitalverkehr (+116,4 Mrd. EUR)

c 28,0 Mrd. EUR (2 P.)
45,5 (Leistungsbilanz und Vermögensänderungsbilanz); dem stehen 73,5 Mrd. EUR als Zunahme bei der Kapitalbilanz gegenüber. Die Differenz kennzeichnet die Restposten.

d | 1 | (1 P.)

(Seit Mitte 2014 wird ein Pluszeichen verwendet, wenn die Kapitalbilanz stärker zunimmt als die Leistungsbilanz inkl. Vermögensänderungsbilanz.)

8 Konjunktur/Geldpolitik/Steuern

104. Aufgabe (12 Punkte)

a $\boxed{02}$ – $\boxed{08}$ – $\boxed{15}$ (Lettland ist zum 01.01.2014, Estland zum 01.01.2011, Slowenien zum 01.01.2007 dem Euro-Währungsverbund beigetreten.) (je 1 P.)

b $\boxed{4}$ (3 P.)

ca $\boxed{2}$ cb $\boxed{2}$ cc $\boxed{1}$

cd $\boxed{1}$ ce $\boxed{2}$ cf $\boxed{1}$ (je 1 P.)

105. Aufgabe (10 Punkte)

aa $\boxed{5}$ (2 P.)

ab $\boxed{4}$ (2 P.)

b $\boxed{2}$ und $\boxed{5}$ (je 2 P.)

c $\boxed{5}$ (2 P.)

106. Aufgabe (4 Punkte)

a $\boxed{2}$ b $\boxed{1}$ c $\boxed{4}$ d $\boxed{2}$ (je 1 P.)

107. Aufgabe (6 Punkte)

a $\boxed{2}$ (In einer Aufschwungphase wird im Konjunkturmodell eine steigende Konsumquote und damit eine sinkende Sparquote der privaten Haushalte unterstellt.) (2 P.)

b $\boxed{1}$ (2 P.)

c $\boxed{1}$ (2 P.)

108. Aufgabe (6 Punkte)

a 327,7 – 213,8 – 27,8 = 86,1 Mrd. EUR (3 P.)

b $\boxed{4}$

Hinweis: Bei einem Bruttoinlandsprodukt von 2.500 Mrd. EUR dürfte die Nettokreditaufnahme maximal bei knapp 9 Mrd. EUR liegen. Sie ist – wie die Rechnung in a zeigt – jedoch wesentlich höher. (3 P.)

109. Aufgabe (8 Punkte)

a $\boxed{1}$ und $\boxed{3}$ (je 2 P.)

b $\boxed{4}$ und $\boxed{5}$

Hinweis: Kirchensteuern sind unbeschränkt abzugsfähige Sonderausgaben; Krankheitskosten (Nr. 6) sind außergewöhnliche Belastungen. (je 2 P.)

110. Aufgabe (8 Punkte)

a $\boxed{2}$ (Devisenswapgeschäfte) (2 P.)

b $\boxed{1}$ (2 P.)

c $\boxed{4}$ (Diskontpolitik entfällt bei der EZB) (2 P.)

d $\boxed{3}$ (1 P.)

e $\boxed{4}$ (Interbankenhandel) (1 P.)

111. Aufgabe (5 Punkte)

[4] Eine Erhöhung der staatlichen Kreditaufnahme schafft Spielraum für zusätzliche Staatsausgaben.

Eine Senkung der Mehrwertsteuer wirkt preisstabilisierend, ein Nachfrageanstieg ist zu erwarten.
Die Senkung der Lohn-Einkommensteuersätze erhöht die verfügbaren Einkommen, Nachfrageanstieg bei konstanter Konsumquote.
Eine Euro-Abwertung verbessert die Exportchancen deutscher Exporteure, gleichzeitig wird der Import erschwert; beides kann zu steigender Produktion im Inland führen.
Eine Senkung der Refinanzierungssätze (Trend: Senkung des Zinsniveaus insgesamt) führt zu geringeren Produktionskosten (Finanzierungskosten) bei den Unternehmen. (5 P.)

112. Aufgabe (6 Punkte)

a [3]   b [4] (je 3 P.)

113. Aufgabe (12 Punkte)

aa [1] (Festsatz) (2 P.)

ab [3] (Gewichteter Durchschnittssatz bedeutet, dass die Zuteilung mit unterschiedlichen Sätzen, also „amerikanisch", erfolgte.) (2 P.)

ba $\frac{57.000}{300.000} \cdot 100 = 19{,}0\,\%$ (2 P.)

bb 19 % auf 25 Mio. EUR = 4,75 Mio. EUR (2 P.)

c 13 Mrd. EUR (Neuzuteilung 70 Mrd. am 22.12. abzüglich fälliges Volumen des Geschäftes vom 15.12. (57 Mrd.)) (2 P.)

d [5] (Volle Zuteilung zu günstigen Zinssätzen, um einer Liquiditäts- und Vertrauenskrise vorzubeugen) (2 P.)

114. Aufgabe (12 Punkte)

a (350/740) · 100 = 47,3 % (3 P.)

b

Zinssatz	KI	Gebote	Kumuliert	Zuteilung
1,84	C	100	100	100 100
1,83	D	140	240	140 240
1,82	B	150	390	150 120 360
1,81	E	160	550	–
1,80	A	140	690	–

Kreditinstitut A   000   Kreditinstitut C   100   Kreditinstitut E   000
Kreditinstitut B   120   Kreditinstitut D   140 (je 1 P.)

c [(120 · 1,82) + (140 · 1,83) + (100 · 1,84)]/360 = 1,83 (4 P.)

115. Aufgabe (5 Punkte)

a [3] (1 P.)

b [4] (1 P.)

c [1] (1 P.)

d [3] (1 P.)

e [2] (1 P.)

Konjunktur/Geldpolitik/Steuern – Lösungen

116. Aufgabe (9 Punkte)

a 9   b 6   c 11   d 5   e 8   f 10   g 7   h 1   i 3   (je 1 P.)

117. Aufgabe (3 Punkte)

2

118. Aufgabe (5 Punkte)

a 2

b 3

c 1

d 2

e 1   (je 1 P.)

119. Aufgabe (3 Punkte)

5

120. Aufgabe (3 Punkte)

1

Prüfungsbereich Rechnungswesen und Steuerung Programmierte Aufgaben

1 Unternehmensleistungen erfassen und dokumentieren

1. Aufgabe (6 Punkte)

Nach § 257 HGB müssen Handelsbücher, Inventare, Jahresabschlüsse, Buchungsbelege usw. zehn Jahre aufbewahrt werden. Für Handelskorrespondenz gilt eine Frist von sechs Jahren. Die Aufbewahrungsfrist beginnt mit dem Schluss des Kalenderjahres, in dem die Unterlage entstanden ist.

Der Jahresabschluss für 2016 wird im Jahr 2017 erstellt.

a 31.12.2027 b 31.12.2022 c 31.12.2026 (je 2 P.)

2. Aufgabe (4 Punkte)

a 2 b 1 c 3 d 4 (je 1 P.)

3. Aufgabe (13 Punkte)

a 21 an 20 (1 P.)

b 21 an 50 (1 P.)

c 30 an 21 (1 P.)

d 63 an 20 (2 P.)
  41

e 10 an 11 (1 P.)

f 24 an 20 (2 P.)
  60

g 40 an 11 (1 P.)

h 21 an 30 (2 P.)
  68

i 74 an 11 (2 P.)
    56

4. Aufgabe (2 Punkte)

3 (2 P.)

5. Aufgabe (8 Punkte)

a 3 b 2 c 4 d 3 e 4 f 1 g 2 h 4 (je 1 P.)

6. Aufgabe (5 Punkte)

a 7.600,00 EUR

A		Bilanz			P
1	Debitoren	− 3.100,00	1	Kreditoren	− 3.100,00
2	Schecks/Lastschriften	+ 9.200,00	2	Kreditoren	+ 9.200,00
3	Debitoren	+ 1.500,00	3	Kreditoren	− 23.500,00
			3	Termineinlagen	+ 25.000,00
	Bilanzveränderung	+ 7.600,00		Bilanzveränderung	+ 7.600,00

Skontro EasyTec GmbH:

Saldo Tagesbeginn	17.400,00
Buchung 1	− 3.100,00
Buchung 2	+ 9.200,00
Saldo vor Übertrag Termingeld	= 23.500,00

(4 P.)

b ☐ 3 (1 P.)

7. Aufgabe (7 Punkte)

a ☐ 4   b ☐ 4   c ☐ 1   d ☐ 6   e ☐ 8   f ☐ 7   g ☐ 2   (je 1 P.)

8. Aufgabe (8 Punkte)

a ☐ 3 BGA steigt, Forderungen an Kunden sinken   (je 1 P.)

b ☐ 2 Kasse und EK sinken

c ☐ 2 Spareinlagen und Forderungen an Kunden sinken

d ☐ 2 DBB und Verb. ggü. KI sinken

e ☐ 3 Verwahrung im Schrankfach, keine Bilanzierung

f ☐ 3 Spareinlagen sinken, Termineinlagen steigen

g ☐ 1 Fuhrpark steigt, Verbindlichkeiten ggü. Kunden steigen

h ☐ 2 Forderungen an Kunden sinken, EK sinkt

9. Aufgabe (4 Punkte)

☐ 6 Die Bilanzsumme verringert sich um 43.000,00 EUR, da aus dem kreditorisch geführten Konto ein debitorisch geführtes Konto, Kontostand 12.000,00 EUR Soll, wird. Zugleich mindert sich das Guthaben bei der Deutschen Bundesbank um 55.000,00 EUR. (4 P.)

10. Aufgabe (10 Punkte)

a ☐ 1 Provisionsertrag   (je 1 P.)

b ☐ 3 Aufwand erst bei Abschreibung

c ☐ 1 Zuschreibung

d ☐ 1 Provisionsertrag

Unternehmensleistungen erfassen und dokumentieren – Lösungen

e [2] sonstiger betrieblicher Aufwand

f [3]

g [3]

h [2] sonstiger betrieblicher Aufwand

i [3] strenges Niederstwertprinzip, keine Zuschreibung

j [2] Mietaufwand

11. Aufgabe (6 Punkte)

a 77 Mio. EUR

S	Kundenkontokorrentkonto in Mio. EUR		H
AB Debitoren	120	AB Kreditoren	140
Belastungen Debitoren	72	Gutschriften Debitoren	85
Belastungen Kreditoren	40	Gutschriften Kreditoren	90
vorläufiger Schlussbestand Kreditoren	160	vorläufiger Schlussbestand Debitoren	77
	392		392

(2 P.)

ba 83 Mio. EUR (2 P.)

bb 155 Mio. EUR

S	Kundenkontokorrentkonto in Mio. EUR		H
AB Debitoren	120	AB Kreditoren	140
Belastungen Debitoren	72	Gutschriften Debitoren	85
Belastungen Kreditoren	40	Gutschriften Kreditoren	90
Belastung Debitoren	2		
Belastung Kreditoren	9		
Schlussbestand Kreditoren (160 – 5)	155	Schlussbestand Debitoren (77 + 2 + 4)	83
	398		398

(je 1 P.)

12. Aufgabe (5 Punkte)

Soll	Kundenkontokorrent		Haben
Summe	278.000,00	Summe	360.000,00
Koch	22.000,00	Braun	18.000,00
Platz	34.000,00	Schlonk	9.000,00
Zuse	53.000,00		
	387.000,00		387.000,00

a 27.000,00 EUR (2 P.)   b 53.000,00 EUR (2 P.)   c [2] (1 P.)

13. Aufgabe (8 Punkte)

a [2]   b 12.042,00 EUR im Haben   c [2]   d [5]   (je 2 P.)

Unternehmensleistungen erfassen und dokumentieren – Lösungen

14. Aufgabe (11 Punkte)

a [21] an [10] (1 P.)

b [21] an [10] (1 P.)

c [20] an [10] (1 P.)
         [52]

d [21] an [11]
         [20] (2 P.)

e [21] an [20]
         [61] (1 P.)

f [20] an [21]
         [52] (2 P.)

15. Aufgabe (7 Punkte)

a
Soll	Kasse		Haben
Anfangsbestand	64.832,50	GAA-Verfügungen	31.540,00
Einzahlungen	24.860,70	Sortenankäufe	8.213,30
Reiseschecks	2.500,00	Kassen-Sollbestand	55.909,90
Nachttresor	3.470,00		
	95.663,20		95.663,20

(3 P.)

b [1] Kassen-Istbestand < Kassen-Sollbestand (2 P.)

16. Aufgabe (8 Punkte)

a [2] (2 P.)

b 0,00 EUR, keine Kassendifferenz (2 P.)

EB des Vortags	64.520,40 EUR
+ Einzahlungen lt. Belegen	51.412,64 EUR
– Auszahlungen lt. Belegen	54.003,14 EUR
= Kassen-Sollbestand (= Istbestand)	61.929,90 EUR

c [5] (2 P.)

d [4] Der Kassenüberschuss ist eine Forderung eines unbekannten Kunden an das Kreditinstitut. Er unterliegt der regelmäßigen Verjährung und muss vor Ausbuchung als sonst. betriebl. Ertrag drei Jahre bilanziert werden.

zu [2]: Grundsatz ordnungsgemäßer Buchführung: Keine Buchung ohne Beleg. (2 P.)

17. Aufgabe (2 Punkte)

[5]

18. Aufgabe (12 Punkte)

a 26 Tsd. EUR **Forderungen an Kreditinstitute**
Bankhaus Jepsen & Co. 36 Tsd. EUR
Düsselbank AG 50 Tsd. EUR

insgesamt 86 Tsd. EUR

Soll		Banken-KK		Haben
SU	155	SU		141
Sparkasse Viersen	46	Bankhaus Jepsen & Co.		36
Volksbank Dinslaken eG	26	Düsselbank AG		50
	227			227

(4 P.)

b $\boxed{1}$ Die Kontoführerin, die Volksbank Dinslaken eG, hat gegenüber der Kontoinhaberin, der Unionbank Dinslaken, eine Forderung: Der Saldo im Kontoauszug ist deshalb ein Sollsaldo. (2 P.)

c 72 Tsd. EUR (2 P.)

d $\boxed{1}$ an $\boxed{2}$ (2 P.)

e $\boxed{3}$ (2 P.)

19. Aufgabe (9 Punkte)

aa   282.000,00 EUR   Modernbank
  +   22.000,00 EUR   Sparkasse KölnBonn
  + 462.000,00 EUR   Bonner Bank
       766.000,00 EUR (2 P.)

ab   184.000,00 EUR   Ahrtalbank
  +   24.000,00 EUR   Handelsbank
  + 318.000,00 EUR   Volksbank Frechen
       526.000,00 EUR (2 P.)

ba $\boxed{4}$ bb $\boxed{1}$ bc $\boxed{3}$ bd $\boxed{1}$ be 318.000,00 EUR   (je 1 P.)

20. Aufgabe (8 Punkte)

Prümbank		Ahrtalbank		Volksbank Kall	
240.000,00 EUR	Soll	430.000,00 EUR	Haben	32.000,00 EUR	Haben
50.000,00 EUR	Haben	37.000,00 EUR	Soll	5.000,00 EUR	Haben
190.000,00 EUR	Soll	393.000,00 EUR	Haben	25.000,00 EUR	Soll
				42.000,00 EUR	Soll
				30.000,00 EUR	Soll

aa 240.000,00   ab 462.000,00   (je 1 P.)
ba 220.000,00   bb 393.000,00   (je 2 P.)
ca   5.000,00   cb   67.000,00   (je 1 P.)

21. Aufgabe (12 Punkte)

aa				
	Sparguthaben		11.000,00	
	+	Zinsen: 11.000 · 180 · 1,00 : (360 · 100) =	+ 55,00	
	−	Vorschusszinsen (90-Tage-M.): 9.000 · 90 · 1,0/(4 · 360 · 100) =	− 5,63	
	=	Auszahlung	= 11.049,37	EUR

(3 P.)

Unternehmensleistungen erfassen und dokumentieren – Lösungen

ab [22] 11.000,00 an [10] 11.049,37

[60] 49,37 (2 P.)

ba		Festgeldguthaben		30.000,00		
	+	Zinsen: 30.000 · 90 · 2,00/(360 · 100) =	+	150,00		
	–	KESt: 150 · 25/100 =	–	37,50		
	–	Soli: 37,5 · 5,5/100 =	–	2,06		
	=	Gutschrift	=	30.110,44	EUR	(3 P.)

bb [23] 30.000,00 an [10] 30.110,44

[60] 150,00 [250] 39,56 (2 P.)

c [20] 151,59 an [21] 98,30

[60] 1,25 [50] 22,14

[52] 32,40 (2 P.)

22. Aufgabe (10 Punkte)

a [30]

[41] an [10] (1 P.)

b [21] [30]
  an
  [68] [40] (2 P.)

c

[63] an [11] (1 P.)

d [21] an [40]

[52] (2 P.)

e 380,00 EUR aus dem 1. Geschäftsfall (2 P.)

f 1.805,00 EUR aus dem 2. Geschäftsfall
  6.650,00 EUR aus dem 4. Geschäftsfall
  <u>8.455,00 EUR</u> (2 P.)

23. Aufgabe (7 Punkte)

a [3]   b [1]   c [2]   d [2]   e [3]   f [3]   g [1]   (je 1 P.)

24. Aufgabe (16 Punkte)

a		Entscheidung	Betrag EUR
	aa	2	2.280,00
	ab	3	0
	ac	2	304,00
	ad	1	15,96
	ae	3	0
	af	1	335,29

(je 2 P.)

ba	2.232,75 EUR				(1 P.)
bb	2				(1 P.)
bc	40	351,25	an	41 351,25	(1 P.)
bd	40	2.232,75	an	11 2.232,75	(1 P.)

25. Aufgabe (10 Punkte)

aa 20.626,67 EUR

24.000 · 1,19 = 28.560,00/3 = 9.520,00 · $\frac{10}{12}$ = 7.933,33 Abschreibungsbetrag bei linearer Abschreibung von $33\frac{1}{3}$ % und Einbeziehung von 10 Monaten Besitzdauer im Anschaffungsjahr.

28.560,00 – 7.933,33 = 20.626,67 (2 P.)

ab 5.652,50 EUR

6.000 · 1,19 = 7.140,00 · 0,25 = 1.785,00 · $\frac{10}{12}$ = 1.487,50

Abschreibungsbetrag im Anschaffungsjahr bei linearer Abschreibung von 25 % und Einbeziehung von 10 Monaten Besitzdauer.

7.140,00 – 1.487,50 = 5.652,50 (2 P.)

ac 742,56 EUR

780,00 · 1,19 = 928,20 · 0,20 = 185,64
928,20 – 185,64 = 742,56

Für die geringwertigen Wirtschaftsgüter werden pro Anschaffungsjahr Sammelposten gebildet, die dann über fünf Jahre linear abgeschrieben werden. Jeder Bürostuhl ist ein geringwertiges Wirtschaftsgut, da der Anschaffungspreis ohne Umsatzsteuer unter 1.000,00 EUR liegt. Hinweis: Nach dem Wachstumsbeschleunigungsgesetz ist ab dem Jahr 2010 steuerlich auch eine Sofortabschreibung von Anlagegütern mit Anschaffungskosten bis 410,00 EUR möglich. Hier wird vereinfachend davon ausgegangen, dass die Kreditbank die Poolabschreibung wählt. (2 P.)

ad 000,00

5 · 32,00 = 160,00 · 1,19 = 190,40

Die Anschaffungskosten je Terminkalender liegen unter 150,00 EUR ohne Mehrwertsteuer. Die Gegenstände werden nicht aktiviert, sondern sofort als Aufwand erfasst. (2 P.)

b 9.796,87 EUR

	EUR
Pos. 1	7.933,33
Pos. 2	1.487,50
Pos. 3	185,64
Pos. 4	190,40
	9.796,87

(2 P.)

26. Aufgabe (5 Punkte)

a	2		(je 1 P.)
b	1		
c	1		
d	3	leistungsbezogene Abschreibung	
e	2		

27. Aufgabe (10 Punkte)

aa [63] 1.400,00

[41] 266,00 an [20] 1.666,00

Sofortabschreibung, da Einzelpreis < 150,00 EUR netto
Umsatzsteuerpflichtiger Bereich (2 P.)

ab [30] 3.100,00

[41] 589,00 an [20] 3.689,00

Aktivierung, da Nettopreis > 1.000,00 EUR
Umsatzsteuerpflichtiger Bereich (2 P.)

ac [32] 4.998,00 an [20] 4.998,00

Poolabschreibung, da Einzelpreis zwischen 150,00 EUR und 1.000,00 EUR netto
Umsatzsteuerfreier Bereich (2 P.)

b [65] 1.138,70 an [32] 999,60
                           an [30] 139,10

Mobiltelefone: Bei Kauf bereits komplett abgeschrieben
Notebooks: Poolabschreibung in fünf gleichen Jahresraten: 4.998,00/5 = 999,60
Schreibtisch: lineare Abschreibung über 13 Jahre, monatsgenau:
3.100 · 7/(13 · 12) = 139,10 EUR (4 P.)

28. Aufgabe (14 Punkte)

a 3.790 · 97 · 119/(100 · 100) = 4.374,80 EUR
oder
4.510,10 · 97/100 = 4.374,80 EUR (2 P.)

b

S	EUR		H	EUR
[30]	3.676,30	an	[21]	4.374,80
[41]	698,50			

(2 P.)

c 1.733,60 EUR

A	Bilanz EUR		P
Debitoren	– 2.641,20	Kreditoren	+ 1.733,60
BGA	+ 3.676,30		
Sonst. Verbindlichkeiten (Vorsteuer)	+ 698,50		
Bilanzveränderung	+ 1.733,60	Bilanzveränderung	+ 1.733,60

(2 P.)

d [3] (1 P.)

e 235,66 EUR
jährlicher Abschreibungsbetrag: 3.676,30/13 = 282,79 EUR
Abschreibung im Anschaffungsjahr monatsgenau: 282,79 · 10/12 = 235,66 EUR (2 P.)

f

S	EUR		H	EUR
[65]	235,66	an	[30]	235,66

(1 P.)

g

S	EUR		H	EUR
[21]	3.000,00	an	[30]	2.875,06
[68]	354,05		[40]	478,99

Nettoverkaufspreis: 3.000 · 100/119 = 2.521,01 EUR

Restbuchwert bei Verkauf:

	Anschaffungskosten	3.676,30 EUR
–	Abschreibung im 1. Jahr	235,66 EUR
–	2 reguläre Abschreibungen	565,58 EUR
=	Restbuchwert	2.875,06 EUR
–	Nettoverkaufspreis	2.521,01 EUR
=	sonstiger betrieblicher Aufwand	354,05 EUR

(4 P.)

29. Aufgabe (10 Punkte)

aa 3 (1 P.)

ab 1 (1 P.)

ac 1 Es handelt sich um den Teil der Verbindlichkeit, der dem Schuldner unwiderruflich erlassen worden ist. (1 P.)

ad 2 (1 P.)

ba 1 (1 P.)

bb 2 (1 P.)

bc 3 (1 P.)

ca 1 Es handelt sich um den nach Abschluss des Insolvenzverfahrens verbliebenen Ausfall einer Forderung. (1 P.)

cb 3 Pauschalwertberichtigungen dürfen nur auf Forderungen vorgenommen werden, für die bisher noch keine (Einzel-)Wertberichtigungen gebildet wurden. (1 P.)

cc 2 (1 P.)

30. Aufgabe (10 Punkte)

aa 2,5
Uneinbringliche Forderungen sind sofort abzuschreiben. (1 P.)

ab 2,295
5,4/2 · (100 – 15)/100
Das Ausfallrisiko von 85 % bezieht sich nur auf den ungesicherten Teil der Forderung. (2 P.)

ba 348,0
360 – 4,1 – 2,5 – 5,4
Basis der Berechnung der Pauschalwertberichtigung ist der Forderungsbestand, der nicht garantiert sicher ist und der noch nicht einer anderweitigen Bewertung unterzogen worden ist. (3 P.)

bb 0,51
(348,0 · 0,75/100) – 2,1 (2 P.)

c 352,595
360 – 2,5 – 2,295 – (2,1 + 0,51) (2 P.)

31. Aufgabe (5 Punkte)

a 98.000,00 EUR – 50.000,00 EUR = 48.000,00 EUR
75 % von 48.000,00 EUR   = 36.000,00 EUR (2 P.)

b 1 (1 P.)

c 98.000,00 EUR – 36.000,00 EUR = 62.000,00 EUR (2 P.)

32. Aufgabe (7 Punkte)

a 3.837,0 Mio. EUR

3.148,0 + (789,0 − 67,0 − 33,0) = 3.837,0 (2 P.)

b 49,0 Mio EUR

Verbrauch von EWB	22,0
+ direkte Abschreibungen	34,0
− Zahlungseingänge	7,0
= tatsächlicher Forderungsausfall	49,0

(3 P.)

c 1,07 %

$$\frac{41,0 \cdot 100}{3.837,0} = 1,07$$

(2 P.)

33. Aufgabe (8 Punkte)

aa 720.000,00 EUR (2 P.)
590.400 · 100 : (100 − 18) = 720.000

ab 9.600,00 EUR (1 P.)
720.000 − 590.400 − 120.000 = 9.600,00

b |11| 120.000,00   an |21| 720.000,00   (3 P.)

|67| 9.600,00

|75| 590.400,00

c |2| (2 P.)

34. Aufgabe (10 Punkte)

aa 158.400,00 EUR   1.800 · 88,00 EUR (2 P.)

ab 1.500,00 EUR   73 Stückzinstage $\dfrac{73 \cdot 150.000 \cdot 5}{365 \cdot 100}$ (2 P.)

ac 154.125,00 EUR   150.000,00 EUR · 101,75/100 + 1.500,00 EUR (2 P.)

ba 4.140,00 EUR   (90,3 − 88) · 1.800,00 EUR (2 P.)

bb 4.250,00 EUR   (102,25 − 101,75)/100 · 850.000,00 EUR (2 P.)

35. Aufgabe (19 Punkte)

aa 98,50 %

400.000 · 98,0 % = 392.000
400.000 · 99,0 % = 396.000
200.000 · 98,5 % = 197.000

1.000.000   985.000
985.000/1.000.000 · 100 = 98,50 % (2 P.)

ab 4.024,66 EUR

Bestand am Jahresende: 1.000.000 − 600.000 = 400.000
Stückzinstage aus ab

400.000 · 3,25 · 113/36.500 = 4.024,66 (2 P.)

ac 7.800,00 EUR

Verkaufskurs	99,80
Durchschnittserwerbskurs	− 98,50
Kursgewinn	1,30 pro 100,00 Nennbetrag

realisierter Erfolg: 600.000 · 1,3 % = 7.800,00 (2 P.)

ad 4.000,00 EUR

Kurs am Bilanzstichtag	99,50
− Durchschnittserwerbskurs	− 98,50
nicht realisierter Kursgewinn	1,00 pro 100,00 Nennbetrag

Schlussbestand 400.000 · 1,00 % = 4.000,00 (2 P.)

ae 398.024,66 EUR

Schlussbestand 400.000 · 98,50 %	394.000,00
(Bewertung lt. HGB zum Niederstwert)	
aufgelaufene Stückzinsen	+ 4.024,66
Bilanzwert	398.024,66

(2 P.)

	S	EUR	H	EUR	
ba	12	4.024,66	51	4.024,66	(1 P.)
bb	81	398.024,66	12	398.024,66	(1 P.)
bc	12	7.800,00	53	7.800,00	(1 P.)
bd	0	0,00	0	0,00	(1 P.)
be	12	398.024,66	80	398.024,66	(1 P.)
bf	51	4.024,66	12	4.024,66	(2 P.)
bg	11	13.000,00	51	13.000,00	
	(400.000 · 3,25 %)				(2 P.)

36. Aufgabe (13 Punkte)

Soll			Skontro Equinox AG		Haben
Stück	Kurs	Kurswert	Stück	Kurs	Kurswert
Kauf 3.000	78,00	234.000,00	Verkauf 7.500	81,00	607.500,00
Kauf 2.000	76,00	152.000,00	Risikoabschlag		8.300,00
Kauf 5.000	82,00	410.000,00	Schlussbestand 2.500		
realisierter Kursgewinn		10.500,00	abzgl. Risikoabschlag	83,00	199.200,00
nicht realisierter Kursgewinn		8.500,00			
		815.000,00			815.000,00

a 79,60 EUR = (234.000 + 152.000 + 410.000)/(3.000 + 2.000 + 5.000) (2 P.)

b Bewertung des Handelsbestands gemäß Bilanzmodernisierungsgesetz (BilMoG) zum Börsenkurs des Bilanzstichtags (Zeitwertprinzip): 83,00 EUR
Endbestand: 2.500 Stück

Bilanzwert:

Gesamtwert: 2.500 · 83,00 =	207.500,00 EUR
abzgl. Risikoabschlag: 207.500 · 4,0 % =	− 8.300,00 EUR
= Bilanzwert	= **199.200,00 EUR**

(3 P.)

Unternehmensleistungen erfassen und dokumentieren – Lösungen

ca	Verkaufskurs	81,00	
	abzgl. Durchschnittserwerbskurs	– 79,60	
	= realisierter Kursgewinn	= 1,40 · 7.500 Stück = **10.500,00 EUR**	(2 P.)

cb	Kurs am Bilanzstichtag	83,00	
	abzgl. Durchschnittserwerbskurs	– 79,60	
	= nicht realisierter Kursgewinn	= 3,40 · 2.500 Stück = **8.500,00 EUR**	

Anders als bei Wertpapieren des Anlagevermögens und der Liquiditätsreserve müssen nicht realisierte Gewinne für den Handelsbestand erfolgswirksam erfasst werden. (2 P.)

da	66	8.300,00	an	12	8.300,00	(1 P.)
db	12	10.500,00	an	53	10.500,00	(1 P.)
dc	12	8.500,00	an	54	8.500,00	(1 P.)
dd	81	199.200,00	an	12	199.200,00	(1 P.)

37. Aufgabe (17 Punkte)

Soll			5 % Hypothekenpfandbrief, Zinstermin 15.09. gzj. (act/act)			Haben
Stück	Kurs	Kurswert	Stück		Kurs	Kurswert
Nennwert EUR	Kurs	Kurswert EUR	Nennwert EUR		Kurs	Kurswert EUR
400.000,00	98,00	392.000,00	700.000,00		97,20	680.400,00
400.000,00	99,00	396.000,00	Risikoabschlag			10.773,00
200.000,00	98,50	197.000,00	SB 300.000,00 abzgl. Risiko-			
Stückzinsen		4.438,36	abschlag und zzgl. Stückzinsen		99,70	301.465,36
nicht realisierter Kursgewinn		12.300,00	realisierter Kursverlust			9.100,00
		1.001.738,36				1.001.738,36

a 98,50 % = (400.000 · 98 + 400.000 · 99 + 200.000 · 98,5)/(400.000 + 400.000 + 200.000) (2 P.)

b	Durchschnittserwerbskurs	98,50 %	
	abzgl. Verkaufskurs	– 97,20 %	
	= realisierter Kursverlust	= 1,30 % · 700.000,00 EUR = **9.100,00 EUR**	(3 P.)

c Endbestand: nom. 300.000,00 EUR
Bewertung zum Börsenkurs des Bilanzstichtags: 99,70 %
Nicht realisierter Erfolg:

	Kurs am Bilanzstichtag	102,60 %	
	abzgl. Durchschnittserwerbskurs	– 98,50 %	
	= nicht realisierter Kursgewinn	= 4,10 % · 300.000 Stück = **12.300,00 EUR**	(2 P.)

d 300.000 · 108 · 5/(365 · 100) = 4.438,36 EUR (2 P.)

e	Endbestand nominal 300.000 · 102,60 % =	307.800,00 EUR	
	abzgl. Risikoabschlag 307.800 · 3,5 % =	– 10.773,00 EUR	
	zzgl. Stückzinsen	+ 4.438,36 EUR	
	= Bilanzwert	= 301.465,36 EUR	(1 P.)

f	62	9.100,00	an	12	9.100,00	(1 P.)
g	12	12.300,00	an	54	12.300,00	(1 P.)
h	12	4.438,36	an	51	4.438,36	(1 P.)
i	66	10.773,00	an	12	10.773,00	(1 P.)
j	81	301.465,36	an	12	301.465,36	(1 P.)
k	51	4.438,36	an	12	4.438,36	(1 P.)
l	11	15.000,00	an	51	15.000,00	(1 P.)

38. Aufgabe (7 Punkte)

a 500.000 · 203 · 4,5/(365 · 100) = 12.513,70 (2 P.)

b Bewertung nach dem strengen Niederstwertprinzip:

Endbestand nominal 500.000 · 102,1 % =	510.500,00 EUR
zzgl. Stückzinsen	+ 12.513,70 EUR
= Bilanzwert	= **523.013,70 EUR**

(2 P.)

c Bewertung nach dem Zeitwertprinzip:

Endbestand nominal 500.000 · 104,7 % =	523.500,00 EUR
abzgl. Risikoabschlag 523.500 · 2,3 % =	– 12.040,50 EUR
zzgl. Stückzinsen	+ 12.513,70 EUR
= Bilanzwert	= **523.973,20 EUR**

(3 P.)

39. Aufgabe (8 Punkte)

a 3 (je 1 P.)

b 1

c 1

d 2

e 4

f 4

g 1

h 5

40. Aufgabe (8 Punkte)

aa 2

ab 9 Bewertung zu fortgeführten Anschaffungskosten nach IFRS

ac 1

ad 3

ba 2

bb 3 Neuregelung im § 340e Abs. 3 HGB nach Bilanzmodernisierungsgesetz

bc 9

bd 1 (je 1 P.)

41. Aufgabe (7 Punkte)

a 2   e 1

b 9 (direkte Abschreibung)   f 9 (Rückstellung)

c 4   g 3

d 3   (je 1 P.)

42. Aufgabe (6 Punkte)

aa 36,300 (1 P.)
ab 12,288 (1 P.)
ac 17,500 (1 P.)
ad 43,584 (1 P.)
ae 373,632 (1 P.)
b 23,9 Mio. EUR
21,7 + 2,2 = 23,9 (1 P.)

43. Aufgabe (4 Punkte)

3 und 6 (je 2 P.)

44. Aufgabe (8 Punkte)

a 2 (1 P.)
b 1 (1 P.)
c 3 Bildung einer Rückstellung (1 P.)
d 1 (1 P.)
e 2 (1 P.)
f 1 (1 P.)
g 1 (1 P.)
h 2 (1 P.)

45. Aufgabe (6 Punkte)

a 77 Tage   16.10. einschließlich bis 31.12.
b 44.828,77 EUR   5.000.000 · 4,25 · 77/36.500
c 3 (je 2 P.)

2 Kosten und Erlöse ermitteln und beeinflussen

46. Aufgabe (6 Punkte)

a [3] Spenden und Mitgliedschaftsbeiträge für nicht zum Betriebszweck gehörende Vereinigungen stellen neutralen Aufwand dar, der nicht in die Kostenrechnung einfließt.

b [2] Obwohl für eigene Räumlichkeiten keine Miete zu entrichten ist, müssen die fiktiven Werte in die Kostenrechnung einbezogen werden. Dies ermöglicht einen Kostenvergleich mit solchen Instituten, die in angemieteten Geschäftsräumen tätig sind.

c [4] Es handelt sich um Zusatzerlöse.

d [1] [2] Abschreibungsbetrag in der Finanzbuchhaltung   38.400,00 EUR
        Abschreibungsbetrag für die Kosten- und Erlösrechnung 48.000,00 EUR
        Es entstehen Grundkosten in Höhe von 38.400,00 EUR und Zusatzkosten in Höhe von 9.600,00 EUR.

e [4] Periodenfremde Aufwendungen werden abgegrenzt und fließen in die Kostenrechnung des nächsten Jahres ein.   (je 1 P.)

47. Aufgabe (3 Punkte)

327,9 TSD. EUR   277,2 + 44,8 + 0,4 + 5,4 – 1,1 + 0,8 + 0,476/1,19

48. Aufgabe (15 Punkte)

a [2]   b [3]   c [4]   d [4]   e [1]   f [4]   g [1]   h [3]

i [3]   j [9]   k [1]   l [2]   m [3]   n [9]   o [3]   (je 1 P.)

49. Aufgabe (11 Punkte)

a [3]   b [2]   c [2]   d [5]   e [1]   f [5]   g [3]   h [1]

i [5]   j [3]   k [5]   (je 1 P.)

50. Aufgabe (6 Punkte)

a [1] Die Betriebserlöse steigen.   d [2] Die Wertkosten steigen.

b [2] Die Betriebskosten steigen.   e [3] Es liegt ein neutraler Ertrag vor.

c [3] Es liegt ein neutraler Aufwand vor. f [2] Die kalkulatorischen Kosten als Teil der Betriebskosten steigen.   (je 1 P.)

51. Aufgabe (6 Punkte)

a Abschreibung vom Nettopreis, da USt-pflichtiges Geschäft:

$$119.900,00 \cdot \frac{100}{119} = 100.756,30$$

aa 4.030,25 EUR

$$\frac{100.756,30}{25} = 4.030,25$$

(2 P.)

ab 8.732,21 EUR

$$100.756{,}30 \cdot \frac{130}{100 \cdot 15} = 8.732{,}21$$ (2 P.)

ba $\boxed{2}$ (1 P.)

bb 4.701,96 EUR

8.732,21 − 4.030,25 = 4.701,96 (1 P.)

52. Aufgabe (6 Punkte)

a 7.865,89 EUR

$$\frac{73.415{,}00 \cdot 9}{12 \cdot 7} = 7.865{,}89$$ (2 P.)

b 11.012,25 EUR

$$\frac{73.415{,}00 \cdot 9}{12 \cdot 5} = 11.012{,}25$$ (2 P.)

c 7.865,89 EUR (1 P.)

d 3.146,36 EUR

11.012,25 − 7.865,89 = 3.146,36 (1 P.)

53. Aufgabe (8 Punkte)

a

	externes Rechnungswesen EUR	internes Rechnungswesen EUR
Anschaffungskosten − 1. Abschreibung	52.560,00 8.760,00 (= 52.560,00/6)	60.800,00 15.200,00 (= 60.800,00 · 25/100)
Restbuchwert 1. Jahr − 2. Abschreibung	43.800,00 8.760,00	45.600,00 11.400,00 (= 45.600,00 · 25/100)
Restbuchwert 2. Jahr	aa) 35.040,00 (3 P)	ab) 34.200,00 (3 P)

ba $\boxed{2}$ (1 P.)

bb 2.640,00 EUR

11.400,00 − 8.760,00 = 2.640,00 (1 P.)

54. Aufgabe (8 Punkte)

a <u>63 Tsd. EUR</u>   60 Tsd. EUR + 3 Tsd. EUR (2 P.)

b <u>120 Tsd. EUR</u> (1 P.)

c <u>1.301 Tsd. EUR</u>   634 Tsd. EUR + 345 Tsd. EUR. + 250 Tsd. EUR + 72 Tsd. EUR; Pos. (15) und (16) sind neutrale Erträge (1 P.)

d <u>1.133 Tsd. EUR</u>   455 Tsd. EUR + 105 Tsd. EUR + 390 Tsd. EUR + a) + b); Pos (5) ist neutraler Aufwand (2 P.)

e <u>104 Tsd. EUR</u>   95 Tsd. EUR (kalkulatorische Miete) + 9 Tsd. EUR (kalkulatorische Abschreibung, da die GWG-Anschaffung aus dem Vorjahr i. H. v. 18 Tsd. EUR in der Kostenrechnung über die tatsächliche Nutzungsdauer von 2 Jahren abgeschrieben wird) (2 P.)

55. Aufgabe (14 Punkte)

a 155,2 TEUR = 98,5 + 56,7 (2 P.)

b 129,3 TEUR = 89,2 + 26,0 + 14,1 (2 P.)

c 10,2 TEUR = 9,4 + 0,8 (2 P.)

Kosten und Erlöse ermitteln und beeinflussen – Lösungen

d 253,7 TEUR = 137,4 + 112,9 + 3,4 (2 P.)

e 86,2 TEUR = 46,0 + 25,1 + 8,9 + 6,2 (2 P.)

f 0,6 TEUR (2 P.)

g 39,9 TEUR = d) + e) – a) – b) (2 P.)

56. Aufgabe (8 Punkte)

a $\boxed{5}$ (je 1 P.)

b $\boxed{4}$

c $\boxed{6}$ Wertkosten

d $\boxed{3}$

e $\boxed{2}$ sprungfixe Kosten

f $\boxed{5}$

g $\boxed{1}$

h $\boxed{3}$

57. Aufgabe (10 Punkte)

a 14.000,00 EUR   fixe Kosten
  + 108.000,00 EUR   variable Kosten (86.400 · 1,25 EUR)
  122.000,00 EUR   Gesamtkosten (2 P.)

b 122.000,00 EUR/86.400 = 1,41 EUR (2 P.)

c 86.400 · 2,40 EUR = 207.360,00 EUR Gesamterlöse
   207.360,00 EUR · 100/122.000,00 EUR = 169,97 %

   auch: $\frac{2,40}{1,41}$ = 170 % (2 P.)

d 1,25 · x + 14.000 = 2,4 · x

   $\frac{14.000}{2,4 - 1,25}$ = 12.173,9

   aufgerundet: 12.174 (4 P.)

58. Aufgabe (10 Punkte)

a 480.000/3 = 160.000,00 EUR   Anschaffungskosten je Arbeitsplatz
   160.000/5 = 32.000,00 EUR   jährliche Abschreibung
   4.500 · 12 = 54.000,00 EUR   Personalkosten
                 86.000,00 EUR   fixe Kosten (3 P.)

b 86.000,00 EUR · 3 = 258.000,00 EUR   gesamte Fixkosten
         240 · 500 = 120.000,00 EUR   Vorgänge
   258.000,00 EUR : 120.000 =   2,15 EUR (3 P.)

c 40.000,00 EUR · 0,05 = 2.000,00 EUR (1 P.)

d 86.000,00 EUR + 2.000,00 EUR = 88.000,00 EUR (1 P.)

e 2,15 EUR + 0,05 EUR = 2,20 EUR (1 P.)

f $\frac{2,00 \cdot 100}{2,20}$ = 90,91 % (1 P.)

59. Aufgabe (6 Punkte)

aa	2,90 EUR	Betriebserlös je GA-Verfügung	
	− 0,40 EUR	variable Kosten je GA-Verfügung	
	2,50 EUR	Deckungsbeitrag	(1 P.)

ab 30.000,00 EUR Fixkosten : 2,50 EUR = 12.000 Verfügungen (2 P.)

ba 8.000 Verfügungen · 2,50 EUR = 20.000,00 EUR (1 P.)

bb	20.000,00 EUR	Deckungsbeitrag des 1. Jahres	
	+ 30.000,00 EUR	Deckungsbeitrag des 2. Jahres	
	+ 37.500,00 EUR	Deckungsbeitrag des 3. Jahres	
	− 90.000,00 EUR	gesamte Fixkosten für die Dauer von drei Jahren	
	2.500,00 EUR	Verlust	(2 P.)

60. Aufgabe (4 Punkte)

a	2,19 %	(98,9 − 69,5)/1.340 · 100	(2 P.)
b	1,84 %	(38,8 − 14,2)/1.340 · 100	(2 P.)

61. Aufgabe (4 Punkte)

aa	Betriebserlöse	2.720 Tsd. EUR	
	− Betriebskosten	7.445 Tsd. EUR	
		− 4.725 Tsd. EUR	

$$\frac{4.725 \cdot 100}{540.000} = 0{,}875\ \%$$ (1 P.)

ab	Zinserlöse	27.378 Tsd. EUR	
	− Zinskosten	14.283 Tsd. EUR	
		13.095 Tsd. EUR	
		− 4.725 Tsd. EUR	
		8.370 Tsd. EUR	

$$\frac{8.370 \cdot 100}{540.000} = 1{,}550\ \%$$ (1 P.)

b 0,15 % von 540.000 Tsd. EUR = 810 Tsd. EUR (1 P.)

c	alter Zinserlössatz:	5,07 % p. a.	
		+ 0,15 % p. a.	
	neuer Zinserlössatz	5,22 % p. a.	(1 P.)

62. Aufgabe (8 Punkte)

a	1,40 EUR	250 · 8 · 60 · 0,90 = 108.000 Minuten 151.200,00 EUR/108.000	(2 P.)
b	2,25 EUR	97.200,00 EUR : 108.000 · 2,5	(2 P.)
c	20,95 EUR	(5 + 4) · 1,40 EUR = 12,60 EUR	
		+ (2 + 2,5 + 1) · 0,90 EUR = 4,95 EUR	
		17,55 EUR + 3,20 EUR + 0,20 EUR	(2 P.)
d	87.375,00 EUR	2.500 · 20,95 EUR + 35.000,00 EUR	(2 P.)

63. Aufgabe (4 Punkte)

a

Arbeitsschritt	Personaleinsatz in Minuten	Sachkosten	EDV-Kosten
A	15	0,70 EUR	0,10 EUR
B	2	–	–
C	4	0,10 EUR	–
D	2	0,25 EUR	0,05 EUR
E	10	–	0,20 EUR
	33	1,05 EUR	0,35 EUR

    26,40 EUR   Personalkosten (33 Min. · 0,80 EUR)
+ 1,05 EUR   Sachkosten
+ 0,35 EUR   EDV-Kosten
    27,80 EUR   (2 P.)

b 172,20 EUR   10.000,00 EUR · 0,02 – 27,80 EUR   (2 P.)

64. Aufgabe (2 Punkte)

[1]   (2 P.)

65. Aufgabe (8 Punkte)

a 5,25 %   (8 % – 2,75 %)   (2 P.)

b 3,5 %   8 – 4,50   (2 P.)

c 0,45 %   3,20 – 2,75   (2 P.)

d 1,30 %   5,25 – 3,5 – 0,45 bzw. (4,5 – 3) + (3 – 3,2)   (2 P.)

66. Aufgabe (5 Punkte)

a 0,636 %   200 · 0,50 : 100 =   1,000
                      600 · 0,50 : 100 =   3,000
                  1.600 · 0,75 : 100 = 12,000 $\dfrac{21.625}{3.400}$ · 100 = 0,636 %
                    750 · 0,75 : 100 =   5,625
                    250 · 0,00   =   0,000
                  3.400   21,625   (2 P.)

b – 2,824 %   200 · 0,00   =   0,00   Bestand Mio. EUR · (GKM-Zinssatz – GKM-Tagesgeldsatz)
                     600 · 2,00 : 100 = 12,00
                     1.600 · 2,75 : 100 = 44,00
                     750 · 4,50 : 100 = 33,75 $\dfrac{96.00}{3.400}$ · 100 = 2,824 %
                     250 · 2,50 : 100 = 6,25
                     3.400   96,00   (2 P.)

c – 2,188 %   a + b   (1 P.)

67. Aufgabe (8 Punkte)

aa   1,6 % = $\dfrac{300 \cdot 0,8 + 90 \cdot 1,6 + 340 \cdot 2,3}{730}$ (2 P.)

ab   5,07 % = (110 · 11,2 + 380 · 5,6 + 240 · 6,3)/730–aa   (2 P.)

ac   –0,2 % = 2,1 – 2,3   (1 P.)

b [2]   (1 P.)

c 1,95 %

$0,51 = (2,1 - x) \cdot \dfrac{340}{100}$

$\Leftrightarrow x = 1,95$ (2 P.)

68. Aufgabe (11 Punkte)

aa **44,88 Mio EUR**

Zinserlöse	79,18 Mio. EUR
– Zinskosten	34,30 Mio. EUR
Zinsüberschuss	44,88 Mio. EUR

(2 P.)

ab 3,74 % p. a.

gewogener Durchschnittszinssatz Aktivgeschäft	6,598 % p. a.
– gewogener Durchschnittszinssatz Passivgeschäft	2,858 % p. a.
Bruttozinsspanne	3,740 % p. a.

(2 P.)

ba 1,75 % p. a. Aktivgeschäft
Konditionsbeitrag = Kundenzinssatz – GKM-Satz (1 P.)

bb 1,29 % p. a. Passivgeschäft
Konditionsbeitrag = GKM-Satz – Kundenzinssatz (1 P.)

Aktivseite

Pos.	Volumen in Mio. EUR	Kundenzinssatz in % p. a.	GKM-Zinssatz in % p. a.	Konditionsbeitrag in % p. a.	Konditionsbeitrag in Mio. EUR
11	80	0,00	2,50	– 2,50	– 2,00
12	170	2,90	2,90	0,00	0,00
13	750	8,50	5,50	3,00	22,50
14	200	5,25	5,00	0,25	0,50
	1.200			1,75	21,00

Passivseite

Pos.	Volumen in Mio. EUR	Kundenzinssatz in % p. a.	GKM-Zinssatz in % p. a.	Konditionsbeitrag in % p. a.	Konditionsbeitrag in Mio. EUR
21	160	0,50	2,50	2,00	3,20
22	440	2,50	2,90	0,40	1,76
23	600	3,75	5,50	1,75	10,50
	1.200			1,29	15,46

bc

Konditionsbeitrag Aktivgeschäft	1,75 % p. a.
+ Konditionsbeitrag Passivgeschäft	1,29 % p. a.
Summe	3,04 % p. a.

(1 P.)

c

Bruttozinsspanne	3,74 % p. a.
– Gesamtkonditionsbeitrag	3,04 % p. a.
Gesamtstrukturbeitrag	0,70 % p. a.

(2 P.)

d Pos. 22 und Pos. 23
Der Strukturbeitrag gibt den Erfolg aus der Fristentransformation wieder. Zu seiner Ermittlung wird der GKM-Satz für Tagesgeld verglichen mit dem GKM-Satz der untersuchten Bilanzposition. Bei normaler Zinsstruktur findet man auf der Aktivseite bei der Barreserve einen Strukturbeitrag von Null, die anderen Positionen der Passivseite mit einer Festlegungsfrist von mehr als einem Tag haben bei normaler Zinsstruktur einen negativen Strukturbeitrag. (2 P.)

69. Aufgabe (10 Punkte)

a 0,30 %   4,50 – 4,20   (2 P.)

b 10,5 Mio. EUR $(4,50 - 3,00) \cdot 700/100$ (2 P.)

c $\boxed{2}$ (1 P.)

d 920 Mio. EUR $(4,50 - 4,25)/100 \cdot x = 2,1 + 0,2$ (3 P.)

Kosten und Erlöse ermitteln und beeinflussen – Lösungen

e ☐2 (2 P.)

Im Passivbereich ist der Strukturbeitrag in der Regel negativ, da bei normaler Zinsstruktur die Zinssätze für Tagesgeld niedriger liegen als die Zinssätze für Termingeld. Eine Verringerung des negativen Strukturbeitrages stellt somit eine Verbesserung dar.

zu ☐4 und ☐5 Kundenzinssätze haben auf den Strukturbeitrag keinen Einfluss.

70. Aufgabe (3 Punkte)

	in %	
GKM-Satz	6,50	
Risikokostensatz	+ 0,25	
Eigenkapitalkostensatz	+ 0,05	
Standardbetriebskosten	+ 0,30	90,00 : 30,000 · 100
Preisuntergrenze (gem. Formelsammlung)	= 7,10	
Mindestgewinnmarge	+ 0,40	
Mindestzinssatz	= 7,50	

(3 P.)

71. Aufgabe (3 Punkte)

GKM-Satz	6,00 % p. a.
Direkt zurechenbare Betriebskosten	+ 0,25 % p. a.
Risikokostensatz	+ 0,45 % p. a.
Eigenkapitalkostensatz	+ 1,75 % p. a.
Preisuntergrenze	= 8,45 % p. a.

(3 P.)

72. Aufgabe (3 Punkte)

GKM-Satz	3,25 % p. a.
Direkt zurechenbare Betriebskosten	− 0,09 % p. a.
Preisobergrenze (gem. Formelsammlung)	= 3,16 % p. a.
Mindestgewinnmarge	− 0,28 % p. a.
Höchstzinssatz	= 2,88 % p. a.

Nebenrechnung für die direkt zurechenbaren Betriebskosten
45 · 100 · 4/200.000 = 0,09

(3 P.)

73. Aufgabe (3 Punkte)

Zinssatz für alternative Beschaffung am GKM	4,32 % p. a.
Direkt zurechenbare Betriebskosten	− 0,72 % p. a.
Mindestgewinnmarge	− 0,30 % p. a.
	3,30 % p. a.

Nebenrechnung für Standardbetriebskosten
30 · 100 · 12/50.000 = 0,72

(3 P.)

74. Aufgabe (6 Punkte)

a 6.092.120,00 EUR $\dfrac{196.520.000 \cdot 6,2}{100 \cdot 2}$ (2 P.)

b 1.179.120,00 EUR $\dfrac{196.520.000 \cdot (6,2 - 5,0)}{100 \cdot 2}$ (2 P.)

c 423.730,00 EUR   1.179.120,00 − 892.200 + 136.810 (2 P.)

75. Aufgabe (6 Punkte)

a
Konditionsbeitrag Aktiva	4,00 % p. a.	935,56 EUR	84.200 · 4,00/360
Konditionsbeitrag Passiva	1,75 % p. a.	114,72 EUR	23.600 · 1,75/360
Werterfolg		1.050,28 EUR	

(2 P.)

b
Betriebskosten	95,25 EUR	127 · 0,75 EUR
Betriebserlöse	31,75 EUR	127 · 0,25 EUR
	10,00 EUR	
Betriebserfolg	– 53,50 EUR	

(2 P.)

c
Werterfolg	1.050,28 EUR
Betriebserfolg	53,50 EUR
Gesamterfolg	996,78 EUR

(2 P.)

76. Aufgabe (10 Punkte)

aa 24,67 EUR (1 P.)

Konditionsbeitrag Aktivgeschäft 1.480 · (9,50 – 3,50)/360 = + 24,67

ab 44,25 EUR (1 P.)

Konditionsbeitrag Passivgeschäft 4.902 · (3,50 – 0,25)/360 = + 44,25

ac 99,82 EUR (2 P.)

		EUR
Konditionsbeitrag Aktivgeschäft		24,67
Konditionsbeitrag Passivgeschäft		44,25
Monatspauschale	6 · 5,00	30,00
Postengebühren	89 · 0,45	40,05
Betriebskosten	14 · 0,60 + 29 · 0,95 + 2 · 1,25 + 14 · 0,05	– 39,15
Netto-Konditionsbeitrag (Deckungsbeitrag II)		99,82

ad 91,19 EUR (2 P.)

Netto-Konditonsbeitrag	99,82
Risikokosten und Eigenkapitalkosten 1.480 · (0,90 + 1,20)/360	– 8,63
Deckungsbeitrag III	91,19

b – 11,25 EUR (2 P.)

Konditionsbeitrag 10.000 · (3,25 – 2,50) · 90/36.000	+ 18,75
Betriebskosten	– 30,00
negativer Deckungsbeitrag	– 11,25

c $\boxed{5}$ (2 P.)

$$\frac{10.000 \cdot 0{,}75 \cdot 6}{100 \cdot 12} - 30{,}00 - 5{,}00 = 2{,}50$$

Die einmalig anfallenden Betriebskosten von 30,00 EUR werden auf sechs Monate verteilt. Dadurch ergibt sich für das Termingeld ein positiver Konditionsbeitrag.

77. Aufgabe (12 Punkte)

a 1.800,00 EUR   108.000 (9 – 3)/360 (2 P.)

b 1.785,10 EUR (3 P.)

Betriebskosten 222 · 0,35	– 77,70
Betriebserlöse	
Postengebühr (222 – 18 Freiposten) · 0,22 =	+ 44,88
Grundgebühr 3 · 6,00 =	+ 18,00
	– 14,82
Deckungsbeitrag I	+ 1.800,00
Deckungsbeitrag II	+ 1.785,18

Kosten und Erlöse ermitteln und beeinflussen – Lösungen

c 1.440,18 EUR (3 P.)
Berechnung der Risikokosten 108.000 · 0,4/360 =   − 120,00
Berechnung der Eigenkapitalkosten 108.000 · 0,75/360 =   − 225,00
Deckungsbeitrag II   + 1.785,18
Deckungsbeitrag III   + 1.440,18

d 120.000,00 EUR   108.000 · 100/90 = 120.000,00 (2 P.)

e 509,82 EUR (2 P.)
6,5 % von 120.000 = 7.800,00 im Jahr; 1.950,00 im Quartal
1.950,00 − 1.440,18 = 509,82

78. Aufgabe (5 Punkte)

a
Betriebserlöse	(65 − 30) · 0,50 EUR + 6 · 5,00 EUR	= 47,50 EUR
− Betriebskosten	65 · 1,10 EUR	= 71,50 EUR
Betriebserfolg		− 24,00 EUR

(2 P.)

b
Werterfolg Sichteinlagen	900 · (2,40 − 1,00)/360	=	3,50 EUR
Werterfolg Kontokorrentkredit	3.300 · (11,50 − 5,90)/360	=	51,33 EUR
Werterfolg Überziehungskredit	150 · (16,00 − 5,90)/360	=	4,21 EUR
			59,04 EUR

(2 P.)

c 35,04 EUR   − 24,00 EUR + 59,04 EUR (1 P.)

79. Aufgabe (6 Punkte)

a 900,00 EUR
Sollzinsen	2.100,00 EUR
− GKM-Zinsen	1.200,00 EUR
Deckungsbeitrag I (Zinsüberschuss) des Kontokorrentkredites	900,00 EUR

(1 P.)

b 60,00 EUR
GKM-Zinsen für Sichteinlagen	75,00 EUR
− Habenzinsen	15,00 EUR
Deckungsbeitrag I (Zinsüberschuss) der Sichteinlagen	60,00 EUR

(1 P.)

c 325,00 EUR
Betriebserlöse	275,00 EUR
− Betriebskosten	600,00 EUR
Erfolg des Betriebsbereichs	− 325,00 EUR

(1 P.)

d 635,00 EUR   900,00 + 60,00 − 325,00 (1 P.)

e 282,20 EUR   635 − 24.000/100 · 0,75 − 24.000 · 0,08 · 0,09 (2 P.)

80. Aufgabe (12 Punkte)

a 2.121,88 EUR   157.500 · (10,25 − 5,40)/360 (2 P.)
b 12,50 EUR   50.000 · (3,05 − 2,75)/100/360 · 30 (2 P.)
c 2.108,78 EUR

		EUR
Zinskonditionenbeitrag für das Geschäftsgirokonto		2.121,88
Zinskonditionenbeitrag für das Festgeld	+	12,50
Kontoführungsgebühren	+	62,00
Betriebskosten Geschäftsgirokonto[1]	−	79,60
Betriebskosten Festgeld	−	8,00
Nettokonditionenbeitrag		2.108,78

1) Betriebskosten Geschäftsgirokonto

Kosten und Erlöse ermitteln und beeinflussen – Lösungen

		EUR
5	Bareinzahlungen	8,75
12	Barauszahlungen	22,80
4	beleghaft erteilte Überweisungen	3,60
75	beleglos erteilte Überweisungen	18,75
	Lastschriftinkasso mit 32 Posten	8,00
59	Überweisungseingänge	17,70
	Summe	79,60

(4 P.)

d 1.553,15 EUR

	EUR	
Nettokonditionenbeitrag	2.108,78	
Risikokosten	– 240,63	(157.500 · 0,55/360)
Eigenkapitalkosten	– 315,00	(157.500 · 0,72/360)
Deckungsbeitrag des Kunden	1.553,15	

(4 P.)

81. Aufgabe (11 Punkte)

a 20   b 24   c 14   d 99

e 99   f 24   g 24   h 17

i 19   j 99   k 24   (je 1 P.)

82. Aufgabe (6 Punkte)

a $3{,}33\ \% = \dfrac{(61.720 + 300 - 42.380) \cdot 100}{590.000}$

b $2{,}65\ \% = \dfrac{(24.260 - 8.650) \cdot 100}{590.000}$

c $6{,}76\ \% = \dfrac{(18.940 + 14.580 + 6.370) \cdot 100}{590.000}$

83. Aufgabe (7 Punkte)

a 199.750 Tsd. EUR

	Tsd. EUR
Zinserträge	325.000
+ laufende Erträge aus Aktien	450
– Zinsaufwendungen	125.700
Zinsüberschuss	199.750

(1 P.)

b 3.400 Tsd. EUR

Provisionserträge	9.200
– Provisionsaufwendungen	5.800
Provisionsüberschuss	3.400

(1 P.)

c 17.800 Tsd. EUR

Zinsüberschuss	199.750
+ Provisionsüberschuss	3.400
– Abschreibungen auf Sachanlagen	63.850
– Personalaufwendungen	75.200
– Andere Verwaltungsaufwendungen	46.300
Teilbetriebsergebnis	17.800

(1 P.)

d 112.248 Tsd. EUR

Teilbetriebsergebnis	17.800
+ Nettoertrag aus Finanzgeschäften	95.000
+ Sonstige betriebliche Erträge	18
− Sonstige betriebliche Aufwendungen	42
− Abschreibungen auf Forderungen	550
+ Erträge aus der Zuschreibung zu Forderungen	22
Betriebsergebnis	112.248

(1 P.)

e 3,07 %   Bruttozinsspanne = 199.750 · 100/6.500.000 (1 P.)

f 1,46 %   Handelsergebnis 95.000 · 100/6.500.000 (1 P.)

g 1,73 %   Nettogewinnspanne 112.248 · 100/6.500.000 (1 P.)

84. Aufgabe (8 Punkte)

a 650 Mio. EUR (601 + 480 + 127 − 245 − 42 − 188 − 22 − 42 − 19) (2 P.)

b 732 Mio. EUR (a) + 120 + 27 + 2 − 40 − 3 − 24) (2 P.)

c Summe der Verwaltungsaufwendungen 188 + 22 + 42 + 19 = 271

Bedarfsspanne = $\dfrac{271}{19 \cdot 100}$ · 100 = 1,42 % (2 P.)

d Zinsüberschuss = 601 + 127 − 245 = 483

Bruttozinsspanne = $\dfrac{483}{19 \cdot 100}$ · 100 = 2,53 % (2 P.)

3 Dokumentierte Unternehmensleistungen auswerten

85. Aufgabe (9 Punkte)

a [9] b [4] c [2] d [9] e [4]
f [4] g [9] h [2] i [9] (je 1 P.)

86. Aufgabe (4 Punkte)

[2] und [4] (je 1 P.)

87. Aufgabe (15 Punkte)

a [03] [20] (2 P.)

b [09] [12] [13] (3 P.)

zu [11]: Einbehaltene KESt, KiSt und Soli stellen bis zur Abführung an das Finanzamt sonstige Verbindlichkeiten dar.

c [05] [23] (2 P.)

d [01] [06] [18] (3 P.)

Der Verkauf erfolgt USt-frei.

e [03] [17] (2 P.)

f [02] [04] [20] (3 P.)

88. Aufgabe (10 Punkte)

a [3]
b [4] durch die Nichtaktivierung entsteht eine stille Reserve
c [1]
d [2]
e [2]
f [4] die Unterbewertung führt zur Bildung einer stillen Reserve
g [1]
h [1]
i [2]
j [1]

89. Aufgabe (8 Punkte)

a [4] Liegt der Marktwert des Anlageguts über dem Buchwert, besteht eine stille Reserve, die beim Verkauf aufgelöst wird.

b [2] Gewinnrücklagen werden in gezeichnetes Kapital umgewandelt.

c [6] Die für die Prüfungskosten gebildete Rückstellung wird aufgelöst.

d [1] Das durch den über pari liegenden Ausgabekurs entstehende Agio wird in die Kapitalrücklage eingestellt.

e [5] Für zukünftig zu zahlende Betriebsrenten wird eine Pensionsrückstellung gebildet.

f [4] Aufgrund des für Wertpapiere der Liquiditätsreserve geltenden strengen Niederstwertprinzips liegt der Bilanzwert der Wertpapiere unter dem aktuellen Kurs. Die entstandene stille Reserve wird durch den Verkauf aufgelöst.

g [5] Für strittige Steuern wird eine Rückstellung gebildet.

h [3] Die Pauschalwertberichtigungen werden in der Bilanz nicht ausgewiesen. (je 1 P.)

90. Aufgabe (10 Punkte)

aa 64,1 Mio. EUR

Bilanzielles Eigenkapital in Mio. EUR:
gezeichnetes Kapital	50,0
+ Kapitalrücklage	3,8
+ gesetzliche Rücklage	0,4
+ satzungsmäßige Rücklage	8,1
+ andere Gewinnrücklage	1,8
= Summe Eigenkapital	64,1

(2 P.)

ab 27 Mio. EUR

Aufwendungen	GuV in Mio. EUR		Erträge
Zinsaufwand	220	Zinserträge	418
Provisionsaufwendungen	36	Erträge aus Finanzgeschäften	56
andere Verwaltungsaufwendungen	69	Provisionserträge	108
Personalaufwand	152	außerordentliche Erträge	31
Abschreibungen auf Forderungen	30		
Abschreibungen auf Sachanlagen	44		
außerordentliche Aufwendungen	28		
Steuern vom Einkommen und Ertrag	7		
Jahresüberschuss nach Steuern	**27**		
	613		613

(3 P.)

ba 0,8 Mio. EUR

5 % des Jahresüberschusses nach Steuern: 27 · 5/100 = 1,35 Mio. EUR
Kontrollrechnung:
    10 % des gezeichneten Kapitals   5,00 Mio. EUR
  − Summe Kapitalrücklage + gesetzliche Rücklage   4,20 Mio. EUR
  = maximale Zuführung zur gesetzlichen Rücklage   0,8 Mio. EUR < 1,35 Mio. EUR

(3 P.)

bb 0,82 EUR

Bilanzgewinn: 27 − 0,8 − 5,7 = 20,5 Mio EUR
Anzahl Aktien: 50 Mio. gez. Kap/2,00 EUR Nennwert = 25 Mio. Stück
Bruttodividende: 20,5 : 25 = 0,82 EUR pro Aktie

(2 P.)

bc 70,6 Mio. EUR

Eigenkapital vor Gewinnverwendung	64,1 Mio. EUR
+ Zuführung gesetzliche Rücklage	0,8 Mio. EUR
+ Zuführung andere Gewinnrücklage	5,7 Mio. EUR
= Eigenkapital nach Gewinnverwendung	70,6 Mio. EUR

(2 P.)

91. Aufgabe (10 Punkte)

a 3,18 Mio. EUR

5 % des Jahresüberschusses nach Steuern	63,6 · 5 : 100 = 3,18 Mio. EUR	
Kontrollrechnung:		
10 % des gezeichneten Kapitals	7,50 Mio. EUR	
− Summe Kapitalrücklage + gesetzliche Rücklage	4,30 Mio. EUR	
= maximale Zuführung zur gesetzlichen Rücklage:	3,20 Mio. EUR > 3,18 Mio. EUR	(3 P.)

b 30,21 Mio. EUR

Jahresüberschuss nach Steuern	63,60 Mio. EUR	
− Zuführung gesetzliche Rücklage	3,18 Mio. EUR	
=	60,42 Mio. EUR → davon 50 % = 30,21 Mio. EUR	(2 P.)

c 30,21 Mio. EUR

Jahresüberschuss nach Steuern	63,60 Mio. EUR	
− Zuführung gesetzliche Rücklage	3,18 Mio. EUR	
− Zuführung andere Gewinnrücklage	30,21 Mio. EUR	
= Bilanzgewinn	30,21 Mio. EUR	(2 P.)

d 0,21 Mio. EUR

Bilanzgewinn	30,21 Mio. EUR	
− Ausschüttung: 50 Mio. Aktien · 0,60 EUR Dividende =	30,00 Mio. EUR	
= Gewinnvortrag	0,21 Mio. EUR	(2 P.)

e ☐1 (1 P.)

92. Aufgabe (10 Punkte)

aa 0,694 Mio. EUR

5 % des JÜ nach Steuern abzgl. Verlustvortrag	(14,1 − 0,22) · 5/100 = 0,694 Mio. EUR	
Kontrollrechnung:		
10 % des gezeichneten Kapitals	6,20 Mio. EUR	
− Summe Kapitalrücklage + gesetzliche Rücklage	5,33 Mio. EUR	
maximale Zuführung zur gesetzlichen Rücklage:	0,87 Mio. EUR > 0,694 Mio. EUR	(3 P.)

ab 5,436 Mio. EUR

Jahresüberschuss nach Steuern	14,1 Mio. EUR	
− Verlustvortrag	0,22 Mio. EUR	
− Zuführung gesetzliche Rücklage	0,694 Mio. EUR	
− Bilanzgewinn	7,75 Mio. EUR	
Zuführung andere Gewinnrücklage	5,436 Mio. EUR	(3 P.)

b ☐3 ☐4 (4 P.)

93. Aufgabe (3 Punkte)

a 25,1 Tage (1 P.)

b ☐5 (2 P.)

94. Aufgabe (10 Punkte)

(je 2 P.)

a 11.588 TEUR = 3.150 + 4.938 + 3.500
(Der Bilanzgewinn zählt lt. Formelsammlung zum kfr. Fremdkapital.)

b 27,06 % = 11.588 · 100/42.822

c 24,59 % = 2.850 · 100/a)

d 11,82 % = (2850 + 2.210) · 100/42.822

e 87,39 % = (a) + 4.200 + 4.400) · 100/23.100

95. Aufgabe (10 Punkte)

a 1,75 Mio. Stück = gezeichnetes Kapital/Nennwert pro Aktie = 3.150.000 EUR/1,8 EUR   (2 P.)

b 3,2 %   (4 P.)

- Dividende:
  Bilanzgewinn/Anzahl Aktien = 700.000 EUR/a) = 0,40 EUR
- Dividendenrendite:
  Dividende · 100/Aktienkurs = 0,4 · 100/12,50 = 3,2 %

c 13,02   (4 P.)

- erwarteter Gewinn:
  700 · 2 · 120 % = 1.680 TEUR
- erwarteter Gewinn pro Aktie:
  1.680.000/a) = 0,96 EUR
- KGV:
  12,5/,96 = 13,02

96. Aufgabe (6 Punkte)

a 368 Tsd. EUR   280 + 60 + 28   (2 P.)

b 15 %   48 · 100/320   (2 P.)

c [3] und [4]   (je 1 P.)

97. Aufgabe (10 Punkte)

a [3]   (je 1 P.)

b [4]

c [5]

d [2]

e [3]

f [6]

g [1]

h [2]

i [1]

j [4]

98. Aufgabe (2 Punkte)

[1]

zu [2] und [3]: Ratings beinhalten zu ca. 30 % subjektive, zukunftsorientierte Informationen

zu [4]: Zertifizierung durch die BaFin

99. Aufgabe (12 Punkte)

aa 1.130,00 TEUR (3 P.)

	Umsatzerlöse	32.670,00
+	Bestandsveränderungen	1.160,00
+	Andere aktivierte Eigenleistungen	160
+	Sonst. betriebl. Erträge	240,00
−	Materialaufwand	15.910,00
−	Personalaufwand	13.870,00
−	Abschr. auf Sachanlagen	2.650,00
−	Sonst. betriebl. Aufwendungen	670,00
=	Betriebsergebnis	1.130,00

ab Umsatzrentabilität = 1.130 · 100/32.670 = 3,46 % (2 P.)

ac 12,98 % (3 P.)

	Betriebsergebnis	1.130,00
+	Abschreibungen auf Sachanlagen	2.650,00
+	Zuführung lfr. Rückstellungen	460,00
=	Cash-Flow	4.240,00

Cash-flow-Rate = 4.240 · 100/32.670 = 12,98 %

ba ☐1 hohe Werte sind positiv zu beurteilen (1 P.)

bb ☐2 (1 P.)

c ☐4 (2 P.)

100. Aufgabe (10 Punkte)

a 25,84 % = (26 + 89) · 100/445 (je 2 P.)

b 48,32 % = (26 + 89) · 100/(57 + 139 + 42)

c 124,11 % = (26 + 89 + 163) · 100/(53 + 129 + 42)

d 49 Tage 78 · 365/587 = 48,50

e 58 Tage 47 · 365/298 = 57,57

101. Aufgabe (8 Punkte)

aa 11,05 %   200/18,10 (1 P.)

ab 12,42 %   190/15,3 (1 P.)

ba 19,05 %   200/10,50 (1 P.)

bb 25,33 %   190/7,50 (1 P.)

ca 80,00 %   (200 + 640)/10,50 (1 P.)

cb 121,33 %   (190 + 720)/7,50 (1 P.)

d ☐1 und ☐6 (je 1 P.)

102. Aufgabe (6 Punkte)

aa 59,53 %

$$\frac{(54,0 + 137,7) \cdot 100}{322,0} = 59,53$$ (2 P.)

ab 145,03 %

$$\frac{(54,0 + 137,7 + 275,3) \cdot 100}{322,0} = 145,03$$ (2 P.)

b ☐4 (2 P.)

zu ☐1 und ☐3: Der Anlagendeckungsgrad I kann unter 100 % liegen, da das Anlagevermögen teilweise durch langfristiges Fremdkapital gedeckt sein darf (Betriebsmittelkredit sind kurzfristig).

zu ☐2 und ☐5: Für den Anlagendeckungsgrad II können Werte über 100 % toleriert werden, um langfristiges Umlaufvermögen („eiserner" Bestand an Vorräten) zu decken.

103. Aufgabe (6 Punkte)

aa 11,16 %

$$\frac{21{,}4 \cdot 100}{(54{,}0 + 137{,}7)} = 11{,}16$$ (2 P.)

ab 8,97 %

$$\frac{(21{,}4 + 34{,}1) \cdot 100}{(322{,}0 + 296{,}5)} = 8{,}97$$ (2 P.)

b ☐2 (2 P.)

zu ☐1 und ☐3: Durch Addition der FK-Zinsen wird im Zähler das Betriebsergebnis vor Zinsen berücksichtigt, die Kennzahl ist damit finanzierungsneutral.

zu ☐4: Die EK-Rentabilität gibt die Verzinsung des Eigenkapitals an.

zu ☐5: Gilt nur, falls die FK-Zinsen nicht überproportional ansteigen.

104. Aufgabe (3 Punkte)

a 24,3 Tage (1 P.)

b ☐4 Eine Verlängerung des gewährten Kreditorenzieles verschafft dem Industrieunternehmen grundsätzlich einen Liquiditätsvorteil und ist ein Zeichen für die gute Marktposition des Unternehmens.
Dennoch liegt der aktuell erreichte Wert deutlich unter dem Branchendurchschnitt. (2 P.)

105. Aufgabe (8 Punkte)

a ☐6 (2 P.)

b ☐2 ☐4 ☐7 (6 P.)

Anhang – Formelsammlung

Formelsammlung

Formelsammlung für die schriftliche Abschlussprüfung im Ausbildungsberuf „Bankkaufmann/Bankkauffrau" in den Prüfungsfächern
- Bankwirtschaft
- Rechnungswesen und Steuerung
- Wirtschafts- und Sozialkunde

01 Kalkulation

Der Kalkulation im Betriebsbereich liegt die Teilkostenrechnung (prozessorientierte Standardeinzelkostenrechnung) zugrunde. Jeder Prozentsatz wird als Prozentsatz p. a. angegeben.

0101 Produktkalkulation im Aktivgeschäft

Ermittlung der **Preisuntergrenze** eines Produkts

```
  Alternativzinssatz für Anlagen am GKM
+ Mindestkonditionenmarge, bestehend aus
    Direkt zurechenbare Betriebskosten in %
    Risikokosten in %
    Eigenkapitalkosten in %
= Preisuntergrenze Aktivprodukt in %
```

Ermittlung des **Deckungsbeitrags**

```
  Zinserlöse
− Alternativzinsen für Anlage am GKM
= Deckungsbeitrag I (Zinsüberschuss, Zins-Konditionenbeitrag)
+ Direkt zurechenbare Provisionserlöse
− Direkt zurechenbare Betriebskosten
= Deckungsbeitrag II (Netto-Konditionenbeitrag)
− Risikokosten
− Eigenkapitalkosten
= Deckungsbeitrag III (Beitrag zum Betriebsergebnis)
```

- Deckungsbeitrag III ohne Berücksichtigung der Overhead-Kosten
- Die Kosten für die Unterlegung mit Eigenkapital werden angegeben.

0102 Produktkalkulation im Passivgeschäft

Ermittlung der **Preisobergrenze** eines Produkts

```
  Alternativzinssatz für Beschaffung am GKM
− Direkt zurechenbare Betriebskosten in %
= Preisobergrenze Passivprodukt in %
```

Ermittlung des **Deckungsbeitrags**

```
  Alternativzinsen für Beschaffung am GKM
− Zinskosten
= Deckungsbeitrag I (Zinsüberschuss, Zins-Konditionenbeitrag)
+ Direkt zurechenbare Provisionserlöse
− Direkt zurechenbare Betriebskosten
= Deckungsbeitrag II (Netto-Konditionenbeitrag)
= Deckungsbeitrag III (Beitrag zum Betriebsergebnis)
```

- Deckungsbeitrag II und III ohne Berücksichtigung der Overhead-Kosten

0103 Kundenkalkulation

```
  Konditionenbeiträge der Aktivgeschäfte
+ Konditionenbeiträge der Passivgeschäfte
= Deckungsbeitrag I (Zinsüberschuss,
  Zins-Konditionenbeitrag)
+ Direkt zurechenbare Provisionserlöse
− Direkt zurechenbare Betriebskosten
= Deckungsbeitrag II (Netto-Konditionenbeitrag)
− Direkt zurechenbare Risikokosten
− Direkt zurechenbare Eigenkapitalkosten
= Deckungsbeitrag III (Deckungsbeitrag des Kunden)
```

02 Kennziffern

Der Bilanzgewinn ist – sofern nicht etwas anderes angegeben wird – als kurzfristiges Fremdkapital anzusehen.

$$\text{Eigenkapitalquote} = \frac{\text{Eigenkapital} \cdot 100}{\text{Bilanzsumme}}$$

$$\text{Anlagendeckungsgrad I} = \frac{\text{Eigenkapital} \cdot 100}{\text{Anlagevermögen}}$$

$$\text{Anlagendeckungsgrad II} = \frac{(\text{Eigenkapital} + \text{langfristiges Fremdkapital}) \cdot 100}{\text{Anlagevermögen}}$$

Anhang – Formelsammlung

Cash-flow = Betriebsergebnis
+ Planmäßige Abschreibungen auf Sachanlagen
+ Zuführung zu den langfristigen Rückstellungen

$$\text{Cash-flow-Rate} = \frac{\text{Cash-flow} \cdot 100}{\text{Umsatzerlöse}}$$

$$\text{Eigenkapitalrentabilität} = \frac{\text{Betriebsergebnis} \cdot 100}{\text{Eigenkapital}}$$

$$\text{Gesamtkapitalrentabilität} = \frac{(\text{Betriebsergebnis} + \text{Zinsaufwendungen}) \cdot 100}{\text{Bilanzsumme}}$$

$$\text{Umsatzrentabilität} = \frac{\text{Betriebsergebnis} \cdot 100}{\text{Umsatzerlöse}}$$

$$\text{Debitorenziel (Kundenziel)} = \frac{\text{Forderungen aus Lieferungen und Leistungen} \cdot 365}{\text{Umsatzerlöse}}$$

$$\text{Kreditorenziel (Lieferantenziel)} = \frac{\text{Verbindlichkeiten aus Lieferungen und Leistungen} \cdot 365}{\text{Materialaufwand}}$$

$$\text{KGV} = \frac{\text{Börsenkurs}}{\text{Erwarteter Gewinn pro Aktie}}$$

$$\text{Dividendenrendite} = \frac{\text{Veröffentlichte Dividende} \cdot 100}{\text{Kapitaleinsatz}}$$

03 Definition des Betriebsergebnisses für die Jahresabschlussanalyse

Umsatzerlöse (netto)
+/– Bestandsveränderungen an fertigen und unfertigen Erzeugnissen
+   Andere aktivierte Eigenleistungen
+   Sonstige betriebliche Erträge
–   Materialaufwand
–   Personalaufwand
–   Planmäßige Abschreibungen auf Sachanlagen
–   Sonstige betriebliche Aufwendungen
=   **Betriebsergebnis**

04 Gesamtbetriebskalkulation auf Basis GuV zur Ermittlung des Teilbetriebsergebnisses und des Betriebsergebnisses

(vgl. Deutsche Bundesbank, Monatsbericht September 2000)

	Prozentuale Auswertungen zur durchschnittlichen Bilanzsumme:	Mio. EUR 2.20

	Mio. EUR			
Zinserträge	235,0			
+ Lfd. Erträge aus Aktien und Beteiligungen	0,0	⇒ Zinserträge	10,68 %
+ Erträge aus Gewinngemeinschaften, Gewinnabführungs- od. Teilgewinnabführungsverträgen	0,0			
– Zinsaufwendungen	175,0	⇒ Zinsaufwendungen	7,95 %
= **Zinsüberschuss (1)**	60,0	⇒ **Bruttozinsspanne**	2,73 %
Provisionserträge	80,0		
– Provisionsaufwendungen	30,0		
= **Provisionsüberschuss (2)**	50,0	⇒ **Provisionsspanne**	2,27 %
Personalaufwand	45,0	⇒ Personalaufwandsspanne	2,05 %
+ Andere Verwaltungsaufwendungen	30,0		
+ Abschreibungen und Wertberichtigungen auf immaterielle Anlagewerte und Sachanlagen	16,0	⇒ Sachaufwandsspanne	2,09 %
= **Verwaltungsaufwand (3)**	91,0	⇒ **Bruttobedarfsspanne**	4,14 %

Teilbetriebsergebnis (1) + (2) – (3)	19,0		
Erträge aus Finanzgeschäften	8,0		0,36 %
– Aufwendungen aus Finanzgeschäften	5,0		0,22 %
Nettoergebnis aus Finanzgeschäften (4)	3,0	⇒ Handelsergebnis	0,14 %
Sonstige betriebliche Erträge	20,0		0,91 %
– Sonstige betriebliche Aufwendungen	5,0		0,23 %
= **Saldo der sonstigen betrieblichen Aufwendungen und Erträge (5)**	15,0	⇒ Sonstige Ertragsspanne	0,68 %
Abschreibungen und Wertberichtigungen auf Forderungen und bestimmte Wertpapiere sowie Zuführungen zu Rückstellungen im Kreditgeschäft	21,0		0,95 %
– Erträge aus Zuschreibungen zu Forderungen und bestimmten Wertpapieren sowie aus der Auflösung von Rückstellungen im Kreditgeschäft	2,0		0,09 %
= **Bewertungsergebnis (Risikovorsorge) (6)**	19,0	⇒ Risikospanne	0,86 %
Betriebsergebnis aus normaler Geschäftstätigkeit (1) bis (6)	18,0	⇒ Nettogewinnspanne	0,82 %

	Bruttozinsspanne	(1)	2,73 %	
+	Provisionsspanne	(2)	2,27 %	
+	Handelsergebnis	(4)	0,14 %	
+	Sonstige Ertragsspanne	(5)	0,68 %	
=	**Bruttoertragsspanne**		**5,82 %**	

	Personalaufwandsspanne		2,05 %
+	Sachaufwandsspanne		2,09 %
=	**Bruttobedarfsspanne**	(3)	**4,14 %**

	Bruttoertragsspanne		5,82 %
–	Bruttobedarfsspanne	(3)	– 4,14 %
=	**Bruttogewinnspanne**		**1,68 %**
–	Risikospanne	(6)	– 0,86 %
=	**Netto(rein)gewinnspanne**		**0,82 %**

05 Verzinsung und Zinstageermittlung

0501 Verzinsung

- Es werden auch Bruchteile von Euro (Cent) verzinst.

0502 Spareinlagen

- Die Verzinsung beginnt mit dem Tag der Einzahlung und endet mit dem der Rückzahlung vorhergehenden Kalendertag.
- Die Berechnung der Kündigungsfrist beginnt mit dem auf den Tag der Kündigung folgenden Tag.
- Verfügungen über Zinsen innerhalb von zwei Monaten nach Kapitalisierung erfolgen ohne Berechnung von Vorschusszinsen.
- Verfügungen bis zu einem Gesamtbetrag von 2.000,00 EUR innerhalb eines Kalendermonats erfolgen ohne Berechnung von Vorschusszinsen.
- Das Vorfälligkeitsentgelt wird nach der 90-Tage-Methode berechnet.

0503 Termineinlagen

- Die Verzinsung beginnt mit dem Tag der Einzahlung und endet mit dem der Rückzahlung vorhergehenden Kalendertag.
- Privatkunden: Deutsche Methode der Zinsrechnung (30/360)
- Firmenkunden und Interbankenanlagen: Eurozinsmethode (act/360)

0504 Sichteinlagen und Einlagen auf Tagesgeldkonten

- Die Verzinsung beginnt mit dem Tag der Einzahlung und endet mit dem der Rückzahlung vorhergehenden Kalendertag.
- Deutsche Methode der Zinsrechnung (30/360)
- Bundesschatzbriefe: act/act
- Finanzierungsschätze: act/act
- Bundesobligationen: act/act
- Bundesanleihen: act/act   Floater: act/360
- Bundesschatzanweisungen: act/act
- U-Schätze   act/360

0505 Rentenwerte

- Euro-Renten: act/act
- Anleihen mit einer Gesamtlaufzeit unter zwei Jahren und Floater: act/360

0506 In allen anderen Fällen ist die deutsche Methode der Zinstageberechnung (30/360) anzuwenden.

06 Gewinnausschüttung

0601 Aus der Sicht der Aktiengesellschaft

    Gewinn vor Steuern je Aktie
- Körperschaftsteuer
- Solidaritätszuschlag
= **Bruttodividende (veröffentlichte Dividende)**

0602 Aus der Sicht des Aktionärs

    Bruttodividende
- Kapitalertragsteuer
- Solidaritätszuschlag
- Kirchensteuer
= **Nettodividende**